CORNEILLE I

THÉATRE COMPLET
I

Sur la couverture :

La Place Royale vers 1655. Peinture anonyme, école française.
Paris, Musée Carnavalet.

Cliché Flammarion.

PIERRE CORNEILLE

THÉATRE COMPLET
I

COMÉDIES

MÉLITE - LA VEUVE - LA GALERIE DU PALAIS
LA SUIVANTE - LA PLACE ROYALE
L'ILLUSION COMIQUE - LE MENTEUR
LA SUITE DU MENTEUR

Chronologie et préface
par
Jacques Maurens
professeur à la Faculté des Lettres
et Sciences humaines de Toulouse

GF
FLAMMARION

© 1968, GARNIER-FLAMMARION, Paris.

CHRONOLOGIE

1606 : Naissance à Rouen, rue de la Pie, de Pierre Corneille.
1615 : Il entre au collège des Jésuites de la ville.
1620 : Elève de la classe de rhétorique, il obtient le prix de vers latins.
1624 : Licencié ès lois, il prête serment comme avocat.
1628 : Son père lui achète un double office d'avocat du roi : au siège des eaux et forêts et à l'amirauté de France. Il conservera ces charges jusqu'en 1650.
1629 : *Mélite* est jouée au théâtre du Marais, début décembre probablement
1631 : La tragi-comédie de *Clitandre ou l'innocence délivrée* est jouée au Marais.
1632 : Fin de 1631 ou début de 1632 ? Création de *La Veuve ou le traître trahi*. Edition de *Clitandre* et des *Mélanges poétiques*. A la fin de l'année probablement, *La Galerie du palais ou l'amie rivale* au théâtre du Marais.
1633 : Edition de *Mélite* en février, tandis que *La Suivante* est jouée au Marais. A la fin de l'année, représentation de *La Place Royale*.
1634 : Impression de *La Veuve* et de l'*Excusatio* qui contient un éloge du cardinal de Richelieu. Renaissance de la tragédie : *Sophonisbe* de Mairet, *Hercule mourant* de Rotrou.
1635 : Corneille fait partie des cinq auteurs chargés par Richelieu d'écrire *La Comédie des Tuileries* (jouée le 4 mars 1635). *Médée*, de Corneille, est jouée au Marais.
1636 : *L'Illusion comique*, qui sera publiée en 1639. Fin décembre : *Le Cid*.

1637 : En janvier, lettres de noblesse accordées par le roi au père de Corneille. En février, publication de *La Galerie du palais* et de *La Place Royale*. Publication du *Cid* en mars, de *La Suivante* en septembre. En décembre, *Les Sentiments de l'Académie sur le Cid*.

1639 : Mort du père de Corneille, le 12 février.

1640 : La tragédie d'*Horace* est jouée au Marais.

1641 : Mariage avec Marie de Lampérière.

1642 : Représentations de *Cinna*. Mort de Richelieu le 4 décembre.

1643 : Première de *Polyeucte* au début de l'année et de *La Mort de Pompée* en fin d'année. Dans « le même hiver », création du *Menteur*.

1644 : *La Suite du Menteur* au Marais. Première édition collective : *Œuvres* de P. Corneille (les huit pièces antérieures au *Cid*). Première de *Rodogune* en décembre probablement.

1645 : *Théodore, vierge et martyre* : premier échec de sa carrière.

1647 : Première d'*Héraclius*. Réception de Corneille à l'Académie.

1648 : Tome II des *Œuvres de Corneille*. En août, commencement de la Fronde parlementaire.

1650 : *Andromède* est jouée au Petit-Bourbon. Le 19 février, Corneille est nommé par Mazarin « procureur des Etats de Normandie ». *Don Sanche d'Aragon*, comédie héroïque, publiée en mars.

1651 : Première de *Nicomède*. En décembre probablement, échec de *Pertharite*.

1652 : Corneille consacre toute son activité littéraire à la traduction de l'*Imitation*.

1656 : L'*Imitation* complète : quatre éditions. *Timocrate* du frère de Corneille, Thomas : le plus grand succès dramatique du siècle.

1659 : Première d'*Œdipe* à l'Hôtel de Bourgogne. Paix des Pyrénées le 7 novembre.

1660 : *Le Théâtre de Corneille* revu et corrigé par l'auteur, en trois volumes, avec les trois *Discours*, et un *Examen* en tête de chaque pièce. *La Toison d'or* est jouée en Normandie.

CHRONOLOGIE

1661 : Mort de Mazarin.

1662 : Première de *Sertorius* au Marais. Corneille s'installe à Paris.

1663 : En janvier, première de *Sophonisbe*. Querelle avec l'abbé d'Aubignac. Corneille écrit un *Remerciement au roi* pour la pension de 2 000 livres qui lui est accordée.

1664 : *La Thébaïde*, première tragédie de Racine. En août, *Othon* de Corneille.

1665 : Succès de l'*Alexandre* de Racine.

1666 : L'*Agésilas* joué à l'Hôtel de Bourgogne.

1667 : Le 4 mars, *Attila* est joué par la troupe royale. Le 17 novembre : *Andromaque* de Racine.

1668 : Dixième édition collective du *Théâtre*. Poème *Au Roi* sur la conquête de la Franche-Comté.

1669 : Première de *Britannicus :* Corneille y assiste « seul dans une loge ».

1670 : Le 21 novembre, première de *Bérénice* de Racine, et le 28 novembre de *Tite et Bérénice* de Corneille.

1671 : Représentation devant la Cour de *Psyché*.

1672 : *Pulchérie*, comédie héroïque, est jouée au Marais.

1674 : *Iphigénie*, de Racine, jouée à Versailles, et *Suréna* à l'Hôtel de Bourgogne. La pension de Corneille est supprimée.

1676 : Représentations à Versailles de *Rodogune, Sertorius, Œdipe*.

1677 : Première de *Phèdre*. Corneille écrit un poème *Sur les victoires du Roi*.

1678 : *Lettre à Colbert*. En octobre, Corneille lit à l'Académie son poème *Au Roi sur la paix de 1678*.

1682 : Onzième et dernière édition collective du *Théâtre*, en quatre volumes. La pension de Corneille est rétablie.

1684 : Mort de Corneille en octobre.

PRÉFACE

De 1629 à 1634, pour ses débuts, Corneille choisit de composer cinq comédies. Mais faisaient-elles rire ? On préfère en douter, on tâche de le surprendre en flagrant délit de tragique ; car il est plus reposant de penser qu'il écrivait les yeux fixés sur ses chefs-d'œuvre futurs. Préjugé dont Corneille est le principal responsable. Dès la première édition collective de son théâtre, en 1644, il se soucie d'ordonner l'œuvre passée selon les exigences de sa plus grande gloire. Parisien intermittent et d'autant plus conscient, il reproche à ses comédies de sentir la province où il est né. Il ne peut se repentir de les avoir écrites, puisqu'elles viennent grossir le volume et les profits de l'édition ; mais les ferait-il encore s'il avait à les faire ? Il mesure leur distance aux pièces qui les ont suivies : « Je ne puis voir cette inégalité sans quelque sorte de confusion. » Et il entreprend d'aplanir.

En 1629, Tirsis réclamait à Mélite un baiser cueilli dessus sa bouche. Ces choses ne passent pas d'usage ; dans une lettre de 1661, Corneille parle avec bonhomie des « privautés et caresses ordinaires à des gens qui s'aiment ». Mais, dans l'art, tout tendait au grand et au vrai, selon la formule de Bossuet. Dans la version de 1648, Tirsis ennoblit son élan : « Que d'amour et de joie un tel aveu me donne ! » Et encore Mélite, inquiète de ce transport, se repent-elle d'en avoir trop dit.

En 1660, les corrections se multiplient de manière à intégrer les premières œuvres dans un bel ensemble théâtral. Car Aristote, selon l'abbé d'Aubignac, ne voyait aucune différence de nature entre la comédie et la tragédie. Corneille, à ses débuts surtout, ne s'était guère soucié de l'opinion d'Aristote ; mais il affirme doctement dans ses *Discours* : « Il ne parle que de la tragédie, parce que tout ce qu'il en dit convient à la comédie et que la différence de ces deux espèces de poèmes ne consiste qu'en la dignité des personnages et des actions qu'ils imitent, et non en la façon de les imiter, ni aux choses qui servent à cette imitation. » Ce qui donnera occasion au fidèle Péguy de décrire la comédie et la tragédie allant ensemble, comme deux bœufs, « obéissant exactement au même joug, pointés du même aiguillon, obéissant exactement aux mêmes règles ». La métaphore est aisée ; il était plus difficile de discerner dans *Mélite* une unité d'action ou de péril qui n'a été découverte et observée que dans *Cinna*. C'est ce que tente de faire Corneille dans son *Examen*; mais ailleurs il ne cache pas sa désinvolture. Après avoir doté sa plus noire criminelle, Cléopâtre, de grandeur d'âme, puisque Aristote le veut, il ajoute : « J'ose dire la même chose du *Menteur*. »

On le voit : l'application au jargon de la critique ne va pas sans humour. Mais il y faudrait un lecteur attentif et Corneille n'aura plus que des lecteurs conditionnés par le conformisme de la fin du siècle. « Il serait encore bon, écrit Chappuzeau en 1674, qu'on pût insensiblement accoutumer les spectateurs à prendre goût à des représentations comiques, où il y eût un peu moins de bagatelles et plus de solide. » C'était chose faite au moment où Fontenelle rédige sa trop fameuse *Vie de Corneille*. Et voilà pourquoi il s'attache à mettre en valeur le solide des six premières pièces : l'air assez noble, le caractère assez raisonnable de l'intrigue, l'absence de propos licencieux. Etroitesse de goût d'un libertin, mais aussi pieuse intention : il lui fallait disculper son oncle d'avoir versé, à ses débuts, dans les bagatelles. Ou, à défaut, l'excuser : la comédie de *Mélite* étant décidément irréductible au solide, il convenait d'en faire un divertissement, génial mais sans importance, de prime jeunesse : « Un jeune homme de ses amis, amoureux d'une demoiselle de la même ville, le mena chez elle. Le nouveau venu se rendit plus agréable que l'introducteur. Le plaisir de cette aventure excita chez Corneille un talent qu'il ne connaissait pas ; et sur ce léger sujet il fit la comédie de *Mélite*, qui parut en 1625. »

Mélite ne parut pas en 1625 ; et nul témoignage contemporain ne présente Corneille comme un bourreau des cœurs. Il reconnaît lui-même que, fort mauvais galant, il avait la plume féconde et la bouche stérile. N'importe : une nouvelle affaire de « la dent d'or » commence. Le mythe d'une création théâtrale fondée sur la vérité d'une expérience amoureuse va prendre autorité en traversant le romantisme, mais sans répondre à l'attente de Fontenelle. Tout ce qu'il voulait, c'est qu'on ne prît pas *Mélite* au sérieux ; or tel exégète contemporain la prend terriblement au tragique quand il prétend découvrir sa « clef » dans une épreuve sentimentale durement ressentie par Corneille. En effet, explique-t-il, « que Tirsis de la comédie représente l'auteur lui-même, on n'en peut guère douter ». Et c'est ainsi que par contamination les cinq premières pièces deviennent autant de drames à destination confidentielle, reliés par la même souffrance.

Dernier avatar des comédies : on s'efforce de donner une dimension métaphysique à cette souffrance par l'annexion au baroque de l'inconscient cornélien. Et pourtant Corneille — tel Suréna redoutant d'être déshonoré par ses neveux — avait protesté, dans la préface de *Clitandre*, contre toute interprétation simpliste de l'œuvre d'art : « Il n'en va pas de la comédie comme d'un songe qui saisit notre imagination tumultuairement et sans notre aveu. » C'est justement à la symbiose d'une forme inconsciente et d'un songe tumultueux que Jean Rousset veut réduire l'œuvre comique ; il discerne dans les profondeurs de l'âme d'Alidor, le héros de *La Place Royale*, le besoin ravageant de disposer de soi, la hantise de l'instabilité, le refus frénétique de la part muable de lui-même. Il en devient amoureux « farouche », bien que Corneille, au premier acte de *La Galerie du palais*, ait longuement raillé ceux qui habillent l'amour en fureur, faute de le connaître. C'est parce qu'il le connaît qu'il l'habille en romanesque ou en pédantisme. La distance qui, chez tous ses jeunes héros, sépare les sentiments de leur expression n'est pas le lieu d'une angoisse, mais d'une prétention. Décapons donc les comédies de leurs différents enduits, noblesse, lyrisme romantique ou baroque, pour retrouver le vrai Corneille, observateur malicieux de la jeunesse de sa province.

La province, on le sait, fut toujours en retard sur la capitale, et, si elle adopte volontiers les modes vestimentaires et parfois les exagère, elle retaille à sa mesure les audaces de la pensée. Pour avoir une image en relief du jeune héros de *Mélite*, transportons-nous dans le Paris de 1620, celui qu'évoque Charles Sorel dans le *Francion*. Des bandes d'adolescents « ennemis de la sottise et de l'ignorance », se réunissent dans les tavernes à la mode, la *Pomme de Pin* ou le *Cormier*, « pour converser et pour faire une infinité de gentillesses ». Ces gentillesses consistaient à rosser les gens de Finance, de Justice ou de Commerce, à troubler les réunions mondaines, tous exploits qui faisaient les entretiens ordinaires au Louvre, au Palais et aux festins. Ils faisaient aussi les entretiens de nos jeunes libertins, soucieux de leur donner une dimension existentielle par la définition d'une « nouvelle vertu ». Et, comme on ne peut penser la révolte qu'au moyen de la philosophie apprise, ils empruntaient au néo-stoïcisme de Charron les thèmes de la générosité, de la maîtrise de soi, du primat de la raison. Mais cette raison était mise au service de leur refus du conformisme social, de la superstition religieuse, de la mystique sentimentale surtout. « La passion la plus forte que je puisse avoir, affirme Théophile de Viau, ne m'engage jamais au point de ne la pouvoir quitter dans un jour. » Pourquoi faut-il la quitter ? Par devoir de maîtrise de soi et par préméditation de la liberté. Se lier aux lois d'une dame, n'est-ce pas « renonçant à soi-même esclave résilier toutes ses volontés » ? Cet argument en forme se lit dans le *Banquet des Muses*, publié à Rouen par le sieur Auvray, en 1623.

Tirsis, de *Mélite*, n'a pas manqué de lire cette justification de l'inconstance amoureuse ; mais c'est tout ce qu'il peut retenir des audaces de la génération de 1620. L'ordre avait été rétabli dans les rues de Paris par le pouvoir royal, et dans les esprits par les soins du P. Garasse et du président Molé. Une fois Théophile de Viau jeté en prison et la plupart de ses amis ralliés à Richelieu, le libertinage se dégrade en dandysme, besoin ardent de se faire une originalité contenue dans les limites extérieures des convenances, ainsi que le définit Baudelaire. Le besoin était-il moins ardent à Rouen ? Quand Tirsis refuse, comme plus tard Dom Juan, de s'ensevelir dans le mariage, il se fonde sur des considérations matérielles, dignes de l'Armande des *Femmes savantes* :

> Et l'hymen de soi-même est un si lourd fardeau
> Qu'il faut l'appréhender à l'égal du tombeau.
> S'attacher pour jamais au côté d'une femme !
> Perdre pour des enfants le repos de son âme,
> Quand leur joug importun accable la maison !
> Ah ! qu'on aime ce joug avec peu de raison !

Il n'importe; les formules dont il use, son souci du repos, sa superstition de la raison montrent bien quel est son parti. « Pour libertin qu'on soit, on s'y trouve attrapé », s'écrie Eraste. Car il est, lui, de l'autre parti : le platonisme convient à son conformisme social; il est riche. Il affecte de placer la volupté de l'amour dans la démission masculine :

> Un seul de ses regards me séduit et me pipe,
> Et d'un tel ascendant maîtrise ma raison,
> Que je chéris mon mal, et fuis ma guérison.

Que de promesses dans cette première scène de la première comédie de Corneille! Un débat qui permet d'opposer deux attitudes fondamentales, un dialogue naturel qui suggère l'environnement social, l'art enfin de faire entrevoir et désirer le dénouement. Car le faux cynique, Tirsis — « Je règle mes désirs suivant mon intérêt » — abandonnera ses prétentions à la maîtrise de soi devant le « je ne sais quoi » de Mélite, tandis qu'Eraste, l'amant en titre, démentira ses principes par une affreuse crise de jalousie et une ruse fort vilaine. La franchise de l'attaque, le projet de punition comique font songer à Molière. Mais il n'y faut pas trop songer. Dès le deuxième acte la comédie perd de son élan et de sa densité; le rire hésite, et parfois disparaît Les passions n'entrent que par accident dans le genre, reconnaît Corneille dans l'épître de *La Suivante*; et c'est pourtant au terme d'un monologue bien passionné de près de cent vers que Tirsis décide de répandre son sang en quelque lieu sauvage. Il est cru mort, et son amante se pâme, pendant qu'Eraste s'abîme dans les remords et un interminable accès de folie pour finir par apporter à Mélite, qui n'en a que faire, « sa tête à l'abandon ».

Serait-ce une preuve de la vocation tragique de Corneille ? Mais il a grand soin d'éviter tout pathétique direct : le spectateur, mis au courant de l'erreur des personnages et confiant dans l'issue, ne peut guère communier avec leur trouble et prendre au sérieux leur douleur. C'est le défaut de substance qui contraint Corneille à la « bigarrure ». Le comique, pour se suffire, doit incarner les ridicules dans des tempéraments bien accusés; il ne touche l'intelligence qu'en passant par le corps. Et tout le monde sait que l'on n'a pas de corps à vingt ans, mais à l'âge d'Arnolphe et de Chrysale. Peintre de la jeunesse mondaine, Corneille ne dispose que de quelques silhouettes dont le ridicule tient plus à un tic de pensée qu'à un vice de caractère. Il s'adresse trop vite à l'intelligence pour ne pas avoir recours, malgré sa volonté de « naïveté », au pastiche systématique de la pastorale et de la tragi-comédie. Il leur emprunte l'artifice de l'intrigue, les fausses lettres destinées à brouiller deux amants en bonne intelligence, comme l'étalement de l'action qui se développe en tableaux séparés parfois par des intervalles d'une ou deux semaines. Il leur doit la distribution antithétique des rôles : le prétendant pauvre et sincère opposé au prétendant riche et perfide, la jeune fille indifférente et la sentimentale. Quant à l'amoureux devenu fou, c'était, entre 1624 et 1630, un des personnages les plus habituels de la pastorale. Rien de plus habituel non plus que le profil de l'action dramatique : deux couples qui se défont, puis se refont au détriment du fanfaron, victime de cette partie de quatre coins.

Ces emprunts reconnus, il demeure une part irréductible : le dessein d'écrire une pièce comique, au moment même où le genre avait pratiquement disparu. Dessein qui n'est plus avoué par le Corneille de 1660 : « On n'avait jamais vu jusque-là que la comédie fît rire sans personnages ridicules. » C'est un personnage de farce, pourtant, que la nourrice, rôle hérité du théâtre antique et joué par un acteur masqué. Si Corneille la naturalise, à l'acte IV, pour lui faire définir une tactique digne de Célimène : « Qu'ils vivent tous d'espoir jusqu'au choix d'un mari », elle fournit au gros rire lorsqu'elle projette, au dénouement, de faire telle niche que les mariés, au lieu de labourer, laisseront tout en friche. A l'intérieur même de la pièce, la continuité du comique est assurée par les rodomontades de Philandre, le jeu de Cliton, le voisin à tout faire, comme par la parodie franchement burlesque de la mythologie : « Vous travaillez en vain, bourrelles Euménides ». Voilà de quoi équilibrer les propos violents ou lyriques, mais en partie seulement et au prix de bien des disparates. Il aurait fallu introduire dans ces propos eux-mêmes les ruptures ou les équivoques qui assurent la permanence du sourire.

De sourire point dans la tragi-comédie de *Clitandre*, mais des jalousies forcenées, un style énigmatique, des combats en chaîne, une scène de viol. Cette cure de baroquisme flamboyant rafraîchit le génie de Corneille et l'assure dans son parti pris de « naïveté du style », heureusement tempéré, dans sa nouvelle comédie, *La Veuve*, par la « subtilité » de l'intrigue, c'est-à-dire par le progrès décisif de la technique théâtrale. Le schéma est calqué sur celui de *Mélite* : trois jeunes gens, dont un traître; deux jeunes filles, la tendre et l'enjouée, sœur du prétendant; une nourrice passée à l'ennemi. Mais aux fausses lettres Corneille substitue un enlèvement, plus « raisonnable » pour le spectateur du dix-septième siècle du moins, et surtout plus rentable dramatiquement. Alcidon, l'homologue d'Éraste, prémédite bien plus longuement sa ruse, secondé par la très active nourrice. Il s'y ajoute les entreprises de l'agent matrimonial Géron, les initiatives contradictoires du naïf Célidan. Cet intense mouvement scénique interdit aux sentiments de s'étaler, en même temps que l'incertitude ou la duplicité des intentions oblige à la réticence ou à la fausse confidence : « Le plus beau de leurs entretiens est en équivoques et en propositions dont ils te laissent les conséquences à tirer. » Le dialogue cornélien acquiert le pouvoir, essentiel pour la tension dramatique, de suggérer, au-delà des mots, le rythme secret des sentiments.

Il est vrai que les sentiments, pendant les deux premiers actes, peuvent paraître trop subtils et trop délicats pour la scène comique. Par souci de renouveler l'analyse, Corneille a choisi pour héros principal non plus un libertin en rupture d'inconstance, mais un « cavalier parfait ». Soit timidité naturelle, soit excessive conscience de son infériorité sociale, Philiste glisse vers la mystique de la soumission : « Il faut s'en faire aimer avant qu'on se déclare. » L'initiative passe à Clarice, la jeune veuve; mais elle hésite à user de sa liberté : « L'un est muet de crainte, l'autre de pudeur. » Inquiétudes et hésitations qui donnent occasion à Claveret de louer à demi les « mignardises » de ces vers; trois ans plus tard il accuse : « galanteries plus que bourgeoises ». Ces amours évitent, toutefois, la mièvrerie grâce à la malice de l'analyse et à la qualité des deux âmes qui se rejoignent en dépit de l'inégalité des fortunes. Il serait plus juste de reprocher à la pièce un certain romanesque bourgeois, dû à l'utilisation intempestive du thème du mariage forcé. Doris a commencé par accommoder de très bon gré ses amours aux raisons des autres : égoïsme d'un frère, ambition d'une mère. Comme Cloris dans *Mélite*, elle anime la comédie par son « humeur enjouée ». Florame, nouveau venu des universités, se déclarant attiré par elle comme par un aimant, elle réplique : « Vous êtes donc de fer à ce que je puis voir. » Gaieté subitement démentie dans un court monologue du quatrième acte ; elle déplore ses malheurs de fille bien sage : « On ne laisse à mes yeux rien à dire à mon cœur. » Recherche gratuite de l'effet dramatique ? En tout cas la plainte reste discrètement comique par le mélange des formules pathétiques et familières. Mais le cinquième acte reprend le thème et l'étale. Crysante, la mère, se remémore un amour contrarié et s'attendrit sur les « petits neveux » à naître. Comédie larmoyante, dont Corneille saura refuser les facilités.

Il ne modifie pas le profil dramatique ; on retrouve dans *La Galerie du palais* les deux intrigues qui se croisent, terminées par un double mariage. Mais les personnages sont promus à la dignité de Parisiens intégraux. Le petit tableau du premier acte, « agréable pour sa naïveté », montre les boutiques de la lingère, du libraire et du mercier, où jeunes habitants et habitantes de la capitale parlent chiffons et littérature avec une égale assurance, avant de faire leur théorie de l'amour : « On sent je ne sais quoi qui trouble le repos. » Ce qui n'empêche pas les deux amants d'être des « hommes d'épée » conséquents ; ils n'hésitent pas à la tirer en attendant qu'on les sépare. Aussi sont-ils escortés « d'écuyers », qui font office de valets, tandis que la nourrice est métamorphosée en suivante. Est-ce respect de la couleur locale ou simple désir de renouvellement, Corneille, cette fois, incarne le démon du dandysme libertin dans une jeune fille, Célidée : « Mon cœur a de la peine à demeurer constant. » Caprice d'enfant gâtée, qu'encourage perfidement sa rivale Hippolite. Il est suivi d'un prompt regret, que ruses et malentendus empêchent de se manifester. Et Célidée, saisie d'une brève panique à l'idée de se trouver dépourvue de mari, s'obstine dans son projet de « change » jusqu'à ce que les deux héros, inconstants bien malgré eux, puissent revenir, par la vertu du dénouement, à leur « objet » premier.

Comédie nouvelle par le décor, le milieu, mais aussi par la qualité du rire. Le fragile tissu de l'intrigue vise moins à opposer les personnages les uns aux autres qu'à mettre la plus grande distance possible entre leur cœur et leurs actes, entre leurs paroles et la réalité. Ce comique d'illusion avait toujours été l'ambition de Corneille ; mais, dans les pièces précédentes, il était exténué en partie par la présence du comique de farce et d'esprit, construit assez artificiellement par des procédés romanesques, rendu incertain enfin par une certaine raideur du langage. Ce qu'apporte *La Galerie du palais*, c'est la maîtrise dans l'art de la parodie. « Le style en est plus fort », constate Corneille dans son *Examen*; on en déduit faussement un progrès inconscient vers le genre tragique, une adhésion personnelle de l'auteur aux valeurs dont se réclament, occasionnellement et à contretemps, ses héros. La force du style n'est que l'envers d'un embarras ou d'une erreur. Quand Lisandre explique doctement que l'amour doit se fonder sur le mérite et se soumettre au jugement, c'est uniquement pour faire, à contrecœur, sa cour à Hippolite, dont l'impatience et le dépit indiquent ce qu'il faut penser de cette mise en équation de la raison et du mérite : « Epargnez avec moi ces propos affétés. » Simple dérision du pédantisme à la mode. Telle est l'exacte portée des argumentations morales. Quant aux propos « tragiques », ils traduisent une émotion fictive, qui aboutit au mot et s'y tient. « Vous lirez dans mon sang, à vos pieds répandu... » s'écrie Lisandre à l'acte V; mais Célidée ne lira rien. C'est le sourire que sollicite ce pathétique parodié.

Monté sur le faîte, celui de la psychologie des méprises de la passion, Corneille descend, avec *La Suivante*, vers la mécanique des surprises de l'intrigue. Au malentendu qui fait une part égale au hasard et aux tentations du caractère, se substitue le quiproquo qui retarde arbitrairement l'accord préétabli des volontés. Car les jeux sont faits au début de *La Suivante* : des trois amoureux qui tournent autour de la belle Daphnis, nous connaissons l'élu, non pas le fanfaron Théante, de la lignée du Philandre de *Mélite*, ni Clarimond au nom et à l'oncle également réfrigérants, mais Florame, l'apprenti cynique, qui traitait de peu d'esprit les véritables feux et qui apporte à sa passion l'élan d'une conversion toute fraîche. Que pourront contre lui les machinations élémentaires de la demoiselle de compagnie Amarante, séduisante mais pauvre et crispée dans son arrivisme ? La pesanteur sociologique, si l'on peut dire, la condamne immédiatement à l'échec. Mais pourquoi donc Corneille a-t-il choisi cette déclassée comme héroïne principale ? Parce qu'un auteur dramatique ne peut persévérer dans son être; il lui faut varier ses combinaisons. Dans ce nouveau cycle, celui de la traîtrise féminine, il ne lui restait plus, après avoir mis en scène l'amie rivale, qu'à expérimenter la suivante rivale. Quitte à suppléer au défaut d'autorité sociale du personnage par l'autorité accrue de l'intrigue, d'où la guirlande des quiproquos, et à étayer l'obstacle par les volontés incertaines d'un père dominé par une passion sénile, ce qui explique le marchandage de la fin : « Vieillard qui de ta fille achètes une femme. »

Ces choses-là blessent la sensibilité moderne. Mais il faut se garder de projeter sur *La Suivante* l'ombre du pathétique romantique : le sacrifice d'une fille inconnue du spectateur n'est qu'un élément abstrait du dénouement. Il faut résister également à la tentation d'admirer dans le monologue final d'Amarante une juste revendication du prolétariat ; ce sont les imprécations risibles d'une fille justement humiliée. Et *La Suivante*, dans son ensemble, restitue pleinement l'allégresse comique. Parodie héroïque lorsque Florame en vient, trompé par les apparences, à s'imaginer tuant, de désespoir, le père de sa maîtresse. Comique d'équivoque ou d'ironie, prolongée jusqu'au sarcasme, quand Théante et Clarimond servent de cible à Florame, Damon et Daphnis. Burlesque discret du rôle de Théante, déclinant l'honneur de servir de second dans un duel, s'efforçant d'ébruiter la nouvelle dans l'espoir de faire interdire la rencontre, contraint en dernière ressource de visiter l'Italie « pour divertir le cours de sa mélancolie ». Comique de situations enfin. Mais cette diversité de formes dissimule mal l'incertitude de Corneille. Il semble avoir épuisé les possibilités de son univers comique. Ce que va démentir la création de son chef-d'œuvre, *La Place Royale*.

Aucune nouveauté dans l'invention proprement dite : au départ, comme dans *La Galerie du palais*, un couple d'amoureux ne trouvant d'autre obstacle à son bonheur qu'un désir de « change » ; et comme presque partout, un ami rival qui se voit attribuer la sœur enjouée et dévouée, prête à épouser aussi bien celui qui l'importune que celui qui feint de l'aimer ; un enlèvement enfin comme dans *La Veuve*. L'originalité est dans la disposition de ces éléments empruntés aux précédentes comédies. Quand le héros principal, Alidor, déclare son appréhension des « fers » du mariage, il est pris au mot par son ami Cléandre ; par vanité, par culte de l'amitié, il s'engage à lui transférer Angélique, manœuvre qui tourne à l'avantage du rival Doraste. Piqué au vif, Alidor projette un enlèvement au profit de Cléandre. Il réunit ainsi en lui deux rôles auparavant juxtaposés : l'amant séparé de celle qu'il aime et le perfide qui les sépare. A la fois auteur et victime de la fourberie, il devient le lieu d'une analyse psychologique bien plus étoffée et convaincante, qui donne son unité à la comédie. Ce progrès s'accompagne de servitudes pour un auteur comique : le dénouement transforme le malentendu en destin, tandis que la situation de l'amante bafouée atteint au pathétique. Il est remarquable que Corneille ait limité ce pathétique par la brièveté des plaintes et par l'espoir d'une intervention des parents. Il ne l'a pas traité comme une fin, mais comme un moyen de ridiculiser la satisfaction, fictive, d'Alidor, « amoureux extravagant ».

Car il n'est nullement, comme on le prétend parfois, un personnage tragique égaré dans une comédie, et proposé à notre admiration pour son héroïque refus de l'esclavage passionnel. L'interprétation se fonde sur une lecture naïve de l'épître composée en février 1637 pour la première édition de la pièce. Le destinataire, anonyme et sans doute fictif, y est loué d'appliquer dans sa conduite la morale d'Alidor : « La personne aimée nous a beaucoup plus d'obligation de notre amour, alors qu'elle est toujours l'effet de notre choix et de son mérite que quand elle vient d'une inclination aveugle... » Petite habileté de Corneille : au moment où le *Cid* suscite des reproches chuchotés, et bientôt publiés, d'immoralité, il était de bonne guerre de faire de l'extravagance d'Alidor un contrepoids à l'inconduite de Chimène. Ce qui ne doit pas défigurer l'œuvre créée, en toute ingénuité comique, quatre ans auparavant. Car le refus d'Alidor ne s'explique nullement par la maxime de l'épître. Ne reconnaît-il pas que sa maîtresse « de la vertu parfaite est l'unique modèle » ? Et il ne semble pas que, pour choisir, il ait manqué de liberté, ni d'expérience : « De mille qu'autrefois tu m'as vu caresser. » Ne se résoudre au mariage que d'une volonté franche et déterminée, si le principe est raisonnable, la conséquence inquiète :

> Et celle qu'en ce cas je nommerai mon mieux
> M'en sera redevable, et non pas à ses yeux.

On n'y trouve pas ce ton d'égal à égal de l'homme à la femme qui caractérisera la générosité tragique, mais le désir d'assurer une domination que l'on pressent impossible. *La Place Royale* se situe bien dans la continuité d'un genre, et d'un thème, la satire du dandysme libertin.

Il est vrai qu'à la différence de Tirsis et de Florame Alidor persiste dans sa prétention à la maîtrise de soi et devient personnage franchement ridicule par la contradiction entre l'idéal dont il ne cesse de se réclamer et la réalité du caractère. Il a la vanité des faibles : « Comptes-tu mon esprit entre les ordinaires ? » Et son souci de rester libre n'est que répugnance instinctive à faire les choix décisifs d'une vie. Ses maximes stoïciennes servent d'alibi aux incertitudes d'un velléitaire : « Fuis, petit insolent, je veux être le maître. » Il l'est si peu que sa vanité est réduite à faire semblant de vouloir les événements les plus contradictoires. Doraste lui rend-il Angélique ? « Tout me succède », proclame Alidor, et il se dispose à regagner son cœur. Il échoue : « Que par cette retraite elle me favorise ! » Il ne mène pas un combat, mais camoufle une fuite. Pourquoi fuit-il ? Par égoïsme, refus des aventures de la famille, par anxiété surtout : « Est-ce une humeur égale et ferme que la nôtre ? » Ces traits s'accordent à son défaut de volonté pour définir un caractère mélancolique. Le grand comique de Molière s'ébauche, celui qui disqualifie une prétention morale par la révélation du déséquilibre d'un tempérament.

On peut rêver d'un Corneille père de la comédie classique. Mais il lui eût fallu abandonner ses trop jeunes héros avec la certitude de mécontenter un public peu disposé à goûter l'âpreté satirique. Corneille choisit de contenter le cardinal de Richelieu en se dirigeant vers la tragédie, mais en emmenant sa troupe de jeunes premiers et de jeunes ingénues. « J'accommode ma flamme au bien de mes affaires », déclare Jason dans *Médée*, comme Tirsis six ans auparavant dans *Mélite*. Et son cynisme, comme celui de Tirsis, disparaît dans un éblouissement soudain : « Mais la princesse vient : l'éclat d'un tel visage... »

Corneille retourne, la saison suivante, à la comédie avec *L'Illusion comique*, injustement dédaignée pendant près de trois siècles pour son incohérence mais promue, depuis vingt ans, à un excès de dignité. On sonde dans ses failles de singulières profondeurs : message baroque, confidence pathétique sur le néant de la vie, expression du conflit fondamental entre le moi créateur et le moi social. C'est le fait d'une critique qui se dit nouvelle, alors qu'elle peut faire remonter ses titres de noblesse aux deux prétentions de Philaminte admirant le sonnet de Trissotin, l'une en direction du vulgaire : « Mais en comprend-on bien comme moi la finesse ? » L'autre en direction de l'écrivain lui-même : « Et pensiez-vous alors y mettre tant d'esprit ? » Il est bien vrai que tout lecteur a le droit de disposer de l'œuvre; encore conviendrait-il de ne pas trop perdre de vue ce que l'auteur a proposé ou s'est proposé. Et il est très vraisemblable que la création de *L'Illusion comique* était uniquement destinée à masquer l'incertitude momentanée de l'auteur dramatique. Que faire pour rester digne des faveurs officielles et de l'attention du public, lorsqu'on a eu l'ambition de s'élever au-dessus de la comédie sans réussir pour autant dans la tragédie ? Avant tout une apologie, combien nécessaire en cette année de guerre, de la « sagesse profonde » du grand protecteur, le cardinal; puis un acte de foi dans l'avenir : « Le théâtre est un fief dont les rentes sont bonnes. » Voilà pour le message. Quant à la pièce elle-même, c'est une sorte de pot-pourri dramatique, manifestant une virtuosité provisoirement sans emploi déterminé.

Gougenot et Scudéry avaient montré comment imbriquer deux pièces l'une dans l'autre, « the play within the play » des élisabéthains. Corneille renchérit, perfectionne et aussi parodie. C'est grâce à des opérations magiques, peu convaincantes mais favorables aux unités, « ces beautés si vieilles » qu'il faut bien épouser, qu'un père, inquiet de la fuite de son fils, assiste à deux épisodes de sa vie : l'enlèvement, après duel et emprisonnement, de la jeune fille qu'il aime; puis sa mort sur la scène dans le rôle d'un seigneur victime de la jalousie de son roi. Un acte de prologue; trois actes où Corneille reprend les situations de ses comédies en les pigmentant de romanesque; et voici que surgit l'imagerie héroïque, programme des chefs-d'œuvre prochains :

> Madame, il faut apprendre à vous vaincre vous-même,
> A faire violence à vos plus chers désirs
> Et préférer l'honneur à d'injustes plaisirs.

Une seule nouveauté : le personnage de Matamore, emprunté à la tragi-comédie. Dès 1628, *Les Folies de Cardénio* avaient élaboré le type du soldat fanfaron : « Et l'un de mes regards peut causer cent trépas. » Mais le modèle fut écrasé par la charge de la verve cornélienne. « Le seul bruit de mon nom renverse les murailles. » Un très beau rôle pour l'acteur Bellemore chargé de jouer les capitans espagnols. Le tout fait un étrange monstre, selon Corneille. La scène moderne adopte volontiers ce monstre, et avec raison.

Il est plus malaisé de caractériser et d'apprécier *Le Menteur*, simple pièce de diversion. Le grand cardinal était mort fin 1642. Il lui avait fait du bien; mais Corneille n'en disait pas du bien dans *La Mort de Pompée* : « Un cœur né pour servir sait mal comme on commande. » Ce qui s'appliquait encore mieux au successeur, Mazarin, qui choisit de ne point lui en tenir rigueur. Ne convenait-il pas dès lors de faire oublier cette brève erreur par l'éclat d'un retour à la comédie ? L'imitation de la *comedia*, mise à la mode par d'Ouville, offrait ses facilités. Voilà probablement pourquoi, « dans le même hiver », il retaille à la hâte une pièce attribuée à Lope de Vega. Et le temps fait bien quelque chose à l'affaire : le quiproquo sur lequel se fonde l'action, l'erreur de Dorante sur l'identité des jeunes filles, était moins vraisemblable à Paris qu'à Madrid, ville des mantilles et des balcons; Corneille ne se préoccupe pas de le justifier, non plus que les nombreux incidents qu'il entasse avec quelque désinvolture dans les trente-six heures de la pièce française. Mais n'est-ce pas en même temps nécessité artistique ? La précipitation du spectacle, son illogisme sont la condition d'une cocasserie qui nous exalte et devient pour nous l'unique valeur.

Aucun personnage, des emplois : le valet Cliton laisse trop reconnaître l'acteur enfariné Jodelet; Géronte est un père noble ou bourgeois selon les besoins; les ingénues fort positives — « Il me faudrait en main avoir un autre amant » — restent indistinctes. Quant à Dorante, il faut avoir l'immense bonté de Péguy pour y reconnaître un frère de Rodrigue, porteur d'un message d'honneur et animateur d'un noble jeu; les décisions de mensonge viennent l'habiter sans la moindre justification psychologique. Et si c'était justement ce qui lui donne sa vérité humaine ? Dorante n'est pas un hâbleur, aucune vulgarité en lui, encore moins un rêveur, mais tout simplement un amateur de canulars — « c'étaient tours d'école » — en train de faire sa mue, c'est-à-dire son éducation sociale. Et on n'en finirait pas de s'interroger sur cette pièce. Voici comment Cloris, dans *Mélite*, affectait de fonder l'amour sur le défaut d'estime :

> Quiconque avec raison peut être négligé
> A qui le veut aimer est bien plus obligé.

Et voici comment Clarice reprend et épaissit le thème :

> Et crois qu'on doit trouver plus de félicité
> A posséder un bien sans l'avoir mérité.
> J'estime plus un don qu'une reconnaissance :
> Qui nous donne fait plus que qui nous récompense.

Corneille s'occupe, fâcheusement, à frapper des proverbes pour mériter un jour l'admiration de l'université. Et pourtant, comme il disposait de la plus belle langue théâtrale de son temps et peut-être de tous les temps, que de réussites ailleurs, d'une verve brillante ou d'une transparence à demi poétique!

Il reste que *Le Menteur* eut le tort d'obscurcir par sa perfection fragile l'œuvre du début, invitant à des comparaisons injustes. Ainsi Fontenelle, favorablement impressionné, pourtant, par la décence et la régularité de la pièce, reprochait à Corneille de ne pas aller prendre le ridicule dans le cœur humain comme Molière, « homme inimitable ». Inimitable dans son genre, la grande comédie de caractère. Mais n'y a-t-il pas place pour une comédie qui desserre l'étreinte de la satire au profit de la gaieté ? Si l'on veut me faire rire, écrit Stendhal dans *Racine et Shakespeare*, « il faut que des gens passionnés se trompent, sous mes yeux, d'une manière plaisante, sur le chemin du bonheur ». Ce comique d'humour fait l'originalité des cinq premières œuvres de Corneille, lorsqu'il observait le cœur humain des adolescents avec un mélange de raillerie et de tendresse.

Jacques MAURENS.

BIBLIOGRAPHIE

HÉMON (Félix) : *Théâtre de Corneille*, Paris, Delagrave, tome I.

LANSON : *Corneille*, Paris, Hachette, 1898.

RIVAILLE (Louis) : *Les Débuts de Corneille*, Paris, Boivin, 1936.

HERLAND (Louis) : *Corneille par lui-même*, Paris, Seuil, 1954.

ADAM (Antoine) : *Histoire de la Littérature Française*, Paris, Domat, tomes I et II.

THÉATRE COMPLET
I

MÉLITE

ou

LES FAUSSES LETTRES

Pièce comique

A
MONSIEUR DE LIANCOUR

Monsieur,

Mélite serait trop ingrate de rechercher une autre protection que la vôtre, elle vous doit cet hommage et cette légère reconnaissance de tant d'obligations qu'elle vous a, non qu'elle présume par là s'en acquitter en quelque sorte, mais seulement pour les publier à toute la France. Quand je considère le peu de bruit qu'elle fit à son arrivée à Paris, venant d'un homme qui ne pouvait sentir que la rudesse de son pays, et tellement inconnu qu'il était avantageux d'en taire le nom ; quand je me souviens, dis-je, que ses trois premières représentations ensemble n'eurent point tant d'affluence que la moindre de celles qui les suivirent dans le même hiver : je ne puis rapporter de si faibles commencements qu'au loisir qu'il fallait au monde pour apprendre que vous en faisiez état, ni des progrès si peu attendus qu'à votre approbation, que chacun se croyait obligé de suivre après l'avoir sue. C'est de là, Monsieur, qu'est venu tout le bonheur de *Mélite*, et quelques hauts effets qu'elle ait produits depuis, celui dont je me tiens le plus glorieux, c'est l'honneur d'être connu de vous, et de vous pouvoir souvent assurer de bouche que je serai toute ma vie,

Monsieur,

Votre très humble et très
obéissant serviteur,
CORNEILLE

AU LECTEUR

Je sais bien que l'impression d'une pièce en affaiblit la réputation, la publier, c'est l'avilir, et même il s'y rencontre un particulier désavantage pour moi, vu que ma façon d'écrire étant simple et familière, la lecture fera prendre mes naïvetés pour des bassesses. Aussi beaucoup de mes amis m'ont toujours conseillé de ne rien mettre sous la presse, et ont raison, comme je crois, mais par je ne sais quel malheur c'est un conseil que reçoivent de tout le monde ceux qui écrivent, et pas un d'eux ne s'en sert. Ronsard, Malherbe et Théophile l'ont méprisé, et si je ne les puis imiter en leurs grâces, je les veux du moins imiter en leurs fautes, si c'en est une que de faire imprimer. Je contenterai par là deux sortes de personnes, mes amis, et mes envieux, donnant aux uns de quoi se divertir, aux autres de quoi censurer ; et j'espère que les premiers me conserveront encore la même affection qu'ils m'ont témoignée par le passé, que des derniers, si beaucoup font mieux, peu réussiront plus heureusement, et que le reste fera encore quelque sorte d'estime de cette pièce, soit par coutume de l'approuver, soit par honte de se dédire. En tout cas, elle est mon coup d'essai, et d'autres que moi ont intérêt à la défendre, puisque si elle n'est pas bonne, celles qui sont demeurées au-dessous doivent être fort mauvaises.

ARGUMENT

Eraste amoureux de Mélite l'a fait connaître à son ami Tirsis, et devenu puis après jaloux de leur hantise, fait rendre des lettres d'amour supposées de la part de Mélite à Philandre, accordé [de] Cloris sœur de Tirsis. Philandre, s'étant résolu par l'artifice et les suasions d'Eraste de quitter Cloris pour Mélite, montre ces lettres à Tirsis. Ce pauvre amant en tombe en désespoir, et se retire chez Lisis, qui vient donner à Mélite de fausses alarmes de sa mort. Elle se pâme à cette nouvelle, et témoignant par là son affection, Lisis la désabuse, et fait revenir Tirsis qui l'épouse. Cependant Cliton ayant vu Mélite pâmée la croit morte, et en porte la nouvelle à Eraste, aussi bien que de la mort de Tirsis. Eraste saisi de remords entre en folie, et remis en son bon sens par la Nourrice de Mélite, dont il apprend qu'elle et Tirsis sont vivants, il lui va demander pardon de sa fourbe, et obtient de ces deux amants Cloris qui ne voulait plus de Philandre après sa légèreté.

MÉLITE

OU

LES FAUSSES LETTRES

Pièce comique

LES ACTEURS

ÉRASTE, amoureux de Mélite.
TIRSIS, ami d'Éraste, et son rival.
PHILANDRE, amant de Cloris.
MÉLITE, maîtresse d'Éraste et de Tirsis.
CLORIS, sœur de Tirsis.
LISIS, ami de Tirsis.
LA NOURRICE de Mélite.
CLITON, voisin de Mélite.

ACTE PREMIER

SCÈNE PREMIÈRE

ÉRASTE, TIRSIS

ÉRASTE

Parmi tant de rigueurs n'est-ce pas chose étrange
Que rien n'est assez fort pour me résoudre au change ?
Jamais un pauvre amant ne fut si mal traité,
Et jamais un amant n'eut tant de fermeté :
5 Mélite a sur mes sens une entière puissance,
Si sa rigueur m'aigrit, ce n'est qu'en son absence,
Et j'ai beau ménager dans un éloignement
Un peu de liberté pour mon ressentiment,
Un seul de ses regards l'étouffe, et le dissipe,
10 Un seul de ses regards me séduit et me pipe,
Et d'un tel ascendant maîtrise ma raison,
Que je chéris mon mal, et fuis ma guérison;
Son œil agit sur moi d'une vertu si forte
Qu'il ranime soudain mon espérance morte,
15 Combat les déplaisirs de mon cœur irrité,
Et soutient mon amour contre sa cruauté :
Mais ce flatteur espoir qu'il rejette en mon âme,
N'est rien qu'un vent qui souffle, et rallume ma flamme;
Et reculant toujours ce qu'il semble m'offrir
20 Me fait plaire en ma peine, et m'obstine à souffrir.

TIRSIS

Que je te trouve, ami, d'une humeur admirable,
Pour paraître éloquent tu te feins misérable,
Est-ce à dessein de voir avec quelles couleurs
Je saurais adoucir les traits de tes malheurs ?

25 Ne t'imagine pas que dessus ta parole
D'une fausse douleur un ami te console,
Ce que chacun en dit ne m'a que trop appris
Que Mélite pour toi n'eut jamais de mépris.

ÉRASTE

Son gracieux accueil, et ma persévérance
30 Font naître ce faux bruit d'une vaine apparence,
Ses dédains sont cachés, encor que continus,
Et d'autant plus cruels que moins ils sont connus.

TIRSIS

En étant bien reçu du reste que t'importe ?
C'est tout ce que tu veux des filles de sa sorte.

ÉRASTE

35 Cet accès favorable, ouvert, et libre à tous,
Ne me fait pas trouver mon martyre plus doux,
Sa hantise me perd, mon mal en devient pire,
Vu que loin d'obtenir le bonheur où j'aspire
Parler de mariage à ce cœur de rocher
40 C'est l'unique moyen de n'en plus approcher.

TIRSIS

Ne dissimulons point, tu règles mieux ta flamme
Et tu n'es pas si fou que d'en faire ta femme.

ÉRASTE

Quoi ? tu sembles douter de mes intentions ?

TIRSIS

Je crois malaisément que tes affections
45 Arrêtent en un lieu si peu considérable
D'une chaste moitié le choix invariable :
Tu serais incivil de la voir chaque jour
Et ne lui tenir pas quelques propos d'amour,
Mais d'un vain compliment ta passion bornée
50 Laisse aller tes desseins ailleurs pour l'hyménée;
Tu sais qu'on te souhaite aux plus riches maisons
Où de meilleurs partis...

ÉRASTE

Trêve de ces raisons,
Mon amour s'en offense, et tiendrait pour supplice
D'avoir à prendre avis d'une sale avarice,

55 Je ne sache point d'or capable de mes vœux
Que celui dont Nature a paré ses cheveux.

Tirsis

Si c'est là le chemin qu'en aimant tu veux suivre,
Tu ne sais guère encor ce que c'est que de vivre,
Ces visages d'éclat sont bons à cajoler,
60 C'est là qu'un jeune oiseau doit s'apprendre à parler,
J'aime à remplir de feux ma bouche en leur présence,
La mode nous oblige à cette complaisance,
Tous ces discours de livre alors sont de saison,
Il faut feindre du mal, demander guérison,
65 Donner sur le phébus, promettre des miracles,
Jurer qu'on brisera toutes sortes d'obstacles,
Mais du vent et cela doivent être tout un.

Éraste

Passe pour des beautés, qui soient dans le commun,
C'est ainsi qu'autrefois j'amusai Crisolite,
70 Mais c'est d'autre façon qu'on doit servir Mélite,
Malgré tes sentiments il me faut accorder
Que le souverain bien gît à la posséder :
Le jour qu'elle naquit, Vénus quoique immortelle
Pensa mourir de honte en la voyant si belle.
75 Les Grâces, au séjour qu'elles faisaient aux cieux,
Préférèrent l'honneur d'accompagner ses yeux,
Et l'Amour, qui ne put entrer dans son courage,
Voulut à tout le moins loger sur son visage.

Tirsis

Te voilà bien en train, si je veux t'écouter
80 Sur ce même ton-là tu m'en vas bien conter.
Pauvre amant, je te plains, qui ne sais pas encore
Que bien qu'une beauté mérite qu'on l'adore,
Pour en perdre le goût on n'a qu'à l'épouser.
Un bien qui nous est dû se fait si peu priser,
85 Qu'une femme fût-elle entre toutes choisie,
On en voit en six mois passer la fantaisie,
Tel au bout de ce temps la souhaite bien loin,
La beauté n'y sert plus que d'un fantasque soin
A troubler le repos de qui se formalise,
90 S'il advient qu'à ses yeux quelqu'un la galantise :
Ce n'est plus lors qu'un aide à faire un favori,
Un charme pour tout autre, et non pour un mari.

ÉRASTE

Ces caprices honteux, et ces chimères vaines
Ne sauraient ébranler des cervelles bien saines,
95 Et quiconque a su prendre une fille d'honneur
N'a point à redouter l'appas d'un suborneur.

TIRSIS

Peut-être dis-tu vrai, mais ce choix difficile
Assez et trop souvent trompe le plus habile,
Et l'hymen de soi-même est un si lourd fardeau
100 Qu'il faut l'appréhender à l'égal du tombeau.
S'attacher pour jamais au côté d'une femme!
Perdre pour des enfants le repos de son âme,
Quand leur nombre importun accable la maison!
Ah! qu'on aime ce joug avec peu de raison!

ÉRASTE

105 Mais il y faut venir, c'est en vain qu'on recule,
C'est en vain que l'on fuit, tôt ou tard on s'y brûle,
Pour libertin qu'on soit, on s'y trouve attrapé;
Toi-même qui fais tant le cheval échappé
Un jour nous te verrons songer au mariage.

TIRSIS

110 Alors ne pense pas que j'épouse un visage,
Je règle mes désirs suivant mon intérêt,
Si Doris me voulait, toute laide qu'elle est
Je l'estimerais plus qu'Aminthe, et qu'Hypolite,
Son revenu chez moi tiendrait lieu de mérite :
115 C'est comme il faut aimer, l'abondance des biens
Pour l'amour conjugal a de puissants liens,
La beauté, les attraits, le port, la bonne mine,
Echauffent bien les draps, mais non pas la cuisine,
Et l'hymen qui succède à ces folles amours
120 Pour quelques bonnes nuits, a bien de mauvais jours;
Une amitié si longue est fort mal assurée
Dessus des fondements de si peu de durée :
C'est assez qu'une femme ait un peu d'entregent,
La laideur est trop belle étant teinte en argent.
125 Et tu ne peux trouver de si douces caresses,
Dont le goût dure autant que celui des richesses.

Mélite paraît.

ÉRASTE

Auprès de ce bel œil qui tient mes sens ravis
A peine pourrais-tu conserver ton avis.

Tirsis

La raison en tous lieux est également forte.

Éraste

130 L'essai n'en coûte rien, Mélite est à sa porte,
Allons, et tu verras dans ses aimables traits
Tant de charmants appas, tant de divins attraits,
Que tu seras contraint d'avouer à ta honte,
Que si je suis un fou je le suis à bon compte.

Tirsis

135 Allons, et tu verras que toute sa beauté
Ne me saura tourner contre la vérité.

SCÈNE II

ÉRASTE, MÉLITE, TIRSIS

Éraste

Au péril de vous faire une histoire importune
Je viens vous raconter ma mauvaise fortune :
Ce jeune cavalier autant qu'il m'est ami
140 Autant est-il d'amour implacable ennemi,
Et pour moi, qui depuis que je vous ai servie
Ne l'ai pas moins prisé qu'une seconde vie,
Jugez si nos esprits se rapportant si peu
Pouvaient tomber d'accord, et parler de son feu ;
145 Je me suis donc piqué contre sa médisance
Avec tant de malheur, ou tant d'insuffisance,
Que les droits de l'amour bien que pleins d'équité
N'ont pu se garantir de sa subtilité,
Et je l'amène à vous n'ayant plus que répondre,
150 Assuré que vos yeux le sauront mieux confondre.

Mélite

Vous deviez l'assurer plutôt qu'il trouverait
En ce mépris d'amour qui le seconderait.

Tirsis

Si le cœur ne dédit ce que la bouche exprime
Et ne fait de l'amour une meilleure estime

155 Je plains les malheureux à qui vous en donnez
Comme à d'étranges maux par leur sort destinés.

MÉLITE

Ce reproche sans cause inopiné m'étonne,
Je ne reçois d'amour, et n'en donne à personne,
Les moyens de donner ce que je n'eus jamais ?

ÉRASTE

160 Ils vous sont trop aisés, et par vous désormais
La nature pour moi montre son injustice
A pervertir son cours pour croître mon supplice.

MÉLITE

Supplice imaginaire et qui sent son moqueur.

ÉRASTE

Supplice qui déchire, et mon âme et mon cœur.

MÉLITE

165 D'ordinaire on n'a pas avec si bon visage
Ni l'âme ni le cœur en un tel équipage.

ÉRASTE

Votre divin aspect suspendant mes douleurs
Mon visage du vôtre emprunte les couleurs.

MÉLITE

Faites mieux, pour finir vos maux et votre flamme
170 Empruntez tout d'un temps les froideurs de mon âme.

ÉRASTE

Vous voyant les froideurs perdent tout leur pouvoir,
Et vous n'en conservez qu'à faute de vous voir.

MÉLITE

Eh quoi! tous les miroirs ont-ils de fausses glaces ?

ÉRASTE

Penseriez-vous y voir la moindre de vos grâces ?
175 De si frêles sujets ne sauraient exprimer
Ce qu'amour dans les cœurs peut lui seul imprimer,
Et quand vous en voudrez croire leur impuissance,
Encor cette légère, et faible connaissance
Que vous aurez par eux de tant de rareté
180 Vous mettra hors du pair de toutes les beautés!

MÉLITE

Voilà trop vous tenir dans une complaisance
Que vous dussiez quitter du moins en ma présence,
Et ne démentir par le rapport de vos yeux
Afin d'avoir sujet de m'entreprendre mieux.

ÉRASTE

185 Le rapport de mes yeux aux dépens de mes larmes
Ne m'a que trop appris le pouvoir de vos charmes.

TIRSIS

Sur peine d'être ingrate il faut de votre part
Reconnaître les dons que le ciel vous départ.

ÉRASTE

Voyez que d'un second mon droit se fortifie.

MÉLITE

190 Mais plutôt son secours fait voir qu'il s'en défie.

TIRSIS

Je me range toujours avec la vérité.

MÉLITE

Si vous la voulez suivre, elle est de mon côté.

TIRSIS

Oui sur votre visage, et non en vos paroles :
Mais cessez de chercher ces refuites frivoles,
195 Et prenant désormais des sentiments plus doux
Ne soyez plus de glace à qui brûle pour vous.

MÉLITE

Un ennemi d'amour me tenir ce langage !
Accordez votre bouche avec votre courage,
Pratiquez vos conseils, ou ne m'en donnez pas.

TIRSIS

200 J'ai reconnu mon tort auprès de vos appas,
Il vous l'avait bien dit.

ÉRASTE

           Ainsi ma prophétie
Est, à ce que je vois, de tout point réussie.

Tirsis

Si tu pouvais produire en elle un même effet
Crois-moi, que ton bonheur serait bientôt parfait.

Mélite

205 Pour voir si peu de chose aussitôt vous dédire
Me donne à vos dépens de beaux sujets de rire,
Mais outre qu'il m'est doux de m'entendre flatter
Ma mère qui m'attend m'oblige à vous quitter,
Excusez ma retraite.

Éraste

Adieu belle inhumaine,
210 De qui seule dépend, et mon aise et ma peine.

Mélite

Plus sage à l'avenir quittez ces vains propos,
Et laissez votre esprit et le mien en repos.

SCÈNE III

ÉRASTE, TIRSIS

Éraste

Maintenant, suis-je un fou ? méritai-je du blâme ?
Que dis-tu de l'objet, que dis-tu de ma flamme ?

Tirsis

215 Que veux-tu que j'en die ? elle a je ne sais quoi
Qui ne peut consentir que l'on demeure à soi :
Mon cœur jusqu'à présent à l'amour invincible
Ne se maintient qu'à force aux termes d'insensible,
Tout autre que Tircis mourrait pour la servir.

Éraste

220 Confesse franchement qu'elle a su te ravir,
Mais que tu ne veux pas prendre pour cette belle
Avec le nom d'amant le titre d'infidèle.
Rien que notre amitié ne t'en peut détourner;
Mais ta Muse du moins s'en lairra suborner,
225 N'est-il pas vrai, Tirsis, déjà tu la disposes
A de puissants efforts pour de si belles choses ?

ACTE PREMIER, SCÈNE III

TIRSIS

En effet ayant vu tant et de tels appas,
Que je ne rime point, je ne le promets pas.

ÉRASTE

Garde aussi que tes feux n'outrepassent la rime.

TIRSIS

230 Si je brûle jamais je veux brûler sans crime.

ÉRASTE

Mais si sans y penser tu te trouvais surpris ?

TIRSIS

Quitte pour décharger mon cœur dans mes écrits.
J'aime bien ces discours de plaintes, et d'alarmes,
De soupirs, de sanglots, de tourments et de larmes,
235 C'est de quoi fort souvent je bâtis ma chanson,
Mais j'en connais, sans plus, la cadence et le son.
Souffre qu'en un sonnet, je m'efforce à dépeindre
Cet agréable feu que tu ne peux éteindre,
Tu le pourras donner comme venant de toi.

ÉRASTE

240 Ainsi ce cœur d'acier qui me tient sous sa loi
Verra ma passion pour le moins en peinture.
Je doute néanmoins qu'en cette portraiture
Tu ne suives plutôt tes propres sentiments.

TIRSIS

Me prépare le ciel de nouveaux châtiments,
245 Si jamais ce penser entre dans mon courage.

ÉRASTE

Adieu, je suis content, j'ai ta parole en gage,
Et sais trop que l'honneur t'en fera souvenir.

TIRSIS, *seul*,

En matière d'amour rien n'oblige à tenir,
Et les meilleurs amis lorsque son feu les presse
250 Font bientôt vanité d'oublier leur promesse.

SCÈNE IV

PHILANDRE, CLORIS

PHILANDRE

Je meure, mon souci, tu dois bien me haïr,
Tous mes soins depuis peu ne vont qu'à te trahir.

CLORIS

Ne m'épouvante point, à ta mine je pense
Que le pardon suivra de fort près cette offense
255 Sitôt que j'aurai su quel est ce mauvais tour.

PHILANDRE

Sache donc qu'il ne vient sinon de trop d'amour.

CLORIS

J'eusse osé le gager qu'ainsi par quelque ruse
Ton crime officieux porterait son excuse :
Mais n'importe, sachons.

PHILANDRE

Ton bel œil mon vainqueur
260 Fait naître chaque jour tant de feux en mon cœur,
Que leur excès m'accable, et que pour m'en défaire
Je recherche par où tu me pourras déplaire,
J'examine ton teint dont l'éclat me surprit,
Les traits de ton visage, et ceux de ton esprit,
265 Mais je n'en puis trouver un seul qui ne me plaise.

CLORIS

Et moi dans mes défauts encor suis-je bien aise
Qu'ainsi tes sens trompés, te forcent désormais
A chérir ta Cloris, et ne changer jamais.

PHILANDRE

Ta beauté te répond de ma persévérance,
270 Et ma foi qui t'en donne une entière assurance.

CLORIS

Voilà fort doucement dire que sans ta foi
Ma beauté ne pourrait te conserver à moi.

PHILANDRE

Je traiterais [trop] mal une telle maîtresse
De l'aimer seulement pour tenir ma promesse,
275 Ma passion en est la cause, et non l'effet :
Outre que tu n'as rien qui ne soit si parfait,
Qu'on ne peut te servir sans voir sur ton visage
De quoi rendre constant l'homme le plus volage.

CLORIS

Tu m'en vas tant conter de ma perfection,
280 Qu'à la fin j'en aurai trop de présomption.

PHILANDRE

S'il est permis d'en prendre à l'égal du mérite,
Tu n'en saurais avoir qui ne soit trop petite.

CLORIS

Mon mérite est si peu...

PHILANDRE

Tout beau, mon cher souci,
C'est me désobliger que de parler ainsi,
285 Nous devons vivre ensemble avec plus de franchise :
Ce refus obstiné d'une louange acquise
M'accuserait enfin de peu de jugement,
D'avoir tant pris de peine, et souffert de tourment,
Pour qui ne valait pas l'offre de mon service.

CLORIS

290 A travers tes discours si remplis d'artifice
Je découvre le but de ton intention,
C'est que te défiant de mon affection
Tu la veux acquérir par une flatterie.
Philandre, ces propos sentent la moquerie,
295 Une fausse louange est un blâme secret,
Epargne-moi de grâce, et songe plus discret
Qu'étant belle à tes yeux plus outre je n'aspire.

PHILANDRE

Que tu sais dextrement adoucir mon martyre !
Mais parmi les plaisirs qu'avec toi je ressens
300 A peine mon esprit ose croire à mes sens,
Toujours entre la crainte et l'espoir en balance,
Car s'il faut que l'amour naisse de ressemblance
Mes imperfections nous éloignant si fort
Qu'oserais-je prétendre en ce peu de rapport ?

Cloris

305 Du moins ne prétends pas qu'à présent je te loue,
Et qu'un mépris rusé que ton cœur désavoue
Me mette sur la langue un babil affeté
Pour te rendre à mon tour ce que tu m'as prêté :
Au contraire, je veux que tout le monde sache
310 Que je connais en toi des défauts que je cache,
Quiconque avec raison peut être négligé
A qui le veut aimer est bien plus obligé.

Philandre

Quant à toi tu te crois de beaucoup plus aimable ?

Cloris

Sans doute, et qu'aurais-tu qui me fût comparable ?

Philandre

315 Regarde dans mes yeux, et reconnais qu'en moi
On peut voir quelque chose aussi beau comme toi.

Cloris

C'est sans difficulté m'y voyant exprimée.

Philandre

Quitte ce vain orgueil dont ta vue est charmée,
Tu n'y vois que mon cœur qui n'a plus un seul trait
320 Que ceux qu'il a reçus de ton divin portrait
Et qui tout aussitôt que tu t'es fait paraître
Afin de te mieux voir, s'est mis à la fenêtre.

Cloris

Dois-je prendre ceci pour de l'argent comptant ?
Oui, Philandre, et mes yeux t'en vont montrer autant
325 Nos brasiers tout pareils ont mêmes étincelles.

Philandre

Ainsi, chère Cloris, nos ardeurs mutuelles
Dedans cette union prenant un même cours
Nous préparent un heur qui durera toujours,
Cependant un baiser accordé par avance
330 Soulagerait beaucoup ma pénible souffrance.

Cloris

Prends-le sans demander, poltron, pour un baiser
Crois-tu que ta Cloris te voulût refuser ?

SCÈNE DERNIÈRE

TIRSIS, PHILANDRE, CLORIS

Tirsis
Il les surprend sur ce baiser.

Voilà traiter l'amour justement bouche à bouche ;
C'est par où vous alliez commencer l'escarmouche ?
335 Encore n'est-ce pas trop mal passer son temps.

Philandre

Que t'en semble, Tirsis ?

Tirsis

     Je vous vois si contents,
Qu'à ne vous rien celer touchant ce qu'il me semble
Du divertissement que vous preniez ensemble,
Je pense ne pouvoir vous être qu'importun,
340 Vous feriez mieux un tiers, que d'en accepter un.

Cloris

Dis ce que tu voudras, nos feux n'ont point de crimes
Et pour t'appréhender ils sont trop légitimes,
Puisqu'un hymen sacré promis ces jours passés,
Sous ton consentement les autorise assez.

Tirsis

345 Ou je te connais mal, ou son heure tardive
Te désoblige fort de ce qu'elle n'arrive,
Cette légère amorce irritant tes désirs
Fait que l'illusion d'autres meilleurs plaisirs
Vient la nuit chatouiller ton espérance avide,
350 Mal satisfaite après de tant mâcher à vide.

Cloris

Ta belle humeur te tient, mon frère.

Tirsis
     Assurément.

Cloris

Le sujet ?

Tirsis

J'en ai trop dans ton contentement.

CLORIS

Le cœur t'en dit d'ailleurs.

TIRSIS

Il est vrai, je te jure,
J'ai vu je ne sais quoi.

CLORIS

Dis-le, je t'en conjure.

TIRSIS

355 Ma foi, si ton Philandre avait vu de mes yeux,
Tes affaires, ma sœur, n'en iraient guère mieux.

CLORIS

J'ai trop de vanité pour croire que Philandre
Trouve encor après moi qui puisse le surprendre.

TIRSIS

Tes vanités à part, repose-t'en sur moi,
360 Que celle que j'ai vue est bien autre que toi.

PHILANDRE

Parle mieux de l'objet dont mon âme est ravie,
Ce blasphème à tout autre aurait coûté la vie.

TIRSIS

Nous tomberons d'accord sans nous mettre en pourpoint.

CLORIS

Encor cette beauté ne la nomme-t-on point ?

TIRSIS

365 Non pas si tôt, adieu, ma présence importune
Te laisse à la merci d'amour, et de la brune.
Continuez les jeux que j'ai...

CLORIS

Tout beau gausseur,
Ne t'imagine point de contraindre une sœur,
N'importe qui l'éclaire en ces chastes caresses
370 Et pour te faire voir des preuves plus expresses,
Qu'elle ne craint en rien ta langue, ni tes yeux,
Philandre d'un baiser scelle encor tes adieux.

Philandre

Ainsi vienne bientôt cette heureuse journée
Qui nous donne le reste en faveur d'hyménée.

Tirsis

375 Sa nuit est bien plutôt ce que vous attendez,
Pour vous récompenser du temps que vous perdez.

ACTE II

SCÈNE PREMIÈRE

Éraste

Je l'avais bien prévu que cette âme infidèle
Ne se défendrait point des yeux de ma cruelle,
Qui traite mille amants avec mille mépris,
380 Et n'a point de faveurs que pour le dernier pris :
Même dès leur abord je lus sur son visage
De sa déloyauté l'infaillible présage,
Un inconnu frisson dans mon corps épandu
Me donna les avis de ce que j'ai perdu;
385 Mais hélas! qui pourrait gauchir sa destinée.
Son immuable loi dans le ciel burinée
Nous fait si bien courir après notre malheur
Que j'ai donné moi-même accès à ce voleur,
Le perfide qu'il est me doit sa connaissance,
390 C'est moi qui l'ai conduit, et mis en sa puissance,
C'est moi qui l'engageant à ce froid compliment
Ai jeté de mes maux le premier fondement.
Depuis cette volage évite ma rencontre,
Ou si malgré ses soins le hasard me la montre,
395 Si je puis l'aborder, son discours se confond,
Son esprit en désordre à peine me répond,
Une réflexion vers le traître qu'elle aime
Presques à tous moments le ramène en lui-même
Et tout rêveur qu'il est, il n'a point de soucis
400 Qu'un soupir ne trahisse au seul nom de Tirsis.

Lors par le prompt effet d'un changement étrange
Son silence rompu se déborde en louange,
Elle remarque en lui tant de perfections,
Que les moins avisés verraient ses passions,
405 Sa bouche ne se plaît qu'en cette flatterie,
Et tout autre propos lui rend sa rêverie.
Cependant chaque jour au babil attachés
Ils ne retiennent plus leurs sentiments cachés,
Ils ont des rendez-vous où l'amour les assemble,
410 Encor hier sur le soir je les surpris ensemble,
Encor tout de nouveau je la vois qui l'attend :
Que cet œil assuré marque un esprit content.
Sus donc perds tout respect, et tout soin de lui plaire,
Et rend dessus le champ ta vengeance exemplaire.
415 Non il vaut mieux s'en rire, et pour dernier effort
Lui montrer en raillant combien elle a de tort.

SCÈNE II

ÉRASTE, MÉLITE

ÉRASTE

Quoi ? seule et sans Tirsis ? vraiment c'est un prodige,
Et ce nouvel amant déjà trop vous néglige,
Laissant ainsi couler la belle occasion
420 De vous conter l'excès de son affection.

MÉLITE

Vous savez que son âme en est fort dépourvue.

ÉRASTE

Toutefois, ce dit-on, depuis qu'il vous a vue,
Ses chemins par ici s'adressent tous les jours,
Et ses plus grands plaisirs ne sont qu'en vos discours.

MÉLITE

425 Et ce n'est pas aussi sans cause qu'il les prise,
Puis qu'outre que l'amour comme lui je méprise,
Sa froideur que redouble un si lourd entretien
Le résout d'autant mieux à n'aimer jamais rien.

ÉRASTE
Dites à n'aimer rien que la belle Mélite.

MÉLITE
430 Pour tant de vanité j'ai trop peu de mérite.

ÉRASTE
En faut-il tant avoir pour ce nouveau venu ?

MÉLITE
Un peu plus que pour vous.

ÉRASTE
De vrai, j'ai reconnu,
Vous ayant pu servir deux ans et davantage,
Qu'il faut si peu que rien à toucher mon courage.

MÉLITE
435 Encor si peu que c'est vous étant refusé,
Présumez comme ailleurs vous serez méprisé.

ÉRASTE
Vos mépris ne sont pas de grande conséquence,
Et ne vaudront jamais la peine que j'y pense,
Sachant qu'il vous voyait, je m'étais bien douté
440 Que je ne serais plus que fort mal écouté.

MÉLITE
Sans que mes actions de plus près j'examine,
A la meilleure humeur je fais meilleure mine,
Et s'il m'osait tenir de semblables discours,
Nous romprions ensemble avant qu'il fût deux jours.

ÉRASTE
445 Si chaque objet nouveau de même vous engage,
Il ne tardera guère à changer de langage,
Caressé maintenant aussitôt qu'aperçu
Qu'aurait-il à se plaindre étant si bien reçu ?

MÉLITE
Eraste, voyez-vous, trêve de jalousie,
450 Purgez votre cerveau de cette frénésie,
Laissez en liberté mes inclinations,
Qui vous a fait censeur de mes affections ?
Vraiment, c'est bien à vous que j'en dois rendre compte.

ÉRASTE

Aussi j'ai seulement pour vous un peu de honte
455 Qu'on murmure partout du trop de privauté,
Que déjà vous souffrez à sa témérité.

MÉLITE

Ne soyez en souci que de ce qui vous touche.

ÉRASTE

Le moyen sans regret de vous voir si farouche
Aux légitimes vœux de tant de gens d'honneur,
460 Et d'ailleurs si facile à ceux d'un suborneur ?

MÉLITE

Ce n'est pas contre lui qu'il faut en ma présence
Lâcher les traits jaloux de votre médisance.
Adieu, souvenez-vous que ces mots insensés
L'avanceront chez moi plus que vous ne pensez.

SCÈNE III

ÉRASTE

465 C'est là donc ce qu'enfin me gardait ta malice ?
C'est ce que j'ai gagné par deux ans de service ?
C'est ainsi que mon feu s'étant trop abaissé
D'un outrageux mépris se voit récompensé ?
Tu me préfères donc un traître qui te flatte ?
470 Inconstante beauté, lâche, perfide, ingrate,
De qui le choix brutal se porte au plus mal fait,
Tu l'estimes à faux, tu verras à l'effet
Par le peu de rapport que nous avons ensemble
Qu'un honnête homme et lui n'ont rien qui se ressemble.
475 Que dis-je, tu verras ? il vaut autant que mort,
Ma valeur, mon dépit, ma flamme en sont d'accord,
Il suffit, les destins bandés à me déplaire
Ne l'arracheraient pas à ma juste colère.
Tu démordras, parjure, et ta déloyauté
480 Maudira mille fois sa fatale beauté.
Si tu peux te résoudre à mourir en brave homme,
Dès demain un cartel, l'heure, et le lieu te nomme.
Insensé que je suis! hélas, où me réduit
Ce mouvement bouillant dont l'ardeur me séduit!

ACTE II, SCÈNE IV

485 Quel transport déréglé! quelle étrange échappée!
Avec un affronteur mesurer mon épée!
C'est bien contre un brigand qu'il me faut hasarder,
Contre un traître qu'à peine on devrait regarder,
Lui faisant trop d'honneur moi-même je m'abuse,
490 C'est contre lui qu'il faut n'employer que la ruse :
Il fut toujours permis de tirer sa raison
D'une infidélité par une trahison :
Vis doncques déloyal, vis, mais en assurance
Que tout va désormais tromper ton espérance,
495 Que tes meilleurs amis s'armeront contre toi,
Et te rendront encor plus malheureux que moi.
J'en sais l'invention qu'un voisin de Mélite
Exécutera trop aussitôt que prescrite.
Pour n'être qu'un maraud, il est assez subtil.

SCÈNE IV

ÉRASTE, CLITON

ÉRASTE

500 Holà! ho, vieil ami.

CLITON

Monsieur, que vous plaît-il ?

ÉRASTE

Me voudrais-tu servir en quelque bonne affaire ?

CLITON

Dans un empêchement fort extraordinaire
Je ne puis m'éloigner un seul moment d'ici.

ÉRASTE

Va, tu n'y perdras rien, et d'avance voici
505 Une part des effets qui suivent mes paroles.

CLITON

Allons, malaisément gagne-t-on dix pistoles.

SCÈNE V

TIRSIS, CLORIS

Tirsis
Ma sœur, un mot d'avis sur un méchant sonnet
Que je viens de brouiller dedans mon cabinet.

Cloris
C'est à quelque beauté que ta Muse l'adresse ?

Tirsis
510 En faveur d'un ami je flatte sa maîtresse,
Vois si tu le connais, et si parlant pour lui
J'ai su m'accommoder aux passions d'autrui.

SONNET

Après l'œil de Mélite il n'est rien d'admirable.

Cloris
Ha ! frère, il n'en faut plus.

Tirsis
                Tu n'es pas supportable.
515 De me rompre si tôt.

Cloris
              C'était sans y penser,

Achève.

Tirsis
Tais-toi donc, je vais recommencer.

SONNET

Après l'œil de Mélite il n'est rien d'admirable,
Il n'est rien de solide après ma loyauté,
Mon feu comme son teint se rend incomparable,
520 Et je suis en amour ce qu'elle est en beauté.

Quoi que puisse à mes sens offrir la nouveauté,
Mon cœur à tous ses traits demeure invulnérable :
Et bien qu'elle ait au sien la même cruauté,
Ma foi pour ses rigueurs n'en est pas moins durable.

525 C'est donc avec raison que mon extrême ardeur
Trouve chez cette belle une extrême froideur,
Et que sans être aimé je brûle pour Mélite :

Car de ce que les Dieux nous envoyant au jour
Donnèrent pour nous deux d'amour, et de mérite,
530 Elle a tout le mérite, et moi j'ai tout l'amour.

CLORIS

Tu l'as fait pour Eraste ?

TIRSIS

Oui, j'ai dépeint sa flamme.

CLORIS

Comme tu la ressens peut-être dans ton âme ?

TIRSIS

Tu sais mieux qui je suis, et que ma libre humeur
N'a de part en mes vers que celle de rimeur.

CLORIS

535 Pauvre frère, vois-tu, ton silence t'abuse,
De la langue, ou des yeux, n'importe qui t'accuse,
Les tiens m'avaient bien dit, malgré toi, que ton cœur
Soupirait sous les lois de quelque objet vainqueur,
Mais j'ignorais encor qui tenait ta franchise,
540 Et le nom de Mélite a causé ma surprise
Sitôt qu'au premier vers ton sonnet m'a fait voir
Ce que depuis huit jours je brûlais de savoir.

TIRSIS

Tu crois donc que j'en tiens ?

CLORIS

Fort avant.

TIRSIS

Pour Mélite ?

CLORIS

Pour Mélite, et de plus que ta flamme n'excite
545 Dedans cette maîtresse aucun embrasement.

TIRSIS

Qui t'en a tant appris ? mon sonnet ?

CLORIS
                    Justement.

TIRSIS

Et c'est ce qui te trompe avec tes conjectures,
Et par où ta finesse a mal pris ses mesures,
Un visage jamais ne m'aurait arrêté
550 S'il fallait que l'amour fût tout de mon côté.
Ma rime seulement est un portrait fidèle
De ce qu'Eraste souffre en servant cette belle
Mais quand je l'entretiens de mon affection
J'en ai toujours assez de satisfaction.

CLORIS

555 Montre, si tu dis vrai, quelque peu plus de joie,
Et rends-toi moins rêveur afin que je te croie.

TIRSIS

Je rêve, et mon esprit ne s'en peut exempter,
Car sitôt que je viens à me représenter,
Qu'une vieille amitié de mon amour s'irrite,
560 Qu'Eraste m'en retire, et s'oppose à Mélite,
Tantôt je suis ami, tantôt je suis rival,
Et toujours balancé d'un contrepoids égal
J'ai honte de me voir insensible, ou perfide,
Si l'amour m'enhardit, l'amitié m'intimide,
565 Entre ces mouvements mon esprit partagé
Ne sait duquel des deux il doit prendre congé.

CLORIS

Voilà bien des détours pour dire au bout du compte
Que c'est contre ton gré que l'amour te surmonte;
Tu présumes par là me le persuader,
570 Mais ce n'est pas ainsi qu'on m'en baille à garder,
A la mode du temps, quand nous servons quelque autre;
C'est seulement alors qu'il n'y va rien du nôtre,
Un chacun à soi-même est son meilleur ami
Et tout autre intérêt ne touche qu'à demi.

TIRSIS

575 Que du foudre à tes yeux j'éprouve la furie,
Si rien que ce rival cause ma rêverie.

Cloris

C'est donc assurément son bien qui t'est suspect,
Son bien te fait rêver, et non pas son respect,
Et toute amitié bas, tu crains que sa richesse
580 En dépit de tes feux n'emporte ta maîtresse.

Tirsis

Tu devines, ma sœur, cela me fait mourir.

Cloris

Vaine frayeur pourtant dont je veux te guérir.

Tirsis

M'en guérir !

Cloris

Laisse faire, Eraste sert Mélite,
Non pas ? mais depuis quand ?

Tirsis

Depuis qu'il la visite
585 Deux ans se sont passés.

Cloris

Mais dedans ses discours
Parle-t-il d'épouser ?

Tirsis

Oui, presque tous les jours.

Cloris

Donc sans l'appréhender poursuis ton entreprise,
Avecque tout son bien Mélite le méprise,
Puisqu'on voit sans effet deux ans d'affection,
590 Tu ne dois plus douter de son aversion,
Le temps ne la rendra que plus grande et plus forte,
On prend au premier bond les hommes de sa sorte,
De crainte que la longue ils n'éteignent leur feu.

Tirsis

Mais il faut redouter une mère.

Cloris

Aussi peu.

Tirsis

595 Sa puissance pourtant sur elle est absolue.

CLORIS

Oui mais déjà l'affaire en serait résolue
Et ton rival aurait de quoi se contenter
Si sa mère était femme à la violenter.

TIRSIS

Pour de si bons avis il faut que je te baise,
600 Mais si je t'abandonne, excuse mon trop d'aise,
Avec cette lumière et ma dextérité
J'en veux aller savoir toute la vérité.
Adieu.

CLORIS

     Moi je m'en vais dans le logis attendre
Le retour désiré du paresseux Philandre,
605 Un baiser refusé lui fera souvenir
Qu'il faut une autre fois tarder moins à venir.

SCÈNE VI

ÉRASTE, CLITON

Il baille une lettre à Cliton.

ÉRASTE

Cours vite chez Philandre, et dis-lui que Mélite
A dedans ce papier sa passion décrite,
Dis-lui que sa pudeur ne saurait plus cacher
610 Un feu qui la consomme, et qu'elle tient si cher :
Mais prends garde surtout à bien jouer ton rôle,
Remarque sa couleur, son maintien, sa parole,
Vois si dans la lecture un peu d'émotion
Ne te montrera rien de son intention.

CLITON

615 Cela vaut fait, Monsieur.

ÉRASTE

     Mais avec ton message
Tâche si dextrement de tourner son courage
Que tu viennes à bout de sa fidélité.

ACTE II, SCÈNE VII

Cliton

Monsieur, reposez-vous sur ma subtilité
Il faudra malgré lui qu'il donne dans le piège
620 Ma tête sur ce point vous servira de plège
Mais aussi, vous savez... *Cliton rentre.*

Éraste

Oui, va, sois diligent,
Ces âmes du commun font tout pour de l'argent
Et sans prendre intérêt au dessein de personne
Leur service, et leur foi sont à qui plus leur donne,
625 Quand ils sont éblouis de ce traître métal
Ils ne distinguent plus le bien d'avec le mal,
Le seul espoir du gain règle leur conscience,

Cliton ressort brusquement.

Mais tu reviens bien tôt, est-ce fait ?

Cliton

Patience,
Monsieur, en vous donnant un moment de loisir,
630 Il ne tiendra qu'à vous d'en avoir le plaisir.

Éraste

Comment ?

Cliton

De ce carfour j'ai vu venir Philandre,
Cachez-vous en ce coin, et de là sachez prendre

Philandre paraît, et Eraste se cache.

L'occasion commode à seconder mes coups,
Par là nous le tenons, le voici, sauvez-vous.

SCÈNE VII

PHILANDRE, ÉRASTE, CLITON

Philandre

635 Quelle réception me fera ma maîtresse ?
Le moyen d'excuser une telle paresse ?

Cliton

Monsieur, tout à propos je vous rencontre ici
Expressément chargé de vous rendre ceci.

Philandre

Qu'est-ce ?

Cliton

Vous allez voir en lisant cette lettre
640 Ce qu'un homme jamais ne s'oserait promettre,
Ouvrez-la seulement.

Philandre

Tu n'es rien qu'un conteur.

Cliton

Je veux mourir au cas qu'on me trouve menteur.

LETTRE SUPPOSÉE
DE MÉLITE A PHILANDRE

Malgré le devoir et la bienséance du sexe, celle-ci m'échappe en faveur de vos mérites ; pour vous apprendre que c'est Mélite qui vous écrit, et qui vous aime. Si elle est assez heureuse pour recevoir de vous une réciproque affection, contentez-vous de cet entretien par lettres jusques à ce qu'elle ait ôté de l'esprit de sa mère quelques personnes qui n'y sont que trop bien pour son contentement.

Cependant que Philandre lit, Eraste s'approche par-derrière, et feignant d'avoir lu par-dessus son épaule, il lui saisit la main encore pleine de la lettre toute déployée.

Éraste

C'est donc la vérité que la belle Mélite
Fait du brave Philandre une louable élite,
645 Et qu'il obtient ainsi de sa seule vertu
Ce qu'Eraste et Tirsis ont en vain débattu ?
Vraiment dans un tel choix mon regret diminue,
Outre qu'une froideur depuis peu survenue
Portait nos deux esprits à s'entrenégliger,
650 Si bien que je cherchais par où m'en dégager.

Philandre

Me dis-tu que Tirsis brûle pour cette belle ?

Éraste

Il en meurt.

ACTE II, SCÈNE VII

PHILANDRE
Ce courage à l'amour si rebelle ?

ÉRASTE
Lui-même.

PHILANDRE
Si ton feu commence à te lasser,
Pour un si bon ami tu peux y renoncer,
655 Sinon, pour mon regard ne cesse de prétendre,
Etant pris une fois je ne suis plus à prendre,
Tout ce que je puis faire à son brasier naissant
C'est de le revancher par un zèle impuissant,
Et ma Cloris la prie afin de s'en distraire
660 De tourner ce qu'elle a de flamme vers son frère.

ÉRASTE
Auprès de sa beauté qu'est-ce que ta Cloris ?

PHILANDRE
Un peu plus de respect pour ce que je chéris.

ÉRASTE
Je veux qu'elle ait en soi quelque chose d'aimable,
Mais la peux-tu juger à l'autre comparable ?

PHILANDRE
665 Soit comparable, ou non, je n'examine pas
Si des deux l'une ou l'autre a plus ou moins d'appas,
J'ai promis d'aimer l'une, et c'est où je m'arrête.

ÉRASTE
Avise toutefois, le prétexte est honnête.

PHILANDRE
J'en serais mal voulu des hommes et des Dieux.

ÉRASTE
670 On pardonne aisément à qui trouve son mieux.

PHILANDRE
Mais en quoi gît ce mieux ?

ÉRASTE
Ce mieux gît en richesse.

PHILANDRE

O le sale motif à changer de maîtresse !

ÉRASTE

En amour.

PHILANDRE

Ma Cloris m'aime si chèrement
Qu'un plus parfait amour ne se voit nullement.

ÉRASTE

675 Tu le verras assez, si tu veux prendre garde
A ce qu'à ton sujet l'une et l'autre hasarde,
L'une en t'aimant s'expose au péril d'un mépris,
L'autre ne t'aime point que tu n'en sois épris.
L'une t'aime engagé vers une autre moins belle.
680 L'autre se rend sensible à qui n'aime rien qu'elle :
L'une au desçu des siens te montre son ardeur,
Et l'autre après leur choix quitte un peu sa froideur :
L'une...

PHILANDRE

Adieu, des raisons de si peu d'importance
N'ont rien qui soit bastant, d'ébranler ma constance.
685 Dans deux heures d'ici tu viendras me revoir.

*Il dit ce dernier vers comme à l'oreille de
Cliton, et rentrent tous deux chacun de leur côté.*

CLITON

Disposez librement de mon petit pouvoir.

ÉRASTE, *seul.*

Il a beau déguiser, il a goûté l'amorce,
Cloris déjà sur lui n'a presque plus de force,
Ainsi je suis deux fois vengé du ravisseur
690 Ruinant tout ensemble et le frère et la sœur.

SCÈNE DERNIÈRE

TIRSIS, ÉRASTE, MÉLITE

TIRSIS

Eraste, arrête un peu.

ÉRASTE

Que me veux-tu ?

ACTE II, SCÈNE DERNIÈRE 73

Tirsis

                      Te rendre
Ce sonnet que pour toi je promis d'entreprendre.

Mélite

*Elle paraît au travers d'une jalousie, et dit
ces vers cependant qu'Eraste lit le sonnet tout bas.*

Que font-ils là tous deux ? qu'ont-ils à démêler ?
Ce jaloux à la fin le pourra quereller,
695 Du moins les compliments dont peut-être ils se jouent
Sont des civilités qu'en l'âme ils désavouent.

Tirsis

Il montre du doigt la fin de son sonnet à Eraste.

J'y donne une raison de ton sort inhumain.
Allons, je le veux voir présenter de ta main
A ce divin objet dont ton âme est blessée.

Éraste

*Feignant de lui rendre son sonnet, il le fait choir
et Tirsis le ramasse.*

700 Une autre fois, Tirsis, quelque affaire pressée
Fait que je ne saurais pour l'heure m'en charger,
Tu trouveras ailleurs un meilleur messager.

Tirsis, *seul.*

La belle humeur de l'homme! ô Dieux! quel personnage!
Quel ami j'avais fait de ce plaisant visage!
705 Une mine froncée, un regard de travers,
C'est le remercîment que j'aurai de mes vers,
Je manque à son avis d'assurance ou d'adresse
Pour les donner moi-même à sa jeune maîtresse,
Et prendre ainsi le temps de dire à sa beauté
710 L'empire que ses yeux ont sur ma liberté.
Je pense l'entrevoir par cette jalousie:
Oui, mon âme de joie en est toute saisie.

Mélite se retire de la jalousie et descend.

Hélas! et le moyen de lui pouvoir parler
Si mon premier aspect l'oblige à s'en aller ?
715 Que d'un petit coup d'œil l'aise m'est cher vendue!
Toutefois tout va bien, la voilà descendue,
Ses regards pleins de feux s'entendent avec moi,
Que dis-je, en s'avançant elle m'appelle à soi.

MÉLITE

Hé bien, qu'avez-vous fait de votre compagnie ?

TIRSIS

720 Je ne puis rien juger de ce qui l'a bannie,
A peine ai-je eu loisir de lui dire deux mots
Qu'aussitôt le fantasque en me tournant le dos
S'est échappé de moi.

MÉLITE

Sans doute il m'aura vue,
Et c'est de là que vient cette fuite impourvue.

TIRSIS

725 Vous aimant comme il fait, qui l'eût jamais pensé ?

MÉLITE

Vous ne savez donc rien de ce qui s'est passé ?

TIRSIS

J'aimerais beaucoup mieux savoir ce qui se passe,
Et la part qu'a Tirsis en votre bonne grâce.

MÉLITE

Meilleure aucunement qu'Eraste ne voudroit.
730 Je n'ai jamais connu d'amant si maladroit,
Il ne saurait souffrir qu'autre que lui m'approche,
Dieux! qu'à votre sujet il m'a fait de reproche!
Vous ne sauriez me voir sans le désobliger.

TIRSIS

Et de tous mes soucis, c'est là le plus léger,
735 Toute une légion de rivaux de sa sorte
Ne divertirait pas l'amour que je vous porte,
Qui ne craindra jamais les humeurs d'un jaloux.

MÉLITE

Aussi le croit-il bien ou je me trompe.

TIRSIS

Et vous ?

MÉLITE

Bien que ce soit un heur où prétendre je n'ose
740 Pour lui faire dépit j'en croirai quelque chose.

ACTE II, SCÈNE DERNIÈRE

TIRSIS

Mais afin qu'il reçût un entier déplaisir
Il faudrait que nos cœurs n'eussent plus qu'un désir,
Et quitter ces discours de volontés sujettes
Qui ne sont point de mise en l'état où vous êtes,
745 Consultez seulement avecques vos appas,
Songez à leurs effets, et ne présumez pas
Avoir sur tout le monde un pouvoir si suprême
Sans qu'il vous soit permis d'en user sur vous-même ;
Un si digne sujet ne reçoit point de loi,
750 De règle, ni d'avis d'un autre que de soi.

MÉLITE

Ton mérite plus fort que ta raison flatteuse
Me rend, je le confesse, un peu moins scrupuleuse,
Je dois tout à ma mère, et pour tout autre amant
Je m'en voudrais remettre à son commandement :
755 Mais attendre pour toi l'effet de sa puissance
Sans te rien témoigner que par obéissance,
Tirsis, ce serait trop, tes rares qualités
Dispensent mon devoir de ces formalités.

TIRSIS

Souffre donc qu'un baiser cueilli dessus ta bouche
760 M'assure entièrement que mon amour te touche.

MÉLITE

Ma parole suffit.

TIRSIS

Ha ! j'entends bien que c'est,
Un peu de violence en t'excusant te plaît.

MÉLITE

Folâtre, j'aime mieux abandonner la place.
Car tu sais dérober avec si bonne grâce
765 Que bien que ton larcin me fâche infiniment
Je ne puis rien donner à mon ressentiment.

TIRSIS

Auparavant l'adieu, reçois de ma constance
Dedans ce peu de vers l'éternelle assurance.

MÉLITE

Garde bien ton papier, et pense qu'aujourd'hui
770 Mélite veut te croire autant et plus que lui.

Tirsis

Il lui coule le sonnet dans le sein comme elle se dérobe.

Par ce refus mignard qui porte un sens contraire
Ton feu m'instruit assez de ce que je dois faire.
O ciel, je ne crois pas que sous ton large tour
Un mortel eut jamais tant d'heur, ni tant d'amour.

ACTE III

SCÈNE PREMIÈRE

Philandre

775 Tu l'as gagné, Mélite, il ne m'est plus possible
D'être à tant de faveurs désormais insensible,
Tes lettres où sans fard tu dépeins ton esprit,
Tes lettres où ton cœur est si bien par écrit
Ont charmé tous mes sens de leurs douces promesses,
780 Leur attente vaut mieux, Cloris, que tes caresses :
Ah, Mélite, pardon, je t'offense à nommer
Celle qui m'empêcha si longtemps de t'aimer.
Souvenirs importuns d'une amante laissée
Qui venez malgré moi remettre en ma pensée
785 Un portrait que j'en veux tellement effacer,
Que le sommeil ait peine à me le retracer
Hâtez-vous de sortir sans plus troubler ma joie
Et retournant trouver celle qui vous envoie
Dites-lui de ma part pour la dernière fois
790 Qu'elle est en liberté de faire un autre choix
Que ma fidélité n'entretient plus ma flamme,
Ou que s'il m'en demeure encore un peu dans l'âme,
Je souhaite en faveur de ce reste de foi
Qu'elle puisse gagner au change autant que moi :
795 Dites-lui de ma part que depuis que le monde
Du milieu du chaos tira sa forme ronde,
C'est la première fois que ces vieux ennemis
Le change et la raison sont devenus amis.

Dites-lui que Mélite ainsi qu'une Déesse
800 Est de tous nos désirs souveraine maîtresse,
Dispose de nos cœurs, force nos volontés,
Et que par son pouvoir nos destins surmontés
Se tiennent trop heureux de prendre l'ordre d'elle,
Enfin que tous mes vœux...

SCÈNE II

TIRSIS, PHILANDRE

TIRSIS

Philandre.

PHILANDRE

Qui m'appelle ?

TIRSIS

805 Tirsis dont le bonheur au plus haut point monté
Ne peut être parfait sans te l'avoir conté.

PHILANDRE

Tu me fais trop d'honneur en cette confidence.

TIRSIS

J'userais envers toi d'une sotte prudence
Si je faisais dessein de te dissimuler
810 Ce qu'aussi bien mes yeux ne sauraient te celer.

PHILANDRE

En effet, si l'on peut te juger au visage,
Si l'on peut par tes yeux lire dans ton courage,
Je ne croirai jamais qu'à force de rêver
Au sujet de ta joie on le puisse trouver,
815 Rien n'atteint, ce me semble, aux signes qu'ils en donnent.

TIRSIS

Que fera le sujet si les signes t'étonnent ?
Mon bonheur est plus grand qu'on ne peut soupçonner,
C'est quand tu l'auras su qu'il faudra t'étonner.

PHILANDRE

Je ne le saurai pas sans marque plus expresse.

Tirsis

820 Possesseur autant vaut...

Philandre

De quoi ?

Tirsis

D'une maîtresse,
Belle, honnête, gentille, et dont l'esprit charmant
De son seul entretien peut ravir un amant,
En un mot de Mélite.

Philandre

Il est vrai qu'elle est belle,
Tu n'as pas mal choisi. Mais...

Tirsis

Quoi mais ?

Philandre

T'aime-t-elle ?

Tirsis

825 Cela n'est plus en doute.

Philandre

Et de cœur ?

Tirsis

Et de cœur,
Je t'en réponds.

Philandre

Souvent un visage moqueur
N'a que le beau semblant d'une mine hypocrite.

Tirsis

Je ne crains pas cela du côté de Mélite.

Philandre

Ecoute, j'en ai vu de toutes les façons.
830 J'en ai vu qui semblaient n'être que des glaçons
Dont le feu gourmandé par une adroite feinte
S'allumait d'autant plus qu'il souffrait de contrainte :
J'en ai vu, mais beaucoup, qui sous le faux appas
Des preuves d'un amour qui ne les touchait pas
835 Prenaient du passe-temps d'une folle jeunesse
Qui se laisse affiner à ces traits de souplesse

ACTE III, SCÈNE II

Et pratiquaient sous main d'autres affections,
Mais j'en ai vu fort peu de qui les passions
Fussent d'intelligence avecques le visage.

TIRSIS

840 Et de ce petit nombre est celle qui m'engage,
De sa possession je me tiens aussi seur
Que tu te peux tenir de celle de ma sœur.

PHILANDRE

Doncques si ta raison ne se trouve déçue
Ces deux amours auront une pareille issue ?

TIRSIS

845 Si cela n'arrivait je me tromperais fort.

PHILANDRE

Pour te faire plaisir, j'en veux être d'accord,
Cependant apprends-moi comment elle te traite,
Et qui te fait juger son amour si parfaite.

TIRSIS

Une parfaite amour a trop de truchements
850 Par qui se faire entendre aux esprits des amants
Un clin d'œil, un soupir.

PHILANDRE

Ces choses ridicules
Ne servent qu'à piper des âmes trop crédules.
N'as-tu rien que cela ?

TIRSIS

Sa parole, et sa foi.

PHILANDRE

Encor c'est quelque chose, achève et conte-moi
855 Les douceurs que la belle à toute autre farouche
T'a laissé dérober sur ses yeux, sur sa bouche,
Sur sa gorge, ou que sais-je ?

TIRSIS

Ah, ne présume pas
Que ma témérité profane ses appas,
Et quand bien j'aurais eu tant d'heur, ou d'insolence,
860 Ce secret étouffé dans la nuit du silence
N'échapperait jamais à ma discrétion.

Philandre

Quelques lettres du moins pleines d'affection
Témoignent son ardeur ?

Tirsis

Ces faibles témoignages
D'une vraie amitié sont d'inutiles gages,
865 Je n'en veux, et n'en ai point d'autre que sa foi.

Philandre

Je sais donc bien quelqu'un plus avancé que toi.

Tirsis

Plus avancé que moi ? j'entends qui tu veux dire,
Mais il n'a garde d'être en état de me nuire,
Ce n'est pas d'aujourd'hui qu'Eraste a son congé.

Philandre

870 Celui dont je te parle est bien mieux partagé.

Tirsis

Je ne sache que lui qui soupire pour elle.

Philandre

Je ne te tiendrai point plus longtemps en cervelle,
Pendant qu'elle t'amuse avec ses beaux discours
Un rival inconnu possède ses amours,
875 Et la dissimulée, au mépris de ta flamme,
Par lettres chaque jour lui fait don de son âme.

Tirsis

De telles trahisons lui sont trop en horreur.

Philandre

Je te veux par pitié tirer de cette erreur,
Tantôt, sans y penser, j'ai trouvé cette lettre,
880 Tiens, vois ce que tu peux désormais t'en promettre.

LETTRE SUPPOSÉE
DE MÉLITE A PHILANDRE

Je commence à m'estimer quelque chose puisque je vous plais, et mon miroir m'offense tous les jours ne me représentant pas assez belle comme je m'imagine qu'il faut être pour mériter votre affection. Aussi la pauvre Mélite ne la croit posséder que par faveur ou comme une récompense extraordinaire d'un excès d'amour, dont elle tâche de suppléer au défaut des grâces que le ciel lui a refusées.

PHILANDRE

Maintenant qu'en dis-tu ? n'est-ce pas t'affronter ?

TIRSIS

Cette lettre en tes mains ne peut m'épouvanter.

PHILANDRE

La raison ?

TIRSIS

Le porteur a su combien je t'aime,
Et par un gentil trait il t'a pris pour moi-même,
885 D'autant que ce n'est qu'un de deux parfaits amis.

PHILANDRE

Voilà bien te flatter plus qu'il ne t'est permis,
Et pour ton intérêt dextrement te méprendre.

TIRSIS

On t'en aura donné quelque autre pour me rendre
Afin qu'encore un coup je sois ainsi déçu.

PHILANDRE

890 C'est par là qu'il t'en plaît ? oui-dà j'en ai reçu
Encore une qu'il faut que je te restitue.

TIRSIS

Dépêche, ta longueur importune me tue.

AUTRE LETTRE
SUPPOSÉE DE MÉLITE A PHILANDRE

Vous n'avez plus affaire qu'à Tirsis, je le souffre encore, afin que par sa hantise je remarque plus exactement ses défauts, et les fasse mieux goûter à ma mère. Après cela Philandre et Mélite auront tout loisir de rire ensemble des belles imaginations dont le frère et la sœur ont repu leurs espérances.

Philandre

Te voilà tout rêveur, cher ami, par ta foi
Crois-tu que celle-là s'adresse encor à toi ?

Tirsis

895 Traître, c'est donc ainsi que ma sœur méprisée
Sert à ton changement d'un sujet de risée,
Qu'à tes suasions Mélite osant manquer
A ce qu'elle a promis ne s'en fait que moquer,
Qu'oubliant tes serments, déloyal, tu subornes
900 Un amour qui pour moi devait être sans bornes ?
Avise à te défendre, un affront si cruel
Ne se peut réparer à moins que d'un duel,
Il faut que pour tous deux ta tête me réponde.

Philandre

Si pour te voir trompé, tu te déplais au monde,
905 Cherche en ce désespoir qui t'en veuille arracher,
Quant à moi, ton trépas me coûterait trop cher,
Il me faudrait après par une prompte fuite
Eloigner trop longtemps les beaux yeux de Mélite.

Tirsis

Ce discours de bouffon ne me satisfait pas,
910 Nous sommes seuls ici, dépêchons, pourpoint bas.

Philandre

Vivons plutôt amis, et parlons d'autre chose.

Tirsis

Tu n'oserais, je pense...

Philandre

Il est tout vrai, je n'ose,
Ni mon sang, ni ma vie en péril exposer :
Ils ne sont plus à moi, je n'en puis disposer,
915 Adieu, celle qui veut qu'à présent je la serve
Mérite que pour elle ainsi je me conserve.

SCÈNE III

Tirsis

Quoi ? tu t'enfuis, perfide, et ta légèreté,
T'ayant fait criminel, te met en sûreté ?
Reviens, reviens défendre une place usurpée,
920 Celle qui te chérit vaut bien un coup d'épée,
Fais voir que l'infidèle en se donnant à toi
A fait choix d'un amant qui valait mieux que moi,
Soutiens son jugement, et sauve ainsi de blâme
Celle qui pour la tienne a négligé ma flamme.
925 Crois-tu qu'on la mérite à force de courir ?
Peux-tu m'abandonner ses faveurs sans mourir ?
Si de les plus garder ton peu d'esprit se lasse,
Viens me dire du moins ce qu'il faut que j'en fasse.
Ne t'en veux-tu servir qu'à me désabuser ?
930 N'ont-elles point d'effet qui soit plus à priser ?
O lettres, ô faveurs indignement placées,
A ma discrétion honteusement laissées,
O gages qu'il néglige ainsi que superflus,
Je ne sais qui des trois vous diffamez le plus,
935 De moi, de ce perfide, ou bien de sa maîtresse,
Car vous nous apprenez qu'elle est une traîtresse,
Son amant un poltron, et moi sans jugement
De n'avoir rien prévu de son déguisement.
Mais que par ces transports ma raison est surprise !
940 Pour ce manque de cœur qu'à tort je le méprise !
(Hélas ! à mes dépens, je le puis bien savoir.)
Quand on a vu Mélite on n'en peut plus avoir.
Fuis donc, homme sans cœur, va dire à ta volage
Combien sur ton rival ta fuite a d'avantage,
945 Et que ton pied léger ne laisse à ma valeur
Que les vains mouvements d'une juste douleur,
Ce lâche naturel qu'elle fait reconnaître
Ne t'aimera pas moins étant poltron que traître.
Traître et poltron ! voilà les belles qualités
950 Qui retiennent les sens de Mélite enchantés.
Aussi le fallait-il que cette âme infidèle,
Changeant d'affection, prît un traître comme elle,
Et la jeune rusée a bien su rechercher
Un qui n'eût sur ce point rien à lui reprocher,

Cependant que leurré d'une fausse apparence
Je repaissais de vent ma frivole espérance.
Mais je le méritais, et ma facilité
Tentait trop puissamment son infidélité,
Je croyais à ses yeux, à sa mine embrasée,
A ces petits larcins pris d'une force aisée,
Hélas ! et se peut-il que ces marques d'amour
Fussent de la partie en un si lâche tour ?
Aurait-on jamais vu tant de supercherie
Que tout l'extérieur ne fût que piperie ?
Non, non, il n'en est rien, une telle beauté
Ne fut jamais sujette à la déloyauté :
Faibles et seuls témoins du malheur qui me touche,
Vous êtes trop hardis de démentir sa bouche,
Mélite me chérit, elle me l'a juré,
Son oracle reçu je m'en tins assuré,
Que dites-[vous] là contre ? êtes-vous plus croyables ?
Caractères trompeurs vous me contez des fables,
Vous voulez me trahir, vous voulez m'abuser,
J'ai sa parole en gage, et de plus un baiser.
A ce doux souvenir ma flamme se rallume,
Je ne sais plus qui croire ou d'elle, ou de sa plume,
L'un et l'autre en effet n'ont rien que de léger
Mais du plus ou du moins je n'en puis que juger.
C'est en vain que mon feu ces doutes me suggère,
Je vois trop clairement qu'elle est la plus légère,
Les serments que j'en ai s'en vont au vent jetés
Et ses traits de sa plume ici me sont restés,
Qui dépeignant au vif son perfide courage
Remplissent de bonheur Philandre, et moi de rage ;
Oui, j'enrage, je crève, et tous mes sens troublés
D'un excès de douleur succombent accablés,
Un si cruel tourment me gêne, et me déchire
Que je ne puis plus vivre, avec un tel martyre,
Aussi ma prompte mort le va bientôt finir,
Déjà mon cœur outré, ne cherchant qu'à bannir
Cet amour qui l'a fait si lourdement méprendre,
Pour lui donner passage, est tout prêt de se fendre.
Mon âme par dépit tâche d'abandonner
Un corps que sa raison sut si mal gouverner,
Mes yeux jusqu'à présent, couverts de mille nues,
S'en vont les distiller en larmes continues,
Larmes qui donneront pour juste châtiment
A leur aveugle erreur un autre aveuglement
Et mes pieds qui savaient sans eux, sans leur conduite,

1000 Comme insensiblement me porter chez Mélite
Me porteront sans eux en quelque lieu désert,
En quelque lieu sauvage à peine découvert,
Où ma main d'un poignard achèvera le reste,
Où pour suivre l'arrêt de mon destin funeste
1005 Je répandrai mon sang, et j'aurai pour le moins
Ce faible et vain soulas en mourant sans témoins
Que mon trépas secret fera que l'infidèle
Ne pourra se vanter que je sois mort pour elle.

SCÈNE IV

TIRSIS, CLORIS

CLORIS

Mon frère, en ma faveur retourne sur tes pas,
1010 Dis-moi la vérité, tu ne me cherchais pas ?
Et quoi ? tu fais semblant de ne me pas connaître !
O Dieux ! en quel état te vois-je ici paraître !
Tu pâlis tout à coup, et tes louches regards
S'élancent incertains presque de toutes parts !
1015 Tu manques à la fois de poumon et d'haleine,
Ton pied mal affermi ne te soutient qu'à peine.
Quel accident nouveau te brouille ainsi les sens ?

TIRSIS

Puisque tu veux savoir le mal que je ressens,
Avant que d'assouvir l'inexorable envie
1020 De mon sort rigoureux qui demande ma vie,
Je vais t'assassiner d'un fatal entretien,
Et te dire en deux mots mon malheur et le tien.
En nos chastes amours de nous deux on se moque,
Philandre, ah ! la douleur m'étouffe et me suffoque,
1025 Adieu, ma sœur, adieu, je ne peux plus parler,
Lis, puis, si tu le peux, tâche à te consoler.

CLORIS

Ne m'échappe donc pas.

TIRSIS

Ma sœur, je te supplie...

Cloris

Quoi ? que je t'abandonne à ta mélancolie ?
Non, non, quand j'aurai su ce qui te fait mourir,
1030 Si bon me semble alors, je te lairrai courir.

Elle lit les lettres que Tirsis lui avait données.

Tirsis

Hélas ! quelle injustice !

Cloris

Est-ce là tout, fantasque ?
Quoi ? si la déloyale enfin lève le masque
Oses-tu te fâcher d'être désabusé ?
Apprends qu'il te faut être en amour plus rusé,
1035 Apprends que les discours des filles mieux sensées
Découvrent rarement le fond de leurs pensées,
Et que les yeux aidant à ce déguisement
Notre sexe a le don de tromper finement :
Apprends aussi de moi que ta raison s'égare,
1040 Que Mélite n'est pas une pièce si rare,
Qu'elle soit seule ici qui vaille la servir,
Tant d'autres te sauront en sa place ravir,
Avec trop plus d'attraits que cette écervelée
Qui n'a d'ambition que d'être cajolée
1045 Par les premiers venus qui flattant ses beautés
Ont assez de malheur pour en être écoutés.
Ainsi Damon lui plut, Aristandre, et Géronte,
Eraste après deux ans n'en a pas meilleur conte,
Elle t'a trouvé bon seulement pour huit jours,
1050 Philandre est aujourd'hui l'objet de ses amours,
Et peut-être demain (tant elle aime le change)
Quelque autre nouveauté le supplante et nous venge.
Ce n'est qu'une coquette, une tête à l'évent,
Dont la langue et le cœur s'accordent peu souvent,
1055 A qui les trahisons deviennent ordinaires,
Et dont tous les appas sont tellement vulgaires
Qu'en elle homme d'esprit n'admira jamais rien
Que le subject pourquoi tu lui voulais du bien.

Tirsis

Penses-tu m'amusant avecques des sottises
1060 Par tes détractions rompre mes entreprises
Non, non, ces traits de langue épandus vainement
Ne m'arrêteraient pas, encore un seul moment.

ACTE III, SCÈNE V

SCÈNE V

Cloris

Mon frère! il s'est sauvé, son désespoir l'emporte.
Me préserve le ciel d'en oser de la sorte.
1065 Un volage me quitte, et je le quitte aussi.
Je l'obligerais trop de m'en mettre en souci,
Pour perdre des amants celles qui s'en affligent
Donnent trop d'avantage à ceux qui les négligent.
Il n'est lors que la joie, elle nous venge mieux,
1070 Et la fît-on à faux éclater par les yeux,
C'est toujours témoigner que leur vaine inconstance
Est pour nous émouvoir de trop peu d'importance,
Aussi ne veux-je pas le retenir d'aller
Et si d'autres que moi ne le vont appeler
1075 Il usera ses jours à courtiser Mélite
Outre que l'infidèle a si peu de mérite
Que l'amour qui pour lui m'éprit si follement
M'avait fait bonne part de son aveuglement.
On enchérit pourtant sur ma faute passée
1080 Dans la même sottise une autre embarrassée,
Le rend encor parjure, et sans âme, et sans foi
Pour se donner l'honneur de faillir après moi,
Je meurs s'il n'est vrai que la plupart du monde
Sur l'exemple d'autrui se conduit et se fonde,
1085 A cause qu'il parut quelque temps m'enflammer
La pauvre fille a cru qu'il valait bien l'aimer
Et sur cette croyance elle en a pris envie,
Lui peut-elle durer jusqu'au bout de sa vie,
Si Mélite a failli me l'ayant débauché,
1090 Dieux, par là seulement punissez son péché,
Elle verra bientôt quoi qu'elle se propose
Qu'elle n'a pas gagné, ni moi perdu grand-chose.
Ma perte me console, et m'égaye à l'instant.
Ha! si mon fou de frère en pouvait faire autant,
1095 Qu'en ce plaisant malheur, je serais satisfaite!
Si je puis découvrir le lieu de sa retraite
Et qu'il me veuille croire, éteignant tous ses feux,
Nous passerons le temps à ne rire que d'eux.
Je la ferai rougir, cette jeune éventée,
1100 Lorsque son écriture à ses yeux présentée
Mettant au jour un crime estimé si secret,

Elle reconnaîtra qu'elle aime un indiscret.
Je lui veux dire alors, pour aggraver l'offense,
Que Philandre avec moi toujours d'intelligence
1105 Me fait des contes d'elle, et de tous les discours
Qui servent d'aliment à ses vaines amours,
Si qu'à peine il reçoit de sa part une lettre,
Qu'il ne vienne en mes mains aussitôt la remettre,
La preuve captieuse et faite en même temps
1110 Produira sur-le-champ l'effet que j'en attends

SCÈNE VI

PHILANDRE

Donc pour l'avoir tenu si longtemps en haleine
Il me faudra souffrir une éternelle peine,
Et payer désormais avecque tant d'ennui
Le plaisir que j'ai pris à me jouer de lui ?
1115 Vit-on jamais amant, dont la jeune insolence
Malmenât un rival avec tant d'imprudence ?
Vit-on jamais amant, dont l'indiscrétion
Fût de tel préjudice à son affection ?
Les lettres de Mélite en ses mains demeurées
1120 En ses mains, autant vaut à jamais égarées
Ruinent à la fois ma gloire, mon honneur,
Mes desseins, mon espoir, mon repos, et mon heur,
Mon trop de vanité tout au rebours succède,
J'ai reçu des faveurs, et Tirsis les possède,
1125 Et cet amant trahi convaincra sa beauté
Par des signes si clairs de sa déloyauté.
C'est mal avec Mélite être d'intelligence
D'armer son ennemi, d'instruire sa vengeance ;
Me pourra-t-elle après regarder de bon œil ?
1130 M'oserais-je en promettre un gracieux accueil ?
Non, il les faut avoir des mains de ce bravache,
Et laver de son sang cette honteuse tache,
De force, ou d'amitié, j'en aurai la raison,
Je m'en vais l'affronter jusque dans sa maison,
1135 Et là si je le trouve, il faudra que sur l'heure
En dépit qu'il en ait il les rende, ou qu'il meure.

SCÈNE VII

PHILANDRE, CLORIS

PHILANDRE

Tirsis.

CLORIS

Que lui veux-tu ?

PHILANDRE

Cloris, pardonne-moi
Si je cherche plutôt à lui parler qu'à toi,
Nous avons entre nous quelque affaire qui presse.

CLORIS

1140 Le crois-tu rencontrer hors de chez sa maîtresse ?

PHILANDRE

Sais-tu bien qu'il y soit ?

CLORIS

Non pas assurément,
Mais j'ose présumer que l'aimant chèrement
Le plus qu'il peut de temps, il le passe chez elle.

PHILANDRE

Je m'en vais de ce pas le trouver chez la belle,
1145 Adieu, jusqu'au revoir. Je meurs de déplaisir.

CLORIS

Un mot, Philandre, un mot, n'aurais-tu point loisir
De voir quelques papiers, que je viens de surprendre ?

PHILANDRE

Qu'est-ce qu'au bout du compte, ils me pourraient
[apprendre ?

CLORIS

Peut-être leurs secrets : regarde si tu veux
1150 Perdre un demi-quart d'heure à les lire nous deux.

PHILANDRE

Hasard, voyons que c'est, mais vite, et sans demeure,
Ma curiosité pour un demi-quart d'heure
Se pourra dispenser.

Cloris

Mais aussi garde bien
Qu'en discourant ensemble, il n'en découvre rien,
1155 Promets-le-moi, sinon...

Philandre

Cela s'en va sans dire.

*Il reconnaît les lettres et tâche de s'en saisir,
mais Cloris les resserre.*

Donne, donne-les-moi, tu ne les saurais lire,
Et nous aurions ainsi besoin de trop de temps.

Cloris

Philandre, tu n'es pas encore où tu prétends,
Assure, assure-toi que Cloris te dépite
1160 De les avoir jamais que des mains de Mélite
A qui je veux montrer avant qu'il soit huit jours,
La façon dont tu tiens secrètes ses amours.

Elle lui ferme la porte au nez.

SCÈNE DERNIÈRE

Philandre

Confus, désespéré, que faut-il que je fasse ?
J'ai malheur sur malheur, disgrâce sur disgrâce,
1165 On dirait que le ciel ami de l'équité
Prend le soin de punir mon infidélité.
Si faut-il néanmoins en dépit de sa haine
Que Tirsis retrouvé me tire hors de peine,
Il faut qu'il me les rende, il le faut et je veux
1170 Qu'un duel accepté les mette entre nous deux,
Et si je suis alors encore ce Philandre
Par un détour subtil qu'il ne pourra comprendre,
Elles demeureront, le laissant abusé,
Sinon au plus vaillant, du moins au plus rusé.

ACTE IV

SCÈNE PREMIÈRE
LA NOURRICE, MÉLITE

LA NOURRICE

1175 Cette obstination à faire la secrète
M'accuse injustement d'être trop peu discrète.

MÉLITE

Vraiment tu me poursuis avec trop de rigueur,
Que te puis-je conter, n'ayant rien sur le cœur ?

LA NOURRICE

Un chacun fait à l'œil des remarques aisées
1180 Qu'Eraste abandonnant ses premières brisées,
Pour te mieux témoigner son refroidissement
Cherche sa guérison dans un bannissement,
Tu m'en veux cependant ôter la connaissance :
Mais si jamais sur toi j'eus aucune puissance,
1185 Par ce que tous les jours, en tes affections,
Tu reçois de profit de mes instructions,
Apprends-moi ce que c'est.

MÉLITE

Et que sais-je, Nourrice,
Des fantasques ressorts qui meuvent son caprice ?
Ennuyé d'un esprit si grossier que le mien,
1190 Il cherche ailleurs peut-être un meilleur entretien.

LA NOURRICE

Ce n'est pas bien ainsi qu'un amant perd l'envie,
D'une chose deux ans ardemment poursuivie :
D'assurance un mépris l'oblige à se piquer,
Mais ce n'est pas un trait qu'il faille pratiquer.
1195 Une fille qui voit, et que voit la jeunesse,
Ne s'y doit gouverner qu'avec beaucoup d'adresse,

Le dédain lui messied, ou quand elle s'en sert,
Que ce soit pour reprendre un amant qu'elle perd :
Une heure de froideur à propos ménagée
1200 Rembrase assez souvent une âme dégagée,
Qu'un traitement trop doux dispense à des mépris
D'un bien dont un dédain fait mieux savoir le prix.
Hors ce cas il lui faut complaire à tout le monde,
Faire qu'aux vœux de tous son visage réponde,
1205 Et sans embarrasser son cœur de leurs amours
Leur faire bonne mine et souffrir leur discours,
Qu'à part ils pensent tous avoir la préférence
Et paraissent ensemble entrer en concurrence.
Ainsi lorsque plusieurs te parlent à la fois,
1210 En répondant à l'un, serre à l'autre les doigts,
Et si l'un te dérobe un baiser par surprise,
Qu'à l'autre incontinent il soit en belle prise,
Que l'un et l'autre juge à ton visage égal
Que tu caches ta flamme aux yeux de son rival,
1215 Partage bien les tiens, et surtout sache feindre
De sorte que pas un n'ait sujet de se plaindre
Qu'ils vivent tous d'espoir jusqu'au choix d'un mari,
Mais qu'aucun cependant ne soit le plus chéri,
Tiens bon, et cède enfin, puisqu'il faut que [tu] cèdes,
1220 A qui paiera le mieux le bien que tu possèdes.
Si tu n'eusses jamais quitté cette leçon,
Ton Eraste avec toi vivrait d'autre façon.

Mélite

Ce n'est pas son humeur de souffrir ce partage,
Il croit que mes regards soient son propre héritage,
1225 Et prend ceux que je donne à tout autre qu'à lui
Pour autant de larcins faits sur le bien d'autrui.

La Nourrice

J'entends à demi-mot, achève, et m'expédie
Promptement le motif de cette maladie.

Mélite

Tirsis est ce motif.

La Nourrice

Ce jeune cavalier!
1230 Son ami plus intime, et son plus familier!
N'a-ce pas été lui qui te l'a fait connaître ?

MÉLITE

Il voudrait que le jour en fût encore à naître,
Et si dans ce jour d'hui je l'avais écarté,
Tu verrais dès demain Eraste à mon côté.

LA NOURRICE

1235 J'ai regret que tu sois la pomme de discorde,
Mais puisque leur humeur ensemble ne s'accorde,
Eraste n'est pas homme à laisser échapper,
Un semblable pigeon ne se peut rattraper,
Il a deux fois le bien de l'autre, et davantage.

MÉLITE

1240 Le bien ne touche point un généreux courage.

LA NOURRICE

Tout le monde l'adore, et tâche d'en jouir.

MÉLITE

Il suit un faux éclat qui ne peut m'éblouir.

LA NOURRICE

Auprès de sa splendeur toute autre est trop petite.

MÉLITE

Tu te places au rang qui n'est dû qu'au mérite.

LA NOURRICE

1245 On a trop de mérite étant riche à ce point.

MÉLITE

Les biens en donnent-ils à ceux qui n'en ont point ?

LA NOURRICE

Oui, ce n'est que par là qu'on est considérable.

MÉLITE

Mais ce n'est que par là qu'on devient méprisable :
Un homme dont les biens font toutes les vertus,
1250 Ne peut être estimé que des cœurs abattus.

LA NOURRICE

Est-il quelques défauts que les biens ne réparent ?

Mélite

Mais plutôt en est-il où les biens ne préparent ?
Etant riche, on méprise assez communément
Des belles qualités le solide ornement,
1255 Et d'un riche honteux la richesse suivie
Souvent par l'abondance aux vices nous convie.

La Nourrice

Enfin je reconnais...

Mélite

Qu'avecque tout son bien,
Un jaloux dessus moi n'obtiendra jamais rien.

La Nourrice

Et que d'un cajoleur la nouvelle conquête
1260 T'imprime à mon regret ces erreurs dans la tête.
Si ta mère le sait...

Mélite

Laisse-moi ces soucis,
Et rentre que je parle à la sœur de Tirsis,
Je la vois qui de loin me fait signe et m'appelle.

La Nourrice

Peut-être elle t'en veut dire quelque nouvelle ?

Mélite

1265 Rentre sans t'informer de ce qu'elle prétend,
Un meilleur entretien avec elle m'attend.

SCÈNE II

CLORIS, MÉLITE

Cloris

Je chéris tellement celles de votre sorte,
Et prends tant d'intérêt en ce qui leur importe,
Qu'aux fourbes qu'on leur fait je ne puis consentir,
1270 Ni même en rien savoir sans les en avertir.
Ainsi donc au hasard d'être la mal venue,
Encor que je vous sois, peu s'en faut, inconnue,
Je viens vous faire voir que votre affection
N'a pas été fort juste en son élection.

MÉLITE

1275 Vous pourriez sous couleur de rendre un bon office
Mettre quelque autre en peine avec cet artifice,
Mais pour m'en repentir j'ai fait un trop beau choix,
Je renonce à choisir une seconde fois,
Et mon affection ne s'est point arrêtée,
1280 Que chez un cavalier qui l'a trop méritée.

CLORIS

Vous me pardonnerez, j'en ai de bons témoins,
C'est l'homme qui de tous la mérite le moins.

MÉLITE

Si je n'avais de lui qu'une faible assurance,
Vous me feriez entrer en quelque défiance,
1285 Mais je m'étonne fort que vous l'osez blâmer
Vu que pour votre honneur vous devez l'estimer.

CLORIS

Je l'estimai jadis, et je l'aime, et l'estime
Plus que je ne faisais auparavant son crime,
Ce n'est qu'en ma faveur qu'il ose vous trahir,
1290 Après cela jugez si je le peux haïr,
Puisque sa trahison m'est un grand témoignage
Du pouvoir absolu que j'ai sur son courage.

MÉLITE

Vraiment c'est un pouvoir dont vous usez fort mal,
Le poussant à me faire un tour si déloyal.

CLORIS

1295 Me le faut-il pousser où son devoir l'oblige ?
C'est son devoir qu'il fuit alors qu'il vous néglige.

MÉLITE

Quoi ? Son devoir l'oblige à l'infidélité ?

CLORIS

N'allons point rechercher tant de subtilité,
La parole donnée, il faut que l'on la tienne.

MÉLITE

1300 Cela fait contre vous, il m'a donné la sienne.

CLORIS

Oui, mais ayant déjà reçu mon amitié
Sur un serment commun d'être un jour sa moitié,
Peut-il s'en départir pour accepter la vôtre ?

MÉLITE

De grâce excusez-moi, je vous prends pour une autre,
1305 Et c'était à Cloris que je croyais parler.

CLORIS

Vous ne vous trompez pas.

MÉLITE

Doncques pour me railler,
La sœur de mon amant contrefait ma rivale ?

CLORIS

Doncques pour m'éblouir, une âme déloyale
Contrefait la fidèle ? Ah, Mélite, sachez
1310 Que je ne sais que trop ce que vous me cachez,
Philandre m'a tout dit, vous pensez qu'il vous aime,
Mais sortant d'avec vous, il me conte lui-même
Jusqu'aux moindres discours dont votre passion
Tâche de suborner son inclination.

MÉLITE

1315 Moi, suborner Philandre ! Ha ! que m'osez-vous dire ?

CLORIS

La pure vérité.

MÉLITE

Vraiment, en voulant rire
Vous passez trop avant, brisons là, s'il vous plaît,
Je ne vois point Philandre, et ne sais quel il est.

CLORIS

Vous en voulez bien croire, au moins, votre écriture,
1320 Tenez, voyez, lisez.

MÉLITE

Ha, Dieux ! quelle imposture !
Jamais un de ces traits ne partit de ma main.

CLORIS

Nous pourrions demeurer ici jusqu'à demain
Que vous persisteriez dans la méconnaissance.
Je les vous laisse, adieu.

Mélite

Tout beau, mon innocence
Veut savoir paravant le nom de l'imposteur,
Afin que cet affront retombe sur l'auteur.

Cloris

Vous voulez m'affiner, mais c'est peine perdue,
Mélite, que vous sert de faire l'entendue ?
La chose étant si claire, à quoi bon la nier ?

Mélite

Ne vous obstinez point à me calomnier,
Je veux que si jamais j'ai dit mot à Philandre...

Cloris

Remettons ce discours, quelqu'un vient nous surprendre.
C'est le brave Lisis, qui tout triste et pensif,
A ce qu'on peut juger, montre un deuil excessif.

SCÈNE III

LISIS, MÉLITE, CLORIS

Lisis, *à Cloris.*

Pouvez-vous demeurer auprès d'une personne
Digne pour ses forfaits que chacun l'abandonne ?
Quittez cette infidèle, et venez avec moi,
Plaindre un frère au cercueil par son manque de foi.

Mélite

Quoi ? son frère au cercueil ?

Lisis

Oui, Tirsis plein de rage
De voir que votre change indignement l'outrage,
Maudissant mille fois le détestable jour
Que votre bon accueil lui donna de l'amour,
Dedans ce désespoir a rendu sa belle âme.

Mélite

Hélas ! Soutenez-moi, je n'en puis plus, je pâme.

Cloris

Au secours, au secours.

SCÈNE IV

CLITON, LA NOURRICE, MÉLITE, LISIS, CLORIS

Cliton
D'où provient cette voix ?

La Nourrice
Qu'avez-vous, mes enfants ?

Cloris
Mélite que tu vois...

La Nourrice
Hélas ! elle se meurt, son teint vermeil s'efface,
Sa chaleur se dissipe, elle n'est plus que glace.

Lisis, *à Cliton.*
Va quérir un peu d'eau, mais il faut te hâter.

Cliton
1350 Si proches du logis, il vaut mieux l'y porter.

Cloris
Aidez mes faibles pas, les forces me défaillent,
Et je vais succomber aux douleurs qui m'assaillent.

SCÈNE V

Éraste
A la fin je triomphe, et les destins amis
M'ont donné le succès que je m'étais promis,
1355 Me voilà trop heureux, puisque par mon adresse,
Mélite est sans amant, et Tirsis sans maîtresse,
Et comme si c'était trop peu pour me venger,
Philandre et sa Cloris courent même danger,
Mais à quelle raison leurs âmes désunies
1360 Pour les crimes d'autrui seront-elles punies ?

Que m'ont-ils fait tous deux, pour troubler leurs accords ?
Fuyez de mon penser, inutiles remords,
J'en ai trop de subjet de leur être contraire,
Cloris m'offense trop, étant sœur d'un tel frère.
1365 Et Philandre, si prompt à l'infidélité,
N'a que la peine due à sa crédulité.
Allons donc sans scrupule, allons voir cette belle,
Faisons tous nos efforts à nous rapprocher d'elle,
Et tâchons de rentrer en son affection,
1370 Avant qu'elle ait rien su de notre invention.
Cliton sort de chez elle.

SCÈNE VI

ÉRASTE, CLITON

ÉRASTE

Eh bien, que fait Mélite ?

CLITON

Monsieur, tout est perdu, votre fourbe maudite,
Dont je fus à regret le damnable instrument,
A couché de douleur Tirsis au monument.

ÉRASTE

1375 Courage, tout va bien, le traître m'a fait place,
Le seul qui me rendait son courage de glace,
D'un favorable coup, la mort me l'a ravi.

CLITON

Monsieur, ce n'est pas tout, Mélite l'a suivi.

ÉRASTE

Mélite l'a suivi ! que dis-tu, misérable ?

CLITON

1380 Monsieur, il est tout vrai, le moment déplorable
Qu'elle a su son trépas a terminé ses jours.

ÉRASTE

Ha, ciel ! s'il est ainsi...

CLITON

Laissez là ces discours,
Et vantez-vous plutôt que par votre imposture
Ce pair d'amants sans pair est sous la sépulture,
1385 Et que votre artifice a mis dans le tombeau
Ce que le monde avait de parfait et de beau.

ÉRASTE

Tu m'oses donc flatter, et ta sottise estime
M'obliger en taisant la moitié de mon crime ?
Est-ce ainsi qu'il te faut n'en parler qu'à demi ?
1390 Achève tout d'un trait, dis que maîtresse, ami,
Tout ce que je chéris, tout ce qui dans mon âme
Sut jamais allumer une pudique flamme,
Tout ce que l'amitié me rendit précieux,
Par ma fraude a perdu la lumière des cieux :
1395 Dis que j'ai violé les deux lois les plus saintes
Qui nous rendent heureux par leurs douces contraintes,
Dis que j'ai corrompu, dis que j'ai suborné,
Falsifié, trahi, séduit, assassiné,
Que j'ai toute une ville en larmes convertie,
1400 Tu n'en diras encor que la moindre partie.
Mais quel ressentiment ! quel puissant déplaisir !
Grands Dieux, et peuvent-ils jusque-là nous saisir
Qu'un pauvre amant en meure, et qu'une âpre tristesse
Réduise au même point après lui sa maîtresse ?

CLITON

1405 Tous ces discours ne font...

ÉRASTE

Laisse agir ma douleur.
Traître, si tu ne veux attirer ton malheur,
Interrompre son cours, c'est n'aimer pas ta vie.
La mort de son Tirsis me l'a doncques ravie,
Je ne l'avais pas su, Parques, jusqu'à ce jour
1410 Que vous relevassiez de l'empire d'amour,
J'ignorais qu'aussitôt qu'il assemble deux âmes
Il vous peut commander d'unir aussi leurs trames,
J'ignorais que pour être exemptes de ses coups
Vous souffrissiez qu'il prît un tel pouvoir sur vous.
1415 Vous en relevez donc, et vos ciseaux barbares
Tranchent comme il lui plaît les choses les plus rares ?
Vous en relevez donc, et pour le flatter mieux
Vous voulez comme lui ne vous servir point d'yeux :

ACTE IV, SCÈNE VI

Mais je m'en prends à vous, et ma funeste ruse
1420 Vous imputant ces maux, se bâtit une excuse,
J'ose vous en charger, et j'en suis l'inventeur,
Et seul de ses malheurs le détestable auteur,
Mon courage au besoin se trouvant trop timide
Pour attaquer Tirsis autrement qu'en perfide
1425 Je fis à mon défaut combattre son ennui,
Son deuil, son désespoir, sa rage contre lui.
Hélas ! et fallait-il que ma supercherie
Tournât si lâchement son amour en furie ?
Fallait-il, l'aveuglant d'une indiscrète erreur,
1430 Contre une âme innocente allumer sa fureur ?
Fallait-il le forcer à dépeindre Mélite
Des infâmes couleurs d'une fille hypocrite ?
Inutiles regrets, repentirs superflus,
Vous ne me rendez pas Mélite qui n'est plus,
1435 Vos mouvements tardifs ne la font pas revivre,
Elle a suivi Tirsis, et moi je la veux suivre :
Il faut que de mon sang je lui fasse raison,
Et de ma jalousie, et de ma trahison,
Et que, par ma main propre, un juste sacrifice
1440 De mon coupable chef venge mon artifice.
Avançons donc, allons sur cet aimable corps
Eprouver, s'il se peut, à la fois mille morts.
D'où vient qu'au premier pas je tremble, je chancelle ?
Mon pied qui me dédit contre moi se rebelle,
1445 Quel murmure confus ! et qu'entends-je hurler ?
Que de pointes de feu se perdent parmi l'air !
Les Dieux à mes forfaits ont dénoncé la guerre,
Leur foudre décoché vient de fendre la terre,
Et pour leur obéir son sein me recevant
1450 M'engloutit, et me plonge aux enfers tout vivant.
Je vous entends, grands Dieux, c'est là-bas que leurs âmes
Aux champs Elysiens éternisent leurs flammes,
C'est là-bas qu'à leurs pieds il faut verser mon sang,
La terre à ce dessein m'ouvre son large flanc,
1455 Et jusqu'aux bords du Styx me fait libre passage,
Je l'aperçois déjà, je suis sur son rivage.
Fleuve, dont le sainct nom est redoutable aux Dieux,
Et dont les neuf remplis ceignent ces tristes lieux,
Ne te colère point contre mon insolence
1460 Si j'ose avec mes cris violer ton silence :
Ce n'est pas que je veuille, en buvant de ton eau,
Avec mon souvenir étouffer mon bourreau,
Non, je ne prétends pas une faveur si grande,

Réponds-moi seulement, réponds à ma demande,
1465 As-tu vu ces amants ? Tirsis est-il passé ?
Mélite est-elle ici ? mais que dis-je, insensé ?
Le père de l'oubli dessous cette onde noire
Pourrait-il conserver tant soit peu de mémoire ?
Mais derechef que dis-je ? imprudent, je confonds
Le Léthé pêle-mêle, et ces gouffres profonds;
Le Styx de qui l'oubli ne prit jamais naissance
De tout ce qui se passe a tant de connaissance
Que les Dieux n'oseraient vers lui s'être mépris,
Mais le traître se tait, et tenant ces esprits
1475 Pour le plus grand trésor de son funeste empire
De crainte de les perdre, il n'en ose rien dire.
Vous donc, esprits légers, qui faute de tombeaux
Tournoyez vagabonds à l'entour de ces eaux,
A qui Caron cent ans refuse sa nacelle,
1480 Ne m'en pourriez-vous point donner quelque nouvelle ?
Dites, et je promets d'employer mon crédit
A vous faciliter ce passage interdit.

Cliton

Monsieur, que faites-vous ? votre raison s'égare,
Voyez qu'il n'est ici de Styx, ni de Ténare,
1485 Revenez à vous-même.

Éraste

Ah ! te voilà, Caron,
Depeche promptement, et d'un coup d'aviron
Passe-moi, si tu peux, jusqu'à l'autre rivage.

Cliton

Monsieur, rentrez en vous, contemplez mon visage,
Reconnaissez Cliton.

Éraste

Dépêche, vieux nocher,
1490 Avant que ces esprits nous puissent approcher,
Ton bateau de leur poids fondrait dans les abîmes,
Il n'en aura que trop d'Eraste, et de ses crimes.

Cliton

Il vaut mieux esquiver, car avecque des fous
Souvent on ne rencontre à gagner que des coups,
1495 Si jamais un amant fut dans l'extravagance
Il s'en peut bien vanter avec toute assurance.

ÉRASTE

Tu veux donc échapper à l'autre bord sans moi,
Si faut-il qu'à ton col je passe malgré toi.

Il se jette sur les épaules de Cliton, qui l'emporte du théâtre.

SCÈNE VII

PHILANDRE

Rival injurieux dont l'absence importune
1500 Retarde le succès de ma bonne fortune,
Et qui sachant combien m'importe ton retour
De peur de m'obliger n'oserais voir le jour,
As-tu sitôt perdu cette ombre de courage
Que te prêtaient jadis les transports de ta rage ?
1505 Ce brusque mouvement d'un esprit forcené
Relâche-t-il si tôt ton cœur efféminé ?
Que devient à présent cette bouillante envie
De punir ta volage aux dépens de ma vie ?
Il ne tient plus qu'à toi que tu ne sois content,
1510 Ton ennemi t'appelle, et ton rival t'attend,
Je te cherche en tous lieux, et cependant ta fuite
Se rit impunément de ma vaine poursuite.
Crois-tu laissant mon bien dans les mains de ta sœur
En demeurer toujours l'injuste possesseur,
1515 Ou que ma patience à la fin échappée
(Puisque tu ne veux pas le débattre à l'épée)
Oubliant le respect du sexe, et tout devoir,
Ne laisse point sur elle agir mon désespoir ?

SCÈNE VIII

ÉRASTE, PHILANDRE

ÉRASTE

Détacher Ixion pour me mettre en sa place !
1520 Mégères, c'est à vous une indiscrète audace,
Ai-je, prenant le front de cet audacieux,
Attenté sur le lit du monarque des cieux ?

Vous travaillez en vain, bourrelles Euménides,
Non, ce n'est pas ainsi qu'on punit les perfides.
1525 Quoi! me presser encor! sus, de pieds et de mains
Essayons d'écarter ces monstres inhumains.
A mon secours, esprits, vengez-vous de vos peines,
Ecrasons leurs serpents, chargeons-les de vos chaînes,
Pour ces filles d'Enfer nous sommes trop puissants.

PHILANDRE

1530 Il semble à ces discours qu'il ait perdu le sens,
Eraste, cher ami, quelle mélancolie
Te met dans le cerveau cet excès de folie ?

ÉRASTE

Equitable Minos, grand juge des enfers,
Voyez qu'injustement on m'apprête des fers.
1535 Faire un tour d'amoureux, supposer une lettre,
Ce n'est pas un forfait qu'on ne puisse remettre,
Il est vrai que Tirsis en est mort de douleur,
Que Mélite après lui redouble ce malheur,
Que Cloris sans amant ne sait à qui s'en prendre,
1540 Mais la faute n'en est qu'au crédule Philandre,
Lui seul en est la cause, et son esprit léger
Qui trop facilement résolut de changer,
Car des lettres qu'il a de la part de Mélite
Autre que cette main n'en a pas une écrite.

PHILANDRE

1545 Je te laisse impuni, perfide, tes remords
Te donnent des tourments pires que mille morts;
Je t'obligerais trop de t'arracher la vie,
Et ma juste vengeance est bien mieux assouvie
Par les folles horreurs de cette illusion.
1550 Ah! grands Dieux! que je suis plein de confusion!

SCÈNE IX

ÉRASTE

Tu t'enfuis donc, barbare, et me laissant en proie
A ces cruelles sœurs, tu les combles de joie ?
Non, non, retirez-vous, Tisiphone, Alecton,
Et tout ce que je vois d'officiers de Pluton,

ACTE IV, SCÈNE DERNIÈRE

1555 Vous me connaissez mal, dans le corps d'un perfide
Je porte le courage et les forces d'Alcide,
Je vais tout renverser dans ces royaumes noirs,
Et saccager moi seul ces ténébreux manoirs,
Une seconde fois le triple chien Cerbère
1560 Vomira l'aconit en voyant la lumière,
J'irai du fond d'enfer dégager les Titans,
Et si Pluton s'oppose à ce [que] je prétends,
Passant dessus le ventre à sa troupe mutine
J'irai d'entre ses bras enlever Proserpine.

SCÈNE DERNIÈRE

LISIS, CLORIS

LISIS

1565 N'en doute aucunement! ton frère n'est point mort,
Mais ayant su de lui son déplorable sort
Je voulais éprouver par cette triste feinte
Si ce cœur recevant quelque légère atteinte
Deviendrait plus sensible aux traits de la pitié
1570 Qu'aux sincères ardeurs d'une sainte amitié.
Maintenant que je vois qu'il faut qu'on nous abuse
Afin que nous puissions découvrir cette ruse
Et que Tirsis en soit de tout point éclairci
Sois sûre que dans peu je te le rends ici,
1575 Ma parole sera d'un prompt effet suivie,
Tu reverras bientôt ce frère plein de vie.
C'est assez que je passe une fois pour trompeur.

CLORIS

Si bien qu'au lieu du mal nous n'aurons que la peur ?
Le cœur me le disait, je sentais que mes larmes
1580 Refusaient de couler pour de fausses alarmes,
Dont les plus furieux, et plus rudes assauts
Avaient bien de la peine à m'émouvoir à faux,
Et je n'étudiai cette douleur menteuse
Qu'à cause que j'étais parfaitement honteuse
1585 Qu'un autre en témoignât plus de ressentiment.

Lisis

Mais avec tout cela confesse franchement
Qu'une fille en ces lieux qui perd un frère unique
Jusques au désespoir fort rarement se pique,
Ce beau nom d'héritière a de telles douceurs,
Qu'il devient souverain à consoler des sœurs.

Cloris

Adieu, railleur, adieu, son intérêt me presse
D'aller vite d'un mot ranimer sa maîtresse,
Autrement je saurais te rendre ton paquet.

Lisis

Et moi pareillement rabattre ton caquet.

ACTE V

SCÈNE PREMIÈRE

CLITON, LA NOURRICE

Cliton

Je ne t'ai rien celé, tu sais toute l'affaire.

La Nourrice

Tu m'en as bien conté, mais se pourrait-il faire
Qu'Eraste eût des remords si vifs, et si pressants,
Que de violenter sa raison et ses sens.

Cliton

Eût-il pu, sans en perdre entièrement l'usage,
Se figurer Caron des traits de mon visage,
Et de plus me prenant pour ce vieux nautonier
Me payer à bons coups des droits de son denier ?

La Nourrice

Plaisante illusion !

CLITON
Mais funeste à ma tête,
Sur qui se déchargeait une telle tempête
1605 Que je tiens maintenant à miracle évident
Qu'il me soit demeuré dans la bouche une dent.

LA NOURRICE
C'était mal reconnaître un si rare service.

ÉRASTE, *derrière la tapisserie.*
Arrêtez, arrêtez, poltrons.

CLITON
Adieu, Nourrice,
Voici ce fou qui vient, je l'entends à la voix,
1610 Crois que ce n'est pas moi qu'il attrape deux fois.

LA NOURRICE
Et moi, quand je devrais passer pour Proserpine,
Je veux voir à quel point sa fureur le domine.

CLITON
Adieu, saoule à ton dam ton curieux désir.

LA NOURRICE
Quoi qu'il puisse arriver j'en aurai le plaisir.

SCÈNE II

ÉRASTE, LA NOURRICE

ÉRASTE, *l'épée au poing*
1615 En vain je les rappelle, en vain pour se défendre
La honte et le devoir leur parlent de m'attendre,
Ces lâches escadrons de fantômes affreux
Cherchent leur assurance aux cachots les plus creux,
Et se fiant à peine à la nuit qui les couvre
1620 Souhaitent sous l'enfer qu'un autre enfer s'entrouvre,
La peur renverse tout, et dans ce désarroi
Elle saisit si bien les ombres et leur roi,
Que se précipitant à de promptes retraites
Tous leurs soucis ne vont qu'à les rendre secrètes.

1625 Le bouillant Phlégéton parmi ses flots pierreux
Pour les favoriser ne roule plus de feux :
Tisiphone tremblante, Alecton, et Mégère
De leurs flambeaux puants ont éteint la lumière,
Et tiré de leur chef les serpents d'alentour
1630 De crainte que leurs yeux fissent quelque faux jour
Dont la faible lueur éclairant ma poursuite
A travers ces horreurs me pût trahir leur fuite :
Eaque épouvanté se croit trop en danger,
Et fuit son criminel au lieu de le juger :
1635 Cliton même et ses sœurs à l'aspect de ma lame
De peur de tarder trop n'osant couper ma trame
A peine ont eu loisir d'emporter leurs fuseaux,
Si bien qu'en ce désordre oubliant leurs ciseaux
Charon les bras croisés dans sa barque s'étonne
1640 D'où vient qu'après Eraste il n'a passé personne.
Trop heureux accident, s'il avait prévenu
Le déplorable coup du malheur advenu;
Trop heureux accident si la terre entrouverte
Avant ce jour fatal eût consenti ma perte,
1645 Et si ce que le ciel me donne ici d'accès
Eût de ma trahison devancé le succès.
Dieux, que vous savez mal gouverner votre foudre!
N'était-ce pas assez pour me réduire en poudre
Que le simple dessein d'un si lâche forfait ?
1650 Injustes, deviez-vous en attendre l'effet ?
Ah! Mélite, ah! Tirsis, leur cruelle justice
Aux dépens de vos jours aggrave mon supplice,
Ils doutaient que l'enfer eût de quoi me punir
Sans le triste secours de ce dur souvenir.
1655 Souvenir rigoureux de qui l'âpre torture
Devient plus violente et croît plus on l'endure,
Implacable bourreau, tu vas seul étouffer
Celui dont le courage a dompté tout l'enfer.
Qu'il m'eût bien mieux valu céder à ses furies!
1660 Qu'il m'eût bien mieux valu souffrir ses barbaries,
Et de gré me soumettre en acceptant sa loi
A tout ce que sa rage eût ordonné de moi!
Tout ce qu'il a de fers, de feux, de fouets, de chaînes
Ne sont auprès de toi que de légères peines,
1665 On reçoit d'Alecton un plus doux traitement,
De grâce, un peu de trêve, un moment, un moment,
Qu'au moins avant ma mort dans ces demeures sombres
Je puisse rencontrer ces bienheureuses ombres;
Use après si tu veux de toute ta rigueur,

ACTE V, SCÈNE II

1670 Et si pour m'achever tu manques de vigueur,

Il montre son épée.

Voici qui t'aidera, mais derechef, de grâce,
Cesse de me gêner durant ce peu d'espace.
Je vois déjà Mélite, ah! belle ombre, voici
L'ennemi de votre heur qui vous cherchait ici,
1675 C'est Eraste, c'est lui, qui n'a plus d'autre envie
Que d'épandre à vos pieds son sang avec sa vie,
Ainsi le veut le fort, et tout exprès les Dieux
L'ont abîmé vivant en ces funestes lieux.

LA NOURRICE

Pourquoi permettez-vous que cette frénésie
1680 Règne si puissamment sur votre fantaisie?
L'enfer voit-il jamais une telle clarté?

ÉRASTE

Aussi ne la tient-il que de votre beauté,
Ce n'est que de vos yeux que part cette lumière.

LA NOURRICE

Ce n'est que de mes yeux! dessillez la paupière,
1685 Et d'un sens plus rassis jugez de leur éclat.

ÉRASTE

Ils ont de vérité je ne sais quoi de plat,
Et plus je vous contemple, et plus sur ce visage
Je m'étonne de voir un autre air, un autre âge,
Je ne reconnais plus aucun de vos attraits,
1690 Jadis votre nourrice avait ainsi les traits,
Le front ainsi ridé, la couleur ainsi blême,
Le poil ainsi grison, ô Dieu!... c'est elle-même.
Nourrice, et qui t'amène en ces lieux pleins d'effroi?
Y viens-tu rechercher Mélite comme moi?

LA NOURRICE

1695 Cliton la vit pâmer, et se brouilla de sorte
Que la voyant si pâle il la crut être morte,
Cet étourdi trompé vous trompa comme lui,
Au reste elle est vivante, et peut-être aujourd'hui
Tirsis, de qui la mort n'était qu'imaginaire,
1700 De sa fidélité recevra le salaire.

ÉRASTE

Désormais donc en vain je les cherche ici-bas,
En vain pour les trouver je rends tant de combats.

La Nourrice

Votre douleur vous trouble et forme des nuages
Qui séduisent vos sens par de fausses images,
Cet enfer, ces combats, ne sont qu'illusion.

Éraste

Je ne m'abuse point, j'ai vu sans fiction
Ces monstres terrassés se sauver à la fuite,
Et Pluton de frayeur en quitter la conduite.

La Nourrice

Peut-être que chacun s'enfuyait devant vous
Craignant votre fureur et le poids de vos coups,
Mais voyez si l'Enfer ressemble à cette place,
Ces murs, ces bâtiments ont-ils la même face ?
Le logis de Mélite et celui de Cliton
Ont-ils quelque rapport à celui de Pluton ?
Quoi ? n'y remarquez-vous aucune différence ?

Éraste

De vrai ce que tu dis a beaucoup d'apparence,
Depuis ce que j'ai su de Mélite et Tirsis,
Je sens que tout à coup mes regrets adoucis
Laissent en liberté les ressorts de mon âme :
Ma raison par ta bouche a reçu son dictame,
Nourrice, prends le soin d'un esprit égaré,
Qui s'est d'avecques moi si longtemps séparé,
Ma guérison dépend de parler à Mélite.

La Nourrice

Différez pour le mieux un peu cette visite,
Tant que maître absolu de votre jugement
Vous soyez en état de faire un compliment :
Votre teint et vos yeux n'ont rien d'un homme sage,
Donnez-vous le loisir de changer de visage
Nous pourvoirons après au reste en sa saison.

Éraste

Viens donc m'accompagner jusques en ma maison,
Car si je te perdais un seul moment de vue,
Ma raison aussitôt de guide dépourvue
M'échapperait encore.

La Nourrice

              Allons, je ne veux pas
Pour un si bon sujet vous épargner mes pas.

SCÈNE III

CLORIS, PHILANDRE

Cloris

1735 Ne m'importune plus, Philandre, je t'en prie,
Me rapaiser jamais passe ton industrie,
Ton meilleur, je t'assure, est de n'y plus penser,
Tes protestations ne font que m'offenser,
Savante à mes dépens de leur peu de durée
1740 Je ne veux point en gage une foi parjurée,
Je ne veux point d'un cœur, qu'un billet aposté
Peut résoudre aussitôt à la déloyauté.

Philandre

Ah ! ne remettez plus dedans votre mémoire
L'indigne souvenir d'une action si noire,
1745 Et pour rendre à jamais nos premiers vœux contents
Etouffez [l']ennemi du pardon que j'attends.
Ma maîtresse, mon heur, mon souci, ma chère âme.

Cloris

Laisse là désormais ces petits mots de flamme,
Et par ces faux témoins d'un feu mal allumé
1750 Ne me reproche plus que je t'ai trop aimé.

Philandre

De grâce redonnez à l'amitié passée
Le rang que je tenais dedans votre pensée :
Derechef, ma Cloris, par ces doux entretiens,
Par ces feux qui volaient de vos yeux dans les miens,
1755 Par mes flammes jadis si bien récompensées,
Par ces mains si souvent dans les miennes pressées,
Par ces chastes baisers qu'un amour vertueux
Accordait aux désirs d'un cœur respectueux,
Par ce que votre foi me permettait d'attendre.

Cloris

1760 C'est où dorénavant tu ne dois plus prétendre,
Ta sottise m'instruit, et par là je vois bien
Qu'un visage commun, et fait comme le mien

N'a point assez d'appas, ni de chaîne assez forte,
Pour tenir en devoir un homme de ta sorte,
1765 Mélite a des attraits qui savent tout dompter,
Mais elle ne pourrait qu'à peine t'arrêter :
Il te faut un sujet qui la passe, ou l'égale,
C'est en vain que vers moi ton amour se ravale,
Fais-lui, si tu m'en crois, agréer tes ardeurs,
1770 Je ne veux point devoir mon bien à ses froideurs.

Philandre

Ne me déguisez rien, un autre a pris ma place,
Une autre affection vous rend pour moi de glace.

Cloris

Aucun jusqu'à ce point n'est encor parvenu,
Mais je te changerai pour le premier venu.

Philandre

1775 Tes dédains outrageux épuisent ma souffrance,
Adieu, je ne veux plus avoir d'autre espérance
Sinon qu'un jour le ciel te fera ressentir
De tant de cruauté le juste repentir.

Cloris

Adieu, Mélite et moi nous aurons de quoi rire
1780 De tous les beaux discours que tu me viens de dire :
Que lui veux-tu mander ?

Philandre

                Va, dis-lui de ma part
Qu'elle, ton frère et toi reconnaîtrez trop tard
Ce que c'est que d'aigrir un homme de courage.

Cloris

Sois sûr de ton côté que ta fougue et ta rage
1785 Et tout ce que jamais nous entendrons de toi
Fournira de risée, elle, mon frère et moi.

SCÈNE IV

TIRSIS, MÉLITE

Tirsis

Maintenant que le sort attendri par nos plaintes
Comble notre espérance, et dissipe nos craintes,
Que nos contentements ne sont plus traversés
Que par le souvenir de nos travaux passés,
Chassons-le, ma chère âme, à force de caresses,
Ne parlons plus d'ennuis, de tourments, de tristesses,
Et changeons en baisers ces traits d'œil langoureux
Qui ne font qu'irriter nos désirs amoureux.
Adorables regards, fidèles interprètes
Par qui nous expliquions nos passions secrètes,
Je ne puis plus chérir votre faible entretien,
Plus heureux je soupire après un plus grand bien,
Vous étiez bons jadis quand nos flammes naissantes
Prisaient, faute de mieux, vos douceurs impuissantes,
Mais au point où je suis ce ne sont que rêveurs
Qui vous peuvent tenir pour exquises saveurs,
Il faut un aliment plus solide à nos flammes
Par où nous unissions nos bouches et nos âmes.
Mais tu ne me dis mot, ma vie, et quels soucis
T'obligent à te taire auprès de ton Tirsis ?

Mélite

Tu parles à mes yeux, et mes yeux te répondent.

Tirsis

Ah! mon heur, il est vrai, si tes désirs secondent
Cet amour qui paraît et brille dans tes yeux,
Je n'ai rien désormais à demander aux Dieux.

Mélite

Tu t'en peux assurer, mes yeux si pleins de flamme
Suivent l'instruction des mouvements de l'âme,
On en a vu l'effet, lors que ta fausse mort
Fit dessus tous mes sens un véritable effort,
On en a vu l'effet quand te sachant en vie
De revivre avec toi je pris aussi l'envie,

On en a vu l'effet lors qu'à force de pleurs
Mon amour, et mes soins aidés de mes douleurs
Ont fléchi la rigueur d'une mère obstinée
1820 Lui faisant consentir notre heureux hyménée,
Si bien qu'à ton retour ta chaste affection
Nous trouve toutes deux à sa dévotion
Et cependant l'abord des lettres d'un faussaire
Te sut persuader tellement le contraire,
1825 Que sans vouloir m'entendre et sans me dire adieu,
Furieux, enragé tu partis de ce lieu.

Tirsis

Mon cœur, j'en suis honteux, mais songe que possible
Si j'eusse moins aimé, j'eusse été moins sensible,
Qu'un juste déplaisir ne saurait écouter
1830 La voix de la raison qui vient pour le dompter,
Et qu'après des transports de telle promptitude
Ma flamme ne te laisse aucune incertitude.

Mélite

Faible excuse pourtant, n'était que ma bonté
T'en accorde un oubli sans l'avoir mérité,
1835 Et que tout criminel tu m'es encore aimable.

Tirsis

Je me tiens donc heureux d'avoir été coupable,
Puisque l'on me rappelle au lieu de me bannir,
Et qu'on me récompense au lieu de me punir.

Mélite

Mais apprends-moi l'auteur de cette perfidie.

Tirsis

1840 Je ne sais quelle main pût être assez hardie...

SCÈNE V

CLORIS, TIRSIS, MÉLITE

Cloris

Il vous fait fort bon voir, mon frère, à cajoler
Cependant qu'une sœur ne se peut consoler,
Et que le triste ennui d'une attente incertaine
Touchant votre retour la tient encore en peine.

Tirsis

1845 L'amour a fait au sang un peu de trahison,
Mais deux ou trois baisers t'en feront la raison.
Que ce soit toutefois, mon cœur, sans te déplaire.

Cloris

Les baisers d'une sœur satisfont mal un frère,
Adresse mieux les tiens vers l'objet que je vois.

Tirsis

1850 De la part de ma sœur reçois donc ce renvoi.

Mélite

Recevoir le refus d'un autre! à Dieu ne plaise.

Tirsis

Refus d'un autre, ou non, il faut que je te baise,
Et que dessus ta bouche un prompt redoublement
Me venge des longueurs de ce retardement.

Cloris

1855 A force de baiser vous m'en feriez envie,
Trêve.

Tirsis

Si notre exemple à baiser te convie
Va trouver ton Philandre avec qui tu prendras
De ces chastes plaisirs autant que tu voudras.

Cloris

A propos je venais pour vous en faire un conte.
1860 Sachez donc que si tôt qu'il a vu son mécompte,
L'infidèle m'a fait tant de nouveaux serments,
Tant d'offres, tant de vœux, et tant de compliments
Mêlés de repentirs...

Mélite

Qu'à la fin exorable
Vous l'avez regardé d'un œil plus favorable?

Cloris

1865 Vous devinez fort mal.

Tirsis

Quoi? tu l'as dédaigné?

Cloris

Au moins tous ses discours n'ont encor rien gagné.

MÉLITE

Si bien qu'à n'aimer plus votre dépit s'obstine ?

CLORIS

Non pas cela du tout, mais je suis assez fine,
Pour la première fois il me dupe qui veut,
1870 Mais pour une seconde il m'attrape qui peut.

MÉLITE

Qu'inférez-vous par là ?

CLORIS

Que son humeur volage
Ne me tient pas deux fois en un même passage,
En vain dessous mes [lois] il revient se ranger,
Il m'est avantageux de l'avoir vu changer
1875 Paravant que l'hymen d'un joug inséparable
Me soumettant à lui me rendît misérable :
Qu'il cherche femme ailleurs, et pour moi de ma part
J'attendrai du destin quelque meilleur hasard.

MÉLITE

Mais le peu qu'il voulut me rendre de service
1880 Ne lui doit pas porter un si grand préjudice.

CLORIS

Après un tel faux bond, un change si soudain,
A volage, volage, et dédain pour dédain.

MÉLITE

Ma sœur, ce fut pour moi qu'il osa s'en dédire.

CLORIS

Et pour l'amour de vous je n'en ferai que rire.

MÉLITE

1885 Et pour l'amour de moi vous lui pardonnerez.

CLORIS

Et pour l'amour de moi vous m'en dispenserez.

MÉLITE

Que vous êtes mauvaise!

CLORIS

Un peu plus qu'il ne semble.

MÉLITE

Si vous veux-je pourtant remettre bien ensemble.

CLORIS

Ne l'entreprenez pas, possible qu'après tout
1890 Votre dextérité n'en viendrait pas à bout.

SCÈNE DERNIÈRE

TIRSIS, LA NOURRICE, ÉRASTE,
MÉLITE, CLORIS

TIRSIS

De grâce, mon souci, laissons cette causeuse,
Qu'elle soit à son choix facile, ou rigoureuse,
L'excès de mon ardeur ne saurait consentir
1895 Que ces frivoles soins te viennent divertir :
Tous nos pensers sont dus à ces chastes délices
Dont le ciel se prépare à borner nos supplices,
Le terme en est si proche, il n'attend que la nuit,
Vois qu'en notre faveur déjà le jour s'enfuit,

*La Nourrice paraît à l'autre bout du théâtre
avec Eraste, l'épée nue à la main, et ayant parlé
à lui quelque temps à l'oreille, elle le laisse à
quartier et s'avance vers Tirsis.*

Que déjà le soleil en cédant à la brune
1900 Dérobe tant qu'il peut sa lumière importune,
Et que pour lui donner mêmes contentements
Thétis court au-devant de ses embrassements.

LA NOURRICE

Vois toi-même un rival qui la main à l'épée
Vient quereller sa place à faux titre occupée,
1905 Et ne peut endurer qu'on enlève son bien
Sans l'acheter au prix de son sang, ou du tien.

MÉLITE

Retirons-nous, mon cœur.

TIRSIS

Es-tu lassé de vivre ?

Cloris
Mon frère, arrêtez-vous.

Tirsis
Voici qui t'en délivre,
Parle, tu n'as qu'à dire.

Éraste, *à Mélite.*
Un pauvre criminel
1910 A qui l'âpre rigueur d'un remords éternel
Rend le jour odieux, et fait naître l'envie
De sortir de torture en sortant de la vie,
Vous apporte aujourd'hui sa tête à l'abandon,
Souhaitant le trépas à l'égal du pardon.
1915 Tenez donc, vengez-vous de ce traître adversaire,
Vengez-vous de celui dont la plume faussaire
Désunit d'un seul trait Mélite de Tirsis,
Cloris d'avec Philandre.

Mélite, *à Tirsis.*
A ce conte éclaircis
Du principal sujet qui nous mettait en doute
1920 Qu'es-tu d'avis, mon cœur, de lui répondre ?

Tircis
Écoute
Quatre mots à quartier.

Éraste
Que vous avez de tort
De prolonger ma peine en différant ma mort!
Vite, dépêchez-vous d'abréger mon supplice,
Ou ma main préviendra votre lente justice.

Mélite
1925 Voyez comme le ciel a de secrets ressorts
Pour se faire obéir malgré nos vains efforts;
Votre fourbe inventée à dessein de nous nuire
Avance nos amours au lieu de les détruire,
De son fâcheux succès dont nous devions périr
1930 Le sort tire un remède afin de nous guérir.
Donc pour nous revancher de la faveur reçue
Nous en aimons l'auteur à cause de l'issue,
Obligés désormais de ce que tour à tour
Nous nous sommes rendu tant de preuves d'amour,

ACTE V, SCÈNE DERNIÈRE

1935 Et de ce que l'excès de ma douleur amère
A mis tant de pitié dans le cœur de ma mère
Que, cette occasion prise comme aux cheveux,
Tirsis n'a rien trouvé de contraire à ses vœux :
Outre qu'en fait d'amour la fraude est légitime,
1940 Mais puisque vous voulez la prendre pour un crime,
Regardez acceptant le pardon ou l'oubli,
Par où votre repos sera mieux établi.

ÉRASTE

Tout confus, et honteux de tant de courtoisie
Je veux dorénavant chérir ma jalousie
1945 Et puisque c'est de là que vos félicités...

LA NOURRICE, à Eraste.

Quittez ces compliments qu'ils n'ont pas mérités,
Ils ont tous deux leur compte, et sur cette assurance
Ils tiennent le passé dedans l'indifférence,
N'osant se hasarder à des ressentiments
1950 Qui donneraient du trouble à leurs contentements.
Mais Cloris qui s'en tait vous la gardera bonne,
Et seule intéressée, à ce que je soupçonne,
Saura bien se venger sur vous à l'avenir
D'un amant échappé qu'elle pensait tenir.

ÉRASTE, à Cloris.

1955 Si vous pouviez souffrir qu'en votre bonne grâce
Celui qui l'en tira pût entrer en sa place
Eraste qu'un pardon purge de tous forfaits
Est prêt de réparer les torts qu'il vous a faits :
Mélite répondra de sa persévérance,
1960 Il ne l'a pu quitter qu'en perdant l'espérance,
Encore avez-vous vu son amour irrité
Faire d'étranges coups en cette extrémité,
Et c'est avec raison que sa flamme contrainte
De réduire ses feux dans une amitié sainte,
1965 Ses amoureux désirs vers elle superflus
Tournent vers la beauté qu'elle chérit le plus.

TIRSIS

Que t'en semble, ma sœur ?

CLORIS

           Mais toi-même, mon frère ?

Tirsis

Tu sais bien que jamais je ne te fus contraire.

Cloris

Tu sais qu'en tel sujet ce fut toujours de toi
1970 Que mon affection voulut prendre la loi.

Tirsis

Bien que dedans tes yeux tes sentiments se lisent
Tu veux qu'auparavant les miens les autorisent,
Excusable pudeur, soit donc, je le consens
Trop sûr que mon avis s'accommode à ton sens.

Il parle à Eraste et lui baille la main de Cloris.

1975 Fassent les puissants Dieux que par cette alliance
Il ne reste entre nous aucune défiance
Et que m'aimant en frère, et ma maîtresse en sœur
Nos ans puissent couler avec plus de douceur.

Éraste

Heureux dans mon malheur c'est dont je les supplie,
1980 Mais ma félicité ne peut être accomplie
Jusqu'à ce que ma belle après vous m'ait permis
D'aspirer à ce bien que vous m'avez promis.

Cloris

Aimez-moi seulement, et pour la récompense
On me donnera bien le loisir que j'y pense.

Tirsis

1985 Oui, jusqu'à cette nuit, qu'ensemble ainsi que nous
Vous goûterez d'hymen les plaisirs les plus doux.

Cloris

Ne le présumez pas, je veux après Philandre
L'éprouver tout du long de peur de me méprendre.

La Nourrice

Mais de peur qu'il n'en fasse autant que l'autre a fait
1990 Attache-le d'un nœud qui jamais ne défait.

Cloris

Vous prodiguez en vain vos faibles artifices,
Je n'ai reçu de lui, ni devoirs, ni services.

MÉLITE

C'est bien quelque raison, mais ceux qu'il m'a rendus
Il ne les faut pas mettre au rang des pas perdus.
1995 Ma sœur, acquitte-moi d'une reconnaissance
Dont un destin meilleur m'a mise en impuissance,
Accorde cette grâce à nos justes désirs.

LA NOURRICE

Tu ferais mieux de dire à ses propres plaisirs.

ÉRASTE

Donnez à leurs souhaits, donnez à leurs prières,
2000 Donnez à leurs raisons ces faveurs singulières,
Et dans un point où gît tout mon contentement
Comme partout ailleurs suivez leur jugement.

CLORIS

En vain en ta faveur chacun me sollicite,
J'en croirai seulement la mère de Mélite,
2005 Ayant eu son avis sans craindre un repentir
Ton mérite et sa foi m'y feront consentir.

TIRSIS

Entrons donc et tandis que nous irons le prendre,
Nourrice, va t'offrir pour nourrice à Philandre.

LA NOURRICE

Là, là, n'en riez point, autrefois en mon temps
2010 D'aussi beaux fils que vous étaient assez contents,
Et croyaient de leur peine avoir trop de salaire
Quand je quittais un peu mon dédain ordinaire.
A leur compte mes yeux étaient de vrais soleils
Qui répandaient partout des rayons nonpareils,
2015 Je n'avais rien en moi qui ne fût un miracle,
Un seul mot de ma part leur était un oracle,
Mais je parle à moi seule, amoureux, qu'est ceci ?
Vous êtes bien pressés de me laisser ainsi.
Allez, je vais vous faire à ce soir telle niche
2020 Qu'au lieu de labourer, vous lairrez tout en friche.

LA VEUVE
OU
LE TRAITRE TRAHI

Comédie

EPÎTRE

A

MADAME

DE LA MAISON-FORT

Madame,

Le bon accueil qu'autrefois cette *Veuve* a reçu de vous, l'oblige à vous en remercier, et l'enhardit à vous demander la faveur de votre protection. Etant exposée aux coups de l'envie et de la médisance, elle n'en peut trouver de plus assurée que celle d'une personne sur qui ces deux monstres n'ont jamais eu de prise. Elle espère que vous ne la méconnaîtrez pas, pour être dépouillée de tous autres ornements que les siens, et que vous la traiterez aussi bien qu'alors que la grâce de la représentation la mettait en son jour. Pourvu qu'elle vous puisse divertir encore une heure, elle est trop contente, et se bannira sans regret du théâtre pour avoir une place dans votre cabinet. Elle est honteuse de vous ressembler si peu, et a de grands sujets d'appréhender qu'on ne l'accuse de peu de jugement de se présenter devant vous, dont les perfections la feront paraître d'autant plus imparfaite ; mais quand elle considère qu'elles sont en un si haut point qu'on n'en peut avoir de légères teintures sans des privilèges tout particuliers du Ciel, elle se rassure entièrement, et n'ose plus craindre qu'il se rencontre des esprits assez injustes pour lui imputer à défaut le manque des choses qui sont au-dessus des forces de la nature. En effet, Madame, quelque difficulté que vous fassiez de croire aux miracles, il faut que vous en reconnaissiez en vous-même, ou que vous ne vous connaissiez pas, puisqu'il est tout vrai que des vertus et des qualités si peu communes que les vôtres ne sauraient avoir d'autre nom. Ce n'est pas mon dessein d'en faire ici les éloges, outre qu'il serait superflu de particulariser ce que tout le monde sait, la bassesse de mon discours profanerait des choses si relevées. Ma plume est trop faible pour entreprendre de voler si haut, c'est assez pour elle de vous rendre mes devoirs, et de vous protester avec plus de vérité que d'éloquence, que je serai toute ma vie

Madame,

Votre très humble
et très obéissant serviteur
CORNEILLE.

AU LECTEUR

Si tu n'es homme à te contenter de la naïveté du style, et de la subtilité de l'intrigue, je ne t'invite point à la lecture de cette pièce, son ornement n'est pas dans l'éclat des vers. C'est une belle chose que de les faire puissants et majestueux, cette pompe ravit d'ordinaire les esprits, et pour le moins les éblouit mais il faut que les sujets en fassent naître les occasions, autrement c'est en faire parade mal à propos, et pour gagner le nom de poète perdre celui de judicieux. La comédie n'est qu'un portrait de nos actions et de nos discours, et la perfection des portraits consiste en la ressemblance. Sur cette maxime je tâche de ne mettre en la bouche de mes acteurs, que ce que diraient vraisemblablement en leur place ceux qu'ils représentent, et de les faire discourir en honnêtes gens, et non pas en auteurs. Ce n'est qu'aux ouvrages où le poète parle, qu'il faut parler en poète ; Plaute n'a pas écrit comme Virgile, et ne laisse pas d'avoir bien écrit. Ici donc tu ne trouveras en beaucoup d'endroits qu'une prose rimée, peu de scènes toutefois sans quelque raisonnement assez véritable, et partout une conduite assez industrieuse. Tu y reconnaîtras trois sortes d'amours aussi extraordinaires au théâtre, qu'ordinaires dans le monde, celle de Philiste et Clarice, d'Alcidon et Doris, et celle de la même Doris avec Florange qui ne paraît point. Le plus beau de leurs entretiens est en équivoques, et en propositions dont ils te laissent les conséquences à tirer ; si tu en pénètres bien le sens, l'artifice ne t'en déplaira point. Pour l'ordre de la pièce, je ne l'ai mis, ni dans la sévérité des règles, ni dans la liberté qui n'est que trop ordinaire sur le théâtre français : l'une est trop rarement capable de beaux effets, et on les trouve à trop bon marché dans l'autre qui prend quelquefois tout un siècle pour la durée de son action, et toute la terre habitable pour le lieu de sa scène. Cela sent un peu trop son abandon, messéant à toute sorte de poèmes, et particulièrement aux dramatiques, qui ont toujours été les plus réglés. J'ai donc cherché quelque milieu pour la règle du temps, et me suis persuadé que la comédie étant disposée en cinq actes, cinq jours consécutifs n'y seraient point mal employés. Ce n'est pas que je méprise l'antiquité, mais, comme on épouse malaisément des beautés si vieilles, j'ai cru lui rendre assez de respect de lui partager mes ouvrages, et de six pièces de théâtre qui me sont échappées, en ayant réduit trois dans la contrainte qu'elle nous a prescrite, je n'ai point fait de conscience d'allonger un peu les vingt et quatre heures, aux trois autres. Pour l'unité de lieu et d'action ce sont deux règles que j'observe inviolablement, mais j'interprète la dernière à ma mode, et la première, tantôt je la resserre à la seule grandeur du théâtre, et tantôt je l'étends jusqu'à toute une ville, comme en cette pièce. Je l'ai poussée dans le *Clitandre* jusques aux lieux où l'on peut aller dans les vingt et quatre heures, mais bien que j'en puisse trouver de bons garants, et de grands exemples dans les vieux et nouveaux siècles, j'estime qu'il n'est que meilleur de se passer de leur imitation en ce point : Quelque jour je m'expliquerai davantage sur ces matières, mais il faut attendre l'occasion d'un plus grand volume, cette préface n'est déjà que trop longue pour une comédie.

POUR LA VEUVE
DE MONSIEUR CORNEILLE

AUX DAMES

Le soleil est levé, retirez-vous, étoiles :
Remarquez son éclat, à travers de ses voiles,
Petits feux de la nuit qui luisez en ces lieux,
Souffrez le même affront que les autres des cieux.
Orgueilleuses beautés que tout le monde estime,
Qui prenez un pouvoir qui n'est pas légitime.
Clarice vient au jour; votre lustre s'éteint;
Il faut céder la place, à celui de son teint :
Et voir dedans ces vers une double merveille,
La beauté de la Veuve, et l'esprit de Corneille.

DE SCUDÉRY.

A MONSIEUR CORNEILLE
poète comique sur sa Veuve

ÉPIGRAMME

Rare écrivain de notre France
Qui le premier des beaux esprits
As fait revivre en tes écrits,
L'esprit de Plaute et de Térence,

Sans rien dérober des douceurs,
De Mélite, ni de ses sœurs.
O! Dieu que ta Clarice est belle
Et que de Veuves à Paris
Souhaiteraient d'être comme elle,
Pour ne manquer pas de maris.

MAIRET.

A MONSIEUR CORNEILLE
sur sa Clarice

Corneille, que ta veuve a des charmes puissants!
Ses yeux remplis d'amour, ses discours innocents,
Joints à sa majesté plus divine qu'humaine,
Paraissent au théâtre avec tant de splendeur,
Que Mélite, admirant cette belle Germaine,
Confesse qu'elle doit l'hommage à sa grandeur.
Mais ce n'est pas assez, sa parlante peinture
A tant de ressemblance avecque la nature,
Qu'en lisant tes écrits l'on croit voir des amants
Dont la mourante voix naïvement propose
Ou l'extrême bonheur, ou les rudes tourments,
Qui furent le sujet de leur métamorphose.
Fais-la donc imprimer, fais que sa déité,
Jour et nuit entretienne avecque privauté
Ceux qui n'ont le moyen de la voir au théâtre :
Car si Mélite a plu pour ses divins appas,
Tout le monde sera de Clarice idolâtre
Qui jouit de beautés que Mélite n'a pas.

GUÉRENTE.

MADRIGAL,
pour la comédie de *la Veuve*
de Monsieur Corneille

A CLARICE

Clarice la plus douce veine,
Qui sache le métier des vers,

    Donne un portrait à l'Univers,
    De tes beautés et de ta peine :
Et les traits du pinceau, qui te font admirer,
Te dépeignent au vif si constante et si belle,
Que ce divin portrait, bien que tu sois mortelle,
Demande des autels pour te faire adorer.

I.G.A.E.P.

A MONSIEUR CORNEILLE

ÉLÉGIE

Pour te rendre justice, autant que pour te plaire,
Je veux parler (Corneille) et ne me puis plus taire,
Juge de ton mérite (à qui rien n'est égal)
Par la confession de ton propre rival.
Pour un même sujet, même désir nous presse,
Nous poursuivions tous deux une même maîtresse,
La gloire, cet objet des belles volontés
Préside également dessus nos libertés,
Comme toi, je la sers, et personne ne doute
Des veilles et des soins que cette ardeur me coûte,
Mon espoir toutefois est décru chaque jour
Depuis que je t'ai vu prétendre à son amour
Je n'ai point le trésor de ses douces paroles
Dont tu lui fais la cour, et dont tu la cajoles :
Je vois que ton esprit unique de son art
A des naïvetés plus belles que le fard,
Que tes inventions ont des charmes étranges
Que leur moindre incident attire des louanges,
Que par toute la France on parle de ton nom,
Et qu'il n'est plus d'estime égale à ton renom,
Depuis, ma muse tremble, et n'est plus si hardie.
Une jalouse peur l'a longtemps refroidie,
Et depuis (cher rival) je serais rebuté
De ce bruit spécieux dont Paris m'a flatté,
Si cet ange mortel, qui fait tant de miracles,
Et dont tous les discours passent pour des oracles,
Ce fameux cardinal, l'honneur de l'univers,
N'aimait ce que je fais, et n'écoutait mes vers :
Sa faveur m'a rendu mon humeur ordinaire,
La gloire où je prétends est l'honneur de lui plaire

Et lui seul réveillant mon génie endormi
Est cause qu'il te reste un si faible ennemi :
Mais la gloire n'est pas de ces chastes maîtresses
Qui n'osent en deux lieux répandre leurs caresses,
Cet objet de nos vœux, nous peut obliger tous,
Et faire mille amants, sans en faire un jaloux ;
Tel, je te sais connaître, et te rendre justice,
Tel, on me voit partout adorer ta Clarice :
Aussi rien n'est égal à ses moindres attraits,
Tout ce que j'ai produit cède à ses moindres traits
Toute Veuve qu'elle est, de quoi que tu l'habilles,
Elle ternit l'éclat de nos plus belles filles,
J'ai vu trembler Silvie, Amaranthe, et Filis,
Célimène a changé, ses attraits sont pâlis ?
Et tant d'autres beautés que l'on a tant vantées
Sitôt qu'elle a paru se sont épouvantées ;
Adieu, fais-nous souvent des enfants si parfaits
Et que ta bonne humeur ne se lasse jamais.

DE ROTROU.

A MONSIEUR CORNEILLE

De mille adorateurs Mélite est poursuivie,
Ces autres belles sœurs le sont également,
Clarice quoique Veuve a surmonté l'envie
Et fait de tout le monde un parti seulement.

C. B.

A MONSIEUR CORNEILLE
sur sa Veuve

ÉPIGRAMME

Ta Veuve s'est assez cachée,
Ne crains point de la mettre au jour

Tu sais bien qu'elle est recherchée,
Par les mieux sensés de la Cour :
Déjà des plus grands de la France,
Dont elle est l'heureuse espérance,
Les cœurs lui sont assujettis,
Et leur amour est une preuve,
Qu'une si glorieuse Veuve
Ne peut manquer de bons partis.

DURYER, Parisien.

AU MÊME
par le même

Que pour louer ta belle Veuve
Chacun de son esprit donne une riche preuve,
Qu'on voye en cent façons ses mérites tracés,
Pour moi je pense dire assez
Quand je dis de cette merveille,
Qu'elle est sœur de Mélite et fille de Corneille.

A MONSIEUR CORNEILLE

Belle Veuve adorée,
Tu n'es pas demeurée,
Sans supports et sans gloire en la fleur de tes ans
Puisque ton cher Corneille
A ta conduite veille
Tu ne peux redouter les traits des médisants.

BOIS-ROBERT.

A MONSIEUR CORNEILLE
sur sa Veuve

Cette belle Clarice à qui l'on porte envie,
Peut-elle être ta Veuve, et que tu sois en vie ?
Quel accident étrange à ton bonheur est joint ?
Si jamais un auteur a vécu par son livre
En dépit de l'envie elle te fera vivre :
Elle sera ta Veuve et tu ne mourras point.

DOUVILLE.

A MONSIEUR CORNEILLE
sur sa Veuve

ÉPIGRAMME

La renommée est si ravie,
Des mignardises de tes vers,
Qu'elle chante par l'univers
L'immortalité de ta vie :
Mais elle se trompe en un point,
Et voici comme je l'épreuve ;
Un homme qui ne mourra point
Ne peut jamais faire une Veuve.
Quoique chacun en soit d'accord,
Il faut bien que du ciel ce beau renom te vienne,
Car je sais que tu n'es pas mort,
Et toutefois j'adore et recherche la tienne.

CLAVERET.

MADRIGAL
du même

Philiste en ces amours a dû craindre un rival,
    Puisque ta Veuve est la copie
    De ce charmant original
    A qui ta plume la dédie.

Ton bel art nous peint l'une adorable à la Cour,
La nature a fait l'autre un miracle d'amour.
Je sais bien que l'on nous figure
L'art moins parfait que la nature
Mais laissant ces raisons à part,
Je ne sais qui l'emporte ou la nature ou l'art,
Ta Veuve toutefois par sa douceur extrême
Sait si bien celui de charmer
Qu'à la voir on la peut nommer,
Un original elle-même,
Et toutes deux des ravissants accords
D'un bel esprit et d'un beau corps.

A MONSIEUR CORNEILLE
sur l'impression de sa Veuve

La Veuve qui n'a d'autres soins
Que de se tenir renfermée
Et de qui l'on parle le moins,
Est plus chaste et plus estimée,
Mais celle que tu mets au jour
Accroît son lustre et notre amour,
Alors qu'elle se communique,
Bien loin de se faire blâmer,
Tant plus elle se rend publique,
Plus elle se fait estimer.

J. COLLARDEAU.

POUR LA VEUVE DE MONSIEUR CORNEILLE

Bien que les amours des filles
Soient vives, et sans fard, florissantes, gentilles,
Et que le pucelage ait des goûts si charmants ;
Cette Veuve en dépit d'elles,
Va posséder plus d'amants
Qu'un million de pucelles.

L. M. P.

A MONSIEUR CORNEILLE

SONNET

Tous ces présomptueux, dont les faibles esprits
S'efforcent vainement de te suivre à la trace,
Se trouvent à la fin des Corneilles d'Horace,
Quand ils mettent au jour leurs comiques écrits.

Ce style familier non encore entrepris,
Ni connu de personne, a de si bonne grâce,
Du théâtre français changé la vieille face,
Que la scène tragique en a perdu le prix.

Saint-Amant ne craint plus d'avouer ta patrie,
Puisque ce Dieu des vers est né dans la Neustrie,
Qui pour se rendre illustre à la postérité

Accomplit en nos jours l'incroyable merveille
De cet oiseau fameux parmi l'antiquité,
Nous donnant un Phénix sous le nom de Corneille.

DUPETIT VAL.

A MONSIEUR CORNEILLE

SONNET

Mélite qu'un miracle a fait venir des cieux,
Les cœurs charmés à soi comme l'aimant attire
Mais c'est avec raison que tout le monde admire,
La Veuve qui n'a pas moins d'attraits dans les yeux.

[Faire] parler les rois le langage des Dieux,
Faire régner l'amour, accroître son empire,
Peindre avec tant d'adresse un gracieux martyre,
Fermer si puissamment la bouche aux envieux.

Faire honneur à son temps, enseigner à notre âge,
A [polir] doucement son vœu et son langage
Corneille, c'est assez pour avoir des lauriers.

Dessus le mont sacré toujours tranquille, et calme,
Mais pour dire en un mot devenir des derniers,
Et les surpasser tous c'est emporter la palme.

AU MÊME

SIXAIN

Ce n'est rien d'avoir peint une vierge beauté
Mélite, vrai portrait de la divinité,
La grâce de l'objet embellit la peinture,
Et conduit le pinceau qui ne s'égare pas,
Mais de peindre une Veuve avec autant d'appas
C'est un effet de l'art qui passe la nature.

PILLASTRE, avocat en parlement.

A MONSIEUR CORNEILLE

ÉPIGRAMME

Toi que le Parnasse idolâtre,
Et dont le vers doux, et coulant
Ne fait point voir sur le théâtre
Les effets d'un bras violent,
Esprit de qui les rares veilles
Tous les ans font voir des merveilles,
Au-dessus de l'humain pouvoir,
Reçois ces vers dont Villeneuve,
Ravi des beautés de ta Veuve,
A fait hommage à ton savoir.

A MONSIEUR CORNEILLE

Corneille, je suis amoureux
De ta Veuve et de ta Mélite,
Et leurs beautés et leur mérite,
Font naître tes vers et mes feux,

Je veux que l'une soit pucelle,
L'autre ici me semble si belle
Qu'elle captive mes esprits,
Et ce qui m'en plaît davantage
C'est que les traits de son visage,
Viennent de ceux de tes écrits.

DE MARBEUF.

A MONSIEUR CORNEILLE
sur sa Veuve

SIXAIN

On vante les exploits de ces mains valeureuses,
Qui font dans les combats des Veuves malheureuses,
Mais j'estime pour moi qu'il t'est plus glorieux
D'avoir fait en nos cours une Veuve sans larmes
Et que l'on ne saurait sans t'être injurieux,
Donner moins de lauriers à tes vers qu'à leurs armes.

DE CANON.

A MONSIEUR CORNEILLE
sur sa Veuve

SONNET

Corneille que ta Veuve est pleine de beauté,
Que tu l'as d'ornements et de grâce pourvue
Le plaisir de la voir tous mes sens diminue
Et traîne tant d'appas ce serait lâcheté.

Quoi que puisse à nos yeux offrir la nouveauté
Rien ne les peut toucher à l'égal de sa vue
Il n'est point de mortel après l'avoir connue
Qui se puisse vanter de voir sa liberté.

Admire le pouvoir qu'elle a sur mon esprit
Ne cherche point le nom de celui qui t'écrit,
Qui jamais ne connut Apollon ni sa lyre.

Ton mérite l'oblige à te donner ces vers,
Et la douceur des tiens le force de te dire
Qu'il n'est rien de si beau dedans tout l'univers.

L. N.

A MONSIEUR CORNEILLE
en faveur de sa Veuve

Corneille que ton chant est doux,
Que ta plume a trouvé de gloire,
Il n'est plus d'esprit parmi nous
Dont tu n'emportes la victoire,
Ce que tu feins a tant d'attraits,
Que les ouvrages plus parfaits
N'ont rien d'égal à son mérite
Et la veuve que tu fais voir,
Plus ravissante que Mélite,
Montre l'excès de ton savoir.

BURNEL.

A MONSIEUR CORNEILLE

Clarice est sans doute si belle,
Que Philiste n'a le pouvoir
De goûter le bien de la voir,
Sans devenir amoureux d'elle :
Ses discours me font estimer
Qu'on a plus de gloire de l'aimer
Que de raison à s'en défendre;
Et que les argus les plus grands
Pour y trouver de quoi reprendre
N'ont point d'yeux assez pénétrants.

Apollon qui par ses oracles
A plus d'éclat qu'il n'eut jamais,
Tient sus les deux sacrés sommets
Tes vers pour autant de miracles :
Et les plaisirs que ces neuf sœurs
Trouvent dans les rares douceurs
Que parfaitement tu leur donnes,
Sont purs témoignages de foi,
Qu'au partage de leurs couronnes
La plus digne sera pour toi.

MARCEL.

A MONSIEUR CORNEILLE
Sur sa Veuve

STANCES

Divin esprit, puissant génie
Tu vas produire en moi des miracles divers,
Je n'ai jamais donné de louange infinie,
Et je ne croyais plus pouvoir faire de vers.

Il te fallait pour m'y contraindre
Faire une belle veuve et lui donner des traits,
Dont mon cœur amoureux pût se laisser atteindre,
L'amour me fait rimer et louer ses attraits.

Digne sujet de mille flammes
Incomparable veuve, ornement de ce temps,
Tu vas mettre du trouble et du feu dans les âmes,
Faisant moins d'ennemis que de cœurs inconstants.

Qui vit jamais tant de merveilles
Mes sens sont aujourd'hui l'un de l'autre envieux,
Ton discours me ravit l'âme par les oreilles,
Et ta beauté la veut arracher par les yeux.

Quand on te voit les plus barbares,
A tes charmes sans fard, et tes naïfs appas
Donneraient mille cœurs, et des choses plus rares,
S'ils en pouvaient avoir : pour ne te perdre pas.

Lorsqu'on t'entend les plus critiques
Remarquent tes discours, et font tous un serment
De les faire observer pour des lois authentiques,
Et de condamner ceux qui parlent autrement.

Cher ami pardon si ma muse,
Pour plaire à mon amour manque à notre amitié.
Donnant tout à ta fille elle a bien cette ruse,
De juger que tu dois en avoir la moitié.

Prends donc en gré tant de franchise,
Et ne t'étonne pas si ceci ne vaut rien,
Par son désordre seul tu sauras ma surprise,
Un cœur qui sait aimer ne s'exprime pas bien.

Il me suffit que je me treuve
Dans ce rang qui n'est pas à tout chacun permis,
Des humbles serviteurs de ton aimable veuve,
Et de ceux que tu tiens pour tes meilleurs amis.

VOILLE.

STANCES
SUR LES ŒUVRES DE MONSIEUR CORNEILLE

Corneille occupant nos esprits,
Fait voir par ces divins écrits,
Que nous vivions dans l'ignorance,
Et je crois que tout l'univers,
Saura bientôt que notre France,
N'a que lui seul qui fait des vers

La nature tout à loisir,
A pris un extrême plaisir
A créer ta veine animée,
Et parlant ainsi que les Dieux,
Le temps veut que la renommée
T'aille publier en tous lieux.

Apollon forma ton esprit,
Et d'un soin merveilleux t'apprit
Le moyen de charmer des hommes,
Il t'a rendu par son métier,
L'oracle du siècle où nous sommes,
Comme son unique héritier.

BEAULIEU.

A LA VEUVE DE MONSIEUR CORNEILLE

SONNET

Clarice, un temps si long sans te montrer au jour,
M'a fait appréhender que le deuil du veuvage,
Ayant terni l'éclat des traits de ton visage,
T'empêchât d'établir parmi nous ton séjour.

Mais tant de grands esprits ravis de ton amour,
Parlent de tes appas dans un tel avantage,
Qu'après eux, tout l'orgueil des beautés de cet âge
Doit tirer vanité de te faire la cour.

Parais donc librement sans craindre que tes charmes
Te suscitent encor de nouvelles alarmes,
Exposée aux efforts d'un second ravisseur.

Puisque de la façon que tu te fais paraître,
Chacun sans t'offenser peut se rendre ton maître,
Comme depuis un an chacun l'est de ta sœur.

A. C.

ARGUMENT

Alcidon amoureux de Clarice veuve d'Alcandre, et maîtresse de Philiste son particulier ami, de peur qu'il ne s'en aperçût feint d'aimer sa sœur Doris, qui ne s'abusant point par ses caresses consent au mariage de Florange que sa mère lui propose. Ce faux ami sous un prétexte de se venger de l'affront que lui faisait ce mariage fait consentir Célidan à enlever Clarice en sa faveur, et la mènent ensemble à un château de Célidan. Philiste abusé des faux ressentiments de son ami fait rompre le mariage de Florange, sur quoi Célidan conjure Alcidon de reprendre Doris, et rendre Clarice à son amant. Ne l'y pouvant résoudre il soupçonne quelque fourbe de sa part, et fait si bien qu'il tire les vers du nez à la nourrice de Clarice qui avait toujours eu une intelligence avec Alcidon, et lui avait même facilité l'enlèvement de sa maîtresse, ce qui le porte à quitter le parti de ce perfide, de sorte que ramenant Clarice à Philiste il obtient de lui en récompense sa sœur Doris.

LA VEUVE
OU
LE TRAITRE TRAHI

Comédie

LES ACTEURS

PHILISTE, amant de Clarice.
ALCIDON, ami de Philiste, et amant de Doris.
CÉLIDAN, ami d'Alcidon, et amoureux de Doris.
CLARICE, veuve d'Alcandre, et maîtresse de Philiste.
CRYSANTE, mère de Doris.
DORIS, sœur de Philiste.
LA NOURRICE de Clarice.
GÉRON, agent de Florange, amoureux de Doris qui ne paraît point.
LYCAS, domestique de Philiste.
POLYMAS }
DORASTE } domestiques de Clarice.
LISTOR }

ACTE PREMIER

SCÈNE PREMIÈRE

PHILISTE, ALCIDON

Philiste

Dis ce que tu voudras, chacun a sa méthode.

Alcidon

Mais la tienne pour moi serait fort incommode :
Mon cœur ne pourrait pas conserver tant de feu,
S'il fallait que ma bouche en témoignât si peu :
5 Depuis près de deux ans tu brûles pour Clarice
Et plus ton amour croît, moins elle en a d'indice.
Il semble qu'à languir tes désirs sont contents,
Et que tu n'as pour but que de perdre ton temps,
Quel fruit espères-tu de ta persévérance
10 A la traiter toujours avec indifférence ?
Auprès d'elle assidu sans lui parler d'amour,
Veux-tu qu'elle commence à te faire la cour ?

Philiste

Non pas, mais pour le moins je veux qu'elle devine.

Alcidon

C'en est trop présumer, cette beauté divine
15 Avec juste raison prend pour stupidité
Ce qui n'est qu'un effet de ta timidité.

Philiste

Mais as-tu remarqué que Clarice me fuie;
Qu'indifférent qu'il est mon entretien l'ennuie,

Que je lui sois à charge, et lorsque je la vois
20 Qu'elle use d'artifice à s'échapper de moi ?
Sans te mettre en souci du feu qui me consomme
Apprends comme l'amour se traite en honnête homme.
Aussitôt qu'une dame en ses rets nous a pris
Offrir notre service au hasard d'un mépris,
25 Et nous laissant conduire à nos brusques saillies
Au lieu de notre amour lui montrer nos folies,
Qu'un superbe dédain punisse au même instant,
Il n'est si maladroit qui n'en fît bien autant.
Il faut s'en faire aimer avant qu'on se déclare,
30 Notre submission à l'orgueil la prépare.
Lui dire incontinent son pouvoir souverain
C'est mettre à sa rigueur les armes à la main :
Usons pour être aimés d'un meilleur artifice,
Sans en rien protester rendons-lui du service,
35 Réglons sur son humeur toutes nos actions,
Ajustons nos desseins à ses intentions,
Tant que par la douceur d'une longue hantise
Comme insensiblement elle se trouve prise.
C'est par là que l'on sème aux dames des appas
40 Qu'elles n'évitent point ne les prévoyant pas.
Leur haine envers l'amour pourrait être un prodige
Que le seul nom les choque et l'effet les oblige.

ALCIDON

Suive qui le voudra ce nouveau procédé,
Mon feu me déplairait d'être ainsi gourmandé.
45 Ne parler point d'amour! pour moi je me défie
Des fantasques raisons de ta philosophie.
Ce n'est pas là mon jeu; le joli passe-temps
D'être auprès d'une dame, et causer du beau temps,
Lui jurer que Paris est toujours plein de fange,
50 Qu'un certain parfumeur vend de fort bonne eau d'ange,
Qu'un cavalier regarde un autre de travers,
Que dans la comédie on dit d'assez bons vers,
Qu'un tel dedans le mois d'une telle s'accorde!
Touche, pauvre abusé, touche la grosse corde,
55 Conte ce qui te mène, et ne t'amuse pas
A perdre sottement tes discours et tes pas.

PHILISTE

Je les aurais perdus auprès de ma maîtresse
Si je n'eusse employé que la commune adresse,

ACTE PREMIER, SCÈNE PREMIÈRE

Puisque inégal de biens et de condition
60 Je ne pouvais prétendre à son affection.

ALCIDON

Mais si tu ne les perds je le tiens à miracle,
Vu que par là ton feu rencontre un double obstacle,
Et qu'ainsi ton silence et l'inégalité,
S'opposent à la fois à ta témérité.

PHILISTE

65 Crois que de la façon que j'ai su me conduire
Mon silence n'est pas en état de me nuire,
Mille petits devoirs ont trop parlé pour moi,
Ses regards chaque jour m'assurent de sa foi,
Ses soupirs et les miens font un secret langage
70 Par où son cœur au mien à tous moments s'engage,
Nos vœux, quoique muets, s'entendent aisément,
Et quand quelques baisers sont dus par compliment...

ALCIDON

Je m'imagine alors qu'elle ne t'en dénie ?

PHILISTE

Mais ils tiennent bien peu de la cérémonie ;
75 Parmi la bienséance il m'est aisé de voir
Que l'amour me les donne autant que le devoir
En cette occasion c'est un plaisir extrême
Lorsque de part et d'autre un couple qui s'entraime,
Abuse dextrement de cette liberté,
80 Que permettent les lois de la civilité,
Et que le peu souvent que ce bonheur arrive
Piquant notre appétit rend sa pointe plus vive :
Notre flamme irritée en croît de jour en jour.

ALCIDON

Tout cela cependant sans lui parler d'amour ?

PHILISTE

85 Sans lui parler d'amour.

ALCIDON

J'estime ta science.
Mais j'aurais à l'épreuve un peu d'impatience.

PHILISTE

Le ciel qui bien souvent nous choisit des partis
A tes feux et les miens prudemment assortis,

Et comme à ces longueurs t'ayant fait indocile
90 Il te donne en ma sœur un naturel facile,
Ainsi pour cette Veuve il voulut m'enflammer
Après m'avoir donné par où m'en faire aimer.

Alcidon

Mais il lui faut enfin découvrir ton courage.

Philiste

C'est ce qu'en ma faveur sa nourrice ménage,
95 Cette vieille subtile a mille inventions
Pour m'avancer au but de mes intentions,
Elle m'avertira du temps que je dois prendre,
Le reste une autre fois se pourra mieux apprendre,
Adieu.

Alcidon

    La confidence avec un bon ami
100 Jamais sans l'offenser ne s'exerce à demi.

Philiste

Un intérêt d'amour me prescrit ces limites,
Ma maîtresse m'attend pour faire des visites
Où je lui promis hier de lui prêter la main.

Alcidon

Adieu donc, cher Philiste.

Philiste

        Adieu jusqu'à demain.

SCÈNE II

ALCIDON, LA NOURRICE

Alcidon

105 Vit-on jamais amant de pareille imprudence
Avecque son rival traiter de confidence !
Simple, apprends que ta sœur n'aura jamais de quoi
Asservir sous ses lois des gens faits comme moi,
Qu'Alcidon feint pour elle, et brûle pour Clarice,
110 Ton agente est à moi, n'est-il pas vrai, nourrice ?

ACTE PREMIER, SCÈNE II

LA NOURRICE

La belle question! quoi ?

ALCIDON

Que Philiste...

LA NOURRICE

Eh bien ?

ALCIDON

C'est en toi qu'il espère.

LA NOURRICE

Oui, mais il ne tient rien.

ALCIDON

Tu lui promets pourtant ?

LA NOURRICE

C'est par où je l'amuse,
Tant que tes bons succès lui découvrent ma ruse.

ALCIDON

115 Je le viens de quitter.

LA NOURRICE

Eh bien, que t'a-t-il dit ?

ALCIDON

Que tu veux employer pour lui tout ton crédit
Et que rendant toujours quelque petit service
Il s'est fait une entrée en l'âme de Clarice.

LA NOURRICE

Moindre qu'il ne présume, et toi ?

ALCIDON

Je l'ai poussé
120 A s'enhardir un peu plus que par le passé,
Et découvrir son mal à celle qui le cause.

LA NOURRICE

Pourquoi ?

ALCIDON

Pour deux raisons, l'une qu'il me propose
Ce qu'il a sur le cœur beaucoup plus librement,
L'autre que ta maîtresse après ce compliment
125 Le chassera peut-être ainsi qu'un téméraire.

LA NOURRICE

Ne l'enhardis pas tant, j'aurais peur du contraire,
Que malgré tes raisons quelque mal ne t'en prît.
Ce rival d'assurance est bien dans son esprit,
Mais non pas tellement qu'avant que le mois passe
130 Nous ne le sachions mettre en sa mauvaise grâce.

ALCIDON

Et lors ?

LA NOURRICE

Je te réponds de ce que tu chéris,
Cependant continue à caresser Doris,
Que son frère ébloui par cette accorte feinte
De ce que nous brassons n'ait ni soupçon, ni crainte.

ALCIDON

135 A m'en ouïr conter, l'amour de Céladon
N'eut jamais rien d'égal à celui d'Alcidon,
Tu rirais trop de voir comme je la cajole.

LA NOURRICE

Et la dupe qu'elle est croit tout sur ta parole ?

ALCIDON

Cette jeune étourdie est si folle de moi
140 Qu'elle prend chaque mot pour article de foi,
Et son frère pipé du fard de mon langage
Qui croit que je soupire après son mariage
Pensant bien m'obliger m'en parle tous les jours,
Mais quand il en vient là je sais bien mes détours,
145 Tantôt vu l'amitié qui tous deux nous assemble
J'attendrai son hymen pour être heureux ensemble,
Tantôt il faut du temps pour le consentement
D'un oncle dont j'espère un bon avancement,
Tantôt je sais trouver quelque autre bagatelle.

LA NOURRICE

150 Séparons-nous de peur qu'il entrât en cervelle
S'il avait découvert un si long entretien.
Joue aussi bien ton jeu que je jouerai le mien.

ALCIDON

Nourrice, ce n'est pas ainsi qu'on se sépare.

LA NOURRICE

Monsieur, vous me jugez d'un naturel avare.

Alcidon

155 Tu veilleras pour moi d'un soin plus diligent.

La Nourrice

Ce sera donc pour vous plus que pour votre argent.

SCÈNE III

CRYSANTE, DORIS

Crysante

C'est trop désavouer une si belle flamme
Qui n'a rien de honteux, rien de sujet au blâme,
Confesse-le, ma fille, Alcidon à ton cœur,
160 Ses rares qualités l'en ont rendu vainqueur
Ne vous entr'appeler que mon âme et ma vie,
C'est montrer que tous deux vous n'avez qu'une envie,
Et que d'un même trait vos esprits sont blessés.

Doris

Madame, il n'en va pas ainsi que vous pensez,
165 Mon frère aime Alcidon, et sa prière expresse
M'oblige à lui répondre en termes de maîtresse
Je me fais comme lui souvent toute de feux,
Mais mon cœur se conserve au point où je le veux
Toujours libre, et qui garde une amitié sincère
170 A celui que voudra me prescrire une mère.

Crysante

Oui, pourvu qu'Alcidon te soit ainsi prescrit.

Doris

Madame pussiez-vous lire dans mon esprit,
Vous verriez jusqu'où va ma pure obéissance.

Crysante

Ne crains pas que je veuille user de ma puissance,
175 Je croirais en produire un trop cruel effet
Si je te séparais d'un amant si parfait.

Doris

Vous le connaissez mal, son âme a deux visages
Et ce dissimulé n'est qu'un conteur à gages,

Il a beau m'accabler de protestations
Je démêle aisément toutes ses fictions,
Ainsi qu'il me les baille, ainsi je les renvoie,
Nous nous entrepayons d'une même monnoie,
Et malgré nos discours mon vertueux désir
Attend toujours celui que vous voudrez choisir ;
Votre vouloir du mien absolument dispose.

CRYSANTE

L'épreuve en fera foi. Mais parlons d'autre chose,
Nous vîmes hier au bal entre autres nouveautés
Tout plein d'honnêtes gens caresser les beautés.

DORIS

Oui, Madame, Alindor en voulait à Célie.
Lysandre à Célidée, Oronte à Rosélie.

CRYSANTE

En nommant celles-ci tu caches finement
Qu'un certain t'entretint assez paisiblement.

DORIS

Ce visage inconnu qu'on appelait Florange ?

CRYSANTE

Lui-même.

DORIS

Ah Dieu ! que c'est un cajoleur étrange !
Ce fut paisiblement de vrai qu'il m'entretint.
Soit que quelque raison secrète le retint,
Soit que son bel esprit me jugeât incapable
De lui pouvoir fournir un entretien sortable,
Il m'épargna si bien que ses plus longs propos
A grand-peine en une heure étaient de quatre mots,
Il me mena danser deux fois sans me rien dire.

CRYSANTE

Oui, mais après ?

DORIS

Après ? c'est bien le mot pour rire,
Mon baladin muet se retire en un coin,
Content de m'envoyer des œillades de loin,
Enfin après m'avoir longtemps considérée,
Après m'avoir de l'œil mille fois mesurée,
Il m'aborde en tremblant avec ce compliment,
Vous m'attirez à vous ainsi que fait l'aimant,

ACTE PREMIER, SCÈNE III

(Il pensait m'avoir dit le meilleur mot du monde)
210 Entendant ce haut style aussitôt je seconde
Et réponds brusquement sans beaucoup m'émouvoir,
Vous êtes donc de fer à ce que je puis voir.
Après cette réponse, il eut don de silence,
Surpris (comme je crois) par quelque défaillance.
215 Depuis, il s'avisa de me serrer les doigts
Et retrouvant un peu l'usage de la voix
Il prit un de mes gants, la mode en est nouvelle
(Me dit-il) et jamais je n'en vis de si belle,
Vous portez sur le sein un mouchoir fort carré,
220 Votre éventail me plaît d'être ainsi bigarré,
L'amour je vous assure est une belle chose,
Vraiment vous aimez fort cette couleur de rose,
La ville est en hiver toute autre que les champs,
Les charges à présent n'ont que trop de marchands,
225 On n'en peut approcher.

CRYSANTE

Mais enfin que t'en semble ?

DORIS

Je n'ai jamais connu d'homme qui lui ressemble,
Ni qui mêle en discours tant de diversités.

CRYSANTE

Il est nouveau venu des universités.
Au demeurant fort riche, et que la mort d'un père,
230 Sans deux successions encore qu'il espère,
Comble de tant de biens, qu'il n'est fille aujourd'hui
Qui ne lui rie au nez, et n'ait dessein sur lui.

DORIS

Aussi me contez-vous de beaux traits de visage.

CRYSANTE

Eh bien, avec ces traits est-il à ton usage ?

DORIS

235 Je douterais plutôt si je serais au sien.

CRYSANTE

Je sais qu'assurément il te veut force bien,
Mais il te le faudrait plus sage et plus accorte
Recevoir désormais un peu d'une autre sorte.

Doris

Commandez seulement Madame, et mon devoir
240 Ne négligera rien qui soit en mon pouvoir.

Crysante

Ma fille te voilà telle que je souhaite,
Pour ne te rien celer, c'est chose qui vaut faite,
Géron qui depuis peu fait ici tant de tours
Au déçu d'un chacun a traité ces amours,
245 Et puisqu'à mes désirs je te vois résolue,
Je veux qu'avant deux jours l'affaire soit conclue,
Au regard d'Alcidon tu dois continuer,
Et de ton beau semblant ne rien diminuer.

Doris

Mon frère qui croira sa poursuite abusée
250 Sans doute en sa faveur brouillera la fusée.

Crysante

Il n'est pas si mauvais que l'on n'en vienne à bout.

Doris

Madame avisez-y, je vous remets le tout.

Crysante

Rentre, voici Géron de qui la conférence
Doit rompre, ou nous donner une entière assurance.

SCÈNE IV

CRYSANTE, GÉRON

Crysante

255 Ils se sont vus enfin!

Géron

    Je l'avais déjà su,
Madame, et les effets ne m'en ont pas déçu,
Au moins quant à Florange.

Crysante

      Eh bien, mais qu'est-ce encore,
Que dit-il de ma fille ?

Géron

Ah! Madame, il l'adore,
Il n'a point encor vu de miracles pareils,
260 Ses yeux à son avis sont autant de soleils,
L'enflure de son sein un double petit monde,
C'est le seul ornement de la machine ronde,
L'amour à ses regards allume son flambeau,
Et souvent pour la voir il ôte son bandeau,
265 Diane n'eut jamais une si belle taille,
Auprès d'elle Vénus ne serait rien qui vaille,
Ce ne sont rien que lis, et roses que son teint,
Enfin de ses beautés il est si fort atteint...

Crysante

Atteint! ah! mon ami ce sont des rêveries,
270 Il s'en moque en disant de telles niaiseries.

Géron

Madame, je vous jure il pèche innocemment,
Et s'il savait mieux dire, il dirait autrement,
C'est un homme tout neuf, que voulez-vous qu'il fasse?
Il dit ce qu'il a lu. Jugez pour Dieu de grâce
275 Plus favorablement de son intention,
Et pour mieux vous montrer où va sa passion,
Vous savez les deux points (mais aussi je vous prie,
Vous ne lui direz pas cette supercherie).

Crysante

Non, non.

Géron

Vous savez donc les deux difficultés
280 Qui jusqu'à maintenant nous tiennent arrêtés.

Crysante

Il veut son avantage, et nous cherchons le nôtre.

Géron

Va Géron (m'a-t-il dit) et pour l'une et pour l'autre,
Si par dextérité tu n'en peux rien tirer,
Accorde tout plutôt que de plus différer;
285 Doris est à mes yeux de tant d'attraits pourvue,
Qu'il faut bien qu'il m'en coûte un peu pour l'avoir vue,
Mais qu'en dit votre fille?

CRYSANTE

Ainsi que je voulois
Elle se montre prête à recevoir mes lois.
Non qu'elle en fasse état plus que de bonne sorte,
290 Il suffit qu'elle voit ce que le bien apporte,
Et qu'elle s'accommode aux solides raisons
Qui forment à présent les meilleures maisons.

GÉRON

A ce compte c'est fait, quand voulez-vous qu'il vienne
Dégager ma parole, et vous donner la sienne ?

CRYSANTE

295 Deux jours me suffiront, ménagez dextrement,
Pour disposer mon fils à mon contentement.
Durant ce peu de temps si son ardeur le presse
Il peut hors du logis rencontrer sa maîtresse,
Assez d'occasions s'offrent aux amoureux.

GÉRON

300 Madame, que d'un mot je le vais rendre heureux !

SCÈNE V

PHILISTE, CLARICE

PHILISTE

Le bonheur conduisait aujourd'hui nos visites
Et semblait rendre hommage à vos rares mérites,
Vous avez rencontré tout ce que vous cherchiez.

CLARICE

Oui, mais n'estimez pas qu'ainsi vous m'empêchiez,
305 De vous dire à présent que nous faisons retraite,
Combien de chez Daphnis je sors mal satisfaite.

PHILISTE

Madame, toutefois elle a fait son pouvoir,
Au moins en apparence à vous bien recevoir.

CLARICE

Aussi ne pensez pas que je me plaigne d'elle.

Philiste

310 Sa compagnie était ce me semble assez belle ?

Clarice

Que trop belle à mon goût, et que je pense au tien.
Deux filles possédaient seules ton entretien,
Et ce que nous étions de femmes méprisées
Nous servions cependant d'objets à vos risées.

Philiste

315 C'est maintenant, Madame, aux vôtres que j'en sers,
Avec tant de beautés, et tant d'esprits divers,
Je ne valus jamais qu'on me trouvât à dire.

Clarice

Avec ces beaux esprits je n'étais qu'en martyre.
Leur discours m'assassine, et n'a qu'un certain jeu
320 Qui m'étourdit beaucoup, et qui me plaît fort peu.

Philiste

Celui que nous tenions me plaisait à merveilles.

Clarice

Tes yeux s'y plaisaient bien autant que tes oreilles ?

Philiste

Je ne le peux nier, puisqu'en parlant de vous
Sur les vôtres mes yeux se portaient à tous coups
325 Et s'en allaient chercher sur ce visage d'ange
Mille sujets nouveaux d'éternelle louange.

Clarice

O la subtile ruse ! ô l'excellent détour,
Sans doute une des deux te donne de l'amour ?
Mais tu le veux cacher.

Philiste

De l'amour ! moi, madame,
330 Que pour une des deux l'amour m'entrât dans l'âme ?
Croyez-moi s'il vous plaît que mon affection
Voudrait pour s'enflammer plus de perfection.

Clarice

Tu tranches du fâcheux, Bélinde et Crysolite
Manquent donc à ton gré d'attraits, et de mérite,
335 Elles dont les beautés captivent mille amants ?

PHILISTE

Quelque autre trouverait leurs visages charmants,
Et j'en ferais état si le ciel m'eût fait naître
D'un malheur assez grand pour ne vous pas connaître ;
Mais l'honneur de vous voir que vous me permettez
340 Fait que je n'y remarque aucunes raretés,
Vu que ce qui serait de soi-même admirable,
A peine auprès de vous demeure supportable.

CLARICE

On ne m'éblouit pas à force de flatter,
Revenons aux propos que tu veux éviter,
345 Je veux savoir des deux laquelle est ta maîtresse,
Ne dissimule plus, Philiste, et me confesse...

PHILISTE

Que Crysolite et l'autre égales toutes deux
N'ont rien d'assez puissant pour attirer mes vœux.
Si blessé des regards de quelque beau visage
350 Mon cœur de sa franchise avait perdu l'usage...

CLARICE

Tu serais assez fin pour bien cacher ton jeu.

PHILISTE

C'est ce qui ne se peut, l'amour est tout de feu,
Il éclaire en brûlant et se trahit soi-même :
L'esprit d'un amoureux absent de ce qu'il aime
355 Par sa mauvaise humeur fait trop voir ce qu'il est,
Toujours morne, rêveur, triste, tout lui déplaît,
A tout autre propos qu'à celui de sa flamme
Le silence à la bouche, et le chagrin en l'âme ;
Son œil semble à regret nous donner ses regards,
360 Et les jette à la fois souvent de toutes parts,
Qu'ainsi sa fonction confuse et mal guidée
Se ramène en soi-même, et ne voit qu'une idée.
Mais auprès de l'objet qui possède son cœur,
Ses esprits ranimés reprennent leur vigueur :
365 Gai, complaisant, actif...

CLARICE

    Enfin que veux-tu dire ?

PHILISTE

Que par ces actions que je viens de décrire
Vous de qui j'ai l'honneur chaque jour d'approcher,
Jugiez pour quels objets l'amour m'a su toucher,

Clarice

Pour faire un jugement d'une telle importance
370 Il faudrait plus de temps, adieu, la nuit s'avance,
Te verra-t-on demain ?

Philiste

Madame en doutez-vous ?
Jamais commandements ne me furent si doux,
Puisque loin de vos yeux, je n'ai rien qui me plaise,
Tout me devient fâcheux, tout s'oppose à mon aise,
375 Un chagrin éternel triomphe de mes sens.

Clarice

Si (comme tu disais) dans le cœur des absents
C'est l'amour qui fait naître une telle tristesse,
Ce compliment n'est bon que vers une maîtresse.

Philiste

Souffrez-le d'un respect qui produit chaque jour
380 Pour un sujet si haut les effets de l'amour.

SCÈNE VI

Clarice

Las! il m'en dit assez, si je l'osais entendre
Et ses désirs aux miens se font assez comprendre.
Mais pour nous déclarer une si belle ardeur
L'un est muet de crainte, et l'autre de pudeur.
385 Que mon rang me déplaît! que mon trop de fortune
Au lieu de m'obliger me choque et m'importune!
Egale à mon Philiste, il m'offrirait ses vœux
Je m'entendrais nommer le sujet de ses feux.
Et ses discours pourraient forcer ma modestie
390 A l'assurer bientôt de notre sympathie,
Mais le peu de rapport de nos conditions
Ote le nom d'amour à ses submissions,
Et sous l'injuste loi de cette retenue
Le remède me manque et mon mal continue.
395 Il me sert en esclave, et non pas en amant,
Tant mon grade s'oppose à mon contentement.

Ah! que ne devient-il un peu plus téméraire!
Que ne s'expose-t-il au hasard de me plaire!
Amour gagne à la fin ce respect ennuyeux,
400 Et rends-le moins timide, ou l'ôte de mes yeux.

ACTE II

SCÈNE PREMIÈRE

PHILISTE

STANCES

Secrets tyrans de ma pensée,
Respect, amour, de qui les lois
D'un juste et fâcheux contrepoids
La tiennent toujours balancée,
405 Vos mouvements irrésolus,
Ont trop de flux et de reflux,
L'un m'élève, et l'autre m'atterre,
L'un nourrit mon espoir, et l'autre ma langueur.
N'avez-vous point ailleurs où vous faire la guerre,
410 Sans ainsi vous combattre aux dépens de mon cœur?

Moi-même je fais mon supplice
A force de vous obéir,
Mais le moyen de vous haïr,
Vous venez tous deux de Clarice?
415 Vous m'en entretenez tous deux,
Et formez ma crainte et mes vœux
Pour ce bel œil qui vous fait naître,
Et de deux flots divers mon esprit agité,
Plein de glace et d'un feu qui n'oserait paraître,
420 Blâme sa retenue et sa témérité.

Mon âme dans cet esclavage
Fait des vœux qu'elle n'ose offrir,
J'aime seulement pour souffrir,
J'ai trop, et trop peu de courage :

ACTE II, SCÈNE PREMIÈRE

425 Je vois bien que je suis aimé,
Et que l'objet qui m'a charmé,
Vit en de pareilles contraintes,
Mon silence à ses feux fait tant de trahison
Qu'impertinent captif de mes frivoles craintes
430 Pour accroître son mal je fuis ma guérison.

Elle brûle et par quelque signe
Qu'elle me découvre son cœur,
Je le prends pour un trait moqueur
D'autant que je m'en trouve indigne.
435 Espoir à Dieu c'est trop flatté
Ne crois pas que cette beauté
Avouât des flammes si basses,
Et par le soin exact qu'elle a de les cacher
Apprends que si Philiste est en ses bonnes grâces
440 Sa bouche à son esprit n'ose le reprocher.

Pauvre amant, vois par son silence
Qu'elle t'en commande un égal,
Et que le récit de ton mal
Te convaincrait d'une insolence.
445 Quel fantasque raisonnement,
Et qu'au milieu de mon tourment
Je deviens subtil à ma peine!
Pourquoi m'imaginer qu'un discours amoureux,
Par un contraire effet change un amour en haine,
450 Et malgré mon bonheur me rende malheureux?

Mais j'aperçois Clarice, ô Dieux! Si cette belle
Parlait autant de moi que je m'entretiens d'elle!
Du moins si sa nourrice a soin de nos amours
C'est de moi qu'à présent doit être leur discours.
455 Je ne sais quelle humeur curieuse m'emporte
A me couler sans bruit dans la prochaine porte,
Pour écouter de là sans en être aperçu
En quoi mon fol espoir me peut avoir déçu.
Suivons-nous cette ardeur? Suivons à la bonne heure,
460 Jamais l'occasion ne s'offrira meilleure,
Et peut-être qu'enfin nous en pourrons tirer
Celle que notre amour cherche à se déclarer.

SCÈNE II

CLARICE, LA NOURRICE

CLARICE

Tu me veux détourner d'une seconde flamme,
Dont je ne pense pas qu'autre que toi me blâme,
465 Etre veuve à mon âge, et toujours soupirer
La perte d'un mari que je peux réparer,
Refuser d'un amant ce doux nom de maîtresse,
N'avoir que des mépris pour les vœux qu'il m'adresse,
Le voir toujours languir dessous ma dure loi!
470 Cette vertu, Nourrice, est trop haute pour moi.

LA NOURRICE

Madame, mon avis au vôtre ne résiste
Qu'en tant que votre ardeur se porte vers Philiste,
Aimez, aimez quelqu'un, mais comme à l'autrefois
Qu'un lieu digne de vous arrête votre choix.

CLARICE

475 Brise là ce discours dont mon amour s'irrite,
Philiste n'en voit point qui le passe en mérite.

LA NOURRICE

Je ne remarque en lui rien que de fort commun
Sinon qu'il est un peu plus qu'un autre importun.

CLARICE

Que ton aveuglement en ce point est extrême!
480 Et que tu connais mal et Philiste et moi-même,
Si tu crois que l'excès de sa civilité
Passe jamais chez moi pour importunité!

LA NOURRICE

Ce cajoleur rusé qui toujours vous assiège
A tant fait qu'à la fin vous tombez dans son piège.

CLARICE

485 Ce cavalier parfait de qui je tiens le cœur
A tant fait que du mien il s'est rendu vainqueur.

La Nourrice

Il aime votre bien et non votre personne.

Clarice

Son vertueux amour l'un et l'autre lui donne,
Ce m'est trop d'heur encor dans le peu que je vaux
490 Qu'un peu de bien que j'ai suppléé à mes défauts.

La Nourrice

La mémoire d'Alcandre et le rang qu'il vous laisse
Voudraient un successeur de plus haute noblesse.

Clarice

Il précéda Philiste en vaines dignités
Et Philiste le passe en rares qualités,
495 Il est né gentilhomme, et sa vertu répare
Tout ce dont la fortune envers lui fut avare.
Elle et moi nous avons trop de quoi l'agrandir.

La Nourrice

Hélas! si vous pouviez un peu vous refroidir
Pour le considérer avec indifférence,
500 Sans prendre pour mérite une fausse apparence,
La raison ferait voir à vos yeux insensés
Que Philiste n'est pas tout ce que vous pensez.
Madame, croyez-moi, j'ai vieilli dans le monde.
J'ai de l'expérience, et c'est où je me fonde,
505 Eloignez s'il vous plaît quelque temps ce charmeur,
Faites en son absence essai d'une autre humeur,
Pratiquez-en quelque autre, et désintéressée
Comparez-lui l'objet dont vous êtes blessée,
Comparez-en l'esprit, la façon, l'entretien,
510 Et lors vous trouverez qu'un autre le vaut bien.

Clarice

Exercer contre moi de si noirs artifices!
Donner à mon amour de si cruels supplices!
Trahir ainsi mon aise! éteindre un feu si beau!
Qu'on m'enferme plutôt toute vive au tombeau.
515 Va querir mon amant, dussé-je la première
Lui faire de mon cœur une ouverture entière,
Je ne permettrai pas qu'il sorte d'avec moi
Sans avoir l'un à l'autre engagé notre foi.

LA NOURRICE

Ne précipitez point ce que le temps ménage,
520 Vous pourrez à loisir éprouver son courage.

CLARICE

Ne m'importune plus de tes conseils maudits,
Et sans me répliquer fais ce que je te dis.

SCÈNE III

PHILISTE, LA NOURRICE

PHILISTE

Je te ferai cracher cette langue traîtresse,
Est-ce ainsi qu'on me sert auprès de ma maîtresse,
525 Détestable sorcière ?

LA NOURRICE

Eh bien, quoi ? qu'ai-je fait ?

PHILISTE

Et tu doutes encor si j'ai vu ton forfait ?
Monstre de trahisons, horreur de la nature
Viens çà que je t'étrangle.

LA NOURRICE

Ah, ah !

PHILISTE

Crache, parjure,
Ton âme abominable, et que l'enfer attend.

LA NOURRICE

530 De grâce quatre mots, et tu seras content.

PHILISTE

Et je serais content ! qui te fait si hardie
D'ajouter l'impudence à tant de perfidie ?

LA NOURRICE

Tenir ce qu'on promet est-ce une trahison ?

ACTE II, SCÈNE III

PHILISTE
Est-ce ainsi qu'on le tient ?

La Nourrice
Parlons avec raison,
535 Que t'avais-je promis ?

PHILISTE
Que de tout ton possible
Tu rendrais ta maîtresse à mes désirs sensible,
Et la disposerais à recevoir mes vœux.

La Nourrice
Et quoi ? n'est-elle pas au point où tu la veux ?

PHILISTE
Malgré toi mon bonheur à ce point l'a réduite.

La Nourrice
540 Mais tu dois ce bonheur à ma sage conduite ;
Jeune, et simple novice en matière d'amour,
Qui ne saurais comprendre encor un si bon tour,
Flatter de nos discours les passions des dames
C'est aider lâchement à leurs naissantes flammes,
545 C'est traiter lourdement un délicat effet,
C'est n'y savoir enfin que ce que chacun sait,
Moi qui de ce métier ai la haute science,
Et qui pour te servir brûle d'impatience,
Par un chemin plus court qu'un propos complaisant
550 J'ai su croître sa flamme en la contredisant,
J'ai su faire éclater avecque violence,
Un amour étouffé sous un honteux silence,
Et n'ai pas tant choqué que piqué ses désirs
Dont la soif irritée avance tes plaisirs.

PHILISTE
555 Qui croira ton babil, la ruse est merveilleuse,
Mais l'épreuve à mon goût en est fort périlleuse.

La Nourrice
Jamais il ne s'est vu de tours plus assurés.
La raison et l'amour sont ennemis jurés.
Et lorsque ce dernier dans un esprit commande
560 Il ne peut endurer que l'autre le gourmande,
Plus la raison l'attaque et plus il se raidit,
Plus elle l'intimide et plus il s'enhardit.

Mais je vous parle en vain, vos yeux et vos oreilles
Vous sont de bons témoins de toutes ces merveilles.
565 Vous-même avez tout vu, que voulez-vous de plus,
Entrez, on vous attend, ces discours superflus
Reculent votre bien et font languir Clarice,
Allez, allez cueillir les fruits de mon service,
Usez bien de votre heur et de l'occasion.

PHILISTE

570 Soit une vérité, soit une illusion,
Que ton subtil esprit emploie à ta défense,
Le mien de tes discours plus outre ne s'offense,
Et j'en estimerai mon bonheur plus parfait,
Si d'un mauvais dessein il tire un bon effet.

LA NOURRICE

575 Que de propos perdus! voyez l'impatiente
Qui ne peut plus souffrir une si longue attente.

SCÈNE IV

CLARICE, PHILISTE, LA NOURRICE

CLARICE

Paresseux qui tardez si longtemps à venir,
Devinez la façon dont je veux vous punir.

PHILISTE

M'interdiriez-vous bien l'honneur de votre vue?

CLARICE

580 Vraiment vous me jugez de sens fort dépourvue,
Vous bannir de mes yeux! une si dure loi
Ferait trop retomber le châtiment sur moi,
Et je n'ai pas failli pour me punir moi-même.

PHILISTE

L'absence ne fait mal que de ceux que l'on aime.

CLARICE

585 Aussi que savez-vous si vos perfections
Ne vous ont rien acquis sur mes affections?

Philiste

Madame, excusez-moi, je sais mieux reconnaître
Mes défauts, et le peu que le ciel m'a fait naître.

Clarice

N'oublierez-vous jamais ces termes ravalés
590 Pour vous priser de bouche autant que vous valez ;
Seriez-vous bien content qu'on crût ce que vous dites ?
Demeurez avec moi d'accord de vos mérites,
Laissez-moi me flatter de cette vanité
Que j'ai quelque pouvoir sur votre liberté,
595 Et qu'une humeur si froide, à toute autre invincible,
Ne perd qu'auprès de moi le titre d'insensible,
Une si douce erreur tâche à s'autoriser,
Quel plaisir prenez-vous à m'en désabuser ?

Philiste

Ce n'est point une erreur, pardonnez-moi, Madame,
600 Ce sont les mouvements les plus sains de mon âme,
Il est vrai, je vous aime et mes feux indiscrets
Se donnent leur supplice en demeurant secrets ;
Je reçois sans contrainte un amour téméraire,
Mais si j'ose brûler, aussi sais-je me taire.
605 Et près de votre objet mon unique vainqueur
Je puis tout sur ma langue, et rien dessus mon cœur.
En vain j'avais appris que la seule espérance
Entretenait l'amour dans la persévérance,
J'aime sans espérer, et je ne me promets
610 Aucun loyer d'un feu qu'on n'éteindra jamais.
L'amour devient servile alors qu'il se propose
Le seul espoir d'un prix pour son but et sa cause,
Ma flamme est toute pure et sans rien présumer
Je ne cherche en aimant, que le seul bien d'aimer.

Clarice

615 Et celui d'être aimé sans que tu le prétendes
Préviendra tes désirs et tes justes demandes.
Ne déguisons plus rien, mon Philiste, il est temps
Qu'un aveu mutuel rende nos feux contents,
Donnons-leur, je te prie, une entière assurance,
620 Vengeons-nous à loisir de notre indifférence,
Vengeons-nous à loisir de toutes ces langueurs
Où sa fausse couleur avait réduit nos cœurs.

Philiste

Vous me jouez, Madame, et cette accorte feinte
Ne donne à mes amours qu'une moqueuse atteinte.

Clarice

625 Quelle façon étrange ! en me voyant brûler
Tu t'obstines encore à le dissimuler,
Tu veux qu'encore un coup je devienne effrontée
Pour te dire à quel point mon ardeur est montée,
Tu la vois cependant en son extrémité.
630 Et tu doutes encor de cette vérité ?

Philiste

Oui j'en doute et l'excès de ma béatitude
Est le seul fondement de mon incertitude,
Ma reine, est-il possible et me puis-je assurer
D'un bien à quoi mes vœux n'oseraient aspirer ?

Clarice

635 Cesse de me tuer par cette défiance,
Qui pourrait des mortels troubler notre alliance ?
Quelqu'un a-t-il à voir dessus mes actions
Qui prescrive une règle à mes affections ?
Veuve, et qui ne dois plus de respect à personne,
640 Puis-je pas disposer de ce que je te donne ?

Philiste

N'ayant jamais été digne d'un tel honneur
J'ai de la peine encore à croire mon bonheur.

Clarice

Pour t'obliger enfin à changer de langage,
Si ma foi ne suffit que je te donne en gage,
645 Un bracelet exprès tissu de mes cheveux
T'attend pour enchaîner et ton bras et tes vœux,
Viens le quérir et prendre avec moi la journée
Qui termine bientôt notre heureux hyménée.

Philiste

C'est dont vos seuls avis se doivent consulter.
650 Trop heureux quant à moi de les exécuter.

La Nourrice, *seule*.

Vous comptez sans votre hâte, et vous pourrez apprendre
Que ce n'est pas sans moi que ce jour se doit prendre,

ACTE II, SCÈNE V

Alcidon averti de ce que vous brassez
Va rendre en un moment vos desseins renversés.
655 Je lui vais bien donner de plus sûres adresses
Que d'amuser Doris par de fausses caresses,
Aussi bien (m'a-t-on dit) à beau jeu beau retour,
Au lieu de la duper avec ce feint amour
Elle-même le dupe, et par un contre-échange
660 En écoutant ses vœux reçoit ceux de Florange,
Ainsi de tous côtés primé par un rival
Ses affaires sans moi se porteraient fort mal.

SCÈNE V

ALCIDON, DORIS

ALCIDON

Adieu mon cher souci, sois sûre que mon âme,
Jusqu'au dernier soupir conservera sa flamme.

DORIS

665 Alcidon, cet adieu me prend au dépourvu,
Tu ne fais que d'entrer, à peine t'ai-je vu,
C'est m'envier trop tôt le bien de ta présence,
Hé, de grâce, ma vie, un peu de complaisance !
Tandis que je te tiens souffre qu'avec loisir
670 Je puisse m'en donner un peu plus de plaisir ?

ALCIDON

En peux-tu recevoir de l'entretien d'un homme
Qui t'explique si mal le feu qui le consomme.
Dont le discours est plat, et pour tout compliment
N'a jamais que ce mot, je t'aime infiniment.
675 J'ai honte auprès de toi que ma langue grossière
Manque d'expressions, et non pas de matière
Et ne répondant point aux mouvements du cœur
Te découvre si peu le fond de ma langueur,
Doris si tu pouvais lire dans ma pensée
680 Et voir tous les ressorts de mon âme blessée,
Que tu verrais un feu bien autre et bien plus grand
Qu'en ces faibles devoirs que ma bouche te rend.

Doris

Si tu pouvais aussi pénétrer mon courage
Pour y voir comme quoi ma passion m'engage,
685 Ce que dans mes discours tu prends pour des ardeurs
Ne te semblerait plus que de tristes froideurs,
Ton amour et le mien ont faute de paroles,
Par un malheur égal ainsi tu me consoles,
Et de mille défauts me sentant accabler
690 Ce m'est trop d'heur qu'un d'eux me fait te ressembler.

Alcidon

Mais quelque ressemblance entre nous qui survienne,
Ta passion n'a rien qui ressemble à la mienne,
Et tu ne m'aimes pas de la même façon.

Doris

Quitte, mon cher souci, quitte ce faux soupçon,
695 Tu douterais à tort d'une chose si claire,
L'épreuve fera foi comme j'aime à te plaire,
Je meurs d'impatience attendant l'heureux jour
Qui te montre quel est envers toi mon amour,
Ma mère en ma faveur brûle de même envie.

Alcidon

700 Hélas! ma volonté sous un autre asservie
Dont je ne puis encore à mon gré disposer
Fait que d'un tel bonheur je ne saurais user
Je dépends d'un vieil oncle, et s'il ne m'autorise,
Je te fais vainement un don de ma franchise,
705 Tu sais que ses grands biens ne regardent que moi,
Et qu'attendant sa mort je vis dessous sa loi :
Mais nous le gagnerons et mon humeur accorte
Sait comme il faut avoir les hommes de sa sorte.
Un peu de temps fait tout.

Doris

Ne précipite rien.
710 Je connais ce qu'au monde aujourd'hui vaut le bien,
Conserve ce vieillard, pourquoi te mettre en peine
A force de m'aimer de t'acquérir sa haine ?
Ce qui te plaît m'agrée, et ce retardement
Parce qu'il vient de toi m'oblige infiniment.

Alcidon

715 De moi! c'est offenser une pure innocence,
Si l'effet de mes vœux est hors de ma puissance,
Leur obstacle me gêne autant ou plus que toi.

Doris

C'est prendre mal mon sens, je sais quelle est ta foi.

Alcidon

Qu'un baiser de nouveau t'en donne l'assurance.

Doris

720 Elle m'assure assez de ta persévérance
Et je lui ferais tort d'en recevoir d'ailleurs
Une preuve plus ample ou des garants meilleurs.

Alcidon

Que cette feinte est belle, et qu'elle a d'industrie !

Doris

On a les yeux sur nous, laisse-moi, je te prie.

Alcidon

725 Crains-tu que cette vieille en ose babiller ?

Doris

Adieu, va maintenant où tu voulais aller,
Si pour te retenir j'ai trop peu de mérite
Qu'il te souvienne au moins que c'est moi qui te quitte.

Alcidon

Quoi donc, sans un baiser ? Je m'en passerai bien.

SCÈNE VI

LA NOURRICE, ALCIDON

La Nourrice

730 Je te prends au sortir d'un plaisant entretien.

Alcidon

Plaisant de vérité, vu que mon artifice
Lui raconte les vœux que j'envoie à Clarice,
Et de tous mes soupirs qui se portent plus loin
Elle se croit l'objet et n'en est que témoin.

La Nourrice

735 Ainsi ton feu se joue ?

ALCIDON

Ainsi quand je soupire
Je la prends pour une autre, et lui dis mon martyre,
Et sa réponse au point que je peux souhaiter
Dans cette illusion a droit de me flatter.

LA NOURRICE

Elle t'aime ?

ALCIDON

Et de plus un discours équivoque
Lui fait aisément croire un amour réciproque,
Elle se pense belle, et cette vanité
L'assure imprudemment de ma captivité,
Et comme si j'étais des amants ordinaires
Elle prend sur mon cœur des droits imaginaires,
Cependant que le sien ressent ce que je feins
Et vit dans les langueurs dont à faux je me plains.

LA NOURRICE

Je te réponds que non, si tu n'y mets remède
Paravant qu'il soit peu, Florange la possède.

ALCIDON

Et qui t'en a tant dit ?

LA NOURRICE

Géron m'a tout conté ;
C'est lui qui sourdement a conduit ce traité.

ALCIDON

Ce n'est pas grand dommage, aussi bien tant de feintes
M'allaient bientôt donner d'ennuyeuses contraintes,
Ils peuvent achever quand ils trouveront bon,
Rien ne les troublera du côté d'Alcidon.
Cependant apprends-moi ce que fait ta maîtresse ?

LA NOURRICE

Elle met la Nourrice au bout de sa finesse,
Philiste assurément tient son esprit charmé,
Je n'eusse jamais cru qu'elle l'eût tant aimé.

ALCIDON

C'est à faire à du temps.

ACTE II, SCÈNE VI

La Nourrice

                Quitte cette espérance,
760 Ils ont pris l'un de l'autre une entière assurance,
Jusqu'à s'entre-donner la parole et la foi.

Alcidon

Que tu demeures froide en te moquant de moi.

La Nourrice

Il n'est rien de si vrai, ce n'est point raillerie.

Alcidon

C'est donc fait d'Alcidon, Nourrice, je te prie.

La Nourrice

765 Tu m'as beau supplier, mon esprit épuisé
Pour divertir ce coup n'est point assez rusé,
Je n'y sais qu'un moyen, mais je ne l'ose dire.

Alcidon

Dépêche, ta longueur m'est un second martyre.

La Nourrice

Clarice tous les soirs rêvant à ses amours
770 Seule dans son jardin fait trois ou quatre tours.

Alcidon

Et qu'a cela de propre à reculer ma perte ?

La Nourrice

Je te peux en tenir la fausse porte ouverte,
Aurais-tu du courage assez pour l'enlever ?

Alcidon

Que trop, mais je ne sache après où me sauver,
775 Et je n'ai point d'ami si peu jaloux de gloire
Que d'être partisan d'une action si noire.
Si j'avais un prétexte alors je ne dis pas
Que quelqu'un abusé n'accompagnât mes pas.

La Nourrice

Tu n'en saurais manquer, aveugle, considère
780 Qu'on t'enlève Doris, va quereller son frère,
Fais éclater partout un faux ressentiment.

Trop d'amis s'offriront à venger promptement
L'affront qu'en apparence aura reçu ta flamme,
Et lors (mais sans ouvrir les secrets de ton âme)
785 Tâche à te servir d'eux.

ALCIDON

Ainsi tout ira bien,
Ce prétexte est si beau que je ne crains plus rien.

LA NOURRICE

Pour ôter tout soupçon de notre intelligence,
Ne faisons plus ensemble aucune conférence,
Et viens quand tu pourras, je t'attends dès demain.

ALCIDON

790 Adieu je tiens le coup, autant vaut, dans ma main.

ACTE III

SCÈNE PREMIÈRE

CÉLIDAN, ALCIDON

CÉLIDAN

Ce n'est pas que j'excuse, ou la sœur, ou le frère,
Dont l'infidélité fait naître ta colère,
Mais, à ne point mentir, ton dessein à l'abord
N'a gagné mon esprit qu'avec un peu d'effort :
795 Lorsque tu m'as parlé d'enlever sa maîtresse
L'honneur a quelque temps combattu ma promesse.
Ce mot d'enlèvement me faisait de l'horreur
Mes sens embarrassés dans cette vaine erreur,
N'avaient plus la raison de leur intelligence,
800 En plaignant ton malheur je blâmais ta vengeance,
Et l'ombre d'un forfait amusant ma pitié
Retardait les effets dus à notre amitié.

ACTE III, SCÈNE PREMIÈRE

Alcidon

Voilà grossièrement chercher à te dédire,
Avec leurs trahisons ta lâcheté conspire,
805 Puisque tu sais leur crime et consens leur bonheur.
Mais c'est trop désormais survivre à mon honneur.
C'est trop porter en vain par leur perfide trame
La rougeur sur le front et la fureur en l'âme,
Va, va, n'empêche plus mon désespoir d'agir.
810 Souffre qu'après mon front ce flanc puisse en rougir,
Et qu'un bras impuissant à venger cet outrage
Reporte dans mon cœur les effets de ma rage.

Célidan

Bien loin de révoquer ce que je t'ai promis,
Je t'offre avec mon bras celui de cent amis.
815 Prends puisque tu le veux ma maison pour retraite,
Dispose absolument d'une amitié parfaite,
Je vois trop que Philiste en te volant ton bien
N'a que trop mérité qu'on le prive du sien,
Après son action la tienne est légitime,
820 On venge honnêtement un crime par un crime.

Alcidon

Tu vois comme il me trompe et me promet sa sœur
Dont il fait sourdement Florange possesseur,
Ah ciel ! fut-il jamais un si noir artifice ?
Il lui fait recevoir mes offres de service.
825 Cette belle m'accepte, et dessous cet aveu
Je me vante partout du bonheur de mon feu.
Cependant il me l'ôte et par cette pratique,
Plus mon amour est su, plus ma honte est publique.

Célidan

Après sa trahison, vois ma fidélité.
830 Il t'enlève un objet que je t'avais quitté,
Ta Doris fut toujours la reine de mon âme,
J'ai toujours eu pour elle une secrète flamme,
Sans jamais témoigner que j'en étais épris
Tant que tes feux ont pu te promettre ce prix :
835 Mais je te l'ai quittée et non pas à Florange,
Quand je t'aurai vengé, contre lui je me venge,
Et je lui fais savoir que devant mon trépas
Tout autre qu'Alcidon ne l'emportera pas.

ALCIDON

Pour moi donc à ce point ta contrainte est venue.
840 Que je te veux de mal de cette retenue!
Est-ce ainsi qu'entre amis on vit à cœur ouvert?

CÉLIDAN

Mon feu qui t'offensait est demeuré couvert,
Et si cette beauté malgré moi l'a fait naître
J'ai su pour ton respect l'empêcher de paraître.

ALCIDON

845 Hélas! tu m'as perdu me voulant obliger,
Vu que notre amitié m'en eût fait dégager;
Je souffre maintenant la honte de sa perte,
Et j'aurais eu l'honneur de te l'avoir offerte;
De te l'avoir cédée, et réduit mes désirs
850 Au glorieux dessein d'avancer tes plaisirs.
Mais faites que l'humeur de Philiste se change,
Grands Dieux, et l'inspirant de rompre avec Florange
Donnez-moi le moyen de montrer qu'à mon tour
Pour un ami je sais étouffer mon amour.

CÉLIDAN

855 Tes souhaits arrivés nous t'en verrions dédire,
Doris sur ton esprit reprendrait son empire,
Nous donnons aisément ce qui n'est plus à nous.

ALCIDON

Si j'y manquais, grands Dieux, je vous conjure tous
D'armer contre Alcidon vos dextres vengeresses.

CÉLIDAN

860 Un ami tel que toi m'est plus que cent maîtresses,
Il n'y va pas de tant, résolvons seulement
Du jour, et des moyens, de cet enlèvement.

ALCIDON

Mon secret n'a besoin que de ton assistance,
Vu que je ne puis craindre aucune résistance,
865 La belle dont mon traître adore les attraits
Chaque soir au jardin va prendre un peu de frais,
J'en ai su de lui-même ouvrir la fausse porte.
Etant seule, et de nuit, le moindre effort l'emporte.
Allons-y dès ce soir, le plus tôt vaut le mieux,
870 Et surtout déguisés dérobons à ses yeux
Et de nous, et du coup, l'entière connaissance.

ACTE III, SCÈNE II

CÉLIDAN

Si Clarice une fois est en notre puissance,
Crois que c'est un bon gage à moyenner l'accord,
Et rendre en ce faisant ton parti le plus fort.
875 Mais pour la sûreté d'une telle entreprise
Aussitôt que chez moi nous pourrons l'avoir mise,
Retournons sur nos pas, et soudain effaçons
Ce que pourrait l'absence engendrer de soupçons.

ALCIDON

Ton salutaire avis est la même prudence,
880 Et déjà je prépare une froide impudence
A m'informer demain avec étonnement
De l'heure et de l'auteur de cet enlèvement.

CÉLIDAN

Adieu, j'y vais mettre ordre.

ALCIDON

Estime qu'en revanche
Je n'ai goutte de sang que pour toi je n'épanche.

SCÈNE II

ALCIDON, *seul*.

885 Bons Dieux! que d'innocence et de simplicité;
Ou pour la mieux nommer que de stupidité
Dont le manque de sens se cache et se déguise
Sous le front spécieux d'une sotte franchise!
Que Célidan est bon! que j'aime sa candeur!
890 Et que son peu d'adresse oblige mon ardeur!
O qu'il n'est pas de ceux dont l'esprit à la mode
A l'humeur d'un ami jamais ne s'accommode,
Et qui nous font souvent cent protestations
Et contre les effets, ont mille inventions!
895 Lui quand il a promis, il meurt qu'il n'effectue,
Et l'attente déjà de me servir le tue.
J'admire cependant par quel secret ressort
Sa fortune et la mienne ont cela de rapport,
Que celle qu'un ami, nomme, ou tient sa maîtresse
900 Est l'objet qui tous deux au fond du cœur nous blesse,

Et qu'ayant comme moi caché sa passion,
Nous n'avons différé que de l'intention ;
Vu qu'il met pour autrui son bonheur en arrière,
Et pour moi...

SCÈNE III

PHILISTE, ALCIDON

PHILISTE
Je t'y prends, rêveur...

ALCIDON
Oui, par-derrière
905 C'est d'ordinaire ainsi que les traîtres en font.

PHILISTE
Je te vois accablé d'un chagrin si profond
Que j'excuse aisément ta réponse un peu crue
Mais que fais-tu si triste au milieu d'une rue ?
Quelque penser fâcheux te servait d'entretien ?

ALCIDON
910 Je rêvais que le monde en l'âme ne vaut rien,
Au moins pour la plupart, que le siècle où nous sommes
A bien dissimuler met la vertu des hommes,
Qu'à grand-peine deux mots se peuvent échapper
Sans quelque double sens afin de nous tromper,
915 Et que souvent de bouche un dessein se propose
Cependant que l'esprit songe à tout autre chose.

PHILISTE
Et cela t'affligeait ? laissons courir le temps
Et malgré les abus vivons toujours contents,
Le monde est un chaos, et son désordre excède
920 Tout ce qu'on y voudrait apporter de remède.
N'ayons l'œil, cher ami, que sur nos actions,
Aussi bien s'offenser de ses corruptions
A des gens comme nous ce n'est qu'une folie.
Or pour te retirer de la mélancolie,
925 Je te veux faire part de mes contentements.
Si l'on peut en amour s'assurer aux serments,
Dans trois jours au plus tard par un bonheur étrange,
Clarice est à Philiste.

ACTE III, SCÈNE III

ALCIDON
Et Doris à Florange.

PHILISTE

Quelque soupçon frivole en ce cas te déçoit,
930 J'aurai perdu la vie avant que cela soit.

ALCIDON

Voilà faire le fin de fort mauvaise grâce,
Philiste vois-tu bien, je sais ce qui se passe.

PHILISTE

Ma mère en a reçu de vrai quelques propos,
Et voulut hier au soir m'en toucher quelques mots,
935 Les femmes de son âge ont ce mal ordinaire,
De ne régler qu'aux biens une pareille affaire,
Un si honteux motif leur fait tout décider,
Et l'or qui lès aveugle, a droit de les guider,
Moi dont ce faux éclat n'éblouit jamais l'âme
940 Qui connais ton mérite autant comme ta flamme,
Je lui fis bien savoir que mon consentement
Ne dépendrait jamais de son aveuglement,
Et que jusqu'au tombeau quant à cet hyménée
Je maintiendrais sa foi que je t'avais donnée.
945 Ma sœur accortement feignait de l'écouter,
Non pas que son amour n'osât lui résister,
Mais fine, elle voulait qu'un ver de jalousie
Sur quelque bruit léger piquât ta fantaisie,
Ce petit aiguillon quelquefois en passant
950 Réveille puissamment un amour languissant.

ALCIDON

Fais à qui tu voudras ce conte ridicule,
Soit que ta sœur l'accepte ou qu'elle dissimule,
Le peu que j'y perdrai ne vaut pas m'en fâcher :
Rien de mes sentiments ne saurait approcher
955 Comme alors qu'au théâtre on nous fait voir *Mélite*
Le discours de Cloris quand Philandre la quitte,
Ce qu'elle dit de lui, je le dis de ta sœur,
Et je la veux traiter avec même douceur.
Pourquoi m'aigrir contre elle! en cet indigne change
960 Le choix de ce lourdaud la punit et me venge,
Et ce sexe imparfait de son mieux ennemi
Ne posséda jamais la raison qu'à demi,

J'aurais tort de vouloir qu'elle en eût davantage,
Sa faiblesse la force à devenir volage,
965 Je n'ai que pitié d'elle en ce manque de foi,
Et mon courroux entier se réserve pour toi,
Toi qui trahis ma flamme après l'avoir fait naître
Toi qui ne m'es ami qu'afin d'être plus traître,
Et que tes lâchetés tirent de leurs excès
970 Par ce damnable appas un facile succès,
Déloyal, ainsi donc de ta vaine promesse
Je reçois mille affronts au lieu d'une maîtresse,
Et ton perfide cœur masqué jusqu'à ce jour
Pour assouvir ta haine alluma mon amour.

Philiste

975 Ces soupçons dissipés par des effets contraires,
Nous renouerons bientôt une amitié de frères :
Puisse dessus ma tête éclater à tes yeux
Ce qu'a de plus mortel la colère des cieux,
Si jamais ton rival a ma sœur sans ma vie,
980 A cause de ses biens ma mère en meurt d'envie,
Mais malgré...

Alcidon

Laisse là ces propos superflus,
Ces protestations ne m'éblouissent plus,
Et ma simplicité lasse d'être dupée
N'admet plus de raisons qu'au bout de mon épée.

Philiste

985 Etrange impression d'une jalouse erreur
Dont ton esprit atteint ne suit que sa fureur!
Eh bien, tu veux ma vie, et je te l'abandonne,
Ce courroux insensé qui dans ton cœur bouillonne
Contente-le par là, pousse, mais n'attends pas
990 Que par le tien je veuille éviter mon trépas,
Trop heureux que mon sang puisse te satisfaire
Je le veux tout donner au seul bien de te plaire,
Toujours pour les duels on m'a vu sans effroi,
Mais je n'ai point de lame à trancher contre toi.

Alcidon

995 Voilà bien déguiser un manque de courage.

Philiste

Si jamais quelque part ton intérêt m'engage,
Tu pourras voir alors si je suis un moqueur,
Et si pour te servir j'aurai manqué de cœur,

ACTE III, SCÈNE IV

Mais pour te mieux ôter tout sujet de colère,
1000 Sitôt que j'aurai pu me rendre chez ma mère,
Dût mon peu de respect offenser tous les Dieux
J'affronterai Géron et Florange à ses yeux.
Je souffre jusque-là ton humeur violente.
Mais ces devoirs rendus si rien ne te contente,
1005 Sache alors que voici de quoi nous apaisons
Quiconque ne veut pas se payer de raisons.

ALCIDON, *seul.*

Je crains son amitié plus que cette menace,
Sans doute il va chasser Florange de ma place :
Mon prétexte est perdu s'il ne quitte ces soins,
1010 Dieux! qu'il m'obligerait de m'aimer un peu moins.

SCÈNE IV

CRYSANTE, DORIS

CRYSANTE

Je meure, mon enfant, si tu n'es admirable,
Et ta dextérité me semble incomparable;
Tu mérites de vivre après un si bon tour.

DORIS

Croyez-moi qu'Alcidon n'en sait guère en amour
1015 Vous n'eussiez pu m'entendre et vous tenir de rire,
Je me tuais moi-même à tous coups de lui dire
Que mon âme pour lui n'a que de la froideur,
Et que je lui ressemble en ce que notre ardeur
Ne s'explique à tous deux nullement par la bouche,
1020 Enfin que je le quitte.

CRYSANTE

Il est donc une souche
S'il ne peut rien comprendre en ces naïvetés.
Peut-être y mêlais-tu quelques obscurités ?

DORIS

Pas une, en mots exprès je lui rendais son change
Et n'ai couvert mon jeu qu'au regard de Florange.

CRYSANTE

1025 De Florange ? et comment en osais-tu parler ?

DORIS

Je ne me trouvais pas d'humeur à rien celer,
Mais nous nous sûmes lors jeter sur l'équivoque.

CRYSANTE

Tu vaux trop, c'est ainsi qu'il faut quand on se moque
Que le moqué toujours reste fort satisfait,
1030 Ce n'est plus autrement qu'un plaisir imparfait,
Qui souvent malgré nous se termine en querelle.

DORIS

Je lui présente encore une ruse nouvelle
Pour la première fois qu'il m'en viendra conter.

CRYSANTE

Mais pour en dire trop tu pourrais tout gâter.

DORIS

1035 N'en ayez pas de peur.

CRYSANTE

Quoi que l'on se propose
Assez souvent l'issue...

DORIS

On vous veut quelque chose,
Madame, je vous laisse.

CRYSANTE

Oui, va-t'en, il vaut mieux
Que l'on ne traite point cette affaire à tes yeux.

SCÈNE V

CRYSANTE, GÉRON

CRYSANTE

Je devine à peu près le sujet qui t'amène
1040 Mais sans mentir, mon fils me donne un peu de peine,
Et s'emporte si fort en faveur d'un ami
Que je n'ai su gagner son esprit qu'à demi

ACTE III, SCÈNE VI

Encore une remise, et que tandis Florange
Ne craigne aucunement qu'on lui donne le change,
1045 Moi-même, j'ai tant fait, que ma fille aujourd'hui
(Le croirais-tu, Géron ?) a de l'amour pour lui.

Géron

Florange impatient de n'avoir pas encore
L'entier et libre accès vers l'objet qu'il adore
Ne pourra consentir à ce retardement.

Crysante

1050 Le tout en ira mieux pour son contentement,
Quel plaisir aura-t-il auprès de sa maîtresse
Si mon fils ne l'y voit que d'un œil de rudesse,
Si sa mauvaise humeur refuse à lui parler,
Ou ne lui parle enfin que pour le quereller ?

Géron

1055 Madame, il ne faut point tant de discours frivoles,
Je ne fus jamais homme à porter des paroles
Depuis que j'ai connu qu'on ne les peut tenir.
Si monsieur votre fils...

Crysante

Je l'aperçois venir.

Géron

Tant mieux, nous allons voir s'il dédira sa mère.

Crysante

1060 Sauve-toi, ses regards ne sont que de colère.

SCÈNE VI

CRYSANTE, PHILISTE, GÉRON

Philiste

Te voilà donc ici, peste du bien public,
Qui réduis les amours en un sale trafic,
Va pratiquer ailleurs tes commerces infâmes,
Ce n'est pas où je suis que l'on surprend des femmes.

Géron

1065 Monsieur, vous m'offensez, loin d'être un suborneur,
Je ne sortis jamais des termes de l'honneur,
Madame a trouvé bon de prendre cette voie.

Philiste, *lui donnant des coups de plat d'épée.*

Tiens, porte ce revers à celui qui t'envoie,
Ceux-ci seront pour toi.

SCÈNE VII

CRYSANTE, PHILISTE, LYCAS

Crysante

Mon fils, qu'avez-vous fait ?

Philiste

1070 J'ai mis, grâces aux Dieux, ma promesse en effet.

Crysante

Ainsi vous m'empêchez d'exécuter la mienne.

Philiste

Je ne puis empêcher que la vôtre ne tienne,
Mais si jamais je trouve ici ce courratier
Je lui saurai, madame, apprendre son métier.

Crysante

1075 Il vient sous mon aveu.

Philiste

Votre aveu ne m'importe,
C'est un fou me voyant s'il ne gagne la porte,
Autrement il saura ce que pèsent mes coups.

Crysante

Est-ce là le respect que j'attendais de vous ?

Philiste

Commandez que le cœur à vos yeux je m'arrache
1080 Pourvu que mon honneur ne souffre aucune tache,
Je suis prêt d'expier avec mille tourments,
Ce que je mets d'obstacle à vos contentements.

CRYSANTE

Souffrez que la raison règle votre courage.
Considérez, mon fils, quel heur, quel avantage
1085 L'affaire qui se traite, apporte à votre sœur :
Le bien est en ce siècle une grande douceur.
Etant riche on est tout : ajoutez qu'elle-même
N'aime point qu'Alcidon, et ne croit pas qu'il l'aime.
Quoi ? voulez-vous forcer son inclination ?

PHILISTE

1090 Vous la forcez vous-même à cette élection,
Je suis de ses amours le témoin oculaire.

CRYSANTE

Elle se contraignait seulement pour vous plaire.

PHILISTE

Elle doit donc encor se contraindre pour moi.

CRYSANTE

Et pourquoi lui prescrire une si dure loi ?

PHILISTE

1095 Puisqu'elle m'a trompé, qu'elle en porte la peine.

CRYSANTE

Voulez-vous l'attacher à l'objet de sa haine ?

PHILISTE

Je veux tenir parole à mes meilleurs amis,
Et qu'elle tienne aussi ce qu'elle m'a promis.

CRYSANTE

Mais elle ne vous doit aucune obéissance.

PHILISTE

1100 Sa promesse me donne une entière puissance.

CRYSANTE

Sa promesse sans moi ne la peut obliger.

PHILISTE

Que deviendra ma foi qu'elle a fait engager ?

Crysante

Il la faut révoquer, comme elle sa promesse.

Philiste

Il faudrait donc comme elle avoir l'âme traîtresse,
1105 N'en parlons plus. Lycas ?

Lycas

Monsieur.

Philiste

Sus, de ma part
Va Florange avertir que s'il ne se départ
D'une place chez nous par surprise occupée,
Je ne le trouve point sans une bonne épée.

Crysante

Attends un peu, mon fils...

Philiste, *à Lycas*.

Marche, mais promptement.

Crysante, *seule*.

1110 Dieux ! que cet obstiné me donne de tourment !
Que je te plains, ma fille ! hélas pour ta misère
Les destins ennemis t'ont fait naître ce frère,
Déplorable ! Le Ciel te veut favoriser
D'une bonne fortune, et tu n'en peux user.
1115 Rejoignons toutes deux ce naturel sauvage,
Et tâchons par nos pleurs d'amollir son courage.

SCÈNE VIII

Clarice, *dans son jardin*.

STANCES

Chers confidents de mes désirs,
Beaux lieux secrets témoins de mon inquiétude,
Ce n'est plus avec des soupirs
1120 Que je viens abuser de votre solitude :
Mes tourments sont passés,
Mes vœux sont exaucés,

    L'aise à mes maux succède,
 Mon sort en ma faveur change sa dure loi,
1125 Et pour dire en un mot le bien que je possède,
    Mon Philiste est à moi.

    En vain nos inégalités
  M'avaient avantagée à mon désavantage,
    L'amour confond nos qualités,
1130 Et nous réduit tous deux sous un même esclavage,
     L'aveugle outrecuidé
     Se croirait mal guidé
     Par l'aveugle fortune,
 Et son aveuglement par miracle fait voir
1135 Que quand il nous saisit, l'autre nous importune,
    Et n'a plus de pouvoir.

    Cher Philiste à présent tes yeux
 Que j'entendais si bien sans les vouloir entendre
    Et tes propos mystérieux,
1140 Par leurs rusés détours n'ont plus rien à m'apprendre.
     Notre libre entretien
     Ne dissimule rien
     Et ces respects farouches
 N'exerçant plus sur nous de secrètes rigueurs,
1145 L'amour est maintenant le maître de nos bouches
    Ainsi que de nos cœurs.

    Qu'il fait bon avoir enduré!
 Que le plaisir se goûte au sortir des supplices!
    Et qu'après avoir tant duré
1150 La peine qui n'est plus augmente nos délices!
     Qu'un si doux souvenir
     M'apprête à l'avenir
     D'amoureuses tendresses!
 Que mes malheurs finis auront de volupté!
1155 Et que j'estimerais chèrement ces caresses
    Qui m'auront tant coûté.

    Mon heur me semble nonpareil
 Depuis que notre amour déclaré m'en assure,
    Je ne crois pas que le soleil...

SCÈNE IX

CÉLIDAN, ALCIDON, CLARICE, LA NOURRICE

CÉLIDAN, *derrière le théâtre.*
1160 Cocher, attends-nous là.

CLARICE
D'où provient ce murmure ?

ALCIDON
Il est temps d'avancer, baissons le tapabord,
Moins nous ferons de bruit, moins il faudra d'effort.

CLARICE
Aux voleurs, au secours !

LA NOURRICE
Quoi ? des voleurs, madame !

CLARICE
Oui, des voleurs, nourrice.

LA NOURRICE, *se jetant à ses genoux.*
Ah ! de frayeur je pâme.

CLARICE
1165 Laisse-moi, misérable.

CÉLIDAN
Allons, il faut marcher.
Madame, vous viendrez.

CLARICE, *à qui Célidan met la main sur la bouche.*
Aux vo...

CÉLIDAN, *derrière le théâtre.*
Touche, cocher.

SCÈNE X

LA NOURRICE, DORASTE, POLYMAS, LISTOR

La Nourrice, *seule*.

Sortons de pâmoison, reprenons la parole,
Il nous faut à grands cris jouer un autre rôle,
Ou je n'y connais rien, ou j'ai bien pris mon temps,
1170 Tous n'en resteront pas également contents,
Et Philiste demain cette nouvelle sue
Sera de belle humeur, ou je suis fort déçue.
Mais par où vont nos gens ? voyons, qu'en sûreté
Je fasse aller après par un autre côté,
1175 A présent il est temps que ma voix s'évertue :
Aux armes, aux voleurs, on m'égorge, on me tue,
On enlève Madame, amis, secourez-nous,
A la force, aux brigands, au meurtre, accourez tous,
Doraste, Polymas, Listor.

Polymas
Qu'as-tu, nourrice ?

La Nourrice
1180 Des voleurs...

Polymas
Qu'ont-ils fait ?

La Nourrice
Ils ont ravi Clarice.

Polymas
Comment ! ravi Clarice ?

La Nourrice
Oui, suivez promptement.
Bons Dieux ! que j'ai reçu de coups en un moment.

Doraste
Suivons-les, mais dis-nous la route qu'ils ont prise.

La Nourrice
Ils vont tout droit par là, le Ciel vous favorise.
1185 O qu'ils en vont abattre ! ils sont morts, c'en est fait,
Et leur sang, autant vaut, a lavé leur forfait,

Pourvu que le bonheur à leurs souhaits réponde
Ils les rencontreront s'ils font le tour du monde.
Quant à nous cependant subornons quelques pleurs,
1190 Qui servent de témoins à nos fausses douleurs.

ACTE IV

SCÈNE PREMIÈRE

PHILISTE, LYCAS

Philiste

Des voleurs cette nuit ont enlevé Clarice !
Quelle preuve en as-tu ? quel témoin ? quel indice ?
Ton rapport n'est fondé que sur quelque faux bruit.

Lycas

Je n'en suis par les yeux (hélas!) que trop instruit,
1195 Les cris de sa nourrice en sa maison déserte
M'ont trop suffisamment assuré de sa perte,
Seule en ce grand logis elle court haut et bas,
Elle renverse tout ce qui s'offre à ses pas,
Et sur ceux qu'elle voit frappe sans reconnaître :
1200 A peine devant elle oserait-on paraître
De furie elle écume, et fait toujours un bruit
Que le désespoir forme, et que la rage suit,
Et parmi ses transports son hurlement farouche
Ne laisse distinguer que Clarice en sa bouche.

Philiste

1205 Ne t'a-t-elle rien dit ?

Lycas

Soudain qu'elle m'a vu,
Ces mots ont éclaté d'un transport impourvu,
Va lui dire qu'il perd sa maîtresse, et la nôtre ;
Et puis incontinent me prenant pour un autre,
Elle m'allait traiter en auteur du forfait,
1210 Mais ma fuite a rendu sa fureur sans effet.

ACTE IV, SCÈNE PREMIÈRE

Philiste

Elle nomme du moins celui qu'elle en soupçonne ?

Lycas

Ses confuses clameurs n'en accusent personne,
Et même les voisins n'en savent que juger.

Philiste

Tu m'apprends seulement ce qui peut m'affliger,
1215 Traître, sans que je sache où pour mon allégeance,
Adresser ma poursuite et porter ma vengeance
Tu fais bien d'échapper, dessus toi ma douleur
Faute d'un autre objet eût vengé ce malheur;
Malheur d'autant plus grand que sa source ignorée
1220 Ne laisse aucun espoir à mon âme éplorée,
Ne laisse à ma douleur qui va finir mes jours
Qu'une plainte inutile au lieu d'un prompt secours,
Vain et faible soulas en un coup si funeste.
Mais il s'en faut servir, puisque seul il nous reste :
1225 Plains Philiste, plains-toi, mais avec des accents
Plus remplis de fureur qu'ils ne sont impuissants,
Fais qu'à force de cris poussés jusqu'en la nue
Ton mal soit plus connu que sa cause inconnue,
Fais que chacun le sache, et que par tes clameurs
1230 Clarice, où qu'elle soit, apprenne que tu meurs.
Clarice, unique objet qui me tiens en servage,
Reçois donc de mes feux ce dernier témoignage,
Vois comme en te perdant je vais perdre le jour,
Et par mon désespoir juge de mon amour.
1235 Aussi peut-être en juger peut-être est-ce ta feinte
Qui me porte à dessein cette cruelle atteinte,
Et ton amour qui doute encor de mes serments
Cherche à s'en assurer par mes ressentiments.
Soupçonneuse beauté, contente ton envie,
1240 Et prends cette assurance aux dépens de ma vie,
Si ton feu dure encor, par mes derniers soupirs
Reçois ensemble, et perds, l'effet de tes désirs.
Alors ta flamme en vain pour Philiste allumée
Tu lui voudras du mal pour t'avoir trop aimée,
1245 Et sûre de sa foi tu viendras regretter
Sur sa tombe le temps, et le bien d'en douter,
Que ce penser flatteur me dérobe à moi-même!
Qu'il m'est doux en mourant de penser qu'elle m'aime,
Et dans ce désespoir que causent mes malheurs
1250 Espérer que ma mort lui coûtera des pleurs!

Simple, qu'espères-tu ? Sa perte est volontaire,
Et pour mieux te punir d'un amour téméraire,
Elle veut tes regrets, tous autres châtiments
Ne lui semblent pour toi que de légers tourments,
1255 Elle en rit maintenant, cette belle inhumaine,
Elle se pâme d'aise au récit de ta peine,
Et choisit pour objet de son affection
Un amant plus sortable à sa condition.
Pauvre désespéré; que ta raison s'égare!
1260 Et que tu traites mal une amitié si rare!
Après tant de serments de n'aimer rien que toi
Tu la veux faire heureuse aux dépens de sa foi,
Tu veux seul avoir part à la douleur commune,
Tu veux seul te charger de toute l'infortune,
1265 Comme si tu pouvais en croissant tes malheurs
Diminuer les siens et l'ôter aux voleurs.
N'en doute plus, Philiste, un ravisseur infâme
A mis en son pouvoir la reine de ton âme,
Et peut-être déjà ce corsaire effronté
1270 Triomphe insolemment de sa pudicité.
Hélas! qu'à ce penser ma vigueur diminue.

SCÈNE II

PHILISTE, DORASTE, POLYMAS, LISTOR

Philiste

Mais voici de ses gens. Qu'est-elle devenue ?
Amis, le savez-vous ? n'avez-vous rien trouvé
Qui nous puisse éclaircir du malheur arrivé ?

Doraste

1275 Nous avons fait, monsieur, une vaine poursuite.

Philiste

Du moins vous avez vu des marques de leur fuite ?

Doraste

Si nous avions pu voir les traces de leurs pas
Des brigands ou de nous vous sauriez le trépas.
Mais hélas! quelque soin, et quelque diligence...

Philiste

1280 Ce sont là des effets de votre intelligence,
Traîtres, ces feints hélas ne sauraient m'abuser.

Polymas

Vous ne devez, monsieur, en rien nous accuser.

Philiste

Perfides vous prêtez l'épaule à leur retraite,
Et c'est ce qui vous fait me la tenir secrète :
1285 Mais voici. Vous fuyez ? vous avez beau courir,
Il faut me ramener ma maîtresse, ou mourir.

DORASTE, *cependant que Philiste est derrière le théâtre.*

Cédons à sa fureur, évitons-en l'orage.

Polymas

Ne nous présentons plus aux transports de sa rage,
Mais plutôt derechef allons si bien chercher
1290 Qu'il n'ait plus au retour sujet de se fâcher.

LISTOR, *voyant revenir Philiste, et s'enfuyant avec ses compagnons.*

Le voilà.

PHILISTE, *l'épée à la main, et seul.*

Qui les ôte à ma juste colère ?
Venez de vos forfaits recevoir le salaire,
Infâmes, scélérats, venez, qu'espérez-vous ?
Votre fuite ne peut vous sauver de mes coups.

SCÈNE III

ALCIDON, CÉLIDAN, PHILISTE

ALCIDON, *mettant l'épée à la main.*

1295 Philiste, à la bonne heure, un miracle visible
T'a rendu maintenant à l'honneur plus sensible,
Puisque ainsi tu m'attends les armes à la main.
Quoi ? ta poltronnerie a changé bien soudain ?

Célidan

Modère cette ardeur, tout beau.

ALCIDON

Laisse-nous faire
C'est en homme de bien qu'il me va satisfaire,
Veux-tu rompre le coup d'une bonne action ?

PHILISTE

Dieux ! ce comble manquait à mon affliction,
Que j'éprouve en mon sort une rigueur cruelle !
Ma maîtresse perdue un ami me querelle.

ALCIDON

Ta maîtresse perdue !

PHILISTE

Hélas ! hier des voleurs...

ALCIDON

Je n'en veux rien savoir, va le conter ailleurs,
Je ne prends plus de part aux intérêts d'un traître,
Et puisqu'il est ainsi le ciel fait bien paraître
Que son juste courroux a voulu me venger.

PHILISTE

Quel plaisir, Alcidon, prends-tu de m'outrager ?
Mon amitié se lasse, et ma fureur m'emporte.
Mon âme pour sortir ne cherche qu'une porte,
Ne me presse donc plus dedans mon désespoir,
J'ai déjà fait pour toi par-delà mon devoir,
Te peux-tu plaindre encor de ta place occupée ?
J'ai renvoyé Géron à coups de plat d'épée,
J'ai menacé Florange et rompu des accords
Qui te causaient jadis ces violents transports.

ALCIDON

Entre des cavaliers une offense reçue
Ne se contente point d'une si lâche issue.
Va m'attendre...

CÉLIDAN

Arrêtez, je ne permettrai pas
Qu'un si funeste mot termine vos débats.

PHILISTE

Faire ici du fendant alors qu'on nous sépare
C'est montrer un esprit lâche autant que barbare,
Adieu, mauvais, adieu, nous nous pourrons trouver,
Et si le cœur t'en dit au lieu de tant braver

J'apprendrai seul à seul dans peu de tes nouvelles.
Mon honneur souffrirait des tâches éternelles
A craindre encor de perdre une telle amitié.

SCÈNE IV

CÉLIDAN, ALCIDON

CÉLIDAN

1330 Le cœur à ses douleurs me saigne de pitié,
Il montre une franchise ici trop naturelle
Pour ne te pas ôter tout sujet de querelle,
L'affaire se traitait sans doute à son desçu,
Et quelque faux soupçon en ce point t'a déçu :
1335 Va retrouver Doris, et rendons-lui Clarice.

ALCIDON

Tu te laisses donc prendre à ce lourd artifice ?
A ce piège qu'il dresse afin de m'attraper ?

CÉLIDAN

Romprait-il ces accords à dessein de tromper,
Que vois-tu là qui sente une supercherie ?

ALCIDON

1340 Je n'y vois qu'un effet de sa poltronnerie,
Qu'un lâche désaveu de cette trahison
De peur d'être obligé de m'en faire raison ;
Je l'en pressai dès hier, mais son peu de courage
Aima mieux pratiquer ce rusé témoignage
1345 Par où m'éblouissant il pût un de ces jours
Renouer sourdement ces muettes amours.
Il en donne en secret des avis à Florange,
Tu ne le connais pas, c'est un esprit étrange.

CÉLIDAN

Quelque étrange qu'il soit, si tu prends bien ton temps
1350 Malgré lui tes désirs se trouveront contents,
Ses offres acceptez que rien ne se diffère,
Après un prompt hymen tu le mets à pis faire.

Alcidon

Cet ordre est infaillible à procurer mon bien,
Mais ton contentement m'est plus cher que le mien :
1355 Longtemps à mon sujet tes passions contraintes
Ont souffert et caché leurs plus vives atteintes,
Il me faut à mon tour en faire autant pour toi :
Hier devant tous les Dieux je t'en donnai ma foi,
Et pour la maintenir j'éteindrai bien ma braise.

Célidan

1360 Mais je ne veux point d'heur aux dépens de ton aise,
Et j'aurais un regret trop sensible de voir
Que mon hymen laissât Alcidon à pourvoir.

Alcidon

Et bien pour t'arracher ce scrupule de l'âme,
(Quoique je n'eus jamais pour elle aucune flamme)
1365 J'épouserai Clarice : ainsi puisque mon sort
Veut qu'à mes amitiés je fasse un tel effort
Que d'un de mes amis j'épouse la maîtresse,
C'est là que par devoir il faut que m'adresse,
Philiste m'est parjure, et moi ton obligé,
1370 Il m'a fait un affront, et tu m'en as vengé,
Ma raison en ce choix n'a point d'incertitude
Puisque l'un est justice, et l'autre ingratitude.

Célidan

Mais te priver pour moi de ce que tu chéris !

Alcidon

C'est faire mon devoir te quittant, ma Doris,
1375 Et me venger d'un traître épousant sa Clarice !
Mes discours, ni mon cœur n'ont aucun artifice,
Je vais pour confirmer tout ce que je t'ai dit
Employer vers Doris mon reste de crédit :
Si je la puis gagner, je te réponds du frère
1380 Trop heureux à ce prix d'apaiser ma colère.

Célidan

C'est ainsi que tu veux m'obliger doublement :
Vois ce que je pourrai pour ton contentement.

Alcidon

L'affaire à mon avis deviendrait plus aisée
Si Clarice apprenait une mort supposée.

ACTE IV, SCÈNE V

Célidan

1385 De qui, de son amant ? Va, tiens pour assuré
Qu'elle croira dans peu ce perfide expiré.

Alcidon

Quand elle en aura su la nouvelle funeste
Nous aurons moins de peine à la résoudre au reste.
On a beau nous aimer, des pleurs sont tôt séchés,
1390 Et les morts soudain mis au rang des vieux péchés.

SCÈNE V

Célidan

Il me cède à mon gré Doris de bon courage,
Et ce nouveau dessein d'un autre mariage
Pour être fait sur l'heure et tout nonchalamment
Ne me semble conduit que trop accortement.
1395 Qu'il en sait de moyens ! qu'il a ses raisons prestes !
Et qu'il trouve à l'instant de prétextes honnêtes
Pour ne point s'approcher de son premier amour !
Quant à moi, plus j'y songe, et moins j'y vois de jour,
M'aurait-il bien caché le fond de sa pensée ?
1400 Oui, sans doute, Clarice a son âme blessée,
Il se venge en parole, et s'oblige en effet.
Cela se juge à l'œil, rien ne le satisfait,
Quand on lui rend Doris il s'aigrit davantage,
Je jouerais à ce conte un joli personnage,
1405 Il s'en faut éclaircir, Alcidon ruse en vain
Tandis que le succès est encore en ma main.
Si mon soupçon est vrai, je lui ferai connaître
Que je ne fus jamais homme à servir un traître.
Ce n'est pas avec moi qu'il faut faire le fin,
1410 Et qui me veut duper en doit craindre la fin.
Il ne voulait que moi pour lui servir d'escorte,
Et si je ne me trompe, il n'ouvrit point la porte,
Nous étions attendus, on secondait nos coups,
La nourrice parut en même temps que nous,
1415 Et se pâma soudain avec tant de justesse
Que cette pâmoison nous livra sa maîtresse.
Qui lui pourrait un peu tirer les vers du nez,
Que nous verrions demain des gens bien étonnés !

SCÈNE VI

CÉLIDAN, LA NOURRICE

LA NOURRICE

Ah !

CÉLIDAN

J'entends des soupirs.

LA NOURRICE

Destins.

CÉLIDAN

C'est la nourrice,
1420 Qu'elle vient à propos !

LA NOURRICE

Ou rendez-moi Clarice,

CÉLIDAN

Il la faut aborder.

LA NOURRICE

Ou me donnez la mort.

CÉLIDAN

Qu'est-ce ? qu'as-tu, nourrice, à t'affliger si fort ?
Quel funeste accident ? quelle perte arrivée ?

LA NOURRICE

Perfide, c'est donc toi qui me l'as enlevée ?
1425 En quel lieu la tiens-tu ? dis-moi ? qu'en as-tu fait ?

CÉLIDAN

C'est à tort que tu veux m'imputer un forfait.

LA NOURRICE

Où l'as-tu mise enfin ?

CÉLIDAN

Tu cherches ta maîtresse ?

LA NOURRICE

Oui, je te la demande, âme double et traîtresse.

Célidan

Je ne trempai jamais en cet enlèvement,
1430 Mais je t'en dirai bien l'heureux événement.
Il ne faut plus avoir un visage si triste,
Elle est en bonne main.

La Nourrice

    De qui ?

Célidan

        De son Philiste.

La Nourrice

Le cœur me le disait que ce rusé flatteur
Devait être du coup le véritable auteur.

Célidan

1435 Je ne dis pas cela, nourrice, du contraire
Sa rencontre à Clarice était fort nécessaire.

La Nourrice

Quoi ? L'a-t-il délivrée ?

Célidan

    Oui.

La Nourrice

        Bons Dieux !

Célidan

            Sa valeur
Ote ensemble la vie, et Clarice, au voleur.

La Nourrice

Vous ne parlez que d'un.

Célidan

      L'autre ayant pris la fuite
1440 Philiste a négligé d'en faire la poursuite.

La Nourrice

Leur carrosse roulant comme est-il avenu...

Célidan

Tu m'en veux informer en vain par le menu,
Peut-être un mauvais pas, une branche, une pierre,
Fit verser leur carrosse et les jeta par terre,

445 Et Philiste eut tant d'heur que de les rencontrer
Comme eux et ta maîtresse étaient prêts d'y rentrer.

La Nourrice

Cette heureuse nouvelle a mon âme ravie.
Mais le nom de celui qu'il a privé de vie ?

Célidan

C'est, je l'aurais nommé mille fois en un jour,
1450 Que ma mémoire ici me fait un mauvais tour!
C'est un des bons amis que Philiste eût au monde.
Rêve un peu comme moi, nourrice, et me seconde.

La Nourrice

Donne-m'en quelque adresse.

Célidan

Il se termine en don,
C'est, j'y suis peu s'en faut, attends, c'est...

La Nourrice

Alcidon ?

Célidan

1455 T'y voilà justement.

La Nourrice

Est-ce lui ? quel dommage!
Qu'un brave gentilhomme en la fleur de son âge...
Toutefois il n'a rien qu'il n'ait bien mérité,
Et grâces aux bons Dieux, son dessein avorté...
Mais du moins en mourant il nomma son complice ?

Célidan

1460 C'est là le pis pour toi.

La Nourrice

Pour moi ?

Célidan

Pour toi, nourrice.

La Nourrice

Ah! le traître!

Célidan

Sans doute il te voulait du mal.

La Nourrice

Et m'en pourrait-il faire ?

CÉLIDAN

Oui, son rapport fatal...

LA NOURRICE

Ne peut rien contenir que je ne le dénie.

CÉLIDAN

En effet ce rapport n'est qu'une calomnie,
1465 Ecoute cependant. Il a dit qu'à ton su
Ce malheureux dessein avait été conçu,
Et que pour empêcher la fuite de Clarice,
Ta feinte pâmoison lui fit un bon office,
Qu'il trouva le jardin par ton moyen ouvert!

LA NOURRICE

1470 De quels damnables tours cet imposteur se sert?
Non, monsieur, à présent il faut que je le die,
Le Ciel ne vit jamais de telle perfidie,
Ce traître aimait Clarice, et brûlant de ce feu
Ne caressait Doris que pour couvrir son jeu,
1475 Depuis près de six mois il a tâché sans cesse
D'acheter ma faveur auprès de ma maîtresse,
Il n'a rien épargné qui fût en son pouvoir
Mais me voyant toujours ferme dans le devoir,
Et que pour moi ses dons n'avaient aucune amorce,
1480 Enfin il a voulu recourir à la force.
Vous savez le surplus, vous voyez son effort
A se venger de moi pour le moins en sa mort.
Piqué de mes refus, il me fait criminelle,
Et mon crime ne vient que d'être trop fidèle.
1485 Mais, monsieur, le croit-on?

CÉLIDAN

N'en doute aucunement,
Le bruit est qu'on t'apprête un rude châtiment.

LA NOURRICE

Las! que me dites-vous?

CÉLIDAN

Ta maîtresse en colère
Jure que tes forfaits recevront leur salaire,
Sur tout elle s'aigrit contre ta pâmoison :
1490 Si tu veux éviter une infâme prison,
N'attends pas son retour.

La Nourrice

Où me vois-je réduite !
Mon salut dépend donc d'une soudaine fuite,
Et mon esprit confus ne peut où l'adresser !

Célidan

J'ai pitié des malheurs qui te viennent presser.
Nourrice, j'ai chez moi, si tu veux, ta retraite,
Autant qu'en lieu du monde elle y sera secrète.

La Nourrice

Oserais-je espérer que la compassion ?

Célidan

Je prends ton innocence en ma protection.
Va, ne perds point de temps, être ici davantage
Ne pourrait à la fin tourner qu'à ton dommage,
Je te suivrai de l'œil, et ne dis encor rien
Comme après je saurai m'employer pour ton bien,
Durant l'éloignement ta paix se pourra faire.

La Nourrice

Vous me serez, monsieur, comme un Dieu tutélaire.

Célidan

Trêve pour le présent de ces remercîments,
Va, tu n'as pas loisir de tant de compliments.

SCÈNE VI

Célidan

Voilà mon homme pris, et ma vieille attrapée.
Vraiment un mauvais conte aisément l'a dupée.
Je la croyais plus fine, et n'eusse pas pensé
Qu'un discours sur-le-champ par hasard commencé,
Dont la suite non plus n'allait qu'à l'aventure,
Pût donner à son âme une telle torture,
La jeter en désordre, et brouiller ses ressorts.
Mais la raison le veut, c'est l'effet des remords,
Le cuisant souvenir d'une action méchante
Soudain au moindre mot nous donne l'épouvante.

ACTE IV, SCÈNE VII

Mettons-la cependant en lieu de sûreté
D'où nous ne craignions rien de sa subtilité;
Après nous ferons voir qu'il me faut d'une affaire
1520 Ou du tout ne rien dire, ou du tout ne rien taire.
Et que, depuis qu'on joue à surprendre un ami,
Un trompeur en moi trouve un trompeur et demi.

SCÈNE VII

ALCIDON, DORIS

Doris

C'est donc pour un ami que tu veux que mon âme
Allume à ta prière une nouvelle flamme ?

Alcidon

1525 Oui, de tout mon pouvoir je t'en viens conjurer.

Doris

A ce coup, Alcidon, voilà te déclarer,
Ce compliment fort beau pour des âmes glacées
M'est un aveu bien clair de tes feintes passées,

Alcidon

Ne parle point de feinte, il n'appartient qu'à toi
1530 D'être dissimulée et de manquer de foi.
L'effet l'a trop montré.

Doris

L'effet a dû t'apprendre,
Quand on feint avec moi, que je sais bien le rendre.
Mais je reviens à toi, tu fais donc tant de bruit
Afin qu'après un autre en recueille le fruit ?
1535 Et c'est à ce dessein que ta fausse colère
Abuse insolemment de l'esprit de mon frère ?

Alcidon

Ce qu'il a pris de part en mes ressentiments
Seul apporte du trouble à tes contentements,
Et pour moi qui vois trop ta haine par ce change
1540 Où tu m'as préféré ce lourdaud de Florange
Je n'ose plus t'offrir un service odieux.

Doris

Tu ne fais pas tant mal, mais pour faire encor mieux,
Puisque tu reconnais ma véritable haine,
De moi, ni de mon choix, ne te mets point en peine.
1545 C'est trop manquer de sens, je te prie, est-ce à toi,
A l'objet de ma haine, à disposer de moi ?

Alcidon

Non, mais puisque je vois à mon peu de mérite
De ta possession l'espérance interdite,
Je sentirais mon mal de beaucoup soulagé
1550 Si du moins un ami m'en était obligé.
Ce cavalier au reste a tous les avantages
Que l'on peut remarquer aux plus braves courages,
Beau de corps et d'esprit, riche, adroit, valeureux,
Et surtout de Doris à l'extrême amoureux.

Doris

1555 Toutes ces qualités n'ont rien qui me déplaise,
Mais il en a de plus une autre fort mauvaise,
C'est qu'il est ton ami ; cette seule raison
Me le ferait haïr si j'en savais le nom.

Alcidon

Donc pour le bien servir il me le faudrait taire ?

Doris

1560 Et de plus lui donner cet avis salutaire
Que, s'il est vrai qu'il m'aime, et qu'il veuille être aimé,
Quand il m'entretiendra tu ne sois point nommé,
Qu'il n'espère autrement de réponse que triste,
J'ai dépit que le sang me lie avec Philiste
1565 Et qu'ainsi malgré moi j'aime un de tes amis.

Alcidon

Tu seras quelque jour d'un esprit plus remis,
Je m'en vais, cependant souviens-toi, rigoureuse,
Que tu hais Alcidon qui te veut rendre heureuse.

Doris

Va, je ne veux point d'heur qui parte de ta main.

SCÈNE VIII

DORIS

1570 Qu'aux filles comme moi le sort est inhumain.
Que leur condition me semble déplorable !
Une mère aveuglée, un frère inexorable,
Chacun de leur côté prennent sur mon devoir
Et sur mes volontés un absolu pouvoir,
1575 Chacun me veut forcer à suivre son caprice,
L'un a ses amitiés, l'autre a son avarice,
Ma mère veut Florange, et mon frère Alcidon.
Dans leurs divisions mon cœur à l'abandon
N'attend que leur accord pour souffrir, et pour feindre,
1580 Je n'ose qu'espérer et je ne sais que craindre,
Ou plutôt je crains tout, et je n'espère rien,
Je n'ose fuir mon mal, ni rechercher mon bien.
Dure sujétion ! étrange tyrannie !
Toute liberté donc à mon choix se dénie !
1585 On ne laisse à mes yeux rien à dire à mon cœur,
Et par force un amant n'a de moi que rigueur :
Il y va cependant du reste de ma vie,
Et je n'ose écouter tant soit peu mon envie.
Il faut que mes désirs toujours indifférents
1590 Aillent sans résistance au gré de mes parents
Qui m'apprêtent peut-être un brutal, un sauvage,
Et puis cela s'appelle une fille bien sage.
Ciel qui vois ma misère et qui sais mon besoin,
Pour le moins par pitié prends de moi quelque soin.

ACTE V

SCÈNE PREMIÈRE
CÉLIDAN, CLARICE

CÉLIDAN

1595 N'espérez pas, madame, avec cet artifice
Apprendre du forfait l'auteur ni le complice,

Je chéris l'un et l'autre, et crois qu'il m'est permis
De conserver l'honneur de mes meilleurs amis,
L'un aveuglé d'amour ne jugea point de blâme
1600 A ravir la beauté qui lui ravissait l'âme
Et l'autre l'assista par importunité;
C'est ce que vous saurez de leur témérité.

Clarice

Puisque vous le voulez, monsieur, je suis contente
De voir qu'un bon succès ait trompé mon attente,
1605 Et me résolvant même à perdre à l'avenir
De mon affliction le triste souvenir,
J'estime que la perte en sera plus aisée
Si j'ignore les noms de ceux qui l'ont causée,
C'est assez que je sais qu'à votre heureux secours
1610 Je dois ma liberté, mon honneur, mes amours,
Philiste autant que moi vous en est redevable,
S'il a su mon malheur il est inconsolable,
Et dans son désespoir sans doute qu'aujourd'hui
Vous lui rendez la vie en me rendant à lui,
1615 Disposez de tous deux, et ce que l'un et l'autre
Auront en leur pouvoir tenez-le comme au vôtre,
Tandis permettez-moi de le faire avertir
Qu'il lui faut en plaisirs ses douleurs convertir.

Célidan

C'est à moi qu'appartient l'honneur de ce message,
1620 Trop heureux en ce point de vous servir de page,
Mon secours sans cela comme de nul effet
Ne vous aurait rendu qu'un service imparfait.

Clarice

Après avoir rompu les fers d'une captive,
C'est tout de nouveau prendre une peine excessive,
1625 Et l'obligation que j'en vais vous avoir
Met la revanche hors de mon peu de pouvoir,
Si bien que désormais quelque espoir qui me flatte
Il faudra malgré moi que j'en demeure ingrate.

Célidan

En quoi que mon service oblige votre amour,
1630 Vos seuls remercîments me mettent à retour.

SCÈNE II

CÉLIDAN

Qu'Alcidon maintenant soit de feu pour Clarice,
Qu'il ait de son parti sa traîtresse nourrice,
Que d'un ami trop simple il fasse un ravisseur,
Qu'il querelle Philiste, et néglige sa sœur,
1635 Enfin qu'il aime, dupe, enlève, feigne, abuse,
Je trouve mieux que lui mon compte dans sa ruse.
Son artifice m'aide, et succède si bien
Qu'il me donne Doris et ne lui laisse rien.
Il semble n'enlever qu'à dessein que je rende,
1640 Et que Philiste après une faveur si grande
N'ose me refuser celle dont ses transports
Et ses faux mouvements font rompre les accords.
Ne m'offre plus Doris, elle m'est toute acquise,
Je ne la veux devoir, traître, qu'à ma franchise,
1645 Il suffit que ta ruse ait dégagé sa foi,
Cesse tes compliments je l'aurai bien sans toi.
Mais pour voir ces effets allons trouver le frère,
Notre heur incompatible avecque sa misère
Ne se peut avancer qu'en lui disant le sien.

SCÈNE III

ALCIDON, CÉLIDAN

CÉLIDAN

1650 Ah! je cherchais une heure avec toi d'entretien,
Ta rencontre jamais ne fut plus opportune.

ALCIDON

En quel point as-tu mis l'état de ma fortune ?

CÉLIDAN

Tout va le mieux du monde, il ne se pouvait pas
Avec plus de succès supposer un trépas :
1655 Clarice au désespoir croit Philiste sans vie.

ALCIDON

Et l'auteur de ce coup ?

CÉLIDAN

Celui qui l'a ravie,
Un amant inconnu dont je lui fais parler.

ALCIDON

Elle a donc bien jeté des injures en l'air ?

CÉLIDAN

Mais dedans sa fureur, quoique rien ne l'apaise,
1660 Si je t'avais tout dit, c'est pour en mourir d'aise.

ALCIDON

Je n'en veux point qui porte une si dure loi.

CÉLIDAN

Dedans son désespoir elle parle de toi.

ALCIDON

Elle parle de moi ?

CÉLIDAN

J'ai perdu ce que j'aime,
(Dit-elle) mais du moins si cet autre lui-même,
1665 Son fidèle Alcidon, m'en consolait ici,
Qu'en le voyant mon mal deviendrait adouci !

ALCIDON

Je ne me pensais pas si fort en sa mémoire.
Mais non, cela n'est point, tu m'en donnes à croire.

CÉLIDAN

Il ne tiendra qu'à toi d'en voir la vérité.

ALCIDON

1670 Quand ?

CÉLIDAN

Même avant demain.

ALCIDON

Ma curiosité
Accepte ce parti, ce soir, si bon te semble,
Nous nous déroberons pour l'aller voir ensemble
Et comme sans dessein de loin la disposer,
Puisque Philiste est mort.

ACTE V, SCÈNE IV

CÉLIDAN
J'entends, à t'épouser.

ALCIDON
1675 Nous pourrons feindre alors que par ma diligence
Le concierge rendu de mon intelligence
Me donne un libre accès aux lieux de sa prison,
Que déjà quelque argent m'en a fait la raison
Et que s'il en faut croire une juste espérance
1680 Les pistoles dans peu feront sa délivrance
Pourvu qu'un prompt hymen succède à mes désirs.

CÉLIDAN
Que cette invention t'assure de plaisirs!
Une subtilité si dextrement tissue
Ne peut jamais avoir qu'une admirable issue.

ALCIDON
1685 Mais l'exécution ne s'en doit pas surseoir.

CÉLIDAN
Ne diffère donc point, je t'attends vers le soir,
Adieu, pour le présent j'ai quelque affaire en ville.

ALCIDON, *seul.*
O l'excellent ami! qu'il a l'esprit docile!
Pouvais-je faire un choix plus commode pour moi?
1690 Je trompe tout le monde avec sa bonne foi.
Et quant à sa Doris, si sa poursuite est vaine,
C'est de quoi maintenant je ne suis guère en peine,
Puisque j'aurai mon compte, il m'importe fort peu
Si la coquette agrée, ou néglige son feu.
1695 Mais je ne songe pas que mon aise imprudente
Laisse en perplexité ma chère confidente,
Avant que de partir il faudra sur le tard
De mes contentements lui faire quelque part.

SCÈNE IV

CRYSANTE, PHILISTE, DORIS

CRYSANTE
Je ne le puis celer, bien que j'y compatisse,
1700 Je trouve en ton malheur quelque peu de justice,

Le ciel venge ta sœur, ton brusque aveuglement
A rompu sa fortune, et chassé son amant,
Et tu vois aussitôt la tienne renversée,
Ta maîtresse ravie, et peut-être forcée.
1705 Cependant, Alcidon te querelle toujours
Au lieu de renouer ses premières amours.

PHILISTE

Madame, c'est sur vous qu'en tombe le reproche,
Le moyen que jamais Alcidon en rapproche.
L'affront qu'il a reçu ne lui peut plus laisser
1710 De souvenir de nous que pour nous offenser.
Ainsi mon mauvais sort m'a bien ôté Clarice
Mais du reste accusez votre seule avarice,
Madame, nous perdons par votre aveuglement
Votre fils un ami, votre fille un amant.

DORIS

1715 Osez ce nom d'amant, le fard de son langage
Ne m'empêcha jamais de voir dans son courage
Et nous étions tous deux semblables en ce point
Que nous feignions d'aimer ce que nous n'aimions point.

PHILISTE

Ce que vous n'aimiez point! petite écervelée,
1720 Fallait-il donc souffrir d'en être cajolée ?

DORIS

Il le fallait souffrir, ou vous désobliger.

PHILISTE

Mais dis qu'il te fallait un esprit moins léger.

CRYSANTE

Célidan vient d'entrer, fais un peu de silence,
Et du moins à ses yeux cache ta violence.

SCÈNE V

PHILISTE, CRYSANTE, CÉLIDAN, DORIS

PHILISTE, *à Célidan.*
1725 Eh bien, que dit, que fait notre amant irrité ?
Persiste-t-il encor dans sa brutalité ?

CÉLIDAN

Quitte pour aujourd'hui le soin de tes querelles,
J'ai bien à te conter de meilleures nouvelles,
Les ravisseurs n'ont plus Clarice en leur pouvoir.

PHILISTE

1730 Ami, que me dis-tu ?

CÉLIDAN

Ce que je viens de voir.

PHILISTE

Et de grâce, où voit-on le sujet que j'adore ?
Dis-moi le lieu.

CÉLIDAN

Le lieu ne se dit pas encore,
Celui qui te la rend te veut faire une loi.

PHILISTE

Après cette faveur, qu'il dispose de moi.
1735 Mon possible est à lui.

CÉLIDAN

Donc sous cette promesse
Tu peux dans son logis aller voir ta maîtresse.
Ambassadeur exprès...

SCÈNE VI

CRYSANTE, CÉLIDAN, DORIS

CRYSANTE

Son feu précipité
Lui fait faire envers nous une incivilité,
Excusez s'il vous plaît sa passion trop forte,
1740 Qui sans vous dire adieu vers son objet l'emporte.

CÉLIDAN

C'est comme doit agir un véritable amour,
Un feu moindre eût souffert quelque plus long séjour,
Et nous voyons assez par cette expérience
Quel le sien est égal à son impatience,
1745 Mais puisque ainsi le ciel rejoint ces deux amants,
Et que tout se dispose à vos contentements,

Pour m'avancer aux miens, oserais-je, madame,
Offrir à cette belle un cœur qui n'est que flamme,
Un cœur sur qui ses yeux de tout temps absolus
1750 Ont imprimé des traits qui ne s'effacent plus ?
J'ai cru par le passé qu'une ardeur mutuelle
Unissait les esprits et d'Alcidon, et d'elle,
Et qu'en ce cavalier son désir arrêté
Prendrait tous autres vœux pour importunité.
1755 Cette seule raison m'obligeant à me taire,
Je trahissais mon feu de peur de lui déplaire.
Mais à présent qu'un autre en sa place reçu,
Me fait voir clairement combien j'étais déçu,
Et que ce malheureux l'a si peu conservée,
1760 Mon âme que ses yeux ont toujours captivée
Dans le malheur d'autrui vient chercher son bonheur.

Crysante

Votre offre avantageux nous fait beaucoup d'honneur,
Mais vous voyez le point où me réduit Philiste,
1765 Et comme sa boutade à mes souhaits résiste,
Trop chaud ami qu'il est, il s'emporte aujourd'hui
Pour un qui nous méprise, et se moque de lui :
Honteuse qu'il me force à manquer de promesse,
Je n'ose vous donner une réponse expresse,
Tant je crains de sa part un désordre nouveau.

Célidan

1770 Vous me tuez, madame, et cachez le couteau,
Sous ce détour discret un refus se colore.

Crysante

Non, monsieur, croyez-moi, votre offre nous honore,
Aussi dans le refus j'aurais peu de raison,
Je connais votre bien, je sais votre maison ;
1775 Votre père jadis (hélas que cette histoire
Encor sur mes vieux ans m'est douce en la mémoire)
Votre feu père, dis-je, eut de l'amour pour moi,
J'étais son cher objet, et maintenant je vois
Que comme par un droit successif de famille
1780 L'amour qu'il eut pour moi, vous l'avez pour ma fille.
S'il m'aimait je l'aimais, et les seules rigueurs
De ses cruels parents divisèrent nos cœurs,
On l'éloigna de moi vu le peu d'avantage
Qui se trouva pour lui dedans mon mariage.

ACTE V, SCÈNE VII

1785 Et jamais le retour ne lui fut accordé
Qu'ils ne vissent mon lit d'Acaste possédé.
En vain à cet hymen j'opposai ma constance,
La volonté des miens vainquit ma résistance.
Mais je reviens à vous en qui je vois portraits
1790 De ses perfections les plus aimables traits,
Afin de vous ôter désormais toute crainte
Que dessous mes discours se cache aucune feinte,
Allons trouver Philiste, et vous verrez alors
Comme en votre faveur je ferai mes efforts.

CÉLIDAN

1795 Il faudrait de ma belle une même assurance,
Et rien ne pourrait plus troubler mon espérance.

DORIS

Monsieur, où madame est, je n'ai point de vouloir.

CÉLIDAN

Employer contre vous son absolu pouvoir !
Ma flamme d'y penser deviendrait criminelle.

CRYSANTE

1800 Je connais bien ma fille, et je vous réponds d'elle,
Dépêchons seulement d'aller vers ces amants.

CÉLIDAN

Allons, mon heur dépend de vos commandements.

SCÈNE VII

PHILISTE, CLARICE

PHILISTE

Ma douleur qui s'obstine à combattre ma joie
Pousse encor des soupirs bien que je vous revoie,
1805 Et l'excès des plaisirs qui me viennent charmer
Mêle dans ces douceurs je ne sais quoi d'amer.
Mon âme en est ensemble et ravie, et confuse,
D'un peu de lâcheté votre retour m'accuse,
Et votre liberté me reproche aujourd'hui
1810 Que mon amour la doit à la pitié d'autrui,

Elle me comble d'aise, et m'accable de honte,
Celui qui vous la rend en m'obligeant m'affronte,
Un coup si glorieux n'appartenait qu'à moi.

Clarice

Vois-tu dans mon esprit des doutes de ta foi ?
1815 Y vois-tu des soupçons qui blessent ton courage
Et dispensent ta bouche à ce fâcheux langage ?
Ton amour et tes soins trompés par mon malheur
Ma prison inconnue a bravé ta valeur ;
Que t'importe à présent qu'un autre m'en délivre,
1820 Puisque c'est pour toi seul que Clarice veut vivre,
Et que d'un tel orage en bonace réduit
Célidan a la peine, et Philiste le fruit ?

Philiste

Mais vous ne dites pas que le point qui m'afflige
C'est la reconnaissance où l'honneur vous oblige,
1825 Il vous faut être ingrate, ou bien à l'avenir
Lui garder en votre âme un petit souvenir,
La mienne en est jalouse, et trouve ce partage,
(Quelque inégal qu'il soit) à son désavantage,
Je ne le puis souffrir, nos pensers à tous deux
1830 Ne devraient à mon gré parler que de nos feux,
Tout autre objet que moi dans votre esprit me pique.

Clarice

Ton humeur à ce compte est un peu tyrannique,
Penses-tu que je veuille un amant si jaloux ?

Philiste

Je tâche d'imiter ce que je vois en vous,
1835 Mon esprit amoureux qui vous tient pour sa reine
Fait de vos actions sa règle souveraine.

Clarice

Je ne puis endurer ces propos outrageux,
Où m'as-tu vu jalouse afin d'être ombrageux ?

Philiste

Ce fut (vous le savez) l'autre jour qu'en visite
1840 J'entretins quelque temps Bélinde et Crysolite.

Clarice

Ne me reproche point l'excès de mon amour.

Philiste

Mais permettez-moi donc cet excès à mon tour,
Est-il rien de plus juste ou de plus équitable ?

Clarice

Encor pour un jaloux tu seras fort traitable,
Et tu sais dextrement dedans nos entretiens
Accuser mes défauts en excusant les tiens.
Par cette liberté tu me fais bien paraître
Que tu crois que l'hymen t'ait déjà rendu maître,
Puisque laissant les vœux et les submissions
Tu me dis seulement mes imperfections.
Philiste, c'est douter trop peu de ta puissance,
Et prendre avant le temps un peu trop de licence ;
Nous avions notre hymen à demain arrêté
Mais pour te bien punir de cette liberté,
Tu peux compter huit jours paravant qu'il s'achève.

Philiste

Mais si durant ce temps quelque autre vous enlève,
Pensez-vous mon souci, que pour votre secours,
Le même Célidan se rencontre toujours ?

Clarice

Il faut savoir de lui s'il prendrait cette peine,
Vois ta mère, et ta sœur que vers nous il amène,
Sa réponse rendra nos débats terminés.

Célidan

Ah ! mère, sœur, ami, que vous m'importunez !

SCÈNE VIII

CRYSANTE, DORIS, CÉLIDAN,
CLARICE, PHILISTE

Crysante, à *Clarice.*

Je viens après mon fils vous rendre une assurance
De la part que je prends en votre délivrance,
L'aise que j'en reçois ne savait endurer
Que mes humbles devoirs se pussent différer.

CLARICE, *à Crysante.*

N'usez point de ce mot vers celle dont l'envie
Est de vous obéir le reste de sa vie,
Que son retour rend moins à soi-même qu'à vous ;
1870 Ce brave cavalier accepté pour époux
C'est à moi désormais entrant dans sa famille
A vous rendre un devoir de servante, et de fille,
Pourvu qu'en mes défauts j'aie tant de bonheur
Que vous me réputiez digne d'un tel honneur,
1875 Et que sa passion en ce choix vous contente.

CRYSANTE, *à Clarice.*

Dans ce bien excessif qui passe mon attente
Je soupçonne mes sens d'une infidélité
Tant la raison s'oppose à ma crédulité :
Surprise que je suis d'une telle merveille
1880 Mon esprit tout confus fait doute si je veille,
Mon âme en est ravie, et ces ravissements
M'ôtent la liberté de tous remercîments.

DORIS, *à Clarice.*

Souffrez qu'en ce bonheur mon aise m'enhardisse
A vous offrir, madame, un fidèle service.

CLARICE, *à Doris.*

1885 Et moi sans compliment qui vous farde mon cœur
Je vous offre et demande une amitié de sœur.

PHILISTE, *à Célidan.*

Toi sans qui mon malheur était inconsolable,
Ma douleur sans espoir, ma perte irréparable,
Qui m'as seul obligé plus que tous mes amis,
1890 Puisque je te dois tout, que je t'ai tout promis,
Cesse de me tenir dedans l'incertitude,
Dis-moi par où je puis sortir d'ingratitude,
Donne-moi le moyen après un tel bienfait
De réduire pour toi ma parole en effet.

CÉLIDAN, *à Philiste.*

1895 S'il est vrai que ta flamme, et celle de Clarice
Doivent leur bonne issue à mon peu de service,
Qu'un bon succès par moi réponde à tous vos vœux,
J'ose t'en demander un pareil à mes feux,
J'ose te demander (sous l'aveu de Madame),
1900 Celle qui de tout temps a possédé mon âme,

ACTE V, SCÈNE VIII

Une sœur qui reçue en mon lit pour moitié
D'un lien plus étroit serre notre amitié.

PHILISTE, *à Célidan.*

Ta demande m'étonne ensemble et m'embarrasse.
Sur ton meilleur ami tu brigues cette place,
1905 Et tu sais que ma foi la réserve pour lui.

CRYSANTE, *à Philiste.*

Si tu n'as entrepris de m'accabler d'ennui,
Ne te fais point ingrat pour une âme si double,

PHILISTE, *à Célidan.*

Mon esprit divisé de plus en plus se trouble,
Dispense-moi de grâce, et songe qu'avant toi
1910 Ce colère Alcidon tient en gage ma foi.

CÉLIDAN, *à Philiste.*

Voilà de ta parole un manque trop visible.

PHILISTE, *à Célidan.*

Je t'ai bien tout promis ce qui m'était possible,
Mais une autre promesse ôte de mon pouvoir
Ce qu'aux plaisirs reçus je me sais trop devoir.

CRYSANTE, *à Philiste.*

1915 Ne te ressouviens plus d'une vieille promesse,
Et juge en regardant cette belle maîtresse
Si celui qui pour toi l'ôte à son ravisseur
N'a pas bien mérité l'échange de ta sœur.

CLARICE, *à Crysante.*

Je ne saurais souffrir qu'en ma présence on die
1920 Qu'il doive m'acquérir par une perfidie,
Et pour un tel ami lui voir si peu de foi,
Me ferait redouter qu'il en eût moins pour moi.
Mais Alcidon survient, nous l'allons voir lui-même
Disputer maintenant contre vous ce bu'il aime.

SCÈNE DERNIÈRE

CLARICE, ALCIDON, PHILISTE,
CRYSANTE, CÉLIDAN, DORIS

CLARICE, *à Alcidon.*

1925 Mon abord t'a surpris ? tu changes de couleur ?
Tu me croyais sans doute encor dans le malheur ?
Voici qui m'en délivre, et n'était que Philiste
A ses nouveaux desseins en ta faveur résiste,
Cet ami si parfait qu'entre tous tu chéris
1930 T'aurait pour récompense enlevé ta Doris.

ALCIDON

Le désordre qu'on lit en mon âme étourdie
Vient moins de votre aspect que de sa perfidie,
Je forcène de voir qu'à sur votre retour
Ce traître assure ainsi ma perte, et son amour,
1935 O honte ! ô crève-cœur ! ô désespoir ! ô rage !
Qui venez à l'envi déchirer mon courage,
Au lieu de vous combattre unissez vos efforts
Afin de désunir mon âme de mon corps,
Je tiens les plus cruels pour les plus favorables,
1940 Mais pourquoi vous prier de m'être secourables ?
Je mourrai bien sans vous, dans cette trahison
Mon cœur n'a par les yeux que trop pris de poison,
Perfide, à mes dépens tu saoules donc ta braise,
Et mon honneur perdu contribue à ton aise ?

CÉLIDAN, *à Alcidon.*

1945 Traître, jusques ici j'ai caché tes défauts
Et pour remercîments tu m'en donnes de faux ?
Cesse de m'outrager, ou le respect des dames
N'est plus pour contenir celui que tu diffames ?

PHILISTE, *à Alcidon.*

Cher ami, ne crains rien, et demeure assuré
1950 Que je sais maintenir ce que je t'ai juré,
Pour t'enlever ma sœur il faut m'arracher l'âme.

ALCIDON, *à Philiste.*

Non, non, il n'est plus temps de déguiser ma flamme

ACTE V, SCÈNE DERNIÈRE

Il faut lever le masque, il faut te confesser
Qu'une tout autre ardeur occupait mon penser.
Ami, ne cherche plus qui t'a ravi Clarice,
Voici l'auteur du coup, et voilà le complice,
Adieu, ce mot lâché, je te suis en horreur.

CRYSANTE, *à Philiste.*

Eh bien, rebelle, enfin sortiras-tu d'erreur ?

CÉLIDAN, *à Philiste.*

Puisque son désespoir vous découvre un mystère
Que ma discrétion vous avait voulu taire,
C'est à moi de montrer quel était mon dessein.
Il est vrai qu'en ce coup je lui prêtai la main,
La peur que j'eus alors qu'après ma résistance
Il ne trouvât ailleurs trop fidèle assistance...

PHILISTE, *à Célidan.*

Quittons là ce discours, puisqu'en cette action
La fin m'éclaircit trop de ton intention,
Et ta sincérité se fait assez connaître.
Je m'obstinais tantôt dans le parti d'un traître,
Mais au lieu d'affaiblir vers toi mon amitié
Un tel aveuglement te doit faire pitié,
Plains-moi, plains mon malheur, plains mon trop de [franchise
Qu'un ami déloyal a tellement surprise,
Vois par là comme j'aime, et perds le souvenir
Qu'un traître contre toi tu m'as vu maintenir.
Bien que ma flamme au point d'avoir sa récompense
De me venger de lui pour l'heure me dispense,
Il jouira fort peu de cette vanité
D'avoir su m'offenser avec impunité.
Fais malgré mon erreur que ton feu persévère,
Ne punis point la sœur de la faute du frère,
Et reçois de ma main celle que ton désir
Paravant cette offense avait voulu choisir.

CLARICE, *à Célidan.*

Une pareille erreur me rend toute confuse,
Mais ici mon amour me servira d'excuse,
Il serre nos esprits d'un trop étroit lien,
Pour permettre à mon sens de s'éloigner du sien.

CÉLIDAN

Si vous croyez encor que cette erreur me touche
Un mot me satisfait de cette belle bouche ;

Mais hélas, mon souci, je n'ose avoir pensé
Que sans avoir servi je sois récompensé.

Doris, *à Célidan.*

Ici votre mérite est joint à leur puissance
Et la raison s'accorde à mon obéissance,
En secondant vos feux je fais par jugement
Ce qu'ailleurs je ferais par leur commandement.

Célidan

A ces mots enchanteurs mon martyre s'apaise,
Et je ne conçois rien de pareil à mon aise
Pourvu que ce propos soit suivi d'un baiser.

Crysante, *à Doris.*

Ma fille ton devoir ne le peut refuser.

Philiste, *à Clarice.*

Leur exemple mon cœur t'oblige à la pareille.

Clarice, *à Philiste.*

Mais je n'ai point de mère ici qui me conseille,
Tu prends toujours d'avance.

Crysante

O que sur mes vieux ans
Le pitoyable Ciel me fait de doux présents !
Qu'il conduit mon bonheur par un ressort étrange !
Qu'à propos sa faveur m'a fait perdre Florange !
Ainsi me donne-t-il pour comble de mes vœux
Bientôt des deux côtés quelques petits neveux,
Rendant par les doux fruits de ce double hyménée
Ma débile vieillesse à jamais fortunée !

Clarice, *à Crysante.*

Cependant pour ce soir ne me refusez pas,
L'heur de vous voir ici prendre un mauvais repas,
Afin qu'à ces plaisirs ensemble on se prépare,
Tant qu'un mystère saint deux à deux nous sépare.

Crysante, *à Clarice.*

Vous quitter paravant ce bienheureux moment
Ce serait me priver de tout contentement.

LA GALERIE DU PALAIS

OU

L'AMIE RIVALE

Comédie

A MADAME DE LIANCOUR

Madame,

Je vous demande pardon, si je vous fais un mauvais présent, non pas que j'aie si mauvaise opinion de cette pièce, que je veuille condamner les applaudissements qu'elle a reçus : mais parce que je ne croirai jamais qu'un ouvrage de cette nature soit digne de vous être présenté. Aussi vous supplierai-je très humblement de ne prendre pas tant garde à la qualité de la chose, qu'au pouvoir de celui dont elle part; c'est tout ce que vous peut offrir un homme de ma sorte, et Dieu ne m'ayant pas fait naître assez considérable pour être utile à votre service, je me tiendrai trop récompensé d'ailleurs, si je puis contribuer en quelque façon à vos divertissements. De six comédies qui me sont échappées, si celle-ci n'est la meilleure c'est la plus heureuse, et toutefois la plus malheureuse en ce point, que n'ayant pas eu l'honneur d'être vue de vous il lui manque votre approbation, sans laquelle sa gloire est encore douteuse, et n'ose s'assurer sur les acclamations publiques. Elle vous la vient demander, Madame, avec cette protection qu'autrefois *Mélite* a trouvée si favorable. J'espère que votre bonté ne lui refusera pas l'une et l'autre, ou que, si vous désapprouvez sa conduite, du moins vous agréerez mon zèle et me permettrez de me dire toute ma vie,

Madame,

Votre très humble, très obéissant
et très obligé serviteur,
CORNEILLE

LA GALERIE DU PALAIS
ou
L'AMIE RIVALE

Comédie

LES ACTEURS

PLEIRANTE, père de Célidée.
LISANDRE, amant de Célidée.
DORIMANT, amoureux d'Hippolite.
CRISANTE, mère d'Hippolite.
CÉLIDÉE, fille de Pleirante.
HIPPOLITE, fille de Crisante.
ARONTE, écuyer de Lisandre.
CLÉANTE, écuyer de Dorimant.
FLORICE, suivante d'Hippolite.
LE LIBRAIRE du Palais.
LE MERCIER du Palais.
LA LINGÈRE du Palais.

La scène est à Paris.

ACTE PREMIER

SCÈNE PREMIÈRE
ARONTE, FLORICE

ARONTE
Mais puisque je ne peux, que veux-tu que j'y fasse ?
Pour tout autre sujet mon maître n'est que glace,
Elle est trop dans son cœur, on ne l'en peut chasser,
Et c'est folie à nous que de plus y penser.
5 J'ai beau devant les yeux lui remettre Hippolite,
Parler de ses attraits, élever son mérite,
Sa grâce, son esprit, sa naissance, son bien,
Je n'avance non plus qu'en ne lui disant rien;
L'amour dont malgré moi son âme est possédée,
10 Fait qu'il en voit autant, ou plus en Célidée.

FLORICE
Ne quittons pas pourtant, à la longue on fait tout,
La gloire suit la peine, espérons jusqu'au bout;
Je veux que Célidée ait charmé son courage,
L'amour le plus parfait n'est pas un mariage,
15 Fort souvent moins que rien cause un grand changement,
Et les occasions naissent en un moment.

ARONTE
Je les prendrai toujours quand je les verrai naître.

FLORICE
Hippolite en ce cas le saura reconnaître.

ARONTE
Tout ce que j'en prétends n'est qu'un entier secret.
20 Adieu, je vais trouver Célidée à regret.

FLORICE

De la part de ton maître ?

ARONTE

Oui.

FLORICE

Si j'ai bonne vue,
La voilà que son père amène vers la rue,
Aronte, éloigne-toi, nous joûrons mieux nos jeux
S'ils ne se doutent point que nous parlions nous deux.

SCÈNE II

PLEIRANTE, CÉLIDÉE

PLEIRANTE

25 Ne pense plus, ma fille, à me cacher ta flamme,
N'en conçois point de honte, et n'en crains point de blâme,
Le sujet qui l'allume a des perfections,
Dignes de posséder tes inclinations,
Et pour mieux te montrer le fond de mon courage,
30 J'aime autant son esprit, que tu fais son visage,
Confesse donc, ma fille, et crois qu'un si beau feu
Veut être mieux traité que par un désaveu.

CÉLIDÉE

Monsieur, il est tout vrai, son ardeur légitime
A tant gagné sur moi, que j'en fais de l'estime,
35 J'honore son mérite, et n'ai pu m'empêcher
De prendre du plaisir à m'en voir rechercher,
J'aime son entretien, je chéris sa présence,
Mais cela n'est aussi qu'un peu de complaisance,
Qu'un mouvement léger qui passe en moins d'un jour,
40 Vos seuls commandements produiront mon amour,
Et votre volonté de la mienne suivie...

PLEIRANTE

Favorisant ses vœux seconde ton envie.
Aime, aime ton Lisandre, et puisque je consens,
Et que je t'autorise à ces feux innocents,

45 Donne-lui hardiment une entière assurance
Qu'un mariage heureux suivra son espérance,
Engage-lui ta foi. Mais j'aperçois venir
Quelqu'un qui de sa part te vient entretenir,
Ma fille, adieu, les yeux d'un homme de mon âge
50 Peut-être empêcheraient la moitié du message.

CÉLIDÉE
Il ne vient rien de lui qu'il faille vous celer.

PLEIRANTE
Mais tu seras sans moi plus libre à lui parler,
Et ta civilité sans doute un peu forcée
Me fait un compliment qui trahit ta pensée.

SCÈNE III

CÉLIDÉE, ARONTE

CÉLIDÉE
55 Que fait ton maître, Aronte ?

ARONTE
Il m'envoie aujourd'hui
Voir ce que sa maîtresse a résolu de lui,
Et comment vous voulez qu'il passe la journée.

CÉLIDÉE
Je serai chez Daphnis toute l'après-dînée,
Et s'il m'aime, je crois que nous l'y pourrons voir :
60 Autrement...

ARONTE
Ne pensez qu'à l'y bien recevoir.

CÉLIDÉE
S'il y manque, il verra sa paresse punie,
Nous y devons dîner fort bonne compagnie,
J'y mène du quartier, Hippolite et Cloris.

ARONTE
Elles et vous dehors, il n'est rien dans Paris,
65 Et je n'en sache point, pour belles qu'on les nomme,
Qui puissent attirer les yeux d'un honnête homme.

Célidée

Je ne suis pas d'humeur bien propre à t'écouter ;
Je veux des gens mieux faits que toi pour me flatter,
Sans que ton bel esprit tâche plus d'y paraître ;
70 Mêle-toi de porter mon message à ton maître.

Aronte, *seul.*

Quelle superbe humeur ! quel arrogant maintien !
Si mon maître me croit, vous ne tenez plus rien ;
Il changera d'objet, ou j'y perdrai ma peine,
Son amour aussi bien ne vous rend que trop vaine.

SCÈNE IV

LA LINGÈRE, LE LIBRAIRE DU PALAIS

La Lingère

75 Vous avez fort la presse à ce livre nouveau,
C'est pour vous faire riche.

Le Libraire

On le trouve assez beau,
Et c'est pour mon profit le meilleur qui se voie,
Mais vous, que vous vendez de ces toiles de soie !

La Lingère

De vrai, bien que d'abord on en vendît fort peu,
80 A présent Dieu nous aime, on y court comme au feu,
Je n'en saurais fournir autant qu'on m'en demande,
Elle sied mieux aussi que celle de Hollande,
Découvre moins le fard dont un visage est peint,
Et moins blanche elle donne un plus grand lustre au teint ;
85 Je perds bien à gagner de ce que ma boutique
Pour être trop étroite empêche ma pratique,
A peine y puis-je avoir deux chalands à la fois,
Je veux changer de place avant qu'il soit un mois,
J'aime mieux en payer le double, et davantage
90 Et voir ma marchandise en plus bel étalage.

Le Libraire

Vous avez bien raison, mais à ce que j'entends...
Monsieur, vous plaît-il voir quelques livres du temps ?

SCÈNE V
DORIMANT, CLÉANTE, LE LIBRAIRE

Dorimant
Montrez-m'en quelques-uns.

Le Libraire
                    Voici ceux de la mode.

Dorimant
Otez-moi cet auteur, son nom seul m'incommode,
95 C'est un impertinent, ou je n'y connais rien.

Le Libraire
Ses œuvres toutefois se vendent assez bien.

Dorimant
Quantité d'ignorants ne songent qu'à la rime.

Cléante
Monsieur, en voici deux dont on fait grande estime,
Considérez ce trait, on le trouve divin.

Dorimant
100 Il n'est que mal traduit du cavalier Marin,
Sa veine au demeurant me semble assez hardie.

Le Libraire
Ce fut son coup d'essai que cette comédie.

Dorimant
Cela n'est pas tant mal pour un commencement,
La plupart de ses vers coulent fort doucement,
105 Qu'il a de mignardise à décrire un visage!

SCÈNE VI
HIPPOLITE, FLORICE, DORIMANT, CLÉANTE, LE LIBRAIRE, LA LINGÈRE

Hippolite
Madame, montrez-nous quelques collets d'ouvrage.

La Lingère

Je vous en vais montrer de toutes les façons.

Dorimant, *au Libraire.*

Ceci vaut mieux le voir que toutes vos chansons.

La Lingère, *ouvrant une boîte.*

Voilà du point d'esprit, de Gênes, et d'Espagne.

Hippolite

110 Ceci n'est guère bon qu'à des gens de campagne.

La Lingère

Voyez bien, s'il en est deux pareils dans Paris,
Je veux perdre la boîte.

Florice

On est fort souvent pris
A ces sortes de points, si l'on n'a quelque fille
Qui sache à tous moments y repasser l'aiguille,
115 En moins de trois savons rien n'y tient presque plus.

Hippolite

Celui-ci, qu'en dis-tu ?

Florice

L'ouvrage en est confus,
Bien que l'invention de près soit assez belle,
Voilà bien votre fait, n'était que la dentelle
Est fort mal assortie avec le passement,
120 Cet autre n'a de beau que le couronnement.

La Lingère

Si vous pouvez avoir trois jours de patience,
Il m'en vient, mais qui sont dans la même excellence.

Florice

Il vaudrait mieux attendre.

Hippolite

Eh bien nous attendrons,
Dites-nous au plus tard quel jour nous reviendrons.

La Lingère

125 Mercredi j'en attends de certaines nouvelles,
Cependant vous faut-il quelques autres dentelles ?

HIPPOLITE

J'en ai ce qu'il m'en faut pour ma provision.

Le Libraire, *à qui Dorimant avait parlé à l'oreille, tandis qu'Hippolite voyait des ouvrages.*

J'en vais subtilement prendre l'occasion.
La connais-tu, voisine ?

La Lingère

Oui, quelque peu de vue,
130 Quand au reste elle m'est tout à fait inconnue.

Ici Dorimant tire Cléante au milieu du théâtre et lui parle à l'oreille.

Ce cavalier sans doute y trouve plus d'appas
Que dans tous vos auteurs.

Cléante

Je n'y manquerai pas.

Dorimant

Si tu ne me vois là je serai dans la salle.

Il s'en retourne sur la boutique du libraire, et prend un livre.

Je connais celui-ci, sa veine est fort égale,
135 Il ne fait point de vers qu'on ne trouve charmants :
Mais on ne parle plus qu'on fasse de romans,
J'ai vu que notre peuple en était idolâtre.

Le Libraire

La mode est à présent des pièces de théâtre.

Dorimant

De vrai chacun s'en pique, et tel y met la main
140 Qui n'eut jamais l'esprit d'ajuster un quatrain.

SCÈNE VII

LISANDRE, DORIMANT, LE LIBRAIRE, LE MERCIER

Lisandre

Je te prends sur le livre ;

Dorimant

>   Eh bien qu'en veux-tu dire ?
Tant d'excellents esprits qui se mêlent d'écrire,
Valent bien qu'on leur donne une heure de loisir.

Lisandre

Y trouves-tu toujours une heure de plaisir ?
145 Beaucoup font bien des vers, mais peu la comédie.

Dorimant

Ton goût, je m'en assure, est pour la Normandie ?

Lisandre

Sans rien spécifier peu méritent le voir,
Beaucoup dont l'entreprise excède le pouvoir,
Veulent parler d'amour sans aucune pratique.

Dorimant

150 On n'y sait guère alors que la vieille rubrique,
Faute de le connaître, on l'habille en fureur,
Et loin d'en faire envie, on nous en fait horreur;
Lui seul de ses effets a droit de nous instruire,
Notre plume à lui seul doit se laisser conduire,
155 Pour en bien discourir, il faut l'avoir bien fait,
Un bon poète ne vient que d'un amant parfait.

Lisandre

Il n'en faut point douter, l'amour a des tendresses
Que nous n'apprenons point qu'auprès de nos maîtresses,
Tant de sorte d'appas, de doux saisissements,
160 D'agréables langueurs, et de ravissements,
Jusques où d'un bel œil peut s'étendre l'empire,
Et mille autres secrets que l'on ne saurait dire,
Quoi que tous nos rimeurs en mettent par écrit
Ne se surent jamais par un effort d'esprit,
165 Et je n'ai jamais vu de cervelles bien faites
Qui traitassent l'amour à la façon des poètes :
C'est tout un autre jeu, le style d'un sonnet
Est fort extravagant dedans un cabinet,
Il y faut bien louer la beauté qu'on adore
170 Sans mépriser Vénus, sans médire de Flore,
Sans que l'éclat des lis, des roses, d'un beau jour
Ait rien à démêler avec notre amour,
O pauvre comédie, objet de tant de veines,
Si tu n'es qu'un portrait des actions humaines,

ACTE PREMIER, SCÈNE VIII

175 On te tire souvent sur un original,
A qui pour dire vrai tu ressembles fort mal.

DORIMANT

Laissons la muse en paix, de grâce, à la pareille,
Chacun fait ce qu'il peut, et ce n'est pas merveille.
Si comme avec bon droit on perd bien un procès,
180 Souvent un bon ouvrage a de faibles succès :
Le jugement de l'homme, ou plutôt son caprice,
Pour quantité d'esprits n'a que de l'injustice,
J'en admire beaucoup dont on fait peu d'état,
Leurs fautes tout au pis ne sont pas coups d'État,
185 La plus grande est toujours de peu de conséquence.

Le Libraire

Vous plaît-il point de voir des pièces d'éloquence ?

LISANDRE, *ayant regardé le titre d'un livre que le Libraire lui présente.*

J'en lus hier la moitié, mais son vol est si haut
Que presque à tous moments je me trouve en défaut.

DORIMANT

Voici quelques auteurs dont j'aime l'industrie,
190 Mettez ces trois à part, mon maître, je vous prie,
Tantôt un de mes gens vous les viendra payer.

LISANDRE, *se retirant avec Dorimant d'auprès les boutiques.*

Le reste du matin où veux-tu l'employer ?

Le Mercier

Voyez deçà, messieurs, vous plaît-il rien du nôtre ?
Voyez, je vous ferai meilleur marché qu'un autre,
195 Des gants, des baudriers, des rubans, des Castors.

SCÈNE VIII

DORIMANT, LISANDRE

DORIMANT

Je ne saurais encor te suivre si tu sors,
Faisons un tour de salle attendant mon Cléante.

####### LISANDRE

Qui te retient ici ?

####### DORIMANT

L'histoire en est plaisante.
Tantôt comme j'étais dans le livre occupé,
200 Tout proche on est venu choisir du point coupé.

####### LISANDRE

Qui ?

####### DORIMANT

C'est la question, mais s'il faut s'en remettre
A ce qu'à mes regards, son masque a pu permettre,
Je n'ai rien vu d'égal, mon Cléante la suit,
Et ne reviendra point qu'il ne soit bien instruit
205 Quelle est sa qualité, son nom, et sa demeure.

####### LISANDRE

Ami, le cœur t'en dit.

####### DORIMANT

Nullement, ou je meure,
Voyant je ne sais quoi de rare en sa beauté,
J'ai voulu contenter ma curiosité.

####### LISANDRE

Ta curiosité deviendra bientôt flamme,
210 C'est par là que l'amour se glisse dans une âme :
A la première vue un sujet qui nous plaît
Ne forme qu'un désir de savoir quel il est,
Le sachant on en veut apprendre davantage,
Voir si son entretien répond à son visage,
215 S'il est civil ou rude, importun ou charmeur,
Eprouver son esprit, connaître son humeur :
De là cet examen se tourne en complaisance,
On cherche si souvent le bien de sa présence
Qu'on en fait habitude, et qu'au point d'en sortir
220 Quelque regret commence à se faire sentir ;
On revient tout rêveur, et notre âme blessée,
Sans prendre garde à rien, cajole sa pensée,
Ayant rêvé le jour, la nuit à tous propos
On sent je ne sais quoi qui trouble le repos,
225 On souffre doucement l'illusion des songes,
Notre esprit qui s'en flatte adore leurs mensonges,
Sans y trouver encor que des biens imparfaits,
Qui le font aspirer aux solides effets :
Là consiste à son gré le bonheur de sa vie,

ACTE PREMIER, SCÈNE IX

230 Et le moindre larcin permis à son envie
Arrête le larron, et le met dans les fers.

DORIMANT

Ainsi tu fus épris de celle que tu sers ?

LISANDRE

C'est un autre discours, à présent je ne touche
Qu'aux ruses de l'amour contre un esprit farouche,
235 Qu'il faut apprivoiser comme insensiblement,
Et contre ses froideurs combattre finement :
Des naturels plus doux...

SCÈNE IX

DORIMANT, LISANDRE, CLÉANTE

DORIMANT
        Eh bien elle s'appelle ?

CLÉANTE

Ne m'informez de rien qui touche cette belle,
Trois poltrons rencontrés vers le milieu du pont
240 Chacun l'épée au poing, m'ont voulu faire affront,
Et sans quelques amis qui m'ont tiré de peine
Contre eux ma résistance eût peut-être été vaine,
Ils ont tourné le dos me voyant secouru,
Mais ce que je suivais tandis est disparu.

DORIMANT

245 Les traîtres ! trois contre un ! t'attaquer ! te surprendre !
Quels impudents vers moi s'osent ainsi me prendre ?

CLÉANTE

Je ne connais qu'un deux, et c'est là le retour
De cent coups de bâton qu'il reçut l'autre jour,
Lorsque m'ayant tenu quelques propos d'ivrogne
250 Nous eûmes prise ensemble à l'hôtel de Bourgogne.

DORIMANT

Qu'on le trouve où qu'il soit, qu'une grêle de bois
Assemble sur lui seul le châtiment des trois,

Et que sous l'étrivière il puisse enfin connaître
Quand on se prend aux miens qu'on s'attaque à leur
[maître.

LISANDRE

255 J'aime à te voir ainsi décharger ton courroux :
Mais voudrais-tu parler franchement entre nous ?

DORIMANT

Quoi ? tu doutes encor de ma juste colère!

LISANDRE

En ce qui le regarde elle n'est que légère,
En vain pour son sujet tu fais l'intéressé,
260 Il a paré des coups dont ton cœur est blessé,
Cet accident fâcheux te vole une maîtresse,
Confesse ingénument, c'est là ce qui te presse.

DORIMANT

Pourquoi te confesser ce que tu vois assez ?
Au point de se former mes desseins renversés
265 Et mon désir trompé poussent dans ces contraintes
Sous de faux mouvements de véritables plaintes.

LISANDRE

Ce désir, à vrai dire, est un amour naissant,
Qui ne sait où se prendre, et demeure impuissant,
Il s'égare et se perd dans cette incertitude,
270 Et renaissant toujours de ton inquiétude,
Il te montre un objet d'autant plus souhaité,
Que plus sa connaissance a de difficulté :
C'est par là que ton feu davantage s'allume,
Car moins on le connaît, et plus on en présume,
275 Notre ardeur curieuse en augmente le prix.

DORIMANT

Que tu sais, cher ami, lire dans les esprits!
Et que pour bien juger d'une secrète flamme
Tu pénètres avant dans les ressorts d'une âme!

LISANDRE

Ce n'est pas encor tout, je te veux secourir.

DORIMANT

280 O! que je ne suis pas en état de guérir!
L'amour use sur moi de trop de tyrannie.

Lisandre

Souffre que je te mène en une compagnie
Où l'objet de mes vœux m'a donné rendez-vous,
285 Les divertissements t'y sembleront si doux,
Ton âme en un moment en sera si charmée,
Que tous ses déplaisirs dissipés en fumée
On gagnera sur toi fort aisément ce point,
D'oublier un sujet que tu ne connais point.
Mais garde-toi surtout d'une jeune voisine,
290 Que ma maîtresse y mène, elle est, et belle, et fine,
Et sait si dextrement ménager ses attraits,
Qu'il n'est pas bien aisé d'en éviter les traits.

Dorimant

Au hasard, fais de moi tout ce que bon te semble.

Lisandre

Donc en attendant l'heure allons dîner ensemble.

SCÈNE X

HIPPOLITE, FLORICE

Hippolite

295 Tu me railles toujours.

Florice

S'il ne vous veut du bien,
Dites assurément que je n'y connais rien,
Je le considérais tantôt chez ce libraire,
Ses regards de sur vous ne pouvaient se distraire,
Et son maintien était dans une émotion
300 Qui m'instruisait assez de son affection,
Il voulait vous parler, et n'osait l'entreprendre.

Hippolite

Toi, ne me parle point, ou parle de Lisandre,
C'est le seul dont la vue excita mon ardeur.

Florice

Et le seul qui pour vous n'a que de la froideur,
Célidée est son âme, et tout autre visage
305 N'a point d'assez beaux traits pour toucher son courage,

Son brasier est trop grand, rien ne peut l'amortir,
En vain son écuyer tâche à l'en divertir,
En vain jusques aux Cieux portant votre louange
310 Il tâche à lui jeter quelque amorce du change,
Et lui dit jusque-là que dans votre entretien
Vous témoignez souvent de lui vouloir du bien,
Tout cela n'est qu'autant de paroles perdues.

HIPPOLITE

Faute d'être possible assez bien entendues.

FLORICE

315 Ne le présumez pas, il faut avoir recours
A de plus hauts secrets qu'à ces faibles discours,
Je fus fine autrefois, et depuis mon veuvage
Ma ruse chaque jour s'est accrue avec l'âge,
Je me connais en monde, et sais mille ressorts
320 Pour débaucher une âme, et brouiller des accords.

HIPPOLITE
Eh ! de grâce, dis vite.

FLORICE
          A présent l'heure presse,
Et je ne vous saurais donner qu'un mot d'adresse.
Cette voisine et vous... Mais déjà la voici.

SCÈNE DERNIÈRE

CÉLIDÉE, HIPPOLITE, FLORICE

CÉLIDÉE

A force de tarder tu m'as mise en souci,
325 Il est temps, et Daphnis par un page me mande,
Que pour faire servir on n'attend que ma bande,
Le carrosse est tout prêt, allons, veux-tu venir ?

HIPPOLITE

Lisandre après dîner t'y vient entretenir ?

CÉLIDÉE

S'il osait y manquer, je te donne promesse
330 Qu'il pourrait bien ailleurs chercher une maîtresse.

ACTE II

SCÈNE PREMIÈRE

HIPPOLITE, DORIMANT

HIPPOLITE

Ne me conte point tant que mon visage est beau,
Ces discours n'ont pour moi rien du tout de nouveau,
Je le sais bien sans vous, et j'ai cet avantage,
Quelques perfections qui soient sur mon visage,
335 Que je suis la première à m'en apercevoir :
Pour me galantiser il ne faut qu'un miroir,
J'y vois en un moment tout ce que vous me dites.

DORIMANT

Mais bien la moindre part de nos rares mérites,
Cet esprit tout divin, et ce doux entretien,
340 Ont des charmes puissants dont il ne montre rien.

HIPPOLITE

Vous les montrez assez par cette après-dînée,
Qu'à causer avec moi vous vous êtes donnée,
Si mon discours n'avait quelque charme caché,
Il ne vous tiendrait pas si longtemps attaché,
345 Je vous juge plus sage, et plus aimer votre aise
Que d'y tarder ainsi sans que rien vous y plaise :
Et présumer d'ailleurs qu'il vous plût sans raison!
Je me ferais moi-même un peu de trahison,
Et par ce trait badin qui sentirait l'enfance,
350 Votre beau jugement recevrait trop d'offense :
Je suis un peu timide, et qui me veut louer,
Je ne l'ose jamais en rien désavouer.

DORIMANT

Aussi certes aussi n'avez-vous pas à craindre
Qu'on puisse en vous louant, ni vous flatter, ni feindre,
355 On voit un tel éclat en vos divins appas
Qu'on ne peut l'exprimer, ni ne l'adorer pas.

Hippolite

Ni ne l'adorer pas! par là vous voulez dire?

Dorimant

Que mon cœur désormais vit dessous votre empire,
Et que tous mes desseins de vivre en liberté
360 N'ont rien eu d'assez fort contre votre beauté.

Hippolite

Quoi? mes perfections vous donnent dans la vue?

Dorimant

Les rares qualités dont vous êtes pourvue,
Vous ôtent tout sujet de vous en étonner.

Hippolite

Cessez aussi, monsieur, de vous l'imaginer,
365 Vu que si vous m'aimez ce ne sont pas merveilles,
J'ai de pareils discours chaque jour aux oreilles,
Et tous les gens d'esprit en font autant que vous.

Dorimant

En amour toutefois je les surpasse tous,
Je n'ai point consulté pour vous donner mon âme,
370 Votre premier aspect sut allumer ma flamme,
Et je sentis mon cœur par un secret pouvoir
Aussi prompt à brûler que mes yeux à vous voir.

Hippolite

Connaître ainsi d'abord combien je suis aimable,
Encor qu'à votre avis il soit inexprimable!
375 Ce grand et prompt effet m'assure puissamment
De la vivacité de votre jugement :
Pour moi que la nature a faite un peu grossière,
Mon esprit qui n'a pas cette vive lumière
Conduit trop pesamment toutes ses fonctions,
380 Pour m'avertir sitôt de vos perfections,
Je vois bien que vos feux méritent récompense,
Mais de les seconder ce défaut me dispense.

Dorimant

Railleuse.

Hippolite

Excusez-moi, je parle tout de bon.

Dorimant

Le temps de cet orgueil me fera la raison,
385 Et nous verrons un jour à force de services,
Adoucir vos rigueurs, et finir mes supplices.

SCÈNE II

DORIMANT, LISANDRE, HIPPOLITE, FLORICE

> *Lisandre entre sur le théâtre sortant de chez Célidée, et passe sans s'arrêter en donnant seulement un coup de chapeau à Dorimant et Hippolite.*

Hippolite

Peut-être l'avenir... Tout beau coureur, tout beau,
On n'est pas quitte ainsi pour un coup de chapeau,
Vous aimez l'entretien de votre fantaisie,
390 Mais pour un cavalier c'est peu de courtoisie,
Et cela messied fort à des hommes de cour,
De n'accompagner pas leur salut d'un bonjour.

Lisandre

Puisqu'auprès d'un sujet capable de nous plaire
La présence d'un tiers n'est jamais nécessaire,
395 De peur qu'il n'en reçût quelque importunité,
J'ai mieux aimé manquer à la civilité.

Hippolite

Voilà parer mon coup d'un gentil artifice,
Comme si je pouvais... Que me veux-tu, Florice ?

> *Florice sort et parle à l'oreille d'Hippolite.*

Dis-lui que je m'en vais. Messieurs, pardonnez-moi,
400 On me vient d'apporter une fâcheuse loi,
Incivile à mon tour, il faut que je vous quitte,
Une mère m'appelle.

Dorimant

Adieu, belle Hippolite.
Adieu, souvenez-vous.

Hippolite

Mais vous, n'y songez plus.

SCÈNE III

LISANDRE, DORIMANT

LISANDRE
Quoi, Dorimant, ce mot t'a rendu tout confus !

DORIMANT
405 Ce mot à mes désirs laisse peu d'espérance.

LISANDRE
Tu ne la vois encor qu'avec indifférence ?

DORIMANT
Comme toi Célidée.

LISANDRE
                 Elle eut donc chez Daphnis
Hier dans son entretien des charmes infinis ?
Je te l'avais bien dit que ton âme à sa vue
410 Demeurerait ou prise, ou puissamment émue,
Mais tu n'as pas sitôt oublié la beauté,
Qui fit naître au Palais ta curiosité ?
Du moins ces deux sujets balancent ton courage ?

DORIMANT
Sais-tu bien que c'est là justement mon visage,
415 Celui que j'avais vu le matin au Palais ?

LISANDRE
A ce compte...

DORIMANT
            J'en tiens, ou l'on n'en tint jamais.

LISANDRE
C'est parler franchement pour être sans franchise.

DORIMANT
C'est rendre un prompt hommage aux yeux qui me l'ont
                                                    [prise.

LISANDRE
Puisque tu les connais, ce n'est que demi-mal.

Dorimant

420 Leur coup, pour les connaître, en est-il moins fatal ?

Lisandre

Non pas, mais tu n'as plus l'esprit à la torture
De voir tes vœux forcés d'aller à l'aventure,
Et cette belle humeur de l'objet qui t'a pris...

Dorimant

Sous un accueil riant cache un subtil mépris,
425 Ah ! que tu ne sais pas de quel air on me traite.

Lisandre

Je t'en avais jugé l'âme fort satisfaite,
Et vous voyant tous deux si gais à mon abord,
Je vous croyais du moins prêts à tomber d'accord.

Dorimant

Cette belle, de vrai, quoique toute de glace,
430 Mêle dans ses froideurs je ne sais quelle grâce,
Par où tout de nouveau je me laisse gagner,
Et consens, peu s'en faut, à me voir dédaigner.
Loin de s'en affaiblir mon amour s'en augmente,
Je demeure charmé de ce qui me tourmente,
435 Je pourrais de tout autre être le possesseur,
Que sa possession aurait moins de douceur,
Je ne suis plus à moi quand je vois Hippolyte,
Rejetant ma louange, avouer son mérite,
Négliger mon ardeur ensemble, et l'approuver,
440 Me remplir tout d'un temps d'espoir, et m'en priver,
Me refuser son cœur en acceptant mon âme,
Faire état de mon choix en méprisant ma flamme !
Hélas ! en voilà trop, le moindre de ces traits
A pour me retenir de trop puissants attraits,
445 Encore trop heureux que sa froideur extrême,
Veut bien que je la serve, et souffre que je l'aime.

Lisandre

Son adieu toutefois te défend d'y songer,
Et ce commandement t'en devrait dégager.

Dorimant

Qu'un plus capricieux d'un tel adieu s'offense,
450 Il me donne un conseil plutôt qu'une défense,
Et par ce mot d'avis son cœur sans amitié,
Du temps que j'y perdrai montre quelque pitié.

Lisandre

Soit défense ou conseil, de rien ne désespère,
Je te réponds déjà de l'esprit de sa mère,
455 Un qui peut tout sur elle, et fera tout pour moi,
L'aura bientôt gagnée en faveur de ta foi.
C'est son proche voisin, père de ma maîtresse,
Tu n'as plus que la fille à vaincre par adresse.
Encor ne crois-je pas qu'il en faille beaucoup,
460 Tu verras sa froideur se perdre tout d'un coup,
Son humeur se maintient dedans l'indifférence,
Tant qu'une mère donne une entière assurance,
Et cachant par respect son propre mouvement,
Elle ne veut aimer que par commandement.

Dorimant

465 Tu me flattes, ami, d'une attente frivole.

Lisandre

L'effet suivra de près.

Dorimant

                Doncques sur ta parole
Mon esprit se résout à vivre plus content.

Lisandre

Qu'il s'assure autant vaut du bonheur qu'il prétend,
J'y donnerai bon ordre. Adieu, le temps me presse,
470 Et je viens de sortir d'avecque ma maîtresse,
Quelques commissions dont elle m'a chargé,
M'obligent maintenant à prendre ce congé.

Dorimant, *seul.*

Dieux, qu'il est malaisé qu'une âme bien atteinte,
Conçoive de l'espoir qu'avecque de la crainte!
475 Je dois toute croyance à la foi d'un ami,
Et n'ose cependant m'y fier qu'à demi.
Hippolyte d'un mot chasserait ce caprice,
Est-elle encore en haut?

Florice

Encore.

Dorimant

                Adieu, Florice,
Nous la verrons demain.

SCÈNE IV

HIPPOLITE, FLORICE

FLORICE

Il vient de s'en aller,
480 Sortez.
HIPPOLITE
Mais fallait-il ainsi me rappeler
Par des commandements supposés d'une mère ?
Sans mentir contre toi j'en suis tout en colère,
A peine ai-je attiré mon Lisandre au discours,
Que tu viens par plaisir en arrêter le cours.

FLORICE
485 Eh bien prenez-vous-en à mon impatience,
De vous communiquer un trait de ma science,
Cet avis important tombé dans mon esprit,
Méritait qu'aussitôt Hippolite l'apprît.
Je m'en vais de ce pas y disposer Aronte.

HIPPOLITE
490 Et que m'en promets-tu ?

FLORICE
Qu'enfin au bout du compte,
Cette heure d'entretien dérobée à vos feux
Vous mettra pour jamais au comble de vos vœux :
Mais de votre côté conduisez bien la ruse.

HIPPOLITE
Il ne faut point par là te préparer d'excuse,
495 Va, suivant le succès, je veux à l'avenir
Du mal que tu m'as fait, perdre le souvenir.
Célidée, il est vrai, je te suis déloyale,
Tu me crois ton amie, et je suis ta rivale,
Si je te puis résoudre à suivre mon conseil,
500 Je t'enlève, et me donne un bonheur sans pareil.

SCÈNE V

HIPPOLITE, CÉLIDÉE

HIPPOLITE
Célidée, es-tu là ?
CÉLIDÉE
Que me veut Hippolite ?

HIPPOLITE
Délasser mon esprit une heure en ta visite,
Que j'ai depuis un jour un importun amant !
Et que pour mon malheur je plais à Dorimant !

CÉLIDÉE
505 Ma sœur, que me dis-tu ? Dorimant t'importune,
Quoi ? j'enviais déjà ton heureuse fortune,
Et déjà dans l'esprit je sentais de l'ennui,
D'avoir connu Lisandre auparavant que lui.

HIPPOLITE
Ah ! ne me raille point, Lisandre qui t'engage
510 Est le plus accompli des hommes de son âge.

CÉLIDÉE
Je te jure, à mes yeux l'autre l'est bien autant,
Mon cœur a de la peine à demeurer constant,
Et pour te découvrir jusqu'au fond de mon âme,
Ce n'est plus que ma foi qui conserve ma flamme,
515 Lisandre me déplaît de me vouloir du bien,
Plût à Dieu que son change autorisât le mien,
Ou qu'il usât vers moi de tant de négligence
Que ma légèreté se pût nommer vengeance !
Si j'avais un prétexte à me mécontenter,
520 Tu me verrais bientôt résoudre à le quitter.

HIPPOLITE
Simple, présumes-tu qu'il devienne volage,
Tant qu'il verra d'amour sur un si beau visage ?
Ta flamme trop visible entretient ses ferveurs,
Et ses feux dureront autant que tes faveurs.

ACTE II, SCÈNE V

CÉLIDÉE

525 A ce compte tu crois que cette ardeur extrême
Ne le brûle pour moi qu'à cause que je l'aime ?

HIPPOLITE

Que sais-je ? il n'a jamais éprouvé tes rigueurs,
L'amour en même temps sut embraser vos cœurs,
Et même j'ose dire après beaucoup de monde,
530 Que sa flamme vers toi ne fut que la seconde,
Il se vit accepter avant que de s'offrir,
Il ne vit rien à craindre, et n'eut rien à souffrir,
Il vit sa récompense acquise avant la peine,
Et devant le combat sa victoire certaine,
535 Un homme est bien cruel quand il ne donne pas
Un cœur qu'on lui demande avecque tant d'appas,
Qu'à ce prix la confiance est une chose aisée !
Et qu'autrefois par là je me vis abusée !
Alcidor que mes yeux avaient si fort épris
540 Me quitta cependant dès le moindre mépris :
La force de l'amour paraît dans la souffrance,
Je le tiens fort douteux s'il a tant d'assurance,
Qu'on en voit se lâcher pour un peu de longueur !
Et qu'on en voit mourir pour un peu de rigueur !

CÉLIDÉE

545 Je connais mon Lisandre, et sa flamme est trop forte
Pour tomber en soupçon qu'il m'aime de la sorte,
Toutefois un dédain éprouvera ses feux,
Ainsi de tous côtés j'aurai ce que je veux,
Il me rendra constante, ou me fera volage,
550 S'il m'aime, il me retient, s'il change, il me dégage,
Suivant ce qu'il aura d'amour ou de froideur,
Je suivrai ma nouvelle ou ma première ardeur.

HIPPOLITE

En vain tu t'y résous, ton âme un peu contrainte
Au travers de tes yeux lui trahira ta feinte,
555 L'un d'eux dédira l'autre, et toujours un souris
Lui fera voir assez combien tu le chéris.

CÉLIDÉE

Ce n'est qu'un faux soupçon qui te le persuade,
J'armerai de rigueurs jusqu'à la moindre œillade,
Et réglerai si bien toutes mes actions
560 Qu'il ne pourra juger de mes intentions,

HIPPOLITE

Pour le moins aussitôt que par cette conduite
Tu seras de son cœur suffisamment instruite,
S'il demeure constant, l'amour et la pitié
Avant que dire adieu, renoueront l'amitié.

CÉLIDÉE

565 Il va bientôt venir, va-t'en, et sois certaine
De ne voir d'aujourd'hui Lisandre hors de peine.

HIPPOLITE

Et demain ?

CÉLIDÉE

Je t'irai conter ses mouvements,
Et touchant l'avenir prendre tes sentiments.
O Dieux! si je pouvais changer sans infamie!

HIPPOLITE

570 Adieu, n'épargne en rien ta plus fidèle amie.

CÉLIDÉE, *seule.*

Quel étrange combat! je meurs de le quitter,
Et mon reste d'amour ne le peut maltraiter,
De quelque doux espoir que le change me flatte,
Je redoute les noms de perfide et d'ingrate,
575 En adorant l'effet j'en hais les qualités,
Tant mon esprit confus a d'inégalités :
Mon âme veut, et n'ose, et bien que refroidie,
N'aura trait de mépris, si je ne l'étudie,
Tout ce que mon Lisandre a de perfections
580 Vient s'offrir à la foule à mes affections,
Je vois mieux ce qu'il vaut lorsque je l'abandonne,
Et déjà la grandeur de ma perte m'étonne,
Pour régler sur ce point mon esprit balancé,
J'attends ses mouvements sur mon dédain forcé,
585 Ma feinte éprouvera si son amour est vraie.
Hélas! ses yeux me font une nouvelle plaie,
Prépare-toi, mon cœur, et laisse à mes discours
Assez de liberté pour trahir mes amours.

SCÈNE VI

CÉLIDÉE, LISANDRE

CÉLIDÉE

Quoi ? j'aurai donc de vous encore une visite!
590 Vraiment pour aujourd'hui je m'en estimais quitte.

LISANDRE

Une par jour suffit, si tu veux endurer
Qu'autant comme le jour je la fasse durer.

CÉLIDÉE

Quelque forte que soit l'ardeur qui nous consomme,
On s'ennuie aisément de voir toujours un homme.

LISANDRE

595 Au lieu de me donner ces appréhensions,
Apprends ce que j'ai fait sur tes commissions.

CÉLIDÉE

Je ne vous en chargeai qu'afin de me défaire
D'un entretien fâcheux qui ne me pouvait plaire.

LISANDRE

Depuis quand donnez-vous ces qualités aux miens ?

CÉLIDÉE

600 C'est depuis que mon cœur n'est plus dans vos liens.

LISANDRE

[Est-ce] donc par gageure, ou par galanterie ?

CÉLIDÉE

Ne vous flattez point tant que ce soit raillerie,
Ce que j'ai dans l'esprit, je ne le puis celer,
Et ne suis pas d'humeur à rien dissimuler.

LISANDRE

605 Quoi ? que vous ai-je fait ? d'où provient ma disgrâce ?
Quel sujet avez-vous de m'être ainsi de glace ?

Ai-je manqué de soins ? ai-je manqué de feux ?
Vous ai-je dérobé le moindre de mes vœux ?
Ai-je trop peu cherché votre chère présence ?
610 Ai-je eu pour d'autres yeux la moindre complaisance ?

CÉLIDÉE

Tout cela n'est qu'autant de propos superflus,
Je voulus vous aimer et je ne le veux plus,
Mon feu fut sans raison, ma glace l'est de même,
Si l'un fut excessif, je rendrai l'autre extrême.

LISANDRE

615 Par ces extrémités vous avancez ma mort.

CÉLIDÉE

Il m'importe fort peu quel sera votre sort.

LISANDRE

Ma chère âme, mon tout, avec quelle injustice
Pouvez-vous rejeter mon fidèle service ?
Votre serment jadis me reçut pour époux.

CÉLIDÉE

620 J'en perds le souvenir aussi bien que de vous.

LISANDRE

Evitez-en la honte, et fuyez-en le blâme.

CÉLIDÉE

Je les veux accepter pour peines de ma flamme.

LISANDRE

Un reproche éternel suit ce trait inconstant.

CÉLIDÉE

Si vous me voulez plaire il en faut faire autant.

LISANDRE

625 Mon souci, d'un seul point obligez mon envie,
Finissez vos mépris, ou m'arrachez la vie.

CÉLIDÉE

Eh bien soit, d'un adieu je m'en vais les finir,
Je suis lasse aussi bien de vous entretenir.

ACTE II, SCÈNE DERNIÈRE

LISANDRE

Ah ! redouble plutôt ce dédain qui me tue,
630 Et laisse-moi le bien d'expirer à ta vue,
Que j'adore tes yeux tout cruels qu'ils me sont,
Qu'ils reçoivent mes vœux pour le mal qu'ils me font,
Invente à me gagner quelque rigueur nouvelle,
Traite si tu le veux mon âme en criminelle,
635 Dis que je suis ingrat, appelle-moi léger,
Impute à mes amours la honte de changer,
Dedans mon désespoir fais éclater ta joie,
Et tout me sera doux pourvu que je te voie.
Tu verras tes mépris n'ébranler point ma foi,
640 Et mes derniers soupirs ne parler que de toi,
Ne crains point de ma part de reproche, ou d'injure,
Je ne t'appellerai ni lâche, ni parjure,
Mon feu supprimera ces titres odieux,
Mes douleurs céderont au pouvoir de tes yeux,
645 Et mon fidèle amour malgré leur vive atteinte
Pour dire ta louange étouffera ma plainte.

CÉLIDÉE

Adieu, quelques encens que tu veuilles m'offrir,
Je ne me saurais plus résoudre à les souffrir.

SCÈNE DERNIÈRE

LISANDRE

Célidée, ah tu fuis ! tu fuis donc, et tu n'oses
650 Faire tes yeux témoins d'un trépas que tu causes,
Ton esprit insensible à mes feux innocents
Craint de ne l'être pas aux douleurs que je sens,
Tu crains que la pitié qui se glisse en ton âme
N'y rejette un rayon de ta première flamme,
655 Le courage te manque, et ton aversion
Redoute les assauts de la compassion,
Rien ne t'en défend plus qu'une soudaine absence,
Mon aspect te dit trop quelle est mon innocence,
Et contre ton dessein te donne un souvenir
660 Contre qui ta froideur ne saurait plus tenir :
Dans la confusion qui déjà te surmonte,
Augmentant mon amour je redouble ta honte,

Un mouvement forcé t'arrache un repentir
Où ton cruel orgueil ne saurait consentir.
665 Tu vois qu'un désespoir dessus mon front exprime
En mille traits de feu mon ardeur et ton crime,
Mon visage t'accuse, et tu vois dans mes yeux
Un portrait que mon cœur conserve beaucoup mieux.
Tous mes soins, tu le sais, furent pour Célidée,
670 La nuit ne m'a jamais retracé d'autre idée,
Et tout ce que Paris a d'objets ravissants
N'a jamais ébranlé le moindre de mes sens,
Ton exemple à changer en vain me sollicite,
Dans ta volage humeur j'adore ton mérite,
675 Et mon amour plus fort que mes ressentiments
Conserve sa vigueur au milieu des tourments.
Reviens, mon cher souci, puisqu'après ta défense
Mes feux sont criminels, et tiennent lieu d'offense,
Vois comme je persiste à te désobéir,
680 Et par là si tu peux prends droit de me haïr.
Fol, je présume ainsi rappeler l'inhumaine
Qui ne veut pas avoir de raisons à sa haine;
Puisqu'elle a sur mon cœur un pouvoir absolu
Il lui suffit de dire : ainsi je l'ai voulu.
685 Cruelle, tu le veux! c'est donc ainsi qu'on traite
Les sincères ardeurs d'une amour si parfaite!
Tu me veux donc trahir! tu le veux! et ta foi
N'est qu'un gage frivole à qui vit sous ta loi,
Mais je veux l'endurer sans bruit, sans résistance,
690 Tu verras ma langueur, et non mon inconstance,
Et de peur de t'ôter un captif par ma mort
J'attendrai ce bonheur de mon funeste sort.
Jusque-là mes douleurs publiant ta victoire,
Sur mon front pâlissant élèveront ta gloire,
695 Et je mettrai la mienne à dire sans cesser,
Que sans me refroidir tu m'auras pu chasser.

ACTE III

SCÈNE PREMIÈRE
LISANDRE, ARONTE

Lisandre
Tu me donnes, Aronte, un étrange remède.

Aronte
Souverain toutefois au mal qui vous possède,
Croyez-moi, j'en ai vu des succès merveilleux
A remettre au devoir ces esprits orgueilleux,
700 Depuis qu'on leur fait prendre un peu de jalousie
Ils ont bientôt quitté ces traits de fantaisie,
Car encore après tout ces rudes traitements
Ne sont pas à dessein de perdre leurs amants.

Lisandre
705 Que voudrait donc par là mon ingrate maîtresse ?

Aronte
Elle vous joue un tour de la plus haute adresse.
Avez-vous bien pris garde au temps de ses mépris ?
Tant qu'elle vous a cru légèrement épris,
Que votre chaîne encor n'était pas assez forte,
710 Vous a-t-elle jamais gouverné de la sorte ?
Vous ignoriez alors l'usage des soupirs,
Ce n'était rien qu'appas, que douceurs, que plaisirs.
Son esprit avisé voulait par cette ruse
Etablir un pouvoir dont maintenant elle use,
715 Connaissez son humeur, elle fait vanité
De voir dans ses dédains votre fidélité,
Votre extrême souffrance à ces rigueurs l'invite,
On voit par là vos feux, par vos feux son mérite,
Et cette fermeté de vos affections
720 Montre un effet puissant de ses perfections,
Osez-vous espérer qu'elle soit plus humaine,
Puisque sa gloire augmente augmentant votre peine ?

Rabattez cet orgueil, faites-lui soupçonner
Que vous seriez enfin homme à l'abandonner,
725 La crainte de vous perdre, et de se voir changée,
A vivre comme il faut l'aura bientôt rangée,
Elle en craindra la honte, et ne souffrira pas
Que ce change s'impute à son manque d'appas,
Il est de son honneur d'empêcher qu'on présume
730 Qu'on éteigne aisément les flammes qu'elle allume,
Feignez d'aimer quelque autre, et vous verrez alors
Combien à vous ravoir elle fera d'efforts.

LISANDRE

Mais me jugerais-tu capable d'une feinte ?

ARONTE

Mais reculeriez-vous pour un peu de contrainte ?

LISANDRE

735 Je trouve ses mépris plus doux à supporter.

ARONTE

Pour les faire finir, il faut les imiter.

LISANDRE

Faut-il être inconstant pour la rendre fidèle ?

ARONTE

Il le faut, ou souffrir une peine éternelle.

LISANDRE

Que de raisons, Aronte, à combattre mon cœur,
740 Qui ne peut adorer que son premier vainqueur !
Je m'y rends, mais avant que l'effet en éclate,
Fais un effort pour moi, va trouver mon ingrate,
Mets-lui devant les yeux mes services passés,
Mes feux si bien reçus, si mal récompensés,
745 L'excès de mes tourments, et de ses injustices,
Emploie à la gagner tes meilleurs artifices,
Que n'obtiendras-tu point par ta dextérité
Puisque tu viens à bout de ma fidélité ?

ARONTE

Mais mon possible fait, si cela ne succède ?

LISANDRE

750 Je feindrai dès demain qu'Aminte me possède.

Aronte

Aminte ! Ah ! commencez la feinte dès demain,
Mais n'allez point courir au faubourg Saint-Germain,
Et quand penseriez-vous que cette âme cruelle
Dans le fond du Marais en reçût la nouvelle ?
755 Vous seriez tout un siècle à lui vouloir du bien,
Sans que votre maîtresse en apprît jamais rien,
Puisque vous voulez feindre, il faut feindre à sa vue,
Afin que votre feinte aussitôt aperçue
Produise un prompt effet dans son esprit jaloux,
760 Et pour en adresser plus sûrement les coups,
Quand vous verrez quelque autre en discours avec elle,
Feignez en sa présence une flamme nouvelle.

Lisandre

Hippolite en ce cas serait fort à propos,
Mais je crains qu'un ami n'en perdît le repos,
765 Dorimant dont ses yeux ont charmé le courage
Autant que Célidée en aurait de l'ombrage.

Aronte

Vous verrez si soudain rallumer son amour
Que la feinte n'est pas pour durer plus d'un jour,
Et vous aurez après un sujet de risée
770 Des soupçons mal fondés de son âme abusée.

Lisandre

Va trouver ma maîtresse et puis nous résoudrons
En ces extrémités quel avis nous prendrons.

Aronte, *seul.*

Sans que pour l'apaiser je me rompe la tête
Mon message est tout fait, et sa réponse prête,
775 Bien loin que mon discours pût la persuader,
Elle n'aura jamais voulu me regarder,
Une prompte retraite au seul nom de Lisandre,
C'est par où ses dédains se seront fait entendre.
Mes amours du passé ne m'ont que trop appris
780 Avec quelles couleurs il faut peindre un mépris,
A peine faisait-on semblant de me connaître,
De sorte...

SCÈNE II

FLORICE, ARONTE

Florice

Aronte, eh bien, qu'as-tu fait vers ton maître ?
S'y résout-il enfin ?

Aronte

N'en sois plus en souci.
Dans une heure au plus tard je te le rends ici.

Florice

Prêt à la caresser ?

Aronte

Tout prêt. Adieu je tremble
785 Que de chez Célidée on ne nous voie ensemble.

SCÈNE III

HIPPOLITE, FLORICE

Hippolite

D'où vient que mon abord l'oblige à te quitter ?

Florice

Tant s'en faut qu'il vous fuie, il vient de me conter...
Toutefois, je ne sais si je vous le dois dire.

Hippolite

790 Que tu te plais, Florice, à me mettre en martyre !

Florice

Il faut vous préparer à des contentements.

Hippolite

Ta longueur m'y prépare avec bien des tourments.
Dépêche, ces discours font mourir Hippolite.

Florice

Mourez donc promptement que je vous ressuscite.

Hippolite

795 L'insupportable femme, enfin diras-tu rien ?

Florice

L'impatiente fille ! enfin tout ira bien.

Hippolite

Enfin tout ira bien, ne saurai-je autre chose ?

Florice

Il faut que votre esprit là-dessus se repose,
Vous ne pouviez tantôt souffrir de longs propos
800 Et pour vous obliger j'ai tout dit en trois mots,
Mais ce que maintenant vous n'en pouvez apprendre,
Vous l'apprendrez bientôt plus au long de Lisandre.

Hippolite

Tu ne flattes mon cœur que d'un espoir confus.

Florice

Parlez à Célidée, et ne m'informez plus.

SCÈNE IV

CÉLIDÉE, HIPPOLITE, FLORICE

Célidée

805 Mon abord importun rompt votre conférence,
Tu m'en voudras du mal.

Hippolite

Du mal ? et l'apparence !
Tu peux bien avec nous, je t'en jure ma foi,
Nos entretiens étaient de Lisandre et de toi.

Célidée

Et pour cette raison, adieu, je me retire,
810 Afin qu'en liberté vous en puissiez tout dire.

HIPPOLITE

Tu fais bien la discrète en ces occasions,
Mais tu meurs de savoir ce que nous en disions.

CÉLIDÉE

Toi-même bien plutôt tu meurs de me l'apprendre.
Suivant donc tes désirs résolue à l'entendre,
J'éveille en ta faveur ma curiosité.

HIPPOLITE

Vraiment tu me confonds de ta civilité.

CÉLIDÉE

Voilà de tes détours, et comme tu diffères
A me dire en quel point vous teniez mes affaires.

HIPPOLITE

Nous parlions du conseil que je t'avais donné,
Lisandre, je m'assure, en fut bien étonné!

CÉLIDÉE

Et je venais aussi pour t'en conter l'issue.
Que je m'en suis trouvée heureusement déçue!
Je présumais beaucoup de ses affections,
Mais je n'attendais pas tant de submissions,
Jamais le désespoir qui saisit son courage
N'en pût tirer un mot à mon désavantage,
Il tenait mes dédains encor trop précieux,
Et ses reproches même étaient officieux.
Aussi ce grand amour a rallumé ma flamme,
Le change n'a plus rien qui chatouille mon âme,
Il n'a plus de douceurs pour mon esprit flottant,
Aussi ferme à présent qu'il le croit inconstant.

FLORICE

Quoi que vous ayez vu de sa persévérance,
N'en prenez pas encore une entière assurance,
L'espoir de vous fléchir a pu le premier jour
Masquer ses mouvements de cet excès d'amour,
Qu'après, pour mépriser celle qui le méprise,
Toute légèreté lui semblera permise.
J'ai vu des amoureux de toutes les façons.

HIPPOLITE

Cette bizarre humeur n'est jamais sans soupçons,

ACTE III, SCÈNE V

L'avantage qu'elle a d'un peu d'expérience
Tient éternellement son âme en défiance,
Mais ce qu'elle t'en dit ne vaut pas l'écouter.

CÉLIDÉE

Et je ne suis pas fille à m'en épouvanter,
845 Je veux que ma rigueur à tes yeux continue,
Et lors sa fermeté te sera mieux connue,
Tu ne verras des traits que d'un amour si fort
Que ta Florice même avouera qu'elle a tort.

HIPPOLITE

Ce sera trop longtemps lui paraître cruelle.

CÉLIDÉE

850 Tu connaîtras par là combien il m'est fidèle,
Le ciel à ce dessein nous l'envoie à propos.

HIPPOLITE

Et quand te résous-tu de le mettre en repos ?

CÉLIDÉE

Trouve bon je te prie après un peu de feinte
Que mes feux violents s'expliquent sans contrainte,
855 Et pour le rappeler des portes du trépas
S'il m'échappe un baiser ne t'en offense pas.

SCÈNE V

LISANDRE, CÉLIDÉE, HIPPOLITE, FLORICE

LISANDRE

Merveille des beautés, seul objet qui m'engage...

CÉLIDÉE

N'oublierez-vous jamais cet importun langage ?
Vous obstiner encore à me persécuter
860 C'est prendre du plaisir à vous voir maltraiter.
Perdez mon souvenir avec votre espérance,
Et ne m'accablez plus de votre impertinence,
Pour me plaire il faut bien des entretiens meilleurs.

LISANDRE

Quoi ? vous prenez pour vous ce que j'adresse ailleurs !
865 Adore qui voudra votre rare mérite,
Un change heureux me donne à la belle Hippolite.
Mon sort en cela seul a voulu me trahir,
Qu'en ce change mon cœur semble vous obéir,
Et que mon feu passé vous va rendre si vaine
870 Que vous imputerez ma flamme à votre haine,
A votre orgueil nouveau mes nouveaux mouvements,
L'effet de ma raison à vos commandements.

CÉLIDÉE

Tant s'en faut que je prenne une si triste gloire,
Je chasse mes dédains même de ma mémoire,
875 Et dans leur souvenir rien ne me semble doux,
Puisque le conservant je songerais à vous.

LISANDRE, à *Hippolite*.

Beauté de qui les yeux nouveaux rois de mon âme
Me font être léger sans en craindre le blâme...

HIPPOLITE

Ne vous emportez point à ces propos perdus,
880 Et cessez de m'offrir des vœux qui lui sont dus,
Je pense mieux valoir que le refus d'un autre ;
Si vous voulez venger son mépris par le vôtre,
Ne venez point du moins m'enrichir de son bien,
Elle vous traite mal, mais elle n'aime rien,
885 Vous, faites-en autant sans chercher de retraite
Aux importunités dont elle s'est défaite.

LISANDRE

Que son exemple encor réglât mes actions,
Cela fut bon du temps de mes affections.
A présent que mon cœur adore une autre reine,
890 A présent qu'Hippolite en est la souveraine...

HIPPOLITE

C'est elle seulement que vous voulez flatter.

LISANDRE

C'est elle seulement que je dois imiter.

HIPPOLITE

Savez-vous donc à quoi la raison vous oblige ?
C'est à me négliger comme je vous néglige.

ACTE III, SCÈNE VI

LISANDRE

895 Je ne puis imiter ce mépris de mes feux
Si comme je vous fais vous ne m'offrez des vœux,
Donnez-m'en les moyens vous en verrez l'issue.

HIPPOLITE

Je craindrais en ce cas d'être trop bien reçue,
Et qu'au lieu du plaisir de me voir imiter
900 Vous rencontrant d'humeur facile à m'écouter,
Je n'eusse que la honte après de me dédire.

LISANDRE

Vous devez donc souffrir que dessous votre empire
Mon feu soit sans exemple, et que mes passions
S'égalent seulement à vos perfections,
905 Je vaincrai vos rigueurs par mon humble service,
Et ma fidélité...

CÉLIDÉE

Viens avec moi, Florice,
J'ai des nippes en haut que je te veux montrer.

SCÈNE VI

HIPPOLITE, LISANDRE, ARONTE

HIPPOLITE

Quoi sans la retenir vous la laissez rentrer ?
Allez, Lisandre, allez, c'est assez de contraintes,
910 J'ai pitié du tourment que vous donnent ces feintes,
Suivez ce bel objet dont les charmes puissants
Sont et seront toujours absolus sur vos sens,
Quoiqu'un peu de dépit devant elle publie
Son mérite est trop grand pour souffrir qu'on l'oublie,
915 Elle a des qualités et de corps et d'esprit
Dont pas un cœur donné jamais ne se reprit.

LISANDRE

Mon change fera voir l'avantage des vôtres,
Qu'en la comparaison des unes et des autres
Les siennes désormais n'ont qu'un éclat terni,
920 Que son mérite est grand, et le vôtre infini.

HIPPOLITE

Que j'emporte sur elle aucune préférence !
Vous tenez des dicours qui sont hors d'apparence,
Elle me passe en tout, et dans ce changement
Chacun vous blâmerait de peu de jugement.

LISANDRE

925 M'en blâmer en ce cas c'est en manquer soi-même,
C'est choquer la raison qui veut que je vous aime ;
Nous sommes hors du temps de cette vieille erreur
Qui faisait de l'amour une aveugle fureur,
Et l'ayant aveuglé lui donnait pour conduite
930 Le mouvement d'une âme et surprise, et séduite,
Ceux qui l'ont peint sans yeux ne le connaissaient pas,
C'est par les yeux qu'il entre, et nous dit vos appas,
Lors notre esprit en juge, et suivant le mérite
Il fait naître une ardeur ou puissante ou petite.
935 Moi, si mon feu vers vous se relâche un moment
C'est lorsque je croirai manquer de jugement,
Car puisque auprès de vous il n'est rien d'admirable,
Ma flamme comme vous doit être incomparable.

HIPPOLITE

Epargnez avec moi ces propos affétés,
940 Encor hier Célidée avait ces qualités,
Encor hier en mérite elle était sans pareille,
Si je suis aujourd'hui cette unique merveille,
Demain quelque autre objet dont vous suivrez la loi
Gagnera votre cœur, et ce titre sur moi.
945 Un esprit inconstant quelque part qu'il s'adresse...

SCÈNE VII

CRISANTE, PLEIRANTE, HIPPOLITE, LISANDRE

CRISANTE

Monsieur, j'aime ma fille avec trop de tendresse
Pour la vouloir contraindre en ses affections.

PLEIRANTE

Madame, vous saurez ses inclinations.

ACTE III, SCÈNE VIII

La voilà qui s'en doute, et s'en met à sourire.
950 Allons, mon cavalier, j'ai deux mots à vous dire.

Il emmène Lisandre avec lui.

CRISANTE

Vous en aurez réponse avant qu'il soit trois jours.

SCÈNE VIII

CRISANTE, HIPPOLITE

CRISANTE

Devinerais-tu bien quels étaient nos discours ?

HIPPOLITE

Il vous parlait d'amour, peut-être ?

CRISANTE

Oui, que t'en semble ?

HIPPOLITE

D'âge presque pareils vous seriez bien ensemble.

CRISANTE

955 Tu me donnes vraiment un gracieux détour,
C'était pour ton sujet qu'il me parlait d'amour.

HIPPOLITE

Pour moi ? ces jours passés un poète qui m'adore
(Au moins à ce qu'il dit) m'égalait à l'aurore,
Mais si cela se fait, dans sa comparaison,
960 Prévoyant cet hymen, il avait bien raison.

CRISANTE

Avec tout ce babil tu n'es qu'une étourdie,
Le bonhomme est bien loin de cette maladie,
Il veut te marier, mais c'est à Dorimant,
Vois si tu te résous d'accepter cet amant.

HIPPOLITE

965 Dessus tous mes désirs vous êtes absolue,
Et si vous le voulez m'y voilà résolue,
Dorimant vaut beaucoup, je vous le dis sans fard,
Mais remarquez un peu le trait de ce vieillard.

Lisandre si longtemps a brûlé pour sa fille
Qu'il en faisait déjà l'appui de sa famille.
A présent que ses feux ne sont plus que pour moi,
Il voudrait bien qu'un autre eût engagé ma foi,
Afin que sans espoir dans cette amour nouvelle
Il fût comme forcé de retourner vers elle.
N'avez-vous point pris garde, en vous disant adieu,
Qu'il a presque arraché Lisandre de ce lieu ?

Crisante

Simple, ce qu'il en fait n'est rien qu'à sa prière,
Et Lisandre tient même à faveur singulière
Cette peine qu'il prend pour un de ses amis.

Hippolite

Mais voyez cependant que le ciel a permis
Que pour mieux vous montrer que tout n'est qu'artifice,
Lisandre me faisait ses offres de service.

Crisante

Aucun des deux n'est homme à se jouer de nous,
Quelque secret mystère est caché là-dessous,
Allons pour en tirer la vérité plus claire
Seules dedans ma chambre examiner l'affaire,
Ici quelque importun nous pourrait aborder.

SCÈNE IX

HIPPOLITE, FLORICE

Hippolite

J'aurai bien de la peine à la persuader.
Oh ! Florice, en quel point laisses-tu Célidée ?

Florice

De honte, et de dépit tout à fait possédée.

Hippolite

Que t'a-t-elle montré ?

Florice

Cent choses à la fois,
Selon que le hasard les mettait sous ses doigts.
Ce n'était qu'un prétexte à faire sa retraite.

ACTE III, SCÈNE X

Hippolyte

Elle t'a témoigné d'être fort satisfaite ?

Florice

995 Sans que je vous amuse en discours superflus
Voyez sa contenance, et jugez du surplus.

Hippolyte

Ses pleurs ne se sauraient empêcher de descendre,
Et j'en aurais pitié si je n'aimais Lisandre.

SCÈNE X

Célidée

Infidèles témoins d'un feu mal allumé,
1000 Soyez-le de ma honte, et vous fondant en larmes,
Punissez-vous mes yeux d'avoir trop présumé
    Du pouvoir de vos charmes.
Sur votre faux rapport osant trop me flatter,
Je vantais sa constance, et l'ingrat qui me trompe
1005 Ne se feignit constant qu'afin de m'affronter
    Avecque plus de pompe.
Quand je le veux chasser il est parfait amant,
Quand j'en veux être aimée, il n'en fait plus de conte,
Et n'ayant pu le perdre avec contentement
1010   Je le perds avec honte.
Ce que j'eus lors de joie augmente mon regret,
Par là mon désespoir davantage se pique,
Quand je le crus constant mon plaisir fut secret,
    Et ma honte est publique.
1015 Ce traître voyait bien qu'alors me négliger
C'était à Dorimant abandonner mon âme,
Et voulut par sa feinte avant que me changer
    Amortir cette flamme.
Autant que j'eus de peine à l'éteindre en naissant
1020 Autant m'en faudra-t-il à la faire renaître,
De peur qu'à cet amour d'être encor impuissant
    Il n'ose plus paraître.
Outre que de mon cœur pleinement exilé,
Et n'y conservant plus aucune intelligence,
1025 Il est trop glorieux pour n'être rappelé
    Qu'à servir ma vengeance.

Mais j'aperçois celui qui le porte en ses yeux.
Courage donc, mon cœur, espérons un peu mieux,
Je sens bien que déjà devers lui tu t'envoles,
1030 Mais pour t'accompagner je n'ai point de paroles,
Ma honte et ma douleur surmontant mes désirs
N'en laissent le passage ouvert qu'à mes soupirs.

SCÈNE XI

DORIMANT, CÉLIDÉE, CLÉANTE

Dorimant

Dans ce profond penser, pâle, triste, abattue,
Ou quelque grand malheur de Lisandre vous tue,
1035 Ou bientôt vos douleurs le mettront au cercueil.

Célidée

Lisandre est en effet la cause de mon deuil,
Non pas en la façon qu'un ami s'imagine,
Mais...

Dorimant

Vous n'achevez point, faut-il que je devine ?

Célidée

Excusez-moi, monsieur, si ma confusion
1040 M'étouffe la parole en cette occasion,
J'ai d'incroyables traits de Lisandre à vous dire,
Mais ce reste du jour souffrez que je respire,
Et m'obligez demain que je vous puisse voir.

Dorimant

De sorte qu'à présent on n'en peut rien savoir ?
1045 Dieux ! elle se dérobe, et me laisse en un doute...
Poursuivons toutefois notre première route,
Peut-être ces beaux yeux dont l'éclat me surprit,
De ce fâcheux soupçon purgeront mon esprit.
Frappe.

Cléante frappe à la porte d'Hippolite.

SCÈNE DERNIÈRE

DORIMANT, FLORICE

FLORICE

Que vous plaît-il ?

DORIMANT

Peut-on voir Hippolite ?

FLORICE

1050 Elle vient de sortir pour faire une visite.

DORIMANT

Ainsi tout aujourd'hui mes pas ont été vains.
Florice, à ce défaut fais-lui mes baisemains.

FLORICE, *seule.*

Ce sont des compliments dont elle a bien affaire !
Depuis que ce Lisandre a tâché de lui plaire,
1055 Elle ne veut plus être au logis que pour lui,
Et tous autres devoirs lui donnent de l'ennui.

ACTE IV

SCÈNE PREMIÈRE

HIPPOLITE, ARONTE

HIPPOLITE

Vu l'excessif amour qu'il me faisait paraître,
Je me croyais déjà maîtresse de ton maître,
Tu m'as fait grand dépit de me désabuser.
1060 O Dieux ! qu'il est adroit quand il veut déguiser !

Et que pour mettre en jour ces compliments frivoles
Il sait bien ajuster ses yeux à ses paroles!
Mais je me promets tant de ta dextérité,
Qu'il tournera bientôt la feinte en vérité.

Aronte

1065 Je n'ose l'espérer, sa passion trop forte
Déjà vers son objet malgré moi le remporte,
Et comme s'il avait reconnu son erreur
Vos yeux lui sont à charge, et sa feinte en horreur;
Même il m'a commandé d'aller vers sa cruelle,
1070 Lui jurer que son cœur n'a brûlé que pour elle,
Attaquer son orgueil par des submissions...

Hippolite

J'entends assez le but de tes commissions.
Enfin tu vas tâcher d'amollir son courage?

Aronte

J'emploie auprès de vous le temps de ce message,
1075 Et la ferai parler tantôt à mon retour
D'une façon mal propre à donner de l'amour,
Mais après mon rapport si son ardeur extrême
Le résout à porter son message lui-même,
Je ne réponds de rien, l'amour qu'ils ont tous deux,
1080 Vaincra notre artifice, et parlera pour eux.

Hippolite

Sa maîtresse éblouie ignore encor ma flamme,
Et ne permet qu'à moi de gouverner son âme,
Si donc il ne les faut qu'empêcher de se voir,
Je te laisse à juger si j'y saurai pourvoir.

Aronte

1085 Qui pourrait toutefois en détourner Lisandre,
Ce serait le plus sûr.

Hippolite

N'oses-tu l'entreprendre?

Aronte

Donnez-moi les moyens de le rendre jaloux,
Et vous verrez après frapper d'étranges coups.

Hippolite

L'autre jour Dorimant toucha fort ma rivale,
1090 Jusques-là qu'entre eux deux leur âme était égale,

ACTE IV, SCÈNE II

Mais Lisandre depuis endurant sa rigueur
Lui montra tant d'amour qu'il regagna son cœur.

ARONTE

Donc à voir Célidée et Dorimant ensemble,
Quelque Dieu qui vous aime aujourd'hui les assemble.

HIPPOLITE

1095 Fais-les voir à ton maître, et ne perds point ce temps,
Puisque de là dépend le bonheur que j'attends.

SCÈNE II

DORIMANT, CÉLIDÉE, ARONTE

DORIMANT

Aronte, un mot, tu fuis, crains-tu que je te voie ?

ARONTE

Non, mais pressé d'aller où mon maître m'envoie
J'avais doublé le pas sans vous apercevoir.

DORIMANT

1100 D'où viens-tu ?

ARONTE

D'un logis vers la Croix du Tiroir.

DORIMANT

C'est donc en ce Marais que finit ton voyage ?

ARONTE

Non, je cours au Palais faire encore un message.

DORIMANT

C'en est fort le chemin de passer par ici.

ARONTE

Souffrez que j'aille ôter mon maître de souci,
1105 Il meurt d'impatience à force de m'attendre.

DORIMANT

Et touchant mes amours ne peux-tu rien m'apprendre ?
As-tu vu depuis peu l'objet que je chéris ?

Aronte

Oui, tantôt en passant j'ai rencontré Cloris.

Dorimant

Tu cherches des détours, je parle d'Hippolite.

Célidée

1110 Et c'est là seulement le discours qu'il évite,
Tu t'enferres, Aronte, et pris au dépourvu
En vain tu veux cacher ce que nous avons vu.
Va, ne sois point honteux des crimes de ton maître,
Pourquoi désavouer ce qu'il fait trop paraître ?
1115 Il la sert à mes yeux, cet infidèle amant,
Et te vient d'envoyer lui faire un compliment.

Aronte rentre.

SCÈNE III

DORIMANT, CÉLIDÉE

Célidée

Après cette retraite et ce morne silence
Pouvez-vous bien encor demeurer en balance ?

Dorimant

Je n'en ai que trop vu, mes yeux m'en ont trop dit,
1120 Aronte en me parlant était tout interdit,
Et sa confusion portait sur son visage
Assez et trop de jour pour lire son message,
Traître, traître Lisandre, est-ce là donc le fruit
Qu'en faveur de mes feux ton amitié produit ?

Célidée

1125 Connaissez tout à fait l'humeur de l'infidèle,
Votre amour seulement la lui fait trouver belle,
Son objet tout aimable et tout parfait qu'il est,
N'a des charmes pour lui que depuis qu'il vous plaît,
Et votre affection de la sienne suivie
1130 Montre que c'est par là qu'il en a pris envie,
Qu'il veut moins l'acquérir que vous la dérober.

ACTE IV, SCÈNE III

Dorimant

Voici dans ce larcin qui le fait succomber,
En ce dessein commun de servir Hippolite,
Il faut voir seul à seul qui des deux la mérite,
1135 Son sang me répondra de son manque de foi,
Et me fera raison et pour vous, et pour moi.
Notre vieille union ne fait qu'aigrir mon âme,
Et mon amitié meurt voyant naître sa flamme.

Célidée

Voulez-vous offensé pour en avoir raison
1140 Qu'un perfide avec vous entre en comparaison ?
Pouvez-vous présumer après sa tromperie
Qu'il ait dans les combats moins de supercherie ?
Certes pour le punir c'est trop vous négliger,
Et chercher à vous perdre au lieu de vous venger.

Dorimant

1145 Me conseilleriez-vous que pris à l'avantage
J'immolasse le traître à mon peu de courage ?
J'achèterais trop cher la mort du suborneur
Si pour avoir sa vie il m'en coûtait l'honneur.

Célidée

Je ne veux pas de vous une action si lâche,
1150 Non, mais à quelque point que la sienne vous fâche,
Ecoutez un peu moins votre juste courroux,
Vous pouvez vous venger par des moyens plus doux.
Hélas ! si vous étiez de mon intelligence
Que vous auriez bientôt achevé la vengeance !
1155 Que vous pourriez sans bruit ôter à l'inconstant...

Dorimant

Quoi ? ce qu'il m'a volé ?

Célidée

Non, mais du moins autant.

Dorimant

La faiblesse du sexe en ce point vous conseille,
Il se croit trop vengé quand il rend la pareille,
Mais vous suivre au chemin que vous voulez tenir
1160 C'est imiter son crime au lieu de le punir.
Au lieu de lui ravir une belle maîtresse,
C'est prendre à son refus une beauté qu'il laisse,

Lisandre et Aronte sortent, et les voient ensemble.

C'est lui faire plaisir, au lieu de l'affliger,
C'est souffrir un affront, et non pas se venger.
1165 J'en perds ici le temps. Adieu, je me retire,
Mais avant qu'il soit peu si vous m'entendez dire
Qu'un coup fatal et juste ait puni l'imposteur,
Vous pourrez aisément en deviner l'auteur.

Célidée

De grâce encore un mot. Hélas ! il m'abandonne
1170 Aux cuisants déplaisirs que ma douleur me donne,
Rentre, pauvre abusée, et dedans tes malheurs
Si tu ne les retiens cache du moins tes pleurs.

SCÈNE IV

LISANDRE, ARONTE

Aronte

Eh bien, qu'en dites-vous, et que vous semble d'elle ?

Lisandre

Hélas ! pour mon malheur tu n'es que trop fidèle,
1175 N'exerce plus tes soins à me faire endurer,
Mon meilleur en ce cas est de tout ignorer,
Je serais trop heureux sans le rapport d'Aronte.

Aronte

Encor pour Dorimant il en a quelque honte,
Vous voyant il a fui.

Lisandre

Mais mon ingrate alors
1180 Pour empêcher sa fuite a fait tous ses efforts.
Aronte, et tu prenais ses dédains pour des feintes !
Tu croyais que son cœur n'eût point d'autres atteintes !
Que son esprit entier se conservait à moi,
Et parmi ses douleurs n'oubliait point sa foi !

Aronte

1185 A vous dire le vrai j'en suis trompé moi-même,
Après deux ans passés dans un amour extrême,

ACTE IV, SCÈNE IV

Que sans occasion elle vînt à changer,
Je me fusse tenu coupable d'y songer.
Mais puisque sans raison la volage vous change,
Faites qu'avec raison un changement vous venge,
Pour punir comme il faut son infidélité
Vous n'avez qu'à tourner la feinte en vérité.

LISANDRE

Misérable, est-ce ainsi qu'il faut qu'on me soulage ?
Ai-je trop peu souffert sous cette humeur volage ?
Et veux-tu désormais que par un second choix
Je m'engage à souffrir encore une autre fois ?
Qui t'a dit qu'Hippolite en cette amour nouvelle,
Quand bien je lui plairais, me serait plus fidèle ?

ARONTE

Vous en devez, monsieur, présumer beaucoup mieux.

LISANDRE

Conseiller importun, ôte-toi de mes yeux.

ARONTE

Son âme...

LISANDRE

Ote-toi, dis-je, et dérobe ta tête
Aux violents effets que ma colère apprête,
Ma bouillante fureur ne cherche qu'un objet,
Va, tu l'attirerais sur un sang trop abject.

Aronte rentre.

Il faut à mon courroux de plus nobles victimes,
Je veux qu'un même coup me venge de deux crimes,
Qu'après les trahisons de ce couple indiscret
L'un meure de ma main, et l'autre de regret.
Oui, la mort de l'amant punira la maîtresse,
Et mes plaisirs alors naîtront de sa tristesse,
Mon cœur à qui mes yeux apprendront ses tourments
Permettra le retour à mes contentements,
Ce visage si beau, si bien pourvu de charmes,
N'en aura plus pour moi s'il n'est couvert de larmes,
Ses douleurs seulement ont droit de me guérir,
Pour me résoudre à vivre il faut la voir mourir.
Mais la mort d'un amant serait-elle bastante
De toucher tant soit peu l'esprit de l'inconstante ?
Peut-être que déjà résolue à changer
La défaite de lui ce serait l'obliger,

Et dans l'aise qu'alors elle en ferait paraître
Serais-je assez vengé par la perte d'un traître ?
Qu'ici le jugement me manquait au besoin !
Il faut que ma fureur s'épande bien plus loin,
1225 Il faut que sans égard ma rage impitoyable
Confonde l'innocent avecque le coupable,
Que dans mon désespoir je traite également
Célidée, Hippolite, Aronte, Dorimant,
Le sujet de ma flamme, et tous ceux qui l'ont sue :
1230 L'affront qu'elle a reçu de sa honteuse issue
Fait un éclat trop grand pour s'effacer à moins,
Je ne puis l'étouffer qu'en perdant les témoins.
Frénétiques transports, avec quelle insolence
Portez-vous mon esprit à tant de violence ?
1235 Allez, vous avez pris trop d'empire sur moi,
Dois-je être sans raison parce qu'ils sont sans foi ?
Dorimant, Célidée, ami, chère maîtresse,
Suivrais-je contre vous la fureur qui me presse ?
Quoi ? vous ayant aimés, pourrais-je vous haïr ?
1240 Mais vous pourrais-je aimer vous voyant me trahir ?
Qu'un rigoureux combat déchire mon courage !
Ma jalousie augmente, et renforçant ma rage
Quelques sanglants desseins qu'elle jette en mon cœur,
L'amour, ah ! ce mot seul me range à la douceur.
1245 Celle que nous aimons jamais ne nous offense,
Un mouvement secret prend toujours sa défense,
L'amant souffre tout d'elle, et dans son changement
Quelque irrité qu'il soit, il est toujours amant.
Au simple souvenir du bel œil qui me blesse,
1250 Tous mes ressentiments n'ont que de la faiblesse,
Et je sens malgré moi mon courroux languissant
Céder aux moindres traits d'un objet si puissant.
Toutefois si l'amour contre elle m'intimide,
Revenez mes fureurs pour punir le perfide,
1255 Arrachez-lui mon bien, une telle beauté
N'est pas le juste prix d'une déloyauté.
Souffrirais-je à mes yeux que par ses artifices
Il recueillît les fruits dus à mes longs services ?
S'il vous faut épargner le sujet de mes feux
1260 Que ce traître du moins réponde pour tous deux,
Vous me devez son sang pour expier son crime,
Contre sa lâcheté tout vous est légitime,
Et quelques châtiments... Mais, Dieux ! que vois-je ici ?

SCÈNE V

HIPPOLITE, LISANDRE

Hippolite

Vous avez dans l'esprit quelque pesant souci,
1265 Ce visage enflammé, ces yeux pleins de colère,
Me sont de votre peine une marque assez claire.
Encor qui la saurait, on pourrait aviser
A prendre des moyens propres à l'apaiser.

Lisandre

Ne vous informez point de mon cruel martyre,
1270 Vous le redoubleriez m'obligeant à le dire.

Hippolite

Vous faites le secret, mais je le veux savoir,
Et par là sur votre âme essayer mon pouvoir.
Hier vous m'en donniez tant que j'estime impossible
Que pour me contenter rien vous soit trop sensible.

Lisandre

1275 Vous l'avez souverain, hormis en ce seul point.

Hippolite

Je veux l'avoir partout, ou bien n'en avoir point.
C'est n'aimer qu'à demi qu'aimer avec réserve,
Et ce n'est pas ainsi que je veux qu'on me serve ;
Il faut m'apprendre tout, et lorsque je vous vois,
1280 Etre de belle humeur, ou bien rompre avec moi.

Lisandre

Ne vous obstinez point à vaincre mon silence,
Vous useriez sur moi de trop de violence,
Souffrez que je vous laisse, et que seul aujourd'hui
Je puisse en liberté soupirer mon ennui.

Hippolite, *seule.*

1285 Est-ce là donc l'état que tu fais d'Hippolite ?
Après des vœux offerts, est-ce ainsi qu'on me quitte ?
Qu'Aronte jugeait bien que ses feintes amours,
Avant qu'il fût longtemps interrompraient leur cours !

Dans ce peu de succès des ruses de Florice
1290 J'ai manqué de bonheur, mais non pas de malice,
Et si j'en puis jamais trouver l'occasion,
J'y mettrai bien encor de la division ;
Si notre pauvre amant est plein de jalousie,
Ma rivale qui sort n'en est pas moins saisie.

SCÈNE VI

CÉLIDÉE, HIPPOLITE

CÉLIDÉE

1295 N'ai-je pas tantôt vu Lisandre avecque vous ?
Il a bientôt quitté des entretiens si doux.

HIPPOLITE

Hélas, qu'y ferait-il ? ma sœur, ton Hippolite !
Traite cet inconstant de même qu'il mérite,
Il a beau m'en conter de toutes les façons,
1300 Je le renvoie ailleurs pratiquer ses leçons.

CÉLIDÉE

L'infidèle à présent est fort sur ta louange ?

HIPPOLITE

Il ne tient pas à lui que je ne sois un ange,
Et quand il vient après à parler de ses feux,
Aucune passion jamais n'approcha d'eux.
1305 Par tous ces vains discours il croit fort qu'il m'oblige ;
Mais non la moitié tant qu'alors qu'il te néglige,
C'est par là qu'il me pense acquérir puissamment,
Et moi, qui t'ai toujours chérie uniquement,
Je te laisse à juger alors si je l'endure.

CÉLIDÉE

1310 C'est trop prendre, ma sœur, de part en mon injure,
Laisse-le mépriser celle dont les mépris
Sont cause maintenant que d'autres yeux l'ont pris,
Si Lisandre te plaît, possède le volage,
Mais ne me traite point avec désavantage,
1315 Et si tu te résous d'accepter mon amant,
Relâche-moi du moins le cœur de Dorimant.

Hippolite

Pourvu que leur vouloir se range sous le nôtre,
Je te donne le choix et de l'un et de l'autre,
Ou si l'un ne suffit à ton jeune désir,
1320 Défais-moi de tous deux, tu me feras plaisir.
J'estimai fort Lisandre avant que le connaître,
Mais depuis cet amour que mes yeux ont fait naître,
Je te répute heureuse après l'avoir perdu.
Que son humeur est vaine, et qu'il fait l'entendu !
1325 Mon Dieu, qu'il est chargeant avec ses flatteries !
Qu'on est importuné de ses afféteries !
Vraiment si tout le monde était fait comme lui,
Je pense avant deux jours que je mourrais d'ennui.

Célidée

Qu'en cela du destin l'ordonnance fatale
1330 A pris pour nos malheurs une route inégale !
L'un et l'autre me fuit, et je brûle pour eux,
L'un et l'autre t'adore et tu les fuis tous deux.

Hippolite

Si nous changions de sort, que nous serions contentes !

Célidée

Outre (hélas !) que le ciel s'oppose à nos attentes,
1335 Lisandre n'a plus rien à rengager ma foi.

Hippolite

Mais l'autre tu voudrais...

SCÈNE VII

PLEIRANTE, HIPPOLITE, CÉLIDÉE

Pleirante

Ne rompez pas pour moi,
Craignez-vous qu'un ami sache de vos nouvelles ?

Hippolite

Nous causions de mouchoirs, de rabats, de dentelles,
De ménages de fille.

Pleirante

Et parmi ces discours
1340 Vous confériez ensemble un peu de vos amours ?
Eh bien, ce serviteur, l'aura-t-on agréable ?

Hippolite

Vous venez m'attaquer toujours par quelque fable,
Des hommes comme vous ne sont que des conteurs,
Vraiment c'est bien à moi d'avoir des serviteurs ?

Pleirante

1345 Parlons, parlons français, enfin pour cette affaire
Nous en remettrons-nous à l'avis d'une mère ?

Hippolite

J'obéirai toujours à son commandement;
Mais de grâce, monsieur, parlez plus clairement,
Je ne puis deviner ce que vous voulez dire.

Pleirante

1350 Un certain cavalier pour vos beaux yeux soupire.

Hippolite

Vous revoilà déjà !

Pleirante

Ce n'est point fiction,
Que ce que je vous dis de son affection,
J'en fis hier ouverture à votre bonne femme,
Qui se rapporte à vous de recevoir sa flamme.

Hippolite

1355 Et c'est ce que ma mère, afin de m'expliquer,
Ne m'a point fait l'honneur de me communiquer,
Mais pour l'amour de vous je vais le savoir d'elle.

SCÈNE VIII

PLEIRANTE, CÉLIDÉE

Pleirante

Ta compagne est du moins aussi fine que belle.

ACTE IV, SCÈNE VIII

CÉLIDÉE
Elle a bien su, de vrai, se défaire de vous.

PLEIRANTE
1360 Et fort habilement se parer de mes coups.

CÉLIDÉE
Peut-être innocemment, faute de rien comprendre.

PLEIRANTE
Mais faute, bien plutôt, d'y vouloir rien entendre,
Je suis des plus trompés si Dorimant lui plaît.

CÉLIDÉE
Y prenez-vous, monsieur, pour lui quelque intérêt ?

PLEIRANTE
1365 Lisandre m'a prié d'en porter la parole.

CÉLIDÉE
Lisandre !

PLEIRANTE
Oui, ton Lisandre.

CÉLIDÉE
Et lui-même cajole...

PLEIRANTE
Quoi ? que cajole-t-il !

CÉLIDÉE
Hippolite à mes yeux.

PLEIRANTE
Folle, il n'aima jamais que toi dessous les cieux,
Et nous sommes tout prêts de choisir la journée
1370 Qui bientôt de vous deux termine l'hyménée.
Il se plaint toutefois un peu de ta froideur,
Mais pour l'amour de moi montre-lui plus d'ardeur,
Parle, ma volonté sera-t-elle obéie ?

CÉLIDÉE
Hélas, qu'on vous abuse après m'avoir trahie !
1375 Il vous fait, cet ingrat, parler pour Dorimant
Tandis qu'au même objet il s'offre pour amant,

Et traverse par là tout ce qu'à sa prière
Votre vaine entremise avance vers la mère,
Cela qu'est-ce, monsieur, que se jouer de vous ?

Pleirante

1380 Qu'il est peu de raison dans ces esprits jaloux!
Eh quoi ? pour un ami s'il rend une visite,
Faut-il s'imaginer qu'il cajole Hippolite ?

Célidée

Je sais ce que j'ai vu.

Pleirante

Je sais ce qu'il m'a dit,
Et ne veux plus du tout souffrir de contredit,
1385 Il le faut épouser, vite; qu'on s'y dispose.

Célidée

Commandez-moi plutôt, monsieur, toute autre chose.

Pleirante

Quelle bizarre humeur! quelle inégalité,
De rejetter un bien qu'on a tant souhaité!
La belle, voyez-vous, qu'on perde ces caprices,
1390 Il faut pour m'éblouir de meilleurs artifices,
Quelque nouveau venu vous donne dans les yeux,
Quelque jeune étourdi qui vous flatte un peu mieux,
Et parce qu'il vous fait quelque feinte caresse
Il faut que nous manquions vous et moi de promesse ?
1395 Quittez pour votre bien ces fantasques refus.

Célidée

Monsieur...

Pleirante

Quittez-les, dis-je, et ne contestez plus.

SCÈNE IX

Célidée

Fâcheux commandement d'un incrédule père,
Qu'il me fut doux jadis, et qu'il me désespère!
J'avais auparavant qu'on m'eût manqué de foi,
1400 Le devoir, et l'amour tout d'un parti chez moi,

Et ma flamme d'accord avecque sa puissance
Unissait mes désirs à mon obéissance.
Mais, hélas! que depuis cette infidélité
Je trouve d'injustice en son autorité :
Mon esprit s'en révolte, et ma flamme bannie
1405 Fait qu'un pouvoir si saint m'est une tyrannie.
Dures extrémités où mon sort est réduit!
On donne mes faveurs à celui qui les fuit,
Nous avons l'un pour l'autre une pareille haine,
1410 Et l'on m'attache à lui d'une éternelle chaîne.
Mais s'il ne m'aimait plus, parlerait-il d'amour
A celui dont je tiens la lumière du jour!
Mais s'il m'aimait encor, verrait-il Hippolite ?
Mon cœur en même temps se retient, et s'excite,
1415 Je ne sais quoi me flatte, et je sens déjà bien
Que mon feu ne dépend que de croire le sien.
Tout beau, ma passion, c'est déjà trop paraître,
Attends, attends du moins la sienne pour renaître :
A quelle folle erreur me laissé-je emporter ?
1420 Il fait tout à dessein de me persécuter;
L'ingrat cherche ma peine, et veut par sa malice
Que la rigueur d'un père augmente mon supplice.
Rentrons, que son objet présenté par hasard
De mon cœur ébranlé ne reprenne une part,
1425 C'est bien assez qu'un père à souffrir me destine,
Sans que mes yeux encore aident à ma ruine.

SCÈNE X

LA LINGÈRE, LE MERCIER

Ils s'entrepoussent quelque temps une boîte qui est entre leurs deux boutiques.

LA LINGÈRE

J'enverrai tout à bas, puis après on verra.
Ardez, vraiment c'est mon, on vous l'endurera,
Vous êtes un bel homme, et je dois fort vous craindre!

LE MERCIER

1430 Tout est sur mon tapis, qu'avez-vous à vous plaindre ?

La Lingère

Aussi votre tapis est tout sur mon battant,
Je ne m'étonne plus de quoi je gagne tant.

Le Mercier

Là, là, criez bien haut, faites bien l'étourdie,
Et puis on vous jouera dedans la comédie.

La Lingère

1435 Je voudrais l'avoir vu, que quelqu'un s'y fût mis,
Pour en avoir raison nous manquerions d'amis !
On joue ainsi le monde !

Le Mercier

                Après tout ce langage
Ne me repoussez pas mes boîtes davantage.
Votre caquet m'enlève à tous coups mes chalands,
1440 Vous vendez dix rabats contre moi deux galands,
Pour conserver la paix, quoi que cela me touche,
J'ai toujours tout souffert sans en ouvrir la bouche,
Et vous, vous m'attaquez et sans cause, et sans fin !
Qu'une femme hargneuse est un mauvais voisin !
1445 Nous n'apaiserons point cette humeur qui vous pique
Que par un entre-deux mis à votre boutique,
Alors n'ayant plus rien ensemble à démêler,
Vous n'aurez plus aussi sur quoi me quereller.

La Lingère

Justement.

SCÈNE XI

LA LINGÈRE, FLORICE, LE MERCIER,
LE LIBRAIRE, CLÉANTE

La Lingère

De tout loin je vous ai reconnue.

Florice

1450 Vous vous doutez donc bien pourquoi je suis venue,
Les avez-vous reçus ces points-coupés nouveaux ?

La Lingère

Ils viennent d'arriver.

Florice
Voyons donc les plus beaux.

Le Mercier, *à Cléante qui passe.*
Ne vous vendrai-je rien, monsieur, des bas de soie,
Des gants en broderie, ou quelque petite oie ?

Cléante, *au Libraire.*
1455 Ces livres que mon maître avait fait mettre à part,
Les avez-vous encore ?

Le Libraire, *empaquetant ses livres.*
Ah ! que vous venez tard !
Encore un peu, ma foi, je m'en allais les vendre;
Trois jours sans revenir ! je m'ennuyais d'attendre.

Cléante
Je l'avais oublié; le prix ?

Le Libraire, *à Florice.*
Chacun le sait,
1460 Autant de quarts d'écus, c'est un marché tout fait.

La Lingère, *à Florice.*
Eh bien qu'en dites-vous ?

Florice
J'en suis toute ravie,
Et n'ai rien encor vu de pareil en ma vie.
Que ce point est ensemble et délicat, et fort!
Si ma maîtresse veut s'en croire à mon rapport,
1465 Vous aurez son argent; mon Dieu, le bel ouvrage!
Montrez-m'en cependant quelqu'un à mon usage.

La Lingère
Voici de quoi vous faire un assez beau collet.

Florice
Je pense en vérité qu'il ne serait pas laid.
Que me coûtera-t-il ?

La Lingère
Allez, faites-moi vendre,
1470 Et pour l'amour de vous je n'en voudrai rien prendre.
Mais avisez alors à me récompenser.

Florice

L'offre n'est pas mauvaise, et vaut bien y penser,
Vous me verrez demain avecque ma maîtresse.

SCÈNE XII

FLORICE, ARONTE

Florice

Aronte, eh bien, quels fruits produira notre adresse ?

Aronte

1475 De fort mauvais pour moi, mon maître au désespoir
Fuit les yeux d'Hippolite, et ne me veut plus voir.

Florice

Nous sommes donc ainsi bien loin de notre compte ?

Aronte

Oui, mais tout le malheur en tombe sur Aronte.

Florice

Ne te débauche point, je veux faire ta paix.

Aronte

1480 Son courroux est trop grand pour s'apaiser jamais.

Florice

S'il vient encor chez nous, ou chez sa Célidée,
Je te rends aussitôt l'affaire accommodée.

Aronte

Si tu fais ce coup-là que ton pouvoir est grand !
Viens, je te veux donner tout à l'heure un galand.

SCÈNE XIII

LE MERCIER, ARONTE, FLORICE, LA LINGÈRE

Le Mercier

1485 Voyez, monsieur, j'en ai des plus beaux de la terre,
En voilà de Paris, d'Avignon, d'Angleterre.

ARONTE, *après avoir regardé une boîte de galands.*

Tous vos rubans n'ont point d'assez vives couleurs.
Allons, Florice, allons, il en faut voir ailleurs.

La Lingère

Ainsi faute d'avoir de belle marchandise,
1490 Des hommes comme vous perdent leur chalandise.

Le Mercier

Vous ne la perdez pas, vous, mais Dieu sait comment ;
Du moins si je vends peu, je vends loyalement,
Et je n'attire point avec une promesse
De suivante qui m'aide à tromper sa maîtresse.

ACTE V

SCÈNE PREMIÈRE

Lisandre

1495 Indiscrète vengeance, imprudentes chaleurs
Dont l'impuissance ajoute un comble à mes malheurs,
Ne me conseillez plus la mort de ce faussaire,
J'aime encor Célidée, et n'ose lui déplaire,
Priver de la clarté ce qu'elle aime le mieux,
1500 Ce n'est pas le moyen d'agréer à ses yeux :
L'amour en la perdant me retient en balance,
Il produit ma fureur, et rompt sa violence,
Et me laissant trahi, confus, et méprisé,
Ne veut que triompher de mon cœur divisé.
1505 Amour, cruel auteur de ma longue misère,
Ou permets à la fin d'agir à ma colère,
Ou sans m'embarrasser d'inutiles transports,
Auprès de ce bel œil fais tes derniers efforts ;
Viens, accompagne-moi chez ma belle inhumaine,
1510 Et comme de mon cœur triomphe de sa haine,
Contre toi ma vengeance a mis les armes bas,
Contre ses cruautés, rends les mêmes combats,

Exerce ta puissance à fléchir la farouche,
Montre-toi dans mes yeux, et parle par ma bouche,
1515 Si tu te sens trop faible, appelle à ton secours
Le souvenir de mille, et de mille heureux jours,
Que ses désirs d'accord avec mon espérance
Ne laissaient à nos vœux aucune différence.
Je pense avoir encor ce qui la sut charmer,
1520 Les mêmes qualités qu'elle voulut aimer,
Peut-être mes douleurs ont changé mon visage,
Mais en revanche aussi je l'aime davantage :
Mon respect s'est accru vers un objet si cher,
Je ne me venge point de peur de la fâcher,
1525 Un infidèle ami tient son âme captive,
Je le sais, je le vois, et je souffre qu'il vive,
Je tarde trop, allons, ou vaincre ses refus,
Ou me venger sur moi de ne lui plaire plus,
Et tirons de son cœur, malgré sa flamme éteinte,
1530 La pitié par ma mort, ou l'amour par ma plainte :
Ses rigueurs par ce fer me perceront le sein.

SCÈNE II

DORIMANT, LISANDRE

DORIMANT

Eh quoi! pour m'avoir vu vous changez de dessein!
Pensez-vous m'éblouir avec cette visite ?
Ne feignez point pour moi d'entrer chez Hippolite,
1535 Vous ne m'apprendrez rien, je sais trop comme quoi
Un tel ami que vous traite l'amour pour moi.

LISANDRE

Parlez plus franchement, ma rencontre importune
Auprès d'un autre objet trouble votre fortune,
Et vous montrez assez par ces faibles détours,
1540 Qu'un témoin comme moi déplaît à vos amours.
Vous voulez seul à seul cajoler Célidée,
Nous en aurons bientôt la querelle vidée,
Ma mort vous donnera chez elle un libre accès,
Ou ma juste vengeance un funeste succès.

DORIMANT

1545 Qu'est ceci, déloyal ? quelle fourbe est la vôtre ?
Vous m'en disputez une, afin d'acquérir l'autre!
Après ce que chacun a vu de votre feu,
C'est une lâcheté d'en faire un désaveu.

LISANDRE

Je ne me connais point à combattre d'injures.

DORIMANT

1550 Aussi veux-je punir autrement tes parjures,
Le ciel, le juste ciel ennemi des ingrats,
Qui pour ton châtiment a destiné mon bras,
T'apprendra qu'à moi seul Hippolite est gardée.

LISANDRE

Garde ton Hippolite.

DORIMANT

Et toi ta Célidée.

LISANDRE

1555 Voilà faire le fin de crainte d'un combat.

DORIMANT

Tu m'imputes la crainte et ton cœur s'en abat!

LISANDRE

Laissons à part les noms, disputons la maîtresse,
Et pour qui que ce soit montre ici ton adresse.

DORIMANT

C'est comme je l'entends.

SCÈNE III

CÉLIDÉE, LISANDRE, DORIMANT

CÉLIDÉE

O Dieux! ils sont aux coups.
1560 Ah! perfide, sur moi décharge ton courroux,
La mort de Dorimant me serait trop funeste.

DORIMANT

Lisandre, une autre fois nous viderons le reste.

CÉLIDÉE, *à Dorimant.*

Arrête, mon souci.

LISANDRE

Tu recules, voleur!

DORIMANT

Je fuis cette importune, et non pas ta valeur.

SCÈNE IV

LISANDRE, CÉLIDÉE

LISANDRE

1565 Ne suivez pas du moins ce perfide à ma vue,
Avez-vous résolu que sa fuite me tue
Et que m'étant moqué de son plus rude effort,
Par sa retraite infâme il me donne la mort ?
Pour en frapper le coup vous n'avez qu'à le suivre.

CÉLIDÉE

1570 Je tiens des gens sans foi si peu dignes de vivre,
Qu'on ne verra jamais que je recule un pas
De crainte de causer un si juste trépas.

LISANDRE

Eh bien, voyez-le donc, ma lame toute prête,
N'attendait que vos yeux pour immoler ma tête,
1575 Vous lirez dans mon sang à vos pieds répandu
La valeur d'un amant que vous aurez perdu,
Et sans vous reprocher un si cruel outrage,
Ma main de vos rigueurs achèvera l'ouvrage.
Trop heureux mille fois, si je plais en mourant
1580 A celle à qui j'ai pu déplaire en l'adorant,
Et si ma prompte mort secondant son envie,
L'assure du pouvoir qu'elle avait sur ma vie.

CÉLIDÉE

Moi, du pouvoir sur vous! vos yeux se sont mépris,
Et quelque illusion qui trouble vos esprits
1585 Vous fait imaginer d'être auprès d'Hippolite,
Allez, volage, allez où l'amour vous invite,

ACTE V, SCÈNE IV

Dedans son entretien recherchez vos plaisirs,
Et ne m'empêchez plus de suivre mes désirs.

LISANDRE
C'est avecque raison que ma feinte passée
1590 A jeté cette erreur dedans votre pensée,
Il est vrai, devant vous, forçant mes sentiments,
J'ai présenté des vœux, j'ai fait des compliments ;
Mais c'étaient compliments qui partaient d'une souche,
Mon cœur que vous teniez désavouait ma bouche :
1595 Pleirante qui rompit ces ennuyeux discours
Sait bien que mon amour n'en changea point de cours,
Contre votre froideur une modeste plainte
Fut tout notre entretien au sortir de la feinte,
Et je le priai lors...

CÉLIDÉE
D'user de son pouvoir ?
1600 Ce n'était pas par là qu'il me fallait avoir,
Les mauvais traitements ne font qu'aigrir les âmes.

LISANDRE
Confus, désespéré du mépris de mes flammes,
Sans conseil, sans raison, pareil aux matelots
Qu'un naufrage abandonne à la merci des flots,
1605 Je me suis pris à tout, ne sachant où me prendre,
Ma douleur par mes cris d'abord s'est fait entendre,
J'ai cru que vous seriez d'un naturel plus doux
Pourvu que votre esprit devînt un peu jaloux,
J'ai fait agir pour moi l'autorité d'un père,
1610 J'ai fait venir aux mains celui qu'on [me] préfère,
Et puisque ces efforts n'ont réussi qu'en vain,
J'aurai de vous ma grâce, ou la mort de ma main,
Choisissez, l'un ou l'autre achèvera mes peines,
Mon sang brûle déjà de sortir de mes veines,
1615 Il faut pour l'arrêter me rendre votre amour,
Sans lui je n'ai plus rien qui me retienne au jour.

CÉLIDÉE
Volage, fallait-il pour un peu de rudesse
Vous porter si soudain à changer de maîtresse ?
Que je vous [croyais] bien d'un jugement plus meur !
1620 Ne pouviez-vous souffrir de ma mauvaise humeur ?
Ne pouviez-vous juger que c'était une feinte,
A dessein d'éprouver quelle était votre atteinte ?
Les Dieux m'en soient témoins, et ce nouveau sujet
Que vos feux inconstants ont choisi pour objet,

1625 Si jamais j'eus pour vous de dédain véritable
Avant que votre amour parût si peu durable,
Qu'Hippolite vous die avec quels sentiments
Je lui fus raconter vos premiers mouvements,
Avec quelles douceurs je m'étais préparée
1630 A redonner la joie à votre âme éplorée.
Dieux! que je fus surprise, et mes sens éperdus,
Quand je vis vos devoirs à sa beauté rendus!
Votre légèreté fut soudain imitée,
Non pas que Dorimant m'en eût sollicitée,
1635 Au contraire, il me fuit, et l'ingrat ne veut pas
Que sa franchise cède au peu que j'ai d'appas,
Mais, hélas! plus il fuit, plus son portrait s'efface,
Je vous sens malgré moi reprendre votre place,
L'aveu de votre erreur désarme mon courroux,
1640 Ne redoutez plus rien, l'amour combat pour vous.
Si nous avons failli de feindre l'un et l'autre,
Pardonnez à ma faute, et j'oublierai la vôtre;
Moi-même je l'avoue à ma confusion,
Mon imprudence a fait cette division,
1645 Tu ne méritais pas de si rudes alarmes,
Accepte un repentir accompagné de larmes;
Ce baiser cependant punira ma rigueur,
Et me fermant la bouche il t'ouvrira mon cœur.

LISANDRE

Ma chère âme, mon heur, mon tout, est-il possible
1650 Que je vous trouve encore à mes désirs sensible?
Que j'aime ces dédains qui finissent ainsi!

CÉLIDÉE

Et pour l'amour de toi que je les aime aussi!

LISANDRE

Que ce soit toutefois sans qu'il vous prenne envie
De les plus exercer au péril de ma vie.

CÉLIDÉE

1655 J'aime trop désormais ton repos et le mien,
Tous mes soins n'iront plus qu'à notre commun bien.
Voudrais-je après ma faute une plus douce amende,
Que l'effet d'un Hymen, qu'un père me commande?
Bons Dieux! qu'il fut fâché, voyant ces jours passés,
1660 Mon âme refroidie, et tous mes sens glacés,
A son autorité se rendre si rebelles!
Mais allons lui porter ces heureuses nouvelles,

ACTE V, SCÈNE V

Et le tirer d'ennui, puisque ce bon vieillard
Dans tes contentements prend une telle part.

LISANDRE

1665 Vous craignez qu'à vos yeux cette belle Hippolite
N'ait de moi derechef un hommage hypocrite.

CÉLIDÉE

Non, je fuis Dorimant, qu'ensemble j'aperçois,
Je ne veux plus le voir puisque je suis à toi.

SCÈNE V

DORIMANT, HIPPOLITE

DORIMANT

Avant que mon esprit adore vos mérites,
1670 Autant veux-je de mal à vos longues visites.

HIPPOLITE

Que vous ont-elles fait, pour vous mettre en courroux ?

DORIMANT

Elles m'ôtent le bien de vous trouver chez vous,
J'y fais à tous moments une course inutile,
J'apprends cent fois le jour que vous êtes en ville,
1675 En voici presque trois que je n'ai pu vous voir
Pour rendre à vos beautés mon très humble devoir,
Et n'était qu'aujourd'hui cette heureuse rencontre
Sur le point de rentrer par hasard me les montre,
Je pense que ce jour eût encore passé
1680 Sans moyen de m'en plaindre aux yeux qui m'ont blessé.

HIPPOLITE

Ma libre et gaie humeur hait le ton de la plainte,
Je n'en puis écouter qu'avec de la contrainte,
Si vous prenez plaisir dedans mon entretien,
Pour le faire durer ne vous plaignez de rien.

DORIMANT

1685 Vous me pouvez ôter tout sujet de me plaindre.

HIPPOLITE
Et vous pouvez aussi vous empêcher d'en feindre.

DORIMANT
Est-ce en feindre un sujet qu'accuser vos rigueurs ?

HIPPOLITE
Pour vous en plaindre à faux, vous feignez des langueurs.

DORIMANT
Verrais-je sans languir ma flamme qu'on néglige ?

HIPPOLITE
1690 Eteignez cette flamme, où rien ne vous oblige.

DORIMANT
Vos charmes trop puissants me forcent à ces feux.

HIPPOLITE
Oui, mais rien ne vous force à vous approcher d'eux.

DORIMANT
Ma présence vous fâche, et vous est odieuse.

HIPPOLITE
Non pas, mais votre amour me devient ennuyeuse.

DORIMANT
Je vois bien ce que c'est, je lis dans votre cœur,
1695 Il a reçu les traits d'un plus heureux vainqueur,
Un autre regardé d'un œil plus favorable
A mes submissions vous fait inexorable,
C'est pour lui seulement que vous voulez brûler.

HIPPOLITE
1700 Il est vrai, je ne puis vous le dissimuler,
Il faut que je vous traite avec toute franchise,
Alors que je vous pris un autre m'avait prise,
Et captivait déjà mes inclinations.
Vous devez présumer de vos perfections,
1705 Que si vous attaquiez un cœur qui fût à prendre,
Il serait malaisé qu'il s'en pût bien défendre ;
Vous auriez eu le mien, s'il n'eût été donné ;
Mais puisque les destins ainsi l'ont ordonné,
Tant que ma passion aura quelque espérance
1710 N'attendez rien de moi que de l'indifférence.

Dorimant

Vous ne m'apprenez point le nom de cet amant.
Sans doute que Lisandre est cet objet charmant
Dont les discours flatteurs vous ont préoccupée.

Hippolite

Cela ne se dit point à des hommes d'épée :
1715 Vous exposer aux coups d'un duel hasardeux
Ce serait le moyen de vous perdre tous deux;
Je vous veux, si je puis, conserver l'un et l'autre;
Je chéris sa personne, et hais si peu la vôtre,
Qu'ayant perdu l'espoir de le voir mon époux,
1720 Si ma mère y consent, Hippolite est à vous :
Mais aussi jusque-là plaignez votre infortune.

Dorimant

Si faut-il pour ce nom que je vous importune,
Ne me refusez point de me le déclarer,
Que je sache en quel temps j'aurai droit d'espérer.
1725 Un mot me suffira pour me tirer de peine,
Et lors j'étoufferai si bien toute ma haine
Que vous me trouverez vous-même trop remis.

SCÈNE VI

PLEIRANTE, LISANDRE, CÉLIDÉE,
DORIMANT, HIPPOLITE

Pleirante

Souffrez, mon cavalier, que je vous fasse amis,
Vous ne lui voulez pas quereller Célidée ?

Dorimant

1730 L'affaire à cela près peut être décidée,
Voici le seul objet de nos affections,
Et l'unique sujet de nos dissensions.

Lisandre

Dissipe, cher ami, cette jalouse atteinte,
C'est l'objet de tes feux, et celui de ma feinte,
1735 Mon cœur fut toujours ferme, et moi je me dédis
Des vœux que de ma bouche elle reçut jadis.

Piqué de ses dédains, j'avais pris fantaisie
De jeter en son âme un peu de jalousie;

Il regarde Célidée.

Mais au lieu d'un esprit, j'en ai fait deux jaloux.

Pleirante

1740 Vous pouvez désormais achever entre vous,
Je vais dans ce logis dire un mot à Madame.

SCÈNE VII

DORIMANT, LISANDRE, CÉLIDÉE, HIPPOLITE

Dorimant

Ainsi, loin de m'aider, tu traversais ma flamme!

Lisandre

Les efforts que Pleirante à ma prière a faits
T'auraient acquis déjà le but de tes souhaits.
1745 Mais tu dois accuser les glaces d'Hippolite,
Si ton bonheur n'est pas égal à ton mérite.

Hippolite

Qu'aurai-je cependant pour satisfaction,
D'avoir servi d'objet à votre fiction ?
Dans votre différend je suis la plus blessée,
1750 Et me trouve à l'accord entièrement laissée.

Célidée

N'y songe plus, ma sœur, et pour l'amour de moi
Trouve bon qu'il ait feint de vivre sous ta loi,
Veux-tu le quereller lorsque je lui pardonne ?
Le droit de l'amitié tout autrement ordonne,
1755 Tout prêts d'être assemblés, d'un lien conjugal,
Tu ne le peux haïr sans me vouloir du mal;
J'ai feint par ton conseil, lui par celui d'un autre,
Et bien qu'amour jamais ne fut égal au nôtre,
Je m'étonne comment cette confusion
1760 Laisse finir si tôt notre division.

Hippolite

De sorte qu'à présent le Ciel y remédie ?

CÉLIDÉE

Tu vois, mais après tout, veux-tu que je te die ?
Ton conseil est fort bon, mais un peu dangereux.

HIPPOLITE

Excuse, chère sœur, un esprit amoureux,
1765 Lisandre me plaisait, et tout mon artifice
N'allait qu'à détourner son cœur de ton service.
J'ai fait ce que j'ai pu pour brouiller vos esprits,
J'ai, pour me l'attirer, pratiqué tes mépris,
Mais puisqu'ainsi le ciel rejoint votre hyménée...

DORIMANT

1770 Votre rigueur vers moi doit être terminée.
Sans chercher des raisons pour vous persuader,
Votre amour hors d'espoir fait qu'il me faut céder.
Vous savez trop à quoi la parole vous lie.

HIPPOLITE

A vous dire le vrai, j'ai fait une folie,
1775 Je les croyais encor loin de se réunir,
Et moi par conséquent bien loin de la tenir.

DORIMANT

Après m'avoir promis seriez-vous mensongère ?

HIPPOLITE

Puisque je l'ai promis, vous pouvez voir ma mère.

LISANDRE

Si tu juges Pleirante à cela suffisant,
1780 Je crois qu'eux deux ensemble en parlent à présent.

DORIMANT

Après cette faveur qu'on me vient de promettre,
Je crois que mes devoirs ne se peuvent remettre.
J'espère tout de lui, mais pour un bien si doux,
Je ne saurais...

LISANDRE

Arrête, ils s'avancent vers nous.

SCÈNE DERNIÈRE

PLEIRANTE, CRISANTE, LISANDRE,
DORIMANT, HIPPOLITE, CÉLIDÉE, FLORICE

DORIMANT, *à Crisante*.

1785 Madame, un pauvre amant captif de cette belle,
Implore le pouvoir que vous avez sur elle,
Tenant ses volontés, vous gouvernez mon sort,
J'attends de votre bouche ou la vie, ou la mort.

CRISANTE, *à Dorimant*.

Un homme tel que vous, et de votre naissance,
1790 N'a que faire en ce cas d'implorer ma puissance,
Si vous avez gagné ses inclinations,
Soyez sœur du succès de vos affections,
Mais je ne suis pas femme à forcer son courage,
Je sais ce que la force est en un mariage,
1795 Il me souvient encor de tous mes déplaisirs,
Lorsqu'un premier hymen contraignit mes désirs,
Et sage à mes dépens, je veux bien qu'Hippolite
Prenne ou laisse à son choix un homme de mérite.
Ainsi présumez tout de mon consentement,
1800 Mais ne prétendez rien de mon commandement.

DORIMANT, *à Hippolite*.

Ma belle, après cela serez-vous inhumaine ?

HIPPOLITE, *à Crisante*.

Madame, un mot de vous me mettrait hors de peine,
Ce que vous remettez à mon choix d'accorder,
Vous feriez beaucoup mieux de me le commander.

PLEIRANTE, *à Crisante*.

1805 Elle vous montre assez où son désir se porte.

CRISANTE

Puisqu'elle s'y résout, du reste ne m'importe.

DORIMANT

Ce favorable mot me rend le plus heureux
De tout ce que jamais on a vu d'amoureux.

Lisandre

Mon aise s'en redouble, et mon cœur qui se pâme
1810 Croit qu'encore une fois on accepte sa flamme.

Hippolite, *à Lisandre.*

Eh bien, ferez-vous donc quelque chose pour moi ?

Lisandre

Tout, hormis ce seul point, de lui manquer de foi.

Hippolite

Pardonnez donc à ceux qui gagnés par Florice,
Lorsque je vous aimais me firent du service.

Lisandre

1815 Je vous entends assez, soit, Aronte impuni,
Pour ses mauvais conseils ne sera point banni,
Souffre-le, mon souci, puisqu'elle m'en supplie.

Célidée

Il n'est rien que pour elle, et pour toi je n'oublie.

Pleirante

Attendant que demain ces deux couples d'amants
1820 Soient mis au plus haut point de leurs contentements,
Allons chez moi, madame, achever la journée.

Crisante

Mon cœur est tout ravi de ce double hyménée.

Florice

Mais afin que la joie en soit égale à tous,
Faites encor celui de Monsieur et de vous.

Crisante

1825 Outre l'âge en tous deux un peu trop refroidie,
Cela sentirait trop sa fin de comédie.

LA SUIVANTE

Comédie

EPÎTRE

Monsieur,

Je vous présente une comédie qui n'a pas été également aimée de toutes sortes d'esprits : beaucoup, et de fort bons, n'en ont pas fait grand état, et beaucoup d'autres l'ont mise au-dessus du reste des miennes. Pour moi, je laisse dire tout le monde, et fais mon profit des bons avis, de quelque part que je les reçoive. Je traite toujours mon sujet le moins mal qu'il m'est possible, et après y avoir corrigé ce qu'on m'y fait connaître d'inexcusable, je l'abandonne au public. Si je ne fais bien, qu'un autre fasse mieux, je ferai des vers à sa louange au lieu de le censurer. Chacun a sa méthode, je ne blâme point celle des autres, et me tiens à la mienne : jusques à présent je m'en suis trouvé fort bien, j'en chercherai une meilleure, quand je commencerai à m'en trouver mal. Ceux qui se sont pressés à la représentation de mes ouvrages, m'obligent infiniment; ceux qui ne les approuvent pas, peuvent se dispenser d'y venir gagner la migraine, ils épargneront de l'argent, et me feront plaisir. Les jugements sont libres en ces matières, et les goûts divers. J'ai vu des personnes de fort bon sens admirer des endroits sur qui j'aurais passé l'éponge; et j'en connais dont les poèmes réussissent au théâtre avec éclat, et qui pour principaux ornements y emploient des choses que j'évite dans les miens. Ils pensent avoir raison, et moi aussi : qui d'eux ou de moi se trompe, c'est ce qui n'est pas aisé à juger. Chez les philosophes, tout ce qui n'est point de la foi, ni des principes, est disputable, et souvent ils soutiendront, à votre choix, le pour et le contre d'une même proposition : marques certaines de l'excellence de l'esprit humain, qui trouve des raisons à défendre tout, ou plutôt de sa faiblesse, qui n'en peut trouver de convaincantes, ni qui ne puissent être combattues et détruites par de contraires. Ainsi ce n'est pas merveille, si les critiques donnent de mauvaises interprétations à nos vers, et de mauvaises faces à nos personnages. *Qu'on me donne* (dit M. de Montaigne au ch. 36. du premier livre) *l'action la plus excellente et pure, je m'en vais y fournir vraisemblablement cinquante vicieuses intentions.* C'est au Lecteur désintéressé à prendre la médaille par le beau revers. Comme il nous a quelque obligation d'avoir travaillé à le divertir, j'ose dire que pour reconnaissance il nous doit un peu de faveur, et qu'il commet une espèce d'ingratitude, s'il ne se montre plus ingénieux à nous défendre qu'à nous condamner, et s'il n'applique la subtilité de son esprit plutôt à colorer et justifier en quelque sorte nos véritables défauts, qu'à en trouver où il n'y en a point. Nous pardonnons beaucoup de choses aux Anciens, nous admirons quelquefois dans leurs écrits ce que nous ne souffririons pas dans les nôtres ; nous faisons des mystères de leurs imperfections, et couvrons leurs fautes du nom de licences poétiques. Le docte Scaliger a remarqué des taches dans tous les Latins, et de moins savants que lui en remarqueraient bien dans les Grecs, et dans son Virgile même, à qui il dresse des autels sur le mépris des autres. Je vous laisse donc à penser si notre présomption ne serait pas ridicule, de prétendre qu'une exacte censure ne pût mordre sur nos ouvrages, puisque ceux de ces grands Génies de l'Antiquité ne se peuvent pas soutenir contre un rigoureux examen. Je ne me suis jamais imaginé avoir mis rien au jour de parfait, je n'espère pas même y pouvoir jamais arriver, je fais néanmoins mon possible pour en approcher, et les plus beaux succès des autres ne produisent en moi qu'une vertueuse émulation qui me fait redoubler mes efforts, afin d'en avoir de pareils.

> *Je vois d'un œil égal croître le nom d'autrui,*
> *Et tâche à m'élever aussi haut comme lui,*
> *Sans hasarder ma peine à le faire descendre :*
> *La Gloire a des trésors qu'on ne peut épuiser,*
> *Et plus elle en prodigue à nous favoriser,*
> *Plus elle en garde encore où chacun peut prétendre.*

Pour venir à cette *Suivante* que je vous dédie, elle est d'un genre qui demande plutôt un style naïf que pompeux : les fourbes et les intrigues sont principalement du

jeu de la comédie, les passions n'y entrent que par accident. Les règles des Anciens sont assez religieusement observées en celle-ci : il n'y a qu'une action principale à qui toutes les autres aboutissent, son lieu n'a point plus d'étendue que celle du théâtre, et le temps n'en est point plus long que celui de la représentation, si vous en exceptez l'heure du dîner qui se passe entre le premier et le second acte. La liaison même des scènes, qui n'est qu'un embellissement, et non pas un précepte, y est gardée ; et si vous prenez la peine de conter les vers, vous n'en trouverez pas en un Acte plus qu'en l'autre. Ce n'est pas que je me sois assujetti depuis aux mêmes rigueurs : j'aime à suivre les règles, mais loin de me rendre leur esclave, je les élargis et resserre selon le besoin qu'en a mon sujet, et je romps même sans scrupule celle qui regarde la durée de l'action, quand sa sévérité me semble absolument incompatible avec les beautés des événements que je décris. Savoir les règles, et entendre le secret de les apprivoiser adroitement avec notre théâtre, ce sont deux sciences bien différentes, et peut-être que pour faire maintenant réussir une pièce, ce n'est pas assez d'avoir étudié dans les livres d'Aristote et d'Horace. J'espère un jour traiter ces matières plus à fond, et montrer de quelle espèce est la vraisemblance qu'ont suivie ces grands maîtres des autres siècles, en faisant parler des bêtes, et des choses qui n'ont point de corps. Cependant mon avis est celui de Térence. Puisque nous faisons des poèmes pour être représentés, notre premier but doit être de plaire à la Cour et au peuple, et d'attirer un grand monde à leurs représentations. Il faut, s'il se peut, y ajouter les règles, afin de ne déplaire pas aux savants, et recevoir un applaudissement universel, mais surtout gagnons la voix publique : autrement, notre pièce aura beau être régulière, si elle est sifflée au théâtre, les savants n'oseront se déclarer en notre faveur, et aimeront mieux dire que nous aurons mal entendu les règles, que de nous donner des louanges quand nous serons décriés par le consentement général de ceux qui ne voient la comédie que pour se divertir. Je suis,
    Monsieur,
                                    Votre très humble serviteur,
                                    CORNEILLE

LA SUIVANTE

Comédie

LES ACTEURS

GÉRASTE, père de Daphnis.
POLÉMON, oncle de Clarimond.
CLARIMOND, amoureux de Daphnis.
FLORAME, amant de Daphnis.
THÉANTE, aussi amoureux de Daphnis.
DAMON, ami de Florame et de Théante.
DAPHNIS, maîtresse de Florame, et aimée de Clarimond et de Théante.
AMARANTE, suivante de Daphnis.
CÉLIE, voisine de Géraste et sa confidente.

ACTE PREMIER

SCÈNE PREMIÈRE

DAMON, THÉANTE

Damon

Ami, j'ai beau rêver, toute ma rêverie
Ne me fait rien comprendre en ta galanterie :
Auprès de ta maîtresse engager un ami
C'est à mon jugement ne l'aimer qu'à demi;
5 Ton humeur qui s'en lasse au changement l'invite,
Et n'osant la quitter, tu veux qu'elle te quitte.

Théante

Ami, n'y rêve plus, c'est en juger trop bien
Pour t'oser plaindre encor de n'y comprendre rien.
Quelques puissants appas que possède Amarante,
10 Je trouve qu'après tout ce n'est qu'une suivante,
Et je ne puis songer à sa condition
Que mon amour ne cède à mon ambition.
Ainsi malgré l'ardeur qui pour elle me presse
A la fin j'ai levé mes yeux sur sa maîtresse,
15 Où mon dessein plus haut et plus laborieux
Se promet des succès beaucoup plus glorieux.
Mais lors, soit qu'Amarante eût pour moi quelque flamme,
Soit qu'elle pénétrât jusqu'au fond de mon âme,
Et que malicieuse elle prît du plaisir
20 A comprendre les effets de mon nouveau désir,
Elle savait toujours m'arrêter auprès d'elle
A tenir des propos d'une suite éternelle :
L'ardeur qui me brûlait de parler à Daphnis
Me fournissait en vain des détours infinis,

25 Elle usait de ses droits, et toute impérieuse,
D'une voix demi-gaie et demi-sérieuse,
Quand j'ai des serviteurs c'est pour m'entretenir,
(Disait-elle) autrement je les sais bien punir,
Leurs devoirs près de moi n'ont rien qui les excuse.

DAMON

30 Maintenant je me doute à peu près d'une ruse
Que tout autre en ta place à peine entreprendrait.

THÉANTE

Ecoute, et tu verras si je suis maladroit.
Tu sais comme Florame à tous les beaux visages
Fait par civilité toujours de feints hommages,
35 Et sans avoir d'amour offrant partout des vœux
Tient pour manque d'esprit de véritables feux :
Un jour qu'il se vantait de cette humeur étrange
A qui chaque objet plaît, et que pas un ne range,
Et reprochait à tous que leur peu de beauté
40 Lui laissait si longtemps garder sa liberté;
Florame *(dis-je alors)* ton âme indifférente
Ne tiendrait que fort peu contre mon Amarante :
Théante *(me dit-il)* il faudrait l'éprouver,
Mais l'éprouvant peut-être on te ferait rêver,
45 Mon feu qui ne serait que simple courtoisie
La remplirait d'amour et toi de jalousie :
Moi de jurer que non, et lui de persister,
Tant que pour cette épreuve il me fit protester
Que je lui céderais quelque temps ma maîtresse;
50 Ainsi donc je l'y mène, et par cette souplesse
Engageant Amarante et Florame au discours,
J'entretiens à loisir mes nouvelles amours.

DAMON

Amarante à ce point fut-elle fort docile ?

THÉANTE

Plus que je n'espérais je la trouvai facile,
55 Soit que je lui donnasse une fort douce loi,
Et qu'il fût à ses yeux plus aimable que moi,
Soit qu'elle fît dessein d'asservir la franchise
D'un qui la cajolait ainsi par entreprise,
Elle perdit pour moi son importunité,
60 Et ne demanda plus tant d'assiduité :
L'aise de se voir seule à gouverner Florame
Ne souffrit plus chez elle aucun soin de ma flamme,

Et ce qu'elle goûtait avec lui de plaisirs
Lui fit abandonner mon âme à mes désirs.

DAMON

65 On t'abuse, Théante, il faut que je te die
Que Florame est atteint de même maladie,
Qu'il a dedans l'esprit mêmes desseins que toi
Et que c'est à Daphnis qu'il veut donner sa foi.
A servir Amarante il met beaucoup d'étude,
70 Mais ce n'est qu'un prétexte à faire une habitude,
Il accoutume ainsi ta Daphnis à le voir,
Et ménage un accès qu'il ne pouvait avoir :
Sa richesse l'attire, et sa beauté le blesse,
Elle le passe en biens, il l'égale en noblesse,
75 Et cherche ambitieux par sa possession
A relever l'éclat de son extraction.
Il a peu de fortune et beaucoup de courage,
Et hors cette espérance il hait le mariage :
C'est ce que l'autre jour en secret il m'apprit,
80 Tu peux sur cet avis lire dans son esprit.

THÉANTE

Parmi ces hauts projets il manque de prudence
Puisqu'il traite avec toi de telle confidence.

DAMON

Crois qu'il m'éprouvera fidèle au dernier point
Lorsque ton intérêt ne s'y mêlera point.

THÉANTE

85 Je dois l'attendre ici, quitte-moi, je te prie,
Qu'il ne se doute point de ta supercherie

DAMON

Adieu, je suis à toi.

SCÈNE II

THÉANTE

Par quel malheur fatal
Ai-je donné moi-même entrée à mon rival ?
De quelque trait rusé que mon esprit se vante
90 Je me trompe moi-même en trompant Amarante,

    Et choisis un ami qui ne veut que m'ôter
    Ce que par lui je tâche à me faciliter.
    N'importe toutefois qu'il brûle et qu'il soupire,
    Je sais trop dextrement l'empêcher d'en rien dire :
95 Amarante l'arrête et j'arrête Daphnis;
    Ainsi tous entretiens d'entre eux deux sont bannis,
    Et tant d'heur se rencontre en ma sage conduite
    Qu'au langage des yeux son amour est réduite.
    Mais n'est-ce pas assez pour se communiquer ?
100 Que faut-il aux amants de plus pour s'expliquer ?
    Même ceux de Daphnis à tous coups lui répondent,
    L'un dans l'autre à tous coups leurs regards se confondent,
    Et d'un commun aveu ces muets truchements
    Ne se disent que trop leurs amoureux tourments.
105 Quelles vaines frayeurs troublent ma fantaisie ?
    Que l'amour aisément penche à la jalousie!
    Qu'on croit tôt ce qu'on craint en ces perplexités,
    Où les moindres soupçons passent pour vérités!
    Daphnis est fort aimable, et si Florame l'aime,
110 Est-ce à dire pourtant qu'il soit aimé de même ?
    Florame avec raison adore tant d'appas,
    Et Daphnis sans raison s'abaisserait trop bas,
    Ce feu si juste en l'un, en l'autre inexcusable,
    Rendrait l'un glorieux et l'autre méprisable.
115 Simple, l'amour peut-il écouter la raison ?
    Et même ces raisons sont-elles de saison ?
    Si Daphnis doit rougir en brûlant pour Florame,
    Qui l'en affranchirait en secondant ma flamme ?
    Etant tous deux égaux, il faut bien que nos feux
120 Lui soient à même honte ou même honneur tous deux :
    Ou tous deux nous faisons un dessein téméraire,
    Ou nous avons tous deux même droit de lui plaire,
    Si l'espoir m'est permis, il y peut aspirer;
    Et s'il prétend trop haut, je dois désespérer.
125 Mais le voici venir.

SCÈNE III

THÉANTE, FLORAME

THÉANTE
Tu me fais bien attendre.

ACTE PREMIER, SCÈNE III

FLORAME
Encor est-ce à regret qu'ici je me viens rendre,
Et comme un criminel qu'on traîne à sa prison.

THÉANTE
Tu ne fais qu'en raillant cette comparaison.

FLORAME
Elle n'est que trop vraie.

THÉANTE
Et ton indifférence ?

FLORAME
La conserver encor! le moyen ? l'apparence ?
Je m'étais plu toujours d'aimer en mille lieux,
Voyant une beauté mon cœur suivait mes yeux,
Mais de quelques attraits que le ciel l'eût pourvue,
J'en perdais la mémoire aussitôt que la vue,
Et bien que mes discours lui donnassent ma foi
De retour au logis je me trouvais à moi.
Cette façon d'aimer me semblait fort commode,
Et maintenant encor je vivrais à ma mode,
Mais l'objet d'Amarante est trop embarrassant,
Ce n'est point un visage à ne voir qu'en passant;
Un je ne sais quel charme auprès d'elle m'attache,
Je ne la puis quitter que le jour ne se cache :
Encor n'est-ce pas tout, son image me suit,
Et me vient au lieu d'elle entretenir la nuit,
Elle entre effrontément jusque dedans ma couche,
Me redit ses propos, me présente sa bouche.
Théante, ou permets-moi de n'en plus approcher,
Ou songe que mon cœur n'est pas fait d'un rocher,
Ses beautés à la fin me rendraient infidèle.

THÉANTE
Deviens-le si tu veux, je suis assuré d'elle,
Et quand il te faudra tout de bon l'adorer,
Je prendrai du plaisir à te voir soupirer,
Et toi sans aucun fruit tu porteras la peine
D'avoir tant persisté dans une humeur si vaine.
Quand tu ne pourras plus te passer de la voir
C'est alors que je veux t'en ôter le pouvoir;
J'attends pour te punir à reprendre ma place,
Qu'il ne soit plus en toi de retrouver ta glace,
A présent tu n'en tiens encore qu'à demi.

Florame

160 Cruel, est-ce là donc me traiter en ami ?
Garde pour châtiment de cet injuste outrage
Qu'en ma faveur le ciel ne tourne son courage,
Et dispose Amarante à seconder mes vœux.

Théante

A cela près poursuis, gagne-la si tu peux,
165 Je ne m'en prendrai lors qu'à ma seule imprudence,
Et demeurant ensemble en bonne intelligence,
En dépit du malheur que j'aurai mérité
J'aimerai le rival qui m'aura supplanté.

Florame

Ami, qu'il vaut bien mieux ne tomber point en peine
170 De faire à tes dépens cette épreuve incertaine !
Je me confesse pris, je quitte, j'ai perdu,
Que veux-tu plus de moi ? reprends ce qui t'est dû.
Séparer davantage une amour si parfaite !
Continuer encor la faute que j'ai faite !
175 Elle n'est que trop grande, et pour la réparer
J'empêcherai Daphnis de plus vous séparer :
Pour peu qu'à mes discours je la trouve accessible,
Vous jouirez vous deux d'un entretien paisible,
Je saurai l'amuser, et vos feux redoublés,
180 Par son fâcheux abord ne seront plus troublés.

Théante

Ce serait prendre un soin qui n'est pas nécessaire,
Daphnis sut d'elle-même assez bien se distraire,
Et jamais son abord ne trouble nos plaisirs,
Tant elle est complaisante à nos chastes désirs.

SCÈNE IV

FLORAME, THÉANTE, AMARANTE

Théante

185 Mon cœur, déploie ici tes meilleurs artifices,
(Mais toutefois sans mettre en oubli mes services)
Je t'amène un captif qui te veut échapper.

ACTE PREMIER, SCÈNE V

AMARANTE

Quelque échappé qu'il fût, je saurais l'attraper.

THÉANTE

Vois qu'en sa liberté ta gloire se hasarde.

AMARANTE

Allez, laissez-le-moi, j'y ferai bonne garde,
Daphnis est au jardin.

FLORAME

Sans plus vous désunir
Souffre qu'au lieu de toi je l'aille entretenir.

SCÈNE V

AMARANTE, FLORAME

AMARANTE

Laissez, mon cavalier, laissez aller Théante,
Il porte assez au cœur le portrait d'Amarante,
Je n'appréhende point qu'on l'en puisse effacer :
C'est au vôtre à présent que je le veux tracer,
Et la difficulté d'une telle victoire
Augmente mon envie en augmentant la gloire.

FLORAME

Aurez-vous quelque gloire à me faire souffrir?

AMARANTE

Bien plus que d'aucuns vœux que l'on me peut offrir.

FLORAME

Vous plaisez-vous à ceux d'une âme si contrainte
Qu'une vieille amitié retient toujours en crainte?

AMARANTE

Vous n'êtes pas encore au point où je vous veux,
Toute amitié se meurt où naissent de vrais feux.

FLORAME

De vrai contre ses droits mon esprit se rebelle,
Mais feriez-vous état d'un amant infidèle?

Amarante

Je ne prendrai jamais pour un manque de foi
D'oublier un ami pour se donner à moi.

Florame

Encore si j'avais tant soit peu d'espérance
210 De vous voir favorable à ma persévérance,
Que vous pussiez m'aimer après tant de tourment,
Et d'un mauvais ami faire un heureux amant.
Mais, hélas! je vous sers, je vis sous votre empire,
Et je ne puis prétendre où mon désir aspire :
215 Théante (ah! nom fatal pour me combler d'ennui)
Vous demandez mon cœur et le vôtre est à lui!
Et mon stérile amour n'aura que des supplices!
Trouvez bon que j'adresse autre part mes services,
Contraint, manque d'espoir, de vous abandonner.

Amarante

220 S'il ne tient qu'à cela je vous en veux donner.
Apprenez que chez moi c'est un faible avantage
De m'avoir de ses vœux le premier fait hommage;
Le mérite y fait tout, et tel plaît à mes yeux
Que je négligerais près d'un qui valût mieux;
225 Lui seul de mes amants règle la différence,
Sans que le temps leur donne aucune préférence.

Florame

Vous ne flattez mes sens que pour m'embarrasser.

Amarante

Peut-être, mais enfin il le faut confesser,
Vous vous trouveriez mieux auprès de ma maîtresse ?

Florame

230 Ne pensez pas...

Amarante

Non, non, c'est là ce qui vous presse,
Allons dans le jardin ensemble la chercher.
Que j'ai su dextrement à ses yeux la cacher!

SCÈNE VI

DAPHNIS, THÉANTE

Daphnis

Voyez comme tous deux fuyent notre rencontre,
Je vous l'ai déjà dit, et l'effet vous le montre,
235 Vous perdez Amarante, et cet ami fardé
Se saisit finement d'un bien si mal gardé,
Vous devez vous lasser de tant de patience,
Et votre sûreté n'est qu'en la défiance.

Théante

Je connais Amarante, et ma facilité
240 Etablit mon repos sur sa fidélité,
Elle rit de Florame, et de ses flatteries,
Qui ne sont en effet que des galanteries.

Daphnis

Amarante de vrai n'aime pas à changer,
Mais votre peu de soin l'y pourrait engager,
245 On néglige aisément un homme qui néglige,
Son naturel est vain, et qui la sert l'oblige.
D'ailleurs les nouveautés ont de puissants appas.
Théante, croyez-moi, ne vous y fiez pas,
J'ai sondé son esprit touchant cette matière,
250 Où j'ai peu remarqué de son ardeur première,
Et si Florame avait pour elle quelque amour
Elle pourrait bientôt vous faire un mauvais tour.
Mais afin que l'issue en soit pour vous meilleure,
Laissez-moi ce causeur à gouverner une heure;
255 J'ai tant de passion pour tous vos intérêts
Qu'en moins de rien ma ruse en tire les secrets.

Théante

C'est un trop bas emploi pour un si grand mérite,
Et quand bien Amarante en serait là réduite
Que de se voir pour lui dans quelque émotion,
260 J'étouffe en moins de rien cette inclination.
Qu'il se mette à loisir s'il peut dans son courage,
Un moment de ma vue en efface l'image,

Nous nous ressemblons mal, et pour ce changement
Cette belle maîtresse a trop de jugement.

DAPHNIS

Vous le méprisez trop, je trouve en lui des charmes
Qui vous devraient du moins donner quelques alarmes.
Clarimond n'a de moi qu'un excès de rigueur,
Mais s'il lui ressemblait il toucherait mon cœur.

THÉANTE

Vous en parlez ainsi faute de le connaître.

DAPHNIS

Mais j'en juge suivant ce que je vois paraître.

THÉANTE

Quoi qu'il en soit, l'honneur de vous entretenir...

DAPHNIS

Laissons là ce discours, je l'aperçois venir.
Amarante, ce semble, en est fort satisfaite.

SCÈNE VII

DAPHNIS, FLORAME, THÉANTE

THÉANTE

Je t'attendais, ami, pour faire la retraite,
L'heure de dîner presse, et nous incommodons
Celle qu'en nos discours ici nous retardons.

DAPHNIS

Il n'est pas encor tard.

THÉANTE

                Nous ferions conscience
D'abuser plus longtemps de votre patience.

FLORAME

Madame, excusez donc cette incivilité
Dont l'heure nous impose une nécessité.

DAPHNIS

Sa force vous excuse, et je lis dans votre âme
Qu'à regret vous quittez l'objet de votre flamme.

SCÈNE VIII

AMARANTE, DAPHNIS

Daphnis

Cette assiduité de Florame avec vous
A la fin a rendu Théante un peu jaloux.
285 Aussi de vous y voir tous les jours attachée
Quelle puissante amour n'en serait pas fâchée ?
Je viens d'examiner son esprit en passant,
Mais vous ne croiriez pas l'ennui qu'il en ressent,
Vous y devez pourvoir, et si vous êtes sage
290 Il faut à cet ami faire mauvais visage,
Lui fausser compagnie, éviter ses discours,
Ce sont pour l'apaiser les chemins les plus courts :
Sinon, faites état qu'il va courir au change.

Amarante

Il serait en ce cas d'une humeur bien étrange :
295 A sa prière seule, et pour le contenter
J'écoute cet ami quand il m'en vient conter;
Et pour vous dire tout, cet amant infidèle
Ne m'aime pas assez pour en être en cervelle,
Il forme des desseins beaucoup plus relevés,
300 Et de plus beaux portraits en son cœur sont gravés :
Mes yeux pour l'asservir ont de trop faibles armes,
Il voudrait pour m'aimer que j'eusse d'autres charmes,
Que l'éclat de mon sang mieux soutenu de biens
Ne fût point ravalé par le rang que je tiens;
305 Enfin (que servirait aussi bien de le taire ?)
Sa vanité le porte au souci de vous plaire.

Daphnis

En ce cas il verra que je sais comme il faut
Punir des insolents qui prétendent trop haut.

Amarante

Je lui veux quelque bien puisque changeant de flamme
Vous voyez par pitié qu'il me laisse Florame,
310 Qui n'étant pas si vain a plus de fermeté.

Daphnis

Amarante, après tout, disons la vérité.
Théante n'est si vain qu'en votre fantaisie,
Et toute sa froideur naît de sa jalousie.
315 C'est chose au demeurant qui ne me touche en rien,
Et ce que je vous dis n'est que pour votre bien.

SCÈNE IX

Amarante

Pour peu savant qu'on soit aux mouvements de l'âme,
On devine aisément qu'elle en veut à Florame,
Sa fermeté pour moi que je vantais à faux
320 Lui portait dans l'esprit de terribles assauts,
Sa surprise à ce mot a paru manifeste,
Son teint en a changé, sa parole, son geste,
L'entretien que j'en ai lui semblerait bien doux,
Et je crois que Théante en est le moins jaloux.
325 Ce n'est pas d'aujourd'hui que je m'en suis doutée :
Etre toujours des yeux sur un homme arrêtée,
Dans son manque de biens déplorer son malheur,
Juger à sa façon qu'il a de la valeur,
M'informer si l'esprit en répond à la mine,
330 Tout cela de ses feux eût instruit la moins fine.
Florame en est de même, il meurt de lui parler,
Et s'il peut d'avec moi jamais se démêler
C'en est fait, je le perds. L'impertinente crainte !
Que m'importe de perdre une amitié si feinte ?
335 Dois-je pas m'ennuyer de son discours moqueur,
Où sa langue jamais n'a l'aveu de son cœur ?
Non, je ne le saurais, et quoi qu'il m'en arrive
Je ferai mes efforts afin qu'on ne m'en prive,
Et j'y veux employer de si rusés détours,
340 Qu'ils n'auront de longtemps le fruit de leurs amours.

ACTE II

SCÈNE PREMIÈRE

GÉRASTE, CÉLIE

CÉLIE

Eh bien, j'en parlerai, mais songez qu'à votre âge
Mille accidents fâcheux suivent le mariage,
On aime rarement de si sages époux.
Et c'est un grand bonheur s'ils ne sont que jaloux :
345 Tout leur nuit, et l'abord d'une mouche les blesse;
D'ailleurs dans leur devoir leur santé s'intéresse,
Et quelque long chemin que soit celui des cieux
L'hymen l'accourcit bien à des hommes si vieux.

GÉRASTE

Excuse, ou pour le moins pardonne à ma folie,
350 Le sort en est jeté, va, ma pauvre Célie,
Va trouver la beauté qui me tient sous sa loi,
Flatte-la de ma part, promets-lui tout de moi;
Dis-lui que si l'amour d'un vieillard l'importune
Elle fait une planche à sa bonne fortune,
355 Que l'excès de mes biens à force de présents
Répare la vigueur qui manque à mes vieux ans,
Qu'il ne lui peut échoir de meilleure aventure.

CÉLIE

Je n'ai que faire ici de votre tablature,
Sans vos instructions je sais trop comme il faut
360 Couler tout doucement sur ce qui vous défaut.

GÉRASTE

Ma force à t'écouter semble toute passée.
Je ne suis pas encor d'une âge si cassée,
Et ne crois pas avoir usé tous mes beaux jours.

CÉLIE

Ne m'étourdissez point avec ces vains discours,
Il suffit que votre âme est tellement éprise
Que vous allez mourir si vous n'avez Florise :
Il y faudra tâcher.

GÉRASTE

Que voilà froidement
Me promettre ton aide à finir mon tourment !

CÉLIE

Faut-il aller plus vite ? Eh bien, voilà son frère,
Je m'en vais devant vous lui proposer l'affaire.

GÉRASTE

Ce serait tout gâter, arrête, et par douceur
Essaie auparavant d'y résoudre la sœur.

SCÈNE II

FLORAME

Jamais ne verrai-je finie
Cette incommode affection
Dont l'importune tyrannie
Rompt le cours de ma passion ?
Je feins et je fais naître un feu si véritable,
Qu'à force d'être aimé je deviens misérable.
Toi qui m'assièges tout le jour,
Fâcheuse cause de ma peine,
Amarante de qui l'amour
Commence à mériter ma haine,
Relâche un peu tes soins puisqu'ils sont superflus,
Je te voudrais du bien de ne m'en vouloir plus.
Dans une ardeur si violente
Si près de mes chastes désirs,
Penses-tu que je me contente
D'un regard et de deux soupirs,
Et que je souffre encor cet injuste partage
Où tu tiens mes discours et Daphnis mon courage ?
Si j'ai feint pour toi quelques feux,
C'est à quoi plus rien ne m'oblige :
Quand on a l'effet de ses vœux
Ce qu'on adorait se néglige,

395 Je ne voulais de toi qu'un accès chez Daphnis,
Amarante, je l'ai, mes amours sont finis.
Théante, reprends ta maîtresse,
N'ôte plus à mes entretiens
L'unique sujet qui me blesse,
400 Et qui peut-être est las des tiens :
Et toi, puissant amour, fais enfin que j'obtienne
Un peu de liberté pour lui donner la mienne.

SCÈNE III

AMARANTE, FLORAME

Amarante

Que vous voilà soudain de retour en ces lieux !

Florame

Vous jugerez par là du pouvoir de vos yeux.

Amarante

405 Autre objet que mes yeux devers nous vous attire.

Florame

Autre objet que vos yeux ne cause mon martyre.

Amarante

Votre martyre donc est de perdre avec moi
Un temps dont vous voulez faire un meilleur emploi.

SCÈNE IV

DAPHNIS, AMARANTE, FLORAME

Daphnis

Amarante, allez voir si dans la galerie
410 Ils ont bientôt tendu cette tapisserie,
Ces gens-là ne font rien si l'on n'a l'œil sur eux.

SCÈNE V

DAPHNIS, FLORAME

Daphnis
Je romps pour quelque temps le discours de vos feux.

Florame
N'appelez point des feux un peu de complaisance,
Qu'étouffe, et que d'abord éteint votre présence.

Daphnis
415 Votre amour est trop forte, et vos cœurs trop unis,
Pour l'oublier soudain à l'abord de Daphnis,
Et vos civilités étant dans l'impossible
Vous rendent bien flatteur, mais non pas insensible.

Florame
Quoi que vous estimiez de ma civilité
420 Je ne me pique point d'insensibilité;
J'aime, il n'est que trop vrai, je brûle, je soupire,
Mais un plus haut sujet me tient sous son empire.

Daphnis
Le nom ne s'en dit point ?

Florame
Je ris de ces amants
Dont l'importun respect redouble les tourments,
425 Et qui pour les cacher se faisant violence
Pensent fort avancer par un honteux silence.
Pour moi j'ai toujours cru qu'un amour vertueux
Ne peut être blâmé, bien que présomptueux;
J'avouerai donc mon feu, quelque haut qu'il se monte,
430 Et ma témérité ne me fait point de honte.
Ce rare et haut sujet...

SCÈNE VI

DAPHNIS, AMARANTE, FLORAME

AMARANTE
Tout est presque tendu.

DAPHNIS
Vous n'avez auprès d'eux guère de temps perdu !

AMARANTE
Ne leur servant de rien je m'en suis revenue.

DAPHNIS
J'ai peur de m'enrhumer au froid qui continue,
435 Allez au cabinet me quérir un mouchoir.

AMARANTE
Donnez-m'en donc la clef.

DAPHNIS
                Je l'aurai laissé choir.
Tâchez de la trouver.

SCÈNE VII

DAPHNIS, FLORAME

DAPHNIS
                J'ai cru que cette belle
Ne pouvait à propos se nommer devant elle,
Qui recevant par là quelque espèce d'affront
440 En aurait eu soudain la rougeur sur le front.

FLORAME
Sans affront je la quitte, et lui préfère un autre,
Dont le mérite égal, le rang pareil au vôtre,
L'esprit et les attraits également puissants
Ne devraient de ma part avoir que des encens.
445 Oui, sa perfection comme la vôtre extrême
N'a que de vous pareille, en un mot, c'est...

Daphnis

Moi-même.
Je vois bien que c'est là que vous voulez venir,
Non tant pour m'obliger, comme pour me punir :
Ma curiosité s'est rendue indiscrète
450 A vous trop informer d'une flamme secrète,
Mais bien qu'elle en reçoive un juste châtiment
Vous pouviez me traiter un peu plus doucement,
Sans me faire rougir il vous devait suffire
De me taire l'objet dont vous aimez l'empire,
455 En nommer un au lieu qui ne vous touche pas
N'est que faire un reproche à son manque d'appas.

Florame

Vu le peu que je suis vous dédaignez de croire
Une si malheureuse et si basse victoire;
Mon cœur est un captif si peu digne de vous
460 Que vos yeux en voudraient désavouer leurs coups,
Ou peut-être mon sort me rend si misérable
Que ma témérité vous devient incroyable.
Mais quoi que désormais il m'en puisse arriver,
Je fais vœu...

SCÈNE VIII

DAPHNIS, AMARANTE, FLORAME

Amarante

Votre clef ne se saurait trouver.

Daphnis

465 Bien donc, à faute d'autre, et comme par bravade,
Voici qui servira de mouchoir de parade.
Enfin ce cavalier que nous vîmes au bal
Vous trouvez comme moi qu'il ne danse pas mal ?

Florame

Je ne le vis jamais mieux sur sa bonne mine.

Daphnis

470 Il s'était si bien mis pour l'amour de Clarine.
A propos de Clarine, il m'était échappé
Qu'elle a depuis longtemps à moi du point-coupé,
Allez, et dites-lui qu'elle me le renvoie.

AMARANTE

Il est hors d'apparence aujourd'hui qu'on la voie,
475 Dès une heure au plus tard elle devait sortir.

DAPHNIS

Son cocher n'est jamais si tôt prêt à partir,
Et d'ailleurs son logis n'est pas au bout du monde,
Vous perdrez peu de pas. Quoi qu'elle vous réponde
Dites-lui nettement que je le veux avoir.

AMARANTE

480 A vous le rapporter je ferai mon pouvoir.

SCÈNE IX

FLORAME, DAPHNIS

FLORAME

C'est à vous maintenant d'ordonner mon supplice,
Sûre que sa rigueur n'aura point d'injustice.

DAPHNIS

Vous voyez qu'Amarante a pour vous de l'amour,
Et ne manquera pas d'être tôt de retour :
485 Bien que je pusse encor user de ma puissance,
Il vaut mieux ménager le temps de son absence,
Doncques sans plus le perdre en discours superflus
Je crois que vous m'aimez, n'attendez rien de plus,
Florame, je suis fille, et je dépends d'un père.

FLORAME

490 Mais de votre côté que faut-il que j'espère ?

DAPHNIS

Si ma jalouse encor vous rencontrait ici,
Ce qu'elle a de soupçons serait trop éclairci :
Laissez-moi seule, allez.

FLORAME

Se peut-il que Florame
Souffre d'être si tôt séparé de son âme ?
495 Oui, l'honneur d'obéir à vos commandements
Lui doit être plus cher que ses contentements.

SCÈNE X

Daphnis

Mon amour par ses yeux plus forte devenue
L'eût bientôt emporté dessus ma retenue,
Et je sentais mes feux tellement s'embraser
500 Qu'il n'était pas en moi de les plus maîtriser.
J'avais peur d'en trop dire, et cruelle à moi-même,
Parce que j'aime trop, j'ai banni ce que j'aime.
Je me trouve captive en de si beaux liens
Que je meurs qu'il le sache, et j'en fuis les moyens.
505 Quelle importune loi que cette modestie,
Par qui notre apparence en glace convertie
Etouffe dans la bouche, et nourrit dans le cœur,
Un feu dont la contrainte augmente la vigueur!
Que je t'aime, Florame, encor que je le taise!
510 Et que je songe peu dans l'excès de ma braise
A ce qu'en nos destins contre nous irrités
Le mérite et les biens font d'inégalités!
Aussi l'une est par où de bien loin tu me passes,
Et l'autre seulement est pour les âmes basses,
515 Et ce penser flatteur me fait croire aisément
Que mon père sera d'un même sentiment.
Hélas! c'est en effet bien flatter mon courage
D'accommoder son sens aux désirs de mon âge,
Il voit par d'autres yeux, et veut d'autres appas.

SCÈNE XI

DAPHNIS, AMARANTE

Amarante

520 Je vous avais bien dit qu'elle n'y serait pas.

Daphnis

Que vous avez tardé pour ne trouver personne!

Amarante

Ce reproche vraiment ne peut qu'il ne m'étonne,
Pour revenir plus vite il eût fallu voler.

ACTE II, SCÈNE XI

Daphnis

Florame cependant qui vient de s'en aller
525 A la fin malgré moi s'est ennuyé d'attendre.

Amarante

C'est chose toutefois que je ne puis comprendre :
Des hommes de mérite et d'esprit comme lui
N'ont jamais avec vous aucun sujet d'ennui,
Votre âme généreuse a trop de courtoisie.

Daphnis

530 Et la vôtre amoureuse un peu de jalousie.

Amarante

De vrai je goûtais mal de faire tant de tours,
Et perdais à regret ma part de ses discours.

Daphnis

Aussi je me trouvais si promptement servie
Que je me doutais bien qu'on me portait envie.
535 En un mot, l'aimez-vous ?

Amarante

                Je l'aime aucunement,
Non pas jusques à troubler votre contentement,
Mais si son entretien n'a point de quoi vous plaire,
Vous m'obligerez fort de ne m'en plus distraire.

Daphnis

Mais au cas qu'il me plût ?

Amarante

                Il faudrait vous céder.
540 C'est ainsi qu'avec vous je ne puis rien garder,
Au moindre feu pour moi qu'un amant fait paraître,
Par curiosité vous le voulez connaître,
Et quand il a goûté d'un si doux entretien
Je puis dire dès lors que je ne tiens plus rien.
545 C'est ainsi que Théante a négligé ma flamme,
Encor tout de nouveau vous m'enlevez Florame :
Si vous continuez à rompre ainsi mes coups,
Je ne sais tantôt plus comme vivre avec vous.

Daphnis

Sans colère, Amarante, il semble à vous entendre
550 Qu'en même lieu que vous je voulusse prétendre.

Allez, assurez-vous que mes contentements
Ne vous déroberont aucun de vos amants,
Et pour vous en donner la preuve plus expresse
Voilà votre Théante avec qui je vous laisse.

SCÈNE XII

THÉANTE, AMARANTE

THÉANTE

555 Mon cœur, si tu me vois sans Florame aujourd'hui,
Sache que tout exprès je m'échappe de lui ;
Las de céder ma place à son discours frivole,
Et n'osant toutefois lui manquer de parole,
Je pratique un quart d'heure à mes affections.

AMARANTE

560 Ma maîtresse lisait dans tes intentions :
Tu vois à ton abord comme elle a fait retraite,
De peur d'incommoder une amour si parfaite.

THÉANTE

Je ne la saurais croire obligeante à ce point.
Ce qui la fait partir ne se dira-t-il point ?

AMARANTE

565 Veux-tu que je t'en parle avec toute franchise ?
C'est la mauvaise humeur où Florame l'a mise.

THÉANTE

Florame !

AMARANTE

Oui, ce causeur voulait l'entretenir,
Mais il aura perdu le goût d'y revenir,
Elle n'a que fort peu souffert sa compagnie,
570 Et vous l'a chassé presque avec ignominie.
De dépit cependant ses mouvements aigris
Ne veulent aujourd'hui traiter que de mépris,
Et l'unique raison qui fait qu'elle me quitte
C'est l'estime où te met près d'elle ton mérite :
575 Elle ne voudrait pas te voir mal satisfait,
Ni rompre sur-le-champ le dessein qu'elle a fait.

ACTE II, SCÈNE XII

Théante

J'ai regret que Florame ait reçu cette honte.
Mais enfin auprès d'elle il trouve mal son compte ?

Amarante

Aussi c'est un discours ennuyeux que le sien,
580 Et véritablement si je ne t'aimais bien
Je l'enverrais bientôt porter ailleurs ses feintes :
Mais puisque tu le veux, j'accepte ces contraintes.

Théante

Et je m'assure aussi tellement en ta foi,
Que bien que tout le jour il cajole avec toi,
585 Mon esprit te conserve une amitié si pure
Que sans être jaloux je le vois et l'endure.

Amarante

Comment le serais-tu pour un si triste objet ?
Ses imperfections t'en ôtent tout sujet.
C'est à toi d'admirer qu'encor qu'un beau visage
590 Dedans ses entretiens incessamment t'engage,
J'ai pour toi tant d'amour et si peu de soupçon
Que je n'en suis jalouse en aucune façon :
C'est aimer puissamment que d'aimer de la sorte.
Mais mon affection est bien encor plus forte ;
595 Tu sais (et je le dis sans te mésestimer)
Que quand bien ma maîtresse aura su te charmer,
Votre inégalité mettrait hors d'espérance
Les fruits qui seraient dus à ta persévérance :
Plût à Dieu que le ciel te donnât assez d'heur
600 Pour faire naître en elle autant que j'ai d'ardeur !
L'aise de voir la porte à ta fortune ouverte
Me ferait librement consentir à ma perte.

Théante

Je te souhaite un change autant avantageux.
Plût à Dieu que le sort te fût moins outrageux,
605 Ou que jusqu'à ce point il t'eût favorisée,
Que Florame fût prince et qu'il t'eût épousée !
Je prise auprès des tiens si peu mes intérêts,
Que bien que j'en sentisse au cœur mille regrets,
Et que de déplaisir il m'en coûtât la vie
610 Je me la tiendrais lors heureusement ravie.

Amarante

Je ne voudrais point d'heur qui vînt avec ta mort,
Et Damon que voilà n'en serait pas d'accord.

Théante

Il a mine d'avoir quelque chose à me dire.

Amarante

Ma présence y nuirait. Adieu, je me retire.

Théante

Arrête, nous pourrons nous voir tout à loisir,
Rien ne le presse.

SCÈNE XIII

THÉANTE, DAMON

Théante

Ami, que tu m'as fait plaisir !
J'étais fort à la gêne avec cette suivante.

Damon

Celle qui te charmait te devient bien pesante.

Théante

Je l'aime encor pourtant, mais mon ambition
Ne laisse point agir mon inclination,
Et bien que sur mon cœur elle soit la plus forte,
Tous mes désirs ne vont qu'où mon dessein les porte.
Au reste j'ai sondé l'esprit de mon rival.

Damon

Et connu ?

Théante

Qu'il n'est pas pour me faire grand mal.
Amarante m'en vient d'apprendre une nouvelle,
Qui ne me permet plus que j'en sois en cervelle.
Il a vu...

Damon

Qui ?

Théante

Daphnis, et n'en a remporté
Que ce qu'elle devait à sa témérité.

DAMON

Comme quoi ?

THÉANTE

Des mépris, des rigueurs nonpareilles.

DAMON

630 As-tu bien de la foi pour de telles merveilles ?

THÉANTE

Celle dont je les tiens en parle assurément.

DAMON

Pour un homme si fin on te dupe aisément.
Amarante elle-même en est mal satisfaite,
Et ne t'a rien conté que ce qu'elle souhaite.
635 Pour seconder Florame en ses intentions
On l'avait écartée à des commissions :
Je le viens de trouver, ravi, transporté d'aise
D'avoir eu les moyens de déclarer sa braise,
Et qui présume tant de ses prospérités,
640 Qu'il croit ses vœux reçus puisqu'ils sont écoutés.
Et certes son espoir n'est pas hors d'apparence,
Après ce bon accueil et cette conférence
Dont Daphnis elle-même a fait l'occasion,
J'en crains fort un succès à ta confusion;
645 Tâchons d'y donner ordre, et sans plus de langage,
Avise en quoi tu veux employer mon courage.

THÉANTE

Lui disputer un bien où j'ai si peu de part,
Ce serait m'exposer pour quelque autre au hasard :
Le duel est fâcheux, et quoi qu'il en arrive
650 De sa possession l'un et l'autre il nous prive,
Puisque de deux rivaux, l'un mort, l'autre s'enfuit
Tandis que de sa peine un troisième a le fruit.
A croire son courage en amour on s'abuse,
La valeur d'ordinaire y sert moins que la ruse.

DAMON

655 Avant que passer outre, un peu d'attention.

THÉANTE

Te viens-tu d'aviser de quelque invention ?

Damon

Oui, ta seule maxime en fonde l'entreprise.
Clarimond voit Daphnis, il l'aime, il la courtise,
Et quoiqu'il n'en reçoive encor que des mépris,
Un moment de bonheur lui peut gagner ce prix.

Théante

Ce rival est bien moins à redouter qu'à plaindre.

Damon

Je veux que de sa part tu ne doives rien craindre,
N'est-ce pas le plus sûr qu'un duel hasardeux
Entre Florame et lui les en prive tous deux ?

Théante

Crois-tu qu'avec Florame aisément on l'engage ?

Damon

Je l'y résoudrai trop avec un peu d'ombrage :
Un amant dédaigné ne voit pas de bon œil
Ceux qui du même objet ont un plus doux accueil,
Des faveurs qu'on leur fait il forme ses offenses,
Et pour peu qu'on le pousse, il a des violences
Qui portent son courroux jusqu'aux extrémités.
Nous les verrions par là l'un et l'autre écartés.

Théante

Oui, mais s'il t'obligeait d'en porter la parole ?

Damon

Tu te mets en l'esprit une crainte frivole,
Mon péril de ces lieux ne te bannira pas,
Et moi pour te servir je courrais au trépas.

Théante

En même occasion dispose de ma vie,
Et sois sûr que pour toi j'aurai la même envie.

Damon

Allons, ces compliments en retardent l'effet.

Théante

Le ciel ne vit jamais un ami si parfait.

ACTE III

SCÈNE PREMIÈRE

FLORAME, CÉLIE

Florame

Enfin quelque froideur que t'ait montrée Florise,
Aux volontés d'un frère elle s'en est remise.

Célie

Quoiqu'elle s'en rapporte à vous entièrement,
Vous lui feriez plaisir d'en user autrement,
685 Les amours d'un vieillard sont d'une faible amorce.

Florame

Que veux-tu ? Son esprit se fait un peu de force,
Elle se sacrifie à mes contentements,
Et pour mes intérêts contraint ses sentiments.
Assure donc Géraste, en me donnant sa fille,
690 Qu'il gagne en un moment toute notre famille,
Et que tout vieil qu'il est, cette condition
Ne laisse aucun obstacle à son affection.
Mais aussi de Florise il ne doit rien prétendre,
A moins que d'accepter Florame pour son gendre.

Célie

695 Plaisez-vous à Daphnis ? c'est là le principal.

Florame

Elle a trop de bonté pour me vouloir du mal.
D'ailleurs sa résistance obscurcirait sa gloire,
Je la mériterais si je la pouvais croire.
La voilà qu'un rival m'empêche d'aborder,
700 Ce qu'il est plus que moi m'oblige à lui céder,
Et la pitié que j'ai d'un amant si fidèle
Lui veut donner loisir d'être dédaigné d'elle.

SCÈNE II

CLARIMOND, DAPHNIS

CLARIMOND
Ces dédains rigoureux dureront-ils toujours ?

DAPHNIS
Non, ils ne dureront qu'autant que vos amours.

CLARIMOND
705 C'est prescrire à mes feux des lois bien inhumaines !

DAPHNIS
Faites finir vos feux, je finirai leurs peines.

CLARIMOND
Le moyen de forcer mon inclination ?

DAPHNIS
Le moyen de souffrir votre obstination ?

CLARIMOND
Qui ne s'obstinerait en vous voyant si belle ?

DAPHNIS
710 Qui vous pourrait aimer vous voyant si rebelle ?

CLARIMOND
Est-ce rébellion que d'avoir trop de feu ?

DAPHNIS
Pour avoir trop d'amour c'est m'obéir trop peu.

CLARIMOND
La puissance qu'Amour sur moi vous a donnée...

DAPHNIS
D'aucune exception ne doit être bornée.

CLARIMOND
715 Essayez autrement ce pouvoir souverain.

ACTE III, SCÈNE II

DAPHNIS
Cet essai me fait voir que je commande en vain.

CLARIMOND
C'est un injuste essai qui ferait ma ruine.

DAPHNIS
Ce n'est plus obéir depuis qu'on examine.

CLARIMOND
Mais l'amour vous défend un tel commandement.

DAPHNIS
720 Et moi je me défends un plus doux traitement.

CLARIMOND
Avec ce beau visage avoir le cœur de roche !

DAPHNIS
Si le mien s'endurcit ce n'est qu'à votre approche.

CLARIMOND
D'où naissent tant, bons Dieux ! et de telles froideurs ?

DAPHNIS
Peut-être du sujet qui produit vos ardeurs.

CLARIMOND
725 Si je brûle, Daphnis, c'est de nous voir ensemble.

DAPHNIS
Et c'est de nous y voir, Clarimond, que je tremble.

CLARIMOND
Votre contentement n'est qu'à me maltraiter.

DAPHNIS
Comme le vôtre n'est qu'à me persécuter.

CLARIMOND
Quoi ! l'on vous persécute à force de services ?

DAPHNIS
730 Non, mais de votre part ce me sont des supplices.

Clarimond
Hélas! et quand pourra venir ma guérison ?

Daphnis
Lorsque le temps chez vous remettra la raison.

Clarimond
Ce n'est pas sans raison que mon âme est éprise.

Daphnis
Ce n'est pas sans raison aussi qu'on vous méprise.

Clarimond
735 Juste Ciel! et que dois-je espérer désormais ?

Daphnis
Que je ne suis pas fille à vous aimer jamais.

Clarimond
C'est donc perdre mon temps que de plus y prétendre ?

Daphnis
Comme je perds ici le mien à vous entendre.

Clarimond
Me quittez-vous si tôt sans me vouloir guérir ?

Daphnis
740 Clarimond sans Daphnis, peut et vivre et mourir.

Clarimond
Je mourrai toutefois si je ne vous possède.

Daphnis
Tenez-vous donc pour mort s'il vous faut ce remède.

SCÈNE III

Clarimond
Tout dédaigné je l'aime et malgré sa rigueur
Ses charmes plus puissants lui conservent mon cœur;

745 Par un contraire effet dont mes maux s'entretiennent
Sa bouche le refuse, et ses yeux le retiennent,
Je ne puis, tant elle a de mépris et d'appas,
Ni le faire accepter, ni ne le donner pas ;
Et comme si l'amour faisait naître sa haine,
750 Ou qu'elle mesurât ses plaisirs à ma peine,
On voit paraître ensemble et croître également
Ma flamme et ses froideurs, son aise et mon tourment.
Je tâche à me résoudre en ce malheur extrême
Et je ne saurais plus disposer de moi-même,
755 Mon désespoir trop lâche obéit à mon sort,
Et mes ressentiments n'ont qu'un débile effort.
Mais pour faibles qu'ils soient, aidons leur impuissance,
Donnons-leur le secours d'une éternelle absence :
Adieu, cruelle ingrate, adieu, je fuis ces lieux
760 Pour dérober mon âme au pouvoir de tes yeux.

SCÈNE IV

CLARIMOND, AMARANTE

AMARANTE

Monsieur, monsieur, un mot. L'air de votre visage
Témoigne un déplaisir caché dans le courage,
Vous quittez ma maîtresse un peu mal satisfait.

CLARIMOND

Ce que voit Amarante en est le moindre effet,
765 Je porte malheureux après de tels outrages
Des douleurs sur le front, et dans le cœur des rages.

AMARANTE

Pour un peu de froideur c'est trop désespérer.

CLARIMOND

Que ne dis-tu plutôt que c'est trop endurer ?
Je devrais être las d'un si cruel martyre,
770 Briser les fers honteux où me tient son empire,
Sans irriter mes maux avec un vain regret.

AMARANTE

Clarimond, écoutez, si vous étiez discret,

Vous pourriez sur ce point apprendre quelque chose
Que je meurs de vous dire et toutefois je n'ose.
775 L'erreur où je vous vois me fait compassion,
Mais auriez-vous aussi de la discrétion ?

Clarimond

Prends-en ma foi de gage, avec... laisse-moi faire.

*Il veut tirer un diamant de son doigt pour le
lui donner et elle l'en empêche.*

Amarante

Vous voulez justement m'obliger à me taire,
Aux filles de ma sorte il suffit de la foi,
780 Réservez vos présents pour quelque autre que moi.

Clarimond

Souffre...

Amarante

     Gardez-les, dis-je, ou je vous abandonne.
Daphnis a des rigueurs dont l'excès vous étonne,
Mais vous aurez bien plus de quoi vous étonner,
Quand vous saurez comment il la faut gouverner.
785 En la voulant servir vous la rendez cruelle,
Et vos submissions vous perdent auprès d'elle,
Epargnez désormais tous ces pas superflus,
Accostez le bonhomme et ne lui parlez plus.
Toutes ses cruautés ne sont qu'en apparence,
790 Du côté du vieillard tournez votre espérance,
Quand il aura choisi quelqu'un de ses amants
Sa passion naîtra de ses commandements.
Elle vous fait tandis cette galanterie
Pour s'acquérir le bruit de fille bien nourrie,
795 Et gagner d'autant plus de réputation
Qu'on la croira forcer son inclination.
Nommez cette maxime ou prudence ou sottise,
C'est la seule raison qui fait qu'on vous méprise.

Clarimond

Hélas ! et le moyen de croire tes discours ?

Amarante

800 Clarimond, n'usez point si mal de mon secours,
Croyez les bons avis d'une bouche fidèle,
En songeant seulement que je viens d'avec elle,

ACTE III, SCÈNE VI

Derechef épargnez tous ces pas superflus,
Accostez le bonhomme et ne lui parlez plus.

CLARIMOND

805 Je suivrai ton conseil et vais chercher le père,
Puisque c'est de sa part que tu veux que j'espère.

AMARANTE

Parlez-lui hardiment sans crainte de refus.

CLARIMOND

Mais si j'en recevais je serais bien confus.
Un oncle pourra mieux m'en épargner la honte.

AMARANTE

810 Votre amour en tout sens y trouvera son compte.

SCÈNE V

AMARANTE

Qu'aisément un esprit qui se laisse flatter
S'imagine un bonheur qu'il pense mériter !
Clarimond est bien vain, ensemble et bien crédule
De se persuader que Daphnis dissimule,
815 Et que ce grand dédain déguise un grand amour,
Que le seul choix d'un père a droit de mettre au jour.
Il s'en pâme de joie, et dessus ma parole
De tant d'affronts reçus son âme se console,
Il les chérit peut-être et les tient à faveurs,
820 Tant ce frivole espoir redouble ses ferveurs,
S'il rencontrait le père, et que mon entreprise...

SCÈNE VI

GÉRASTE, AMARANTE

GÉRASTE

Amarante.
AMARANTE
    Monsieur.

Géraste

Vous faites la surprise,
Encor que de si loin vous m'ayez vu venir
Que Clarimond n'est plus à vous entretenir !
825 Je donne ainsi la chasse à ceux qui vous en content !

Amarante

A moi ? mes vanités jusque-là ne se montent.

Géraste

Il semblait toutefois parler d'affection.

Amarante

Oui, mais qu'estimez-vous de son intention ?

Géraste

Je crois que ses desseins tendent au mariage.

Amarante

830 Il est vrai.

Géraste

Quelque foi qu'il vous donne pour gage
Ce n'est qu'un faux appas, et sous cette couleur
Il ne veut cependant que surprendre une fleur.

Amarante

Votre âge soupçonneux a toujours des chimères
Qui le font mal juger des cœurs les plus sincères.

Géraste

835 Où les conditions n'ont point d'égalité
L'amour ne se fait guère avec sincérité.

Amarante

Posé que cela soit, Clarimond me caresse,
Mais si je vous disais que c'est pour ma maîtresse,
Et que le seul besoin qu'il a de mon secours
840 Sortant d'avec Daphnis, l'arrête en mes discours ?

Géraste

S'il a besoin de toi pour avoir bonne issue,
C'est signe que sa flamme est assez mal reçue.

Amarante

Pas tant qu'elle paraît, et que vous présumez.
D'un mutuel amour leurs cœurs sont enflammés,

ACTE III, SCÈNE VII

845 Mais Daphnis se contraint de peur de vous déplaire,
Et sa bouche est toujours à ses désirs contraire,
Sinon lorsqu'avec moi s'ouvrant confidemment
Elle trouve à ses maux quelque soulagement.
Clarimond cependant pour fondre tant de glaces
850 Tâche par tous moyens d'avoir mes bonnes grâces,
Et moi je l'entretiens toujours d'un peu d'espoir.

GÉRASTE

A ce compte Daphnis est fort dans le devoir,
Je n'en puis souhaiter un meilleur témoignage,
Et ce respect m'oblige à l'aimer davantage.
855 Je lui serai bon père, et puisque ce parti
A sa condition se rencontre assorti,
Bien qu'elle pût encore un peu plus haut atteindre,
Je la veux enhardir à ne se plus contraindre.

AMARANTE

Vous n'en pourrez jamais tirer la vérité.
860 Honteuse de l'aimer sans votre autorité.
Elle s'en défendra de toute sa puissance,
N'en cherchez point d'aveu que dans l'obéissance,
Quand vous serez d'accord avecque son amant
Un prompt amour suivra votre commandement.
865 Mais on ouvre la porte, hélas! je suis perdue
Si j'ai tant de malheur qu'elle m'ait entendue...

Elle rentre dans le jardin.

GÉRASTE, *seul.*

Lui procurant du bien elle croit la fâcher,
Et cette vaine peur la fait ainsi cacher.
Que ces jeunes cerveaux ont de traits de folie!
870 Mais il faut aller voir ce qu'aura fait Célie.
Toutefois disons-lui quelque mot en passant
Qui la puisse guérir du mal qu'elle ressent.

SCÈNE VII

GÉRASTE, DAPHNIS

GÉRASTE

Ma fille, c'est en vain que tu fais la discrète,
J'ai découvert enfin ta passion secrète,

Je ne t'en parle point sur des avis douteux.
N'en rougis point, Daphnis, ton choix n'est pas honteux,
Moi-même je l'agrée, et veux bien que ton âme
A ce beau cavalier ne cache plus sa flamme :
Tu pouvais en effet prétendre un peu plus haut,
Mais on ne peut assez estimer ce qu'il vaut,
Ses belles qualités, son crédit, et sa race
Auprès des gens d'honneur sont trop dignes de grâce.
Adieu, si tu le vois, tu lui peux témoigner
Que sans beaucoup de peine on me pourra gagner.

SCÈNE VIII

DAPHNIS

D'aise et d'étonnement je demeure immobile,
D'où lui vient cette humeur de m'être si facile ?
D'où me vient ce bonheur où je n'osais penser ?
Florame, il m'est permis de te récompenser,
Et sans plus déguiser ce qu'un père autorise
Je me puis revancher du don de ta franchise,
Ton mérite te rend, malgré ton peu de biens,
Indulgent à mes feux, et favorable aux tiens,
Il trouve en tes vertus des richesses plus belles.
Mais est-il vrai, mes sens ? m'êtes-vous bien fidèles ?
Mon heur me rend confuse, et ma confusion
Me fait tout soupçonner de quelque illusion.
Je ne me trompe point, ton mérite et ta race
Auprès des gens d'honneur sont trop dignes de grâce,
Florame, il est tout vrai, dès lors que je te vis
Un battement de cœur me fit de cet avis,
Et mon père aujourd'hui souffre que dans son âme
Les mêmes sentiments...

SCÈNE IX

DAPHNIS, FLORAME

DAPHNIS

Quoi ? vous voilà, Florame!
Je vous avais prié tantôt de me quitter.

ACTE III, SCÈNE IX

FLORAME

Et je vous ai quittée aussi sans contester.

DAPHNIS

905 Mais revenir si tôt c'est me faire une offense.

FLORAME

Quand j'aurais sur ce point reçu quelque défense,
Si vous saviez quels feux ont pressé mon retour
Vous en pardonneriez le crime à mon amour.

DAPHNIS

Ne vous préparez point à dire des merveilles
910 Pour me persuader vos flammes sans pareilles,
Je crois que vous m'aimez, et c'est en croire plus
Que n'en exprimeraient vos discours superflus.

FLORAME

Mes feux qu'ont redoublés ces propos adorables
A force d'être crus deviennent incroyables,
915 Et vous n'en croyez rien qui ne soit au-dessous :
Que ne m'est-il permis d'en croire autant de vous ?

DAPHNIS

Votre croyance est libre.

FLORAME

                Il me la faudrait vraie.

DAPHNIS

Mon cœur par mes regards vous fait trop voir sa plaie,
Un homme si savant au langage des yeux
920 Ne doit pas demander que je m'explique mieux.
Mais puisqu'il vous en faut un aveu de ma bouche,
Allez, assurez-vous que votre amour me touche.
Depuis tantôt je parle un peu plus franchement,
Ou si vous le voulez un peu plus hardiment. :
925 Aussi j'ai vu mon père, et s'il vous faut tout dire,
Avecque nos désirs sa volonté conspire.

FLORAME

Surpris, ravi, confus, je n'ai que repartir.
Etre aimé de Daphnis! un père y consentir!
Dans mon affection ne trouver plus d'obstacles!
930 Mon espoir n'eût osé concevoir ces miracles.

Daphnis

Miracles toutefois qu'Amarante a produits,
De sa jalouse humeur nous tirons ces doux fruits,
Au récit de nos feux malgré son artifice
La bonté de mon père a trompé sa malice,
935 Au moins je le présume et ne puis soupçonner
Que mon père sans elle ait pu rien deviner.

Florame

Les avis d'Amarante en trahissant ma flamme
N'ont point gagné Géraste en faveur de Florame,
Les ressorts d'un miracle ont un plus haut moteur,
940 Et tout autre qu'un Dieu n'en peut être l'auteur.

Daphnis

C'en est un que l'Amour.

Florame

      Et vous verrez peut-être
Que son pouvoir divin se fait ici paraître,
Dont quelques grands effets avant qu'il soit longtemps,
Vous rendront étonnée, et nos désirs contents.

Daphnis

945 Florame, après vos feux, et l'aveu de mon père
L'Amour n'a point d'effets capables de me plaire.

Florame

Parlons de ce premier, et recevez la foi
D'un bienheureux amant qu'il met sous votre loi.

Daphnis

Vous, prisez le dernier qui vous donne la mienne.

Florame

950 Quoi que dorénavant Amarante survienne,
Je crois que nos discours à son abord fatal,
Ne se jetteront plus sur le rhume et le bal.

Daphnis

Si je puis tant soit peu dissimuler ma joie,
Et que dessus mon front son excès ne se voie,
955 Je me jouerai bien d'elle et des empêchements
Que son adresse apporte à nos contentements.

ACTE III, SCÈNE X

FLORAME

Si ma présence y nuit, souffrez que je vous quitte,
Une affaire aussi bien jusqu'au logis m'invite.

DAPHNIS

Importante ?

FLORAME

Oui, je meure, au succès de nos feux.

DAPHNIS

960 Nous n'avons plus qu'une âme et qu'un vouloir nous deux :
Bien que vous éloigner ce me soit un martyre
Puisque vous le voulez je n'y puis contredire.
Mais quand dois-je espérer de vous revoir ici ?

FLORAME

Dans une heure au plus tard.

DAPHNIS

Allez donc, la voici.

SCÈNE X

DAPHNIS, AMARANTE

DAPHNIS

965 Amarante, vraiment vous êtes fort jolie,
Vous n'égayez pas mal votre mélancolie,
Dans ce jaloux chagrin qui tient vos sens saisis,
Vos divertissements sont assez bien choisis.
Votre esprit pour vous-même a force complaisance
970 De me faire l'objet de votre médisance,
Et pour donner couleur à vos détractions
Vous lisez fort avant dans mes intentions.

AMARANTE

Moi ? que de vous j'osasse aucunement médire !

DAPHNIS

Voyez-vous, Amarante, il n'est plus temps de rire,
975 Vous avez vu mon père, avec qui vos discours
M'ont fait à votre gré de frivoles amours.

Quoi! souffrir un moment l'entretien de Florame,
Vous le nommez bientôt une secrète flamme!
Cette jalouse humeur dont vous suivez la loi
980 Vous fait en mes secrets plus savante que moi.
Mais passe pour le croire, il fallait que mon père
De votre confidence apprît cette chimère ?

AMARANTE

S'il croit que vous l'aimez, c'est sur quelque soupçon
Où je ne contribue en aucune façon,
985 Je sais trop que le Ciel, avecque tant de grâces,
Vous donne trop de cœur pour des flammes si basses,
Et quand je vous croirais dans cet indigne choix
Je sais ce que je suis, et ce que je vous dois.

DAPHNIS

Ne tranchez point ainsi de la respectueuse,
990 Votre peine après tout vous est bien fructueuse,
Vous la devez chérir, et son heureux succès,
Qui chez nous à Florame interdit tout accès!
Mon père le bannit et de l'une et de l'autre,
Pensant nuire à mon feu, vous ruinez le vôtre,
995 Je lui viens de parler, mais c'était seulement
Pour lui dire l'arrêt de son bannissement.
Vous devez cependant être fort satisfaite,
Qu'à votre occasion un père me maltraite.
Pour fruit de vos labeurs si cela vous suffit,
1000 C'est acquérir ma haine avec peu de profit.

AMARANTE

Si touchant vos amours on sait rien de ma bouche,
Que je puisse à vos yeux devenir une souche,
Que le ciel...

DAPHNIS

Finissez vos imprécations,
J'aime votre malice et vos délations,
1005 Ma mignonne, apprenez que vous êtes déçue :
C'est par votre rapport que mon ardeur est sue,
Mais mon père y consent et vos avis jaloux
N'ont fait que me donner Florame pour époux.

SCÈNE XI

AMARANTE

Quel mystère est ceci ? sa belle humeur se joue,
1010 Et par plaisir soi-même elle se désavoue.
Son père la maltraite et consent à ses vœux !
Ai-je nommé Florame en parlant de ses feux ?
Florame, Clarimond, ces deux noms, ce me semble,
Pour être confondus n'ont rien qui se ressemble.
1015 Le moyen que jamais on entendît si mal
Que l'un de ces amants fût pris pour son rival ?
Parmi de tels détours mon esprit ne voit goutte
Et leurs prospérités le mettent en déroute,
Bien que mon cœur brouillé de mouvements divers
1020 Ose encor se flatter de l'espoir d'un revers.

ACTE IV

SCÈNE PREMIÈRE

DAPHNIS

Qu'en l'attente de ce qu'on aime
Une heure est fâcheuse à passer !
Qu'elle ennuie une amour extrême
Qui ne voit son objet que des yeux du penser !

1025 Le mien qui fuit la défiance
La trouve trop longue à venir,
Et s'accuse d'impatience
Plutôt que mon amant de peu de souvenir.

Ainsi moi-même je m'abuse
1030 De crainte d'un plus grand ennui,
Et je ne cherche plus de ruse
Qu'à m'ôter tout sujet de me plaindre de lui

Aussi bien malgré ma colère
Je brûlerais de m'apaiser
Et sa peine la plus sévère
Pour criminel qu'il fût, ne serait qu'un baiser.

Dieux ! je rougis d'une parole,
Dont je meurs de goûter l'effet
Et dans cette honte frivole,
Je prépare un refus...

SCÈNE II

GÉRASTE, CÉLIE, DAPHNIS

GÉRASTE, *à Célie.*

Adieu, cela vaut fait,

Célie rentre.

Tu l'en peux assurer. Ma fille, je présume
Quelques feux dans ton cœur que ton amant allume,
Que tu ne voudrais pas sortir de ton devoir.

DAPHNIS

C'est ce que le passé vous a pu faire voir.

GÉRASTE

Oui, mais pour en tirer une preuve plus claire
Qui dirait qu'il faut prendre un mouvement contraire,
Qu'une autre occasion te donne un autre amant ?

DAPHNIS

Il serait un peu tard pour un tel changement :
Sous votre autorité j'ai dévoilé mon âme,
J'ai découvert mon cœur à l'objet de ma flamme.
Et c'est sous votre aveu qu'il a reçu ma foi.

GÉRASTE

Oui, mais j'ai fait depuis un autre choix pour toi.

DAPHNIS

Ma foi ne permet plus une telle inconstance.

ACTE IV, SCÈNE III

Géraste

Et moi je ne saurais souffrir de résistance :
Si ce gage est donné par mon consentement,
Il le faut retirer par mon commandement,
Vous soupirez en vain, vos soupirs et vos larmes
Contre ma volonté sont d'impuissantes armes,
Rentrez, je ne puis voir qu'avec mille douleurs
Votre rébellion s'exprimer par vos pleurs.

Daphnis rentre.

La pitié me gagnait, il m'était impossible
De voir encor ses pleurs et n'être pas sensible,
Mon injuste rigueur ne pouvait plus tenir
Et de peur de me rendre il l'a fallu bannir.
N'importe toutefois, la parole me lie,
Et mon amour ainsi là promis à Célie,
Florise ne se peut acquérir qu'à ce prix.
Si Florame...

SCÈNE III

GÉRASTE, AMARANTE

Amarante

Monsieur, vous vous êtes mépris,
C'est Clarimond qu'elle aime.

Géraste

Et ma plus grande peine
N'est que d'en avoir eu la preuve trop certaine,
Dans sa rébellion à mon autorité
L'amour qu'elle a pour lui n'a que trop éclaté.
Si pour ce cavalier elle avait moins de flamme
Elle agrérait le choix que je fais de Florame,
Et prenant désormais un mouvement plus sain
Ne s'obstinerait pas à rompre mon dessein.

Amarante

C'est ce choix inégal qui vous la fait rebelle,
Mais pour tout autre amant n'appréhendez rien d'elle.

Géraste

Florame a peu de bien, mais pour quelque raison
C'est lui seul que je veux d'appui pour ma maison,

Examiner mon choix c'est un trait d'imprudence :
Toi qu'à présent Daphnis traite de confidence
Et dont le seul avis gouverne ses secrets,
Je te prie, Amarante, adoucis ses regrets,
1085 Résous-la, si tu peux, à contenter un père,
Fais qu'elle aime Florame, ou craigne ma colère.

Amarante

Puisque vous le voulez, j'y ferai mon pouvoir :
C'est chose toutefois dont j'ai si peu d'espoir
Qu'au contraire je crains de l'aigrir davantage.

Géraste

1090 Il est tant de moyens à fléchir un courage,
Trouve pour la gagner quelque subtil appas,
La récompense après ne te manquera pas.

SCÈNE IV

Amarante

Accorde qui pourra le père avec la fille,
Ils ont l'esprit troublé dedans cette famille.
1095 Daphnis aime Florame et son père y consent,
D'elle-même j'ai su l'aise qu'elle en ressent,
Et qui croira Géraste il ne l'y peut réduire.
Peut-elle s'opposer à ce qu'elle désire ?
J'aime sa résistance en cette occasion
1100 Mais j'en ai moins d'espoir que de confusion.
S'ils sont sages tous deux, il faut que je sois folle :
Leur mécompte pourtant quel qu'il soit me console,
Et combien qu'il me mette au bout de mon latin
Un peu plus en repos j'en attendrai la fin.

SCÈNE V

FLORAME, DAMON

Florame

1105 Sans me voir elle rentre et quelque bon génie
Me sauve de ses yeux et de sa tyrannie,

ACTE IV, SCÈNE V

Je ne me croyais pas quitte de ses discours
A moins que sa maîtresse en vînt rompre le cours.

DAMON

Je voudrais t'avoir vu dedans cette contrainte.

FLORAME

1110 Mais dis que tu voudrais qu'elle empêchât ma plainte.

DAMON

Si Théante sait tout, sans raison tu t'en plains,
Je t'ai dit ses secrets, comme à lui tes desseins,
Il voit dedans ton cœur, tu lis dans son courage,
Et je vous fais combattre ainsi sans avantage...

FLORAME

1115 Toutefois au combat tu n'as pu l'engager.

DAMON

Sa générosité n'en craint pas le danger,
Mais cela choque un peu sa prudence amoureuse,
Vu que la fuite en est la fin la plus heureuse,
Et qu'il faut que l'un mort l'autre tire pays.

FLORAME

1120 Malgré le déplaisir de mes secrets trahis
Je ne puis, cher ami, qu'avec toi je ne rie
Des subtiles raisons de sa poltronnerie,
Nous faire ce duel sans s'exposer aux coups
C'est véritablement en savoir plus que nous,
1125 Et te mettre en sa place avec assez d'adresse.

DAMON

Qu'importe à quels périls il gagne une maîtresse
Que ses rivaux entre eux fassent mille combats,
Que j'en porte parole, ou ne la porte pas,
Tout lui semblera bon, pourvu que sans en être
1130 Il puisse de ces lieux les faire disparaître.

FLORAME

Mais ton service offert hasardait bien ta foi.
Et s'il eût eu du cœur t'engageait contre moi.

DAMON

Je savais trop que l'offre en serait rejetée,
Depuis plus de dix ans je connais sa portée,

1135 Il ne devient mutin que fort malaisément,
Et préfère la ruse à l'éclaircissement.

Florame

Les maximes qu'il tient pour conserver sa vie
T'ont donné des plaisirs où je te porte envie.

Damon

Tu peux incontinent les goûter si tu veux.
1140 Lui qui doute fort peu du succès de ses vœux,
Et qui croit que déjà Clarimond et Florame
Disputent loin d'ici le sujet de leur flamme
Serait-il homme à perdre un temps si précieux
Sans aller chez Daphnis faire le gracieux,
1145 Et seul à la faveur de quelque mot pour rire
Prendre l'occasion de conter son martyre ?

Florame

Mais s'il nous trouve ensemble il pourra se douter
Que nous prenons plaisir tous deux à le tâter.

Damon

De peur que nous voyant il entrât en cervelle
1150 J'avais mis tout exprès Cléonte en sentinelle.
Théante approche-t-il ?

Cléonte

Il est en ce carfour.

Damon

Adieu donc, nous pourrons le jouer tour à tour.

Florame, *seul.*

Je m'étonne comment tant de belles parties
En ce pauvre amoureux sont si mal assorties,
1155 Qu'il a si mauvais cœur avec de si bons yeux,
Et fait un si beau choix sans le défendre mieux.
Pour tant d'ambition c'est bien peu de courage.

SCÈNE VI

FLORAME, THÉANTE

Florame

Quelle surprise, ami, paraît sur ton visage ?

ACTE IV, SCÈNE VI

Théante

T'ayant cherché longtemps je demeure confus
De t'avoir rencontré quand je n'y pensais plus.

Florame

Parle plus franchement, lassé de ta promesse
Tu veux et n'oserais reprendre ta maîtresse,
Ta passion qui souffre une trop dure loi
Pour la gouverner seul te dérobait de moi ?

Théante

De peur que ton esprit conçût cette croyance
De l'aborder sans toi je faisais conscience.

Florame

C'est ce qui t'obligeait sans doute à me chercher ?
Mais ne te prive plus d'un entretien si cher,
Je te rends Amarante avecque ta parole,
J'aime ailleurs, et lassé d'un compliment frivole,
Et de feindre une ardeur qui blesse mes amis,
Ma flamme est véritable et son effet permis :
J'adore une beauté qui peut disposer d'elle,
Et seconder mes feux sans se rendre infidèle.

Théante

Tu veux dire Daphnis ?

Florame

Je ne te puis celer
Qu'elle est l'unique objet pour qui je veux brûler.

Théante

Le bruit vole déjà qu'elle est pour toi sans glace,
Et déjà d'un cartel Clarimond te menace.

Florame

Qu'il vienne ce rival apprendre à son malheur
Que s'il me passe en biens il me cède en valeur,
Que sa vaine arrogance en ce duel trompée
Me fasse mériter Daphnis à coups d'épée :
Par là je gagne tout, ma générosité
Suppléera ce qui fait notre inégalité,
Et son père amoureux du bruit de ma vaillance
La fera sur ses biens emporter la balance.

Théante

Tu n'en peux espérer un moindre événement,
L'heur suit dans les duels le plus heureux amant,
Le glorieux éclat d'une action si belle,
Ton sang ou répandu, ou hasardé pour elle
Ne peut laisser au père aucun lieu de refus :
Tiens ta maîtresse acquise, et ton rival confus,
Et sans t'épouvanter d'une vaine fortune
Qu'il soutient lâchement d'une valeur commune,
Ne fais de son orgueil qu'un sujet de mépris,
Et pense que Daphnis ne s'acquiert qu'à ce prix.
Adieu, puisse le ciel à ton amour parfaite,
Accorder un succès tel que je le souhaite.

Florame, *le retenant.*

Ce cartel, ce me semble, est trop long à venir.
Mon courage bouillant ne se peut contenir,
Enflé par tes discours il ne peut plus attendre
Qu'un insolent défi l'oblige à se défendre.
Va donc, et de ma part appelle Clarimond,
Dis-lui que pour demain il choisisse un second
Et que nous l'attendrons au château de Bicêtre.

Théante

J'adore ce grand cœur qu'ici tu fais paraître,
Et demeure ravi du trop d'affection
Que tu m'as témoigné par cette élection.
Prends-y garde pourtant, pense à quoi tu t'engages.
Si Clarimond lassé de souffrir tant d'outrages
Eteignant son amour, te cédait ce bonheur,
Quel besoin serait-il de le piquer d'honneur ?
Peut-être qu'un faux bruit nous apprend sa menace,
C'est à toi seulement de défendre ta place,
Ces coups du désespoir des amants méprisés,
N'ont rien d'avantageux pour les favorisés :
Qu'il recoure, s'il veut, à ces fâcheux remèdes,
Ne lui querelle point un bien que tu possèdes :
Ton amour que Daphnis ne saurait dédaigner
Court risque d'y tout perdre, et n'y peut rien gagner,
Avise derechef, ta valeur signalée
En d'extrêmes périls te jette à la volée.

Florame

Quels périls ? l'heur y suit le plus heureux amant.

ACTE IV, SCÈNE VI

THÉANTE
Quelquefois le hasard en dispose autrement.

FLORAME
Clarimond n'eut jamais qu'une valeur commune.

THÉANTE
La valeur aux duels fait moins que la fortune.

FLORAME
C'est par là seulement qu'on mérite Daphnis.

THÉANTE
Mais plutôt de ses yeux par là tu te bannis.

FLORAME
Cette belle action pourra gagner son père.

THÉANTE
Je le souhaite ainsi, plus que je ne l'espère.

FLORAME
Acceptant un cartel, suis-je plus assuré ?

THÉANTE
Où l'honneur souffrirait, rien n'est considéré.

FLORAME
Je ne puis résister à des raisons si fortes,
Sur ma bouillante ardeur malgré moi tu l'emportes.
J'attendrai qu'on m'attaque.

THÉANTE
Adieu donc.

FLORAME
En ce cas
Souviens-toi, cher ami, que je retiens ton bras.

THÉANTE
Dispose de ma vie.

FLORAME, *seul*.
Elle est fort assurée,
Si rien que ce duel n'empêche sa durée :
Il en parle des mieux, c'est un jeu qui lui plaît,
Mais il devient fort sage aussitôt qu'il en est,
Et montre cependant des grâces peu vulgaires
A battre ses raisons par des raisons contraires.

SCÈNE VII

DAPHNIS, FLORAME

Daphnis

Je n'osais t'aborder les yeux baignés de pleurs
Et devant ce rival t'apprendre nos malheurs.

Florame

1245 Vous me jetez, mon âme, en d'étranges alarmes,
Dieux! et d'où peut venir ce déluge de larmes?
Le bonhomme est-il mort?

Daphnis

                Non, mais il se dédit,
Tout amour désormais pour toi m'est interdit
Si bien qu'il me faut être ou rebelle, ou parjure,
1250 Forcer les droits d'amour, ou ceux de la nature,
Mettre un autre en ta place, ou lui désobéir,
L'irriter, ou moi-même avec toi me trahir.
A faute de changer sa haine inévitable
Me rend de tous côtés ma perte indubitable
1255 Je ne puis conserver mon devoir et ma foi,
Ni sans crime brûler pour d'autres, ni pour toi.

Florame

Le nom de cet amant dont l'indiscrète envie
A mes ressentiments vient apporter sa vie?
Le nom de cet amant qui par sa prompte mort
1260 Doit au lieu du vieillard me réparer ce tort,
Et sur quelque valeur que son amour se fonde
N'a que jusqu'à ma vue à demeurer au monde?

Daphnis

Je n'aime pas si mal que de m'en informer,
Je t'aurais fait trop voir que j'eusse pu l'aimer.
1265 Son nom su, tu pourrais donner ma résistance
A son peu de mérite et non à ma constance,
Croire que ses défauts le feraient rejeter,
Et qu'un plus accompli se pouvait accepter.
J'atteste ici la main qui lance le tonnerre,
1270 Que tout ce que le Ciel a fait paraître en terre

ACTE IV, SCÈNE VIII

De mérites, de biens, de grandeurs, et d'appas
En même objet uni ne m'ébranlerait pas.
Un seul Florame a droit de captiver mon âme,
Un seul Florame vaut à ma pudique flamme
1275 Tout ce que l'on pourrait offrir à mes ardeurs
De mérites, d'appas, de biens et de grandeurs.

FLORAME

Parmi tant de malheurs vous me comblez d'une aise
Qui redouble mes maux aussi bien que ma braise,
L'effet d'un tel amour hors de votre pouvoir
1280 Irrite d'autant plus mon sanglant désespoir,
L'excès de votre ardeur ne sert qu'à mon supplice,
Devenez-moi cruelle afin que je guérisse.
Guérir ? ah qu'ai-je dit ! ce mot me fait horreur,
Pardonnez aux transports d'une aveugle fureur,
1285 Aimez toujours Florame, et quoi qu'il ait pu dire
Croissez de jour en jour vos feux et son martyre,
Peut-il rendre sa vie à de plus heureux coups
Ou mourir plus content que pour vous et par vous ?

DAPHNIS

Puisque de nos destins la rigueur trop sévère
1290 Oppose à nos désirs l'autorité d'un père.
Que veux-tu que je fasse en l'état où je suis ?
Etre à toi malgré lui, c'est ce que je ne puis,
Mais je puis empêcher qu'un autre me possède
Et qu'un indigne amant à Florame succède.
1295 Le cœur me serre, adieu, je sens faillir ma voix,
Florame, souviens-toi de ce que tu me dois,
Si nos feux sont égaux, mon exemple t'ordonne
Ou d'être à ta Daphnis, ou de n'être à personne.

SCÈNE VIII

FLORAME

Dépourvu de conseil comme de sentiment
1300 L'excès de ma douleur m'ôte le jugement,
De tant de biens promis je n'ai plus que sa vue,
Et mes bras impuissants ne l'ont pas retenue,
Et même je la souffre abandonner ce lieu
Sans trouver de parole à lui dire un adieu,
1305 Ma fureur pour Daphnis a de la complaisance,
Mon désespoir n'osait agir en sa présence,

De peur que mon tourment aigrît ses déplaisirs,
Une pitié secrète étouffait mes soupirs,
Sa douleur par respect faisait taire la mienne,
1310 Mais ma rage à présent n'a rien qui la retienne.
Sors, infâme vieillard, dont le consentement
Nous a vendu si cher le bonheur d'un moment,
Sors que tu sois puni de cette humeur brutale
Qui rend ta volonté pour nos feux inégale,
1315 A nos chastes amours qui t'a fait consentir,
Barbare ? mais plutôt qui t'en fait repentir ?
Crois-tu qu'aimant Daphnis le titre de son père
Débilite ma force ou rompe ma colère ?
Un nom si glorieux, traître, ne t'est plus dû,
1320 En lui manquant de foi ton crime l'a perdu.
Plus j'ai d'amour pour elle, et plus pour toi de haine
Enhardit ma vengeance, et redouble ta peine,
Tu mourras, et je veux pour finir mes ennuis
Mériter par ta mort celle où tu me réduis.
1325 Daphnis, à ma fureur ma bouche abandonnée
Parle d'ôter la vie à qui te l'a donnée !
Je t'aime, et je t'oblige à m'avoir en horreur,
Et ne connais encor qu'à peine mon erreur !
Si je suis sans respect pour ce que tu respectes,
1330 Que mes affections ne t'en soient pas suspectes,
De plus réglés transports me feraient trahison
Si j'avais moins d'amour j'aurais de la raison,
C'est peu que de la perdre, après t'avoir perdue.
Rien ne sert plus de guide à mon âme éperdue
1335 Je condamne à l'instant ce que j'ai résolu,
Je veux, et ne veux plus sitôt que j'ai voulu :
Je menace Géraste et pardonne à ton père :
Ainsi rien ne me venge et tout me désespère.

SCÈNE IX

FLORAME, CÉLIE

FLORAME

Célie ?

CÉLIE

Eh bien, Célie ? enfin elle a tant fait
1340 Qu'à vos désirs Géraste accorde leur effet.
Quel visage avez-vous ? votre aise vous transporte.

Florame

Cesse d'aigrir ma flamme en raillant de la sorte,
Organe d'un vieillard qui croit faire un bon tour
De se jouer de moi par une feinte amour;
1345 Si tu te veux du bien, fais-lui tenir promesse,
Vous me rendrez tous deux la vie, ou ma maîtresse,
Et ce jour expiré je vous ferai sentir
Que rien de ma fureur ne vous peut garantir.

Célie

Florame.

Florame

Je ne puis parler à des perfides.

Célie, *seule*.

1350 Il veut donner l'alarme à mes esprits timides,
Et prend plaisir lui-même à se jouer de moi.
Géraste a trop d'amour pour n'avoir point de foi,
Et s'il pouvait donner trois Daphnis pour Florise
Il la tiendrait encore heureusement acquise.
1355 D'ailleurs ce grand courroux pourrait-il être feint ?
Surpris aurait-il pu falsifier son teint,
Ajuster ses regards, son geste, son langage ?
Aussi que ce vieillard me farde son courage,
Je ne le saurais croire, et veux dès aujourd'hui,
1360 Sur ce point, si je puis, m'éclaircir avec lui.

ACTE V

SCÈNE PREMIÈRE

THÉANTE, DAMON

Théante

Croirais-tu qu'un moment m'ait pu changer de sorte
Que je passe à regret par-devant cette porte ?

Damon

Si ce change d'humeur un peu plus tôt t'eût pris
Nous aurions vu l'effet du dessein entrepris,

1365 Tantôt quelque démon ennemi de ta flamme
Te faisait en ces lieux accompagner Florame ;
Sans la crainte qu'alors il te prît pour second,
Je l'allais appeler au nom de Clarimond,
Et comme si depuis il était invisible,
1370 Le rencontrer encor n'est plus en mon possible.

THÉANTE

Ne le cherche donc plus, à bien considérer,
Qu'ils se battent, ou non, je n'en puis qu'espérer,
Vu que Daphnis au point où je la vois réduite
N'est pas pour l'oublier quand il serait en fuite,
1375 Leur amour est trop forte, et d'ailleurs son trépas
Le privant de ce bien ne me le donne pas :
Inégal en fortune aux biens de cette belle,
Et déjà par malheur assez mal voulu d'elle,
Que pourrais-je en ce cas prétendre de ses pleurs ?
1380 Mon espoir se peut-il fonder sur ses douleurs ?
Deviendrais-je par là plus riche ou plus aimable ?
Et si de l'obtenir je me sens incapable,
Florame est mon ami, d'où tu peux inférer
Qu'à tout autre qu'à moi je le dois préférer,
1385 Et verrais à regret qu'un autre eût pris sa place.

DAMON

Tu t'avises trop tard, que veux-tu que je fasse ?
J'ai poussé Clarimond à lui faire un appel,
J'ai charge de sa part de lui rendre un cartel,
Le puis-je supprimer ?

THÉANTE

Non pas, mais tu peux faire...

DAMON

1390 Quoi ?

THÉANTE

Que Clarimond prenne un mouvement contraire.

DAMON

Le détourner d'un coup où seul je l'ai porté !
Mon courage est malpropre à cette lâcheté.

THÉANTE

A de telle raisons je n'ai de repartie
Sinon que c'est à moi de rompre la partie,
1395 J'en vais semer le bruit.

Damon

Et sur ce bruit tu veux...

Théante

Qu'on leur donne dans peu des gardes à tous deux,
Et qu'une main puissante arrête leur querelle.
Qu'en dis-tu, cher ami ?

Damon

L'invention est belle,
Et le chemin bien court à les mettre d'accord :
Mais souffre auparavant que j'y fasse un effort,
Peut-être mon esprit trouvera quelque ruse
Par où mon honneur sauf, du cartel je m'excuse.
Ne donnons point sujet de tant parler de nous,
Et sachons seulement à quoi tu te résous.

Théante

A les laisser en paix et courir l'Italie
Pour divertir le cours de ma mélancolie,
Et ne voir point Florame emporter à mes yeux
Le prix où prétendait mon cœur ambitieux.

Damon

Amarante à ce compte est hors de ta pensée ?

Théante

Son image du tout n'en est pas effacée,
Mais...

Damon

Tu crains que pour elle on te fasse un duel.

Théante

Railler un malheureux c'est être trop cruel,
Bien que j'adore encor l'excès de son mérite,
Florame ayant Daphnis de honte je la quitte :
Le ciel ne nous fit point et pareils et rivaux
Pour avoir des succès tellement inégaux :
C'est me perdre d'honneur et par cette poursuite
D'égal que je lui suis me ranger à sa suite,
Je donne désormais des règles à mes feux,
De moindres que Daphnis sont incapables d'eux,
Et rien dorénavant n'asservira mon âme,
Qui ne me puisse mettre au-dessus de Florame.
Allons je ne puis voir sans mille déplaisirs
Ce possesseur du bien où tendaient mes désirs.

DAMON

1425 Arrête, cette fuite est hors de bienséance,
Et je n'ai point d'appel à faire en ta présence.

SCÈNE II

FLORAME

Jetterai-je toujours des menaces en l'air
Sans que je sache enfin à qui je dois parler ?
Aurait-on jamais cru qu'elle me fût ravie,
1430 Et qu'on me pût ôter Daphnis avant la vie ?
Le possesseur du prix de ma fidélité,
Bien que je sois vivant demeure en sûreté,
Tout inconnu qu'il m'est il produit ma misère,
Et tout rival qu'il m'est il rit de ma colère.
1435 Rival ! ah quel malheur ! j'en ai pour me bannir,
Et cesse d'en avoir quand je le veux punir.
Grands Dieux, qui m'enviez cette juste allégeance,
Qu'un amant supplanté tire de la vengeance,
Et me cachez le bras dont je reçois les coups,
1440 Est-ce votre dessein que je m'en prenne à vous ?
Est-ce votre dessein d'attirer mes blasphèmes
Et qu'ainsi que mes maux, mes forfaits soient extrêmes,
Qu'à mille impiétés osant me dispenser
A votre foudre oisif je donne où se lancer ?
1445 Ah ! souffrez qu'en l'état de mon sort déplorable,
Je demeure innocent encor que misérable,
Destinez à vos feux d'autres objets que moi,
Vous n'en sauriez manquer quand on manque de foi :
Employez le tonnerre à punir les parjures,
1450 Et prenez intérêt vous-même à mes injures,
Montrez en m'assistant que vous êtes des Dieux,
Et conduisez mon bras puisque je n'ai point d'yeux,
Et qu'on sait dérober d'un rival qui me tue,
Le nom à mon oreille, et l'objet à ma vue :
1455 Rival, qui que tu sois dont l'insolent amour,
Idolâtre un soleil, et n'ose voir le jour,
N'oppose plus ta crainte à l'ardeur qui te presse,
Fais-toi, fais-toi connaître allant voir ta maîtresse.

SCÈNE III

FLORAME, AMARANTE

FLORAME

Amarante (aussi bien te faut-il confesser
1460 Qu'au lieu de toi Daphnis occupait mon penser)
Dis-moi, qui me l'enlève, apprends-moi quel mystère
Me cache le rival qui possède son père,
A quel heureux amant Géraste a destiné
Un bien si précieux qu'Amour m'avait donné ?

AMARANTE

1465 Ce vous dût être assez de m'avoir abusée
Sans faire encor de moi vos sujets de risée.
Je sais que le vieillard favorise vos feux,
Et que rien que Daphnis n'est contraire à vos vœux.

FLORAME

Tu t'abuses, lui seul et sa rigueur cruelle
1470 Empêchent les effets d'une ardeur mutuelle.

AMARANTE

Pensez-vous me duper avec ce feint courroux ?
Lui-même il m'a prié de lui parler pour vous.

FLORAME

Vois-tu, ne t'en ris plus, ta seule jalousie
A mis à ce vieillard ce change en fantaisie,
1475 Ce n'est pas avec moi que tu te dois jouer,
Tu redoubles ton crime à le désavouer
Et sache qu'aujourd'hui si tu ne fais en sorte
Que mon fidèle amour sur ce rival l'emporte,
J'aurai trop de moyens à te faire sentir
1480 Qu'on ne m'offense point sans un prompt repentir.

SCÈNE IV

AMARANTE

Voilà de quoi tomber en un nouveau dédale.
O ciel ! qui vit jamais confusion égale :

Si j'écoute Daphnis, j'apprends qu'un feu puissant
La brûle pour Florame, et qu'un père y consent :
1485 Si j'écoute Géraste, il lui donne Florame,
Et se plaint que Daphnis en rejette la flamme :
Et si Florame est cru, ce vieillard aujourd'hui
Dispose de Daphnis pour un autre que lui.
Sous un tel embarras je me trouve accablée,
1490 Eux ou moi nous avons la cervelle troublée,
Si ce n'est qu'à dessein ils veuillent tout mêler,
Et soient d'intelligence à me faire affoler.
Mon faible esprit s'y perd, et n'y peut rien comprendre,
Pour en venir à bout il me les faut surprendre,
1495 Et quand ils se verront écouter leurs discours,
Pour apprendre par là le fond de ces détours.
Voici mon vieux rêveur, fuyons de sa présence,
Qu'il ne nous brouille encor de quelque confidence :
De crainte que j'en ai d'ici je me bannis,
1500 Tant qu'avec lui je voie où Florame ou Daphnis.

SCÈNE V

GÉRASTE, POLÉMON

POLÉMON

J'ai grand regret, monsieur, que la foi qui vous lie
Empêche que chez vous mon neveu ne s'allie,
Et que son feu m'emploie aux offres qu'il vous fait,
Lorsqu'il n'est plus en vous d'en accepter l'effet.

GÉRASTE

1505 C'est moi qui suis marri que pour cet hyménée
Je ne puis révoquer la parole donnée,
L'avantageux parti que vous me présentez
Me verrait sans cela prêt à ses volontés.

POLÉMON

Mais si quelque malheur rompait cette alliance ?

GÉRASTE

1510 Qu'il n'ait lors de ma part aucune défiance,
Je m'en tiendrais heureux, et ma foi vous répond
Que Daphnis sans tarder épouse Clarimond.

Polémon

Adieu, faites état de mon humble service.

Géraste

Et vous pareillement d'un cœur sans artifice.

SCÈNE VI

CÉLIE, GÉRASTE

Célie

1515 De sorte qu'à mes yeux votre foi lui répond,
Que Daphnis sans tarder épouse Clarimond ?

Géraste

Cette vaine promesse en un cas impossible
Adoucit un refus et le rend moins sensible,
C'est ainsi qu'on oblige un homme à peu de frais.

Célie

1520 Ajouter l'impudence à vos perfides traits !
Il vous faudrait du charme au lieu de cette ruse,
Pour me persuader que qui promet refuse.

Géraste

J'ai promis, il est vrai, mais au cas seulement
Que Florame ou sa sœur courût au changement.
1525 Pour Daphnis, c'est en vain qu'elle fait la rebelle,
J'en viendrai trop à bout.

Célie

              Impudence nouvelle !
Florame que Daphnis fait maître de son cœur,
Ne se plaint que de vous et de votre rigueur,
Et sans vous on verrait leur mutuelle flamme
1530 Unir bientôt deux corps qui n'ont déjà qu'une âme.
Vous m'allez cependant effrontément conter
Que Daphnis sur ce point ose vous résister !
Vous m'en aviez promis une tout autre issue,
J'en ai porté parole après l'avoir reçue,
1535 Qu'avais-je contre vous ou fait, ou projeté,
Pour me faire tremper en votre lâcheté ?

Ne pouviez-vous trahir que par mon entremise ?
Avisez, il y va de plus que de Florise,
Ne vous estimez pas quitte pour la quitter,
1540 Ni que de cette sorte on se laisse affronter,
Florame a trop de cœur.

GÉRASTE

Et moi trop de courage
Pour manquer où l'amour, l'honneur, la foi m'engage.
Va donc, va le chercher, à ses yeux tu verras
Que pour lui mon pouvoir ne s'épargnera pas,
1545 Que je maltraiterai Daphnis en sa présence
D'avoir pour son amour si peu de complaisance :
Qu'il vienne seulement voir un père irrité,
Et joindre sa prière à mon autorité,
Et lors, soit que Daphnis y résiste, ou consente,
1550 Enfin ma volonté sera la plus puissante.

CÉLIE

Croyez que nous tromper ce n'est pas votre mieux.

GÉRASTE

Me foudroie en ce cas la colère des Cieux.

SCÈNE VII

GÉRASTE, DAPHNIS

GÉRASTE, *seul.*

Géraste, sur-le-champ il te fallait contraindre
Celle que ta pitié ne pouvait ouïr plaindre,
1555 Tu n'as pu refuser du temps à ses douleurs.
Ton cœur s'attendrissait de voir couler ses pleurs,
Et pour avoir usé trop peu de ta puissance,
On t'impute à forfait sa désobéissance.

Daphnis sort.

Un traitement trop doux te fait croire sans foi.
1560 Faudra-t-il que de vous je reçoive la loi,
Et que l'aveuglement d'une amour obstinée,
Contre ma volonté règle votre hyménée ?

ACTE V, SCÈNE VII

Mon extrême indulgence a donné par malheur
A vos rébellions quelque faible couleur,
Et pour quelque moment que vos feux m'ont su plaire
Vous vous autorisez à m'être réfractaire.
Mais sachez qu'il fallait, ingrate, en vos amours
Ou ne m'obéir point, ou m'obéir toujours.

Daphnis

Si dans mes premiers feux je vous semble obstinée,
C'est l'effet de ma foi sous votre aveu donnée.
Quoi que mette en avant votre injuste courroux
Je ne veux opposer à vous-même que vous.
Votre permission doit être irrévocable,
Devenez seulement à vous-même semblable,
Il vous fallait, monsieur, vous-même, en mes amours
Ou ne consentir point, ou consentir toujours :
Je choisirai la mort plutôt que le parjure,
M'y voulant obliger vous vous faites injure,
Ne veuillez point combattre ainsi hors de saison
Votre vouloir, ma foi, mes pleurs, et la raison.
Que vous a fait Daphnis ? que vous a fait Florame
Que pour lui vous vouliez que j'éteigne ma flamme ?

Géraste

Mais que vous a-t-il fait que pour lui seulement
Vous vous rendiez rebelle à mon commandement ?
Ma foi doit-elle pas prévaloir sur la vôtre ?
Vous vous donnez à l'un, ma foi vous donne à l'autre,
Qui le doit emporter ou de vous ou de moi ?
Et qui doit de nous deux plutôt manquer de foi ?
Quand vous en manquerez mon vouloir vous excuse.
Mais à trop raisonner moi-même je m'abuse,
Il n'est point de raison valable entre nous deux,
Et pour toute raison il suffit que je veux.

Daphnis

Un parjure jamais ne devient légitime,
Une excuse ne peut justifier un crime,
Malgré vos changements mon esprit résolu
Croit suffire à mes feux que vous ayez voulu.

SCÈNE VIII

GÉRASTE, DAPHNIS, FLORAME, CÉLIE, AMARANTE

Daphnis

Voici ce cher amant qui me tient engagée
A qui sous votre aveu ma foi s'est obligée,
Changez de volonté pour un objet nouveau,
Daphnis épousera Florame, ou le tombeau.

Géraste

Que vois-je ici, bons Dieux ?

Daphnis

Mon amour, ma constance.

Géraste

Et sur quoi donc fonder ta désobéissance ?
Quel envieux démon et quel charme assez fort
Faisait entrechoquer deux volontés d'accord ?
C'est lui que je chéris, et que je te destine,
Et ta rébellion dans un refus s'obstine !

Florame

Appelez-vous refus de me donner sa foi
Quand votre volonté se déclara pour moi ?
Et cette volonté pour un autre tournée
Vous peut-elle obéir après la foi donnée ?

Géraste

C'est pour vous que je change, et pour vous seulement
Je veux qu'elle renonce à son premier amant.
Lorsque je consentis à sa secrète flamme
C'était pour Clarimond qui possédait son âme,
Amarante du moins me l'avait dit ainsi.

Daphnis

Amarante, approchez, que tout soit éclairci.
Une telle imposture est-elle pardonnable ?

Amarante

Mon amour pour Florame en est le seul coupable,

ACTE V, SCÈNE VIII

Mon esprit l'adorait, et vous étonnez-vous
S'il devint inventif puisqu'il était jaloux ?

Géraste

Et par là tu voulais...

Amarante

Que votre âme déçue
Donnât à Clarimond une si bonne issue,
Que Florame frustré de l'objet de ses vœux
Fût réduit désormais à seconder mes feux.

Florame

Pardonnez-lui, monsieur, et vous, ma chère vie,
Voyez que votre exemple au pardon vous convie :
Si vous m'aimez encor, vous devez estimer
Qu'on ne peut faire un crime à force de m'aimer.

Daphnis

Si je t'aime, mon heur ? ah ! ce doute m'offense,
D'Amarante avec toi je prendrai la défense.

Géraste

Et moi dans ce pardon je vous veux prévenir,
Votre hymen aussi bien saura trop la punir.

Daphnis

Qu'un nom tu par hasard nous a donné de peine !

Célie

Mais que su maintenant il rend sa ruse vaine,
Et donne un prompt succès à vos contentements !

Florame, *à Géraste*.

Vous de qui je les tiens...

Géraste

Trêve de compliments,
Ils nous empêcheraient de parler de Florise.

Florame

Il n'en faut point parler, elle vous est acquise.

Géraste

Allons donc la trouver, que cet échange heureux
Comble d'aise à son tour un vieillard amoureux.

Daphnis

Quoi! je ne savais rien d'une telle partie.

Florame

Mon cœur, s'il t'en souvient, je t'avais avertie
Qu'un grand effet d'amour avant qu'il fût longtemps
Te rendrait étonnée et nos désirs contents.
1645 Mais différez, monsieur, une telle visite,
Mon feu ne souffre point que sitôt je la quitte,
Et d'ailleurs je sais trop que la loi du devoir
Veut que je sois chez nous pour vous y recevoir.

Géraste, *à Célie.*

Va donc lui témoigner le désir qui me presse.

Florame

1650 Plutôt fais-la venir saluer ma maîtresse,
Par cette invention vous et moi satisfaits
Sans faillir au devoir nous aurons nos souhaits.

Géraste

Mais le mien toutefois veut que je la prévienne.

Célie

Attendez-la, monsieur, et qu'à cela ne tienne,
1655 Je cours exécuter cette commission.

Géraste

Le temps en sera long à mon affection.

Florame

Toujours l'impatience à l'amour est mêlée.

Géraste

Allons dans le jardin faire deux tours d'allée,
Afin qu'ainsi l'ennui que j'en pourrai sentir
1660 Dedans votre entretien se puisse divertir.

SCÈNE DERNIÈRE

Amarante

Je le perds sans avoir de tout mon artifice
Qu'autant de mal que lui, bien que diversement,
Vu que pas un effet n'a suivi ma malice
Ou ma confusion n'égalât son tourment :
Pour agréer ailleurs il tâchait à me plaire,
Un amour dans la bouche, un autre dans le sein :
J'ai servi de prétexte à son feu téméraire,
Et je n'ai pu servir d'obstacle à son dessein.
   Daphnis me le ravit, non par son beau visage,
Non par son bel esprit, ou ses doux entretiens,
Non que sur moi sa race ait aucun avantage,
Mais par le seul éclat qui sort d'un peu de biens.
   Filles, que la Nature a si bien partagées,
Vous devez présumer fort peu de vos attraits,
Quelque charmants qu'ils soient vous êtes négligées
Sinon quand la fortune en fait les plus beaux traits.
   Mais encor que Daphnis eût captivé Florame
Le moyen qu'inégal il en fût possesseur ?
Ciel, pour faciliter le succès de sa flamme
Fallait-il qu'un vieillard fût épris de sa sœur ?
   Oui, ciel, il le fallait, ce n'est pas sans justice
Que cet esprit usé se renverse à son tour :
Puisqu'un jeune amant suit les lois de l'avarice,
Il faut bien qu'un vieillard suive celles d'amour.
   Un discours amoureux n'est qu'une fausse amorce,
Et Théante et Florame ont feint pour moi des feux,
L'un m'échappe de gré comme l'autre de force,
J'ai quitté l'un pour l'autre, et je les perds tous deux.
   Mon cœur n'a point d'espoir d'où je ne sois séduite,
Si je prends quelque peine, un autre en a les fruits,
Qu'au misérable état où je me vois réduite
J'aurai bien à passer encor de tristes nuits!
   Vieillard, qui de ta fille achètes une femme
Dont peut-être aussitôt tu seras mécontent,
Puisse le ciel aux soins qui te vont ronger l'âme
Dénier le repos du tombeau qui t'attend!
   Puisse enfin ta faiblesse et ton humeur jalouse
Te frustrer désormais de tout contentement,
Te remplir de soupçons, et cette jeune épouse
Joindre à mille mépris le secours d'un amant!

LA PLACE ROYALE
OU
L'AMOUREUX EXTRAVAGANT

Comédie

A MONSIEUR ***

Monsieur,

J'observe religieusement la loi que vous m'avez prescrite, et vous rends mes devoirs avec le même secret que je traiterais un amour, si j'étais homme à bonne fortune. Il me suffit que vous sachiez que je m'acquitte, sans le faire connaître à tout le monde, et sans que par cette publication je vous mette en mauvaise odeur auprès d'un sexe, dont vous conservez les bonnes grâces avec tant de soin. Le héros de cette pièce ne traite pas bien les dames, et tâche d'établir des maximes qui leur sont trop désavantageuses, pour nommer son protecteur; elles s'imagineraient que vous ne pourriez l'approuver sans avoir grande part à ses sentiments, et que toute sa morale serait plutôt un portrait de votre conduite, qu'un effort de mon imagination; et véritablement, Monsieur, cette possession de vous-même, que vous conservez si parfaite parmi tant d'intrigues où vous semblez embarrassé, en approche beaucoup. C'est de vous que j'ai appris que l'amour d'un honnête homme doit être toujours volontaire, qu'on ne doit jamais aimer en un point qu'on ne puisse n'aimer pas; que si on en vient jusque-là, c'est une tyrannie dont il faut secouer le joug, et qu'enfin la personne aimée nous a beaucoup plus d'obligation de notre amour, alors qu'elle est toujours l'effet de notre choix, et de son mérite, que quand elle vient d'une inclination aveugle, et forcée par quelque ascendant de naissance à qui nous ne pouvons résister. Nous ne sommes point redevables à celui de qui nous recevons un bienfait par contrainte, et on ne nous donne point ce qu'on ne saurait nous refuser. Mais je vais trop avant pour une épître; il semblerait que j'entreprendrais la justification de mon Alidor, et ce n'est pas mon dessein de mériter par

cette défense la haine de la plus belle moitié du monde, et qui domine si puissamment sur les volontés de l'autre. Un poète n'est jamais garant des fantaisies qu'il donne à ses acteurs, et si les dames trouvent ici quelques discours qui les blessent, je les supplie de se souvenir que j'appelle extravagant celui dont ils partent, et que par d'autres poèmes j'ai assez relevé leur gloire, et soutenu leur pouvoir pour effacer les mauvaises idées que celui-ci leur pourra faire concevoir de mon esprit. Trouvez bon que j'achève par là, et que je n'ajoute à cette prière que je leur fais, que la protestation d'être éternellement,
MONSIEUR,

Votre très humble, et très obéissant serviteur,

CORNEILLE

LA PLACE ROYALE

OU

L'AMOUREUX EXTRAVAGANT

Comédie

LES ACTEURS

ALIDOR, amant d'Angélique.
CLÉANDRE, ami d'Alidor.
DORASTE, amoureux d'Angélique.
LISIS, amoureux de Philis.
ANGÉLIQUE, maîtresse d'Alidor et de Doraste.
PHILIS, sœur de Doraste.
POLYMAS, domestique d'Alidor.
LYCANTE, domestique de Doraste.

La scène est à la place Royale.

ACTE PREMIER

SCÈNE PREMIÈRE

ANGÉLIQUE, PHILIS

ANGÉLIQUE

Ton frère eût-il encor cent fois plus de mérite,
Tu reçois aujourd'hui ma dernière visite,
Si tu m'entretiens plus des feux qu'il a pour moi.

PHILIS

Vraiment tu me prescris une fâcheuse loi,
5 Je ne puis sans forcer celles de la nature,
Dénier mon secours aux tourments qu'il endure.
Tu m'aimes, il se meurt, et tu le peux guérir,
Et sans t'importuner je le lairrais périr !
Me défendras-tu point à la fin de le plaindre ?

ANGÉLIQUE

10 Le mal est bien léger d'un feu qu'on peut éteindre.

PHILIS

Il le devrait du moins, mais avec tant d'appas
Le moyen qu'il te voie et ne t'adore pas ?
Ses yeux ne souffrent point que son cœur soit de glace,
Aussi ne pourrait-on m'y résoudre, en sa place,
15 Et tes regards sur moi plus forts que tes mépris,
Te sauraient conserver ce que tu m'aurais pris.

ANGÉLIQUE

S'il vit dans une humeur tellement obstinée,
Je puis bien m'empêcher d'en être importunée,

Feindre un peu de migraine, ou me faire celer,
20 C'est un moyen bien court de ne lui plus parler :
Mais ce qui me déplaît, et qui me désespère,
C'est de perdre la sœur pour éviter le frère,
Rompre notre commerce et fuir ton entretien,
Puisque te voir encor c'est m'exposer au sien,
25 Que s'il me faut quitter cette douce pratique,
Ne mets point en oubli l'amitié d'Angélique,
Sûre que ses effets auront leur premier cours
Aussitôt que ton frère éteindra ses amours.

PHILIS

Tu vis d'un air étrange, et presque insupportable.

ANGÉLIQUE

30 Que toi-même pourtant trouverais équitable,
Mais la raison sur toi ne saurait l'emporter,
Dans l'intérêt d'un frère on ne peut l'écouter.

PHILIS

Et par quelle raison négliger son martyre ?

ANGÉLIQUE

Vois-tu, j'aime Alidor, et cela c'est tout dire ;
35 Le reste des mortels pourrait m'offrir des vœux,
Je suis aveugle, sourde, insensible pour eux,
La pitié de leurs maux ne peut toucher mon âme,
Que par des sentiments dérobés à ma flamme,
On ne doit point avoir des amants par quartier,
40 Alidor a mon cœur et l'aura tout entier,
En aimer deux, c'est être à tous deux infidèle.

PHILIS

Qu'Alidor seul te rende à tout autre cruelle !
C'est avoir pour le reste un cœur trop endurci.

ANGÉLIQUE

Pour aimer comme il faut, il faut aimer ainsi.

PHILIS

45 Dans l'obstination où je te vois réduite
J'admire ton amour et ris de ta conduite.
Fasse état qui voudra de ta fidélité,
Je ne me pique point de cette vanité,
On a peu de plaisirs quand un seul les fait naître,
50 Au lieu d'un serviteur c'est accepter un maître,

Dans les soins éternels de ne plaire qu'à lui
Cent plus honnêtes gens nous donnent de l'ennui,
Il nous faut de tout point vivre à sa fantaisie,
Souffrir de son humeur, craindre sa jalousie,
55 Et de peur que le temps ne lâche ses ferveurs,
Le combler chaque jour de nouvelles faveurs,
Notre âme s'il s'éloigne est de deuil abattue,
Sa mort nous désespère, et son change nous tue,
Et de quelque douceur que nos feux soient suivis,
60 On dispose de nous sans prendre notre avis,
C'est rarement qu'un père à nos goûts s'accommode,
Et lors juge quels fruits on a de ta méthode.
Pour moi j'aime un chacun, et sans rien négliger
Le premier qui m'en conte a de quoi m'engager,
65 Ainsi tout contribue à ma bonne fortune,
Tout le monde me plaît, et rien ne m'importune,
De mille que je rends l'un de l'autre jaloux,
Mon cœur n'est à pas un en se donnant à tous,
Pas un d'eux ne me traite avecque tyrannie,
70 Et mon humeur égale à mon gré les manie,
Je ne fais à pas un tenir lieu de mignon,
Et c'est à qui l'aura dessus son compagnon ;
Ainsi tous à l'envi s'efforcent à me plaire,
Tous vivent d'espérance, et briguent leur salaire,
75 L'éloignement d'aucun ne saurait m'affliger,
Mille encore présents m'empêchent d'y songer,
Je n'en crains point la mort, je n'en crains point le change,
Un monde m'en console aussitôt, ou m'en venge ;
Le moyen que de tant, et de si différents
80 Quelqu'un n'ait assez d'heur pour plaire à mes parents ?
Et si leur choix fantasque un inconnu m'allie,
Ne crois pas que pourtant j'entre en mélancolie,
Il aura quelques traits de tant que je chéris,
Et je puis avec joie accepter tous maris.

ANGÉLIQUE

85 Voilà fort plaisamment tailler cette matière,
Et donner à ta langue une longue carrière,
Ce grand flux de raisons dont tu viens m'attaquer,
Est bon à faire rire, et non à pratiquer :
Simple, tu ne sais pas ce que c'est que tu blâmes,
90 Et ce qu'a de douceurs l'union de deux âmes,
Tu n'éprouvas jamais de quels contentements
Se nourrissent les feux des fidèles amants,
Qui peut en avoir mille en est plus estimée ;

Mais qui les aime tous, de pas un n'est aimée,
95 Elle voit leur amour soudain se dissiper,
Qui veut tout retenir laisse tout échapper.

Philis

Défais-toi, défais-toi de ces fausses maximes,
Ou si pour leur défense, aveugle, tu t'animes,
Si le seul Alidor te plaît dessous les cieux,
100 Conserve-lui ton cœur, mais partage tes yeux,
De mon frère par là soulage un peu les plaies,
Accorde un faux remède à des douleurs si vraies,
Trompe-le, je t'en prie, et sinon par pitié,
Pour le moins par vengeance, ou par inimitié.

Angélique

105 Le beau prix qu'il aurait de m'avoir tant chérie,
Si je ne le payais que d'une tromperie !
Pour salaire des maux qu'il endure en m'aimant,
Il aura qu'avec lui je vivrai franchement.

Philis

Franchement c'est-à-dire avec mille rudesses,
110 Le mépriser, le fuir, et par quelques adresses
Qu'il tâche d'adoucir... Quoi, me quitter ainsi !
Et sans me dire adieu ! le sujet ?

SCÈNE II

DORASTE, PHILIS

Doraste

Le voici.
Ma sœur ne cherche plus une chose trouvée.
Sa fuite n'est l'effet que de mon arrivée,
115 Ma présence la chasse, et son muet départ,
A presque devancé son dédaigneux regard.

Philis

Juge par là quels fruits produit mon entremise,
Je m'acquitte des mieux de la charge commise,
Je te fais plus parfait mille fois que tu n'es,
120 Ton feu ne peut aller au point où je le mets,

J'invente des raisons à combattre sa haine,
Je blâme, flatte, prie, et n'y perds que ma peine,
En grand péril d'y perdre encor son amitié,
Et d'être en tes malheurs avec toi de moitié.

DORASTE

125 Ah! tu ris de mes maux.

PHILIS

Que veux-tu que je fasse ?
Ris des miens si jamais tu me vois en ta place,
Que serviraient mes pleurs ? veux-tu qu'à tes tourments
J'ajoute la pitié de mes ressentiments ?
Après mille mépris reçus de ta maîtresse
130 Tu n'es que trop chargé de ta seule tristesse,
Si j'y joignais la mienne elle t'accablerait,
Et de mon déplaisir le tien redoublerait;
Contraindre mon humeur me serait un supplice,
Qui me rendrait moins propre à te faire service,
135 Vois-tu ? par tous moyens je te veux soulager,
Mais j'ai bien plus d'esprit que de m'en affliger,
Il n'est point de douleur si forte en un courage
Qui ne perde sa force auprès de mon visage,
C'est toujours de tes maux autant de rabattu,
140 Confesse, ont-ils encor le pouvoir qu'ils ont eu ?
Ne sens-tu point déjà ton âme un peu plus gaie ?

DORASTE

Tu me forces à rire en dépit que j'en aie,
Je souffre tout de toi, mais à condition
D'employer tous tes soins à mon affection.

PHILIS

145 Non pas tous, j'en retiens pour moi quelque partie.

DORASTE

Il était grand besoin de cette repartie;
Ne ris plus, et regarde après tant de discours
Par où tu me pourras donner quelque secours,
Dis-moi par quelle ruse il faut...

PHILIS

Rentrons, mon frère,
150 Un de mes amants vient qui nous pourrait distraire.

SCÈNE III

Cléandre

Que je dois bien faire pitié,
De souffrir les rigueurs d'un sort si tyrannique!
    J'aime Alidor, j'aime Angélique,
    Mais l'amour cède à l'amitié,
155 Et l'on n'a jamais vu sous les lois d'une belle
D'amant si malheureux, ni d'ami si fidèle.

    Ma bouche ignore mes désirs,
Et de peur de se voir trahi par imprudence
Mon cœur n'a point de confidence
160   Avec mes yeux, ni mes soupirs,
Mes vœux pour sa beauté sont muets, et ma flamme
Non plus que son objet ne sort point de mon âme.

    Je feins d'aimer en d'autres lieux,
Et pour en quelque sorte alléger mon supplice,
165   Je porte du moins mon service
    A celle qu'elle aime le mieux,
Philis à qui j'en conte a beau faire la fine,
Son plus charmant appas c'est d'être sa voisine.

    Esclave d'un œil si puissant
170 Jusque-là seulement me laisse aller ma chaîne,
    Trop récompensé dans ma peine
    D'un de ses regards en passant :
Je n'en veux à Philis que pour voir Angélique,
Et mon feu qui vient d'elle, auprès d'elle s'explique.

175   Ami mieux aimé mille fois,
Faut-il pour m'accabler de douleurs infinies
    Que nos volontés soient unies
    Jusques à faire un même choix ?
Viens quereller mon cœur, puisqu'en son peu d'espace
180 Ta maîtresse après toi peut trouver quelque place.

    Mais plutôt vois te préférer
A celle que le tien préfère à tout le monde,
    Et ton amitié sans seconde

N'aura plus de quoi murmurer :
185 Ainsi je veux punir ma flamme déloyale,
Ainsi...

SCÈNE IV

ALIDOR, CLÉANDRE

ALIDOR

Te rencontrer dans la place Royale,
Solitaire et si près de ta douce prison,
Montre bien que Philis n'est pas à la maison.

CLÉANDRE

Mais voir de ce côté ta démarche avancée
190 Montre bien qu'Angélique est fort dans ta pensée.

ALIDOR

Hélas ! c'est mon malheur, son objet trop charmant,
Quoi que je puisse faire, y règne absolument.

CLÉANDRE

De ce pouvoir peut-être elle use en inhumaine ?

ALIDOR

Rien moins, et c'est par là que redouble ma peine,
195 Ce n'est qu'en m'aimant trop qu'elle me fait mourir,
Un moment de froideur, et je pourrais guérir,
Une mauvaise œillade, un peu de jalousie,
Et j'en aurais soudain passé ma fantaisie :
Mais las ! elle est parfaite, et sa perfection
200 N'est pourtant rien auprès de son affection,
Point de refus pour moi, point d'heures inégales,
Accablé de faveurs à mon aise fatales
Partout où son honneur peut souffrir mes plaisirs,
Je vois qu'elle devine et prévient mes désirs,
205 Et si j'ai des rivaux, sa dédaigneuse vue
Les désespère autant que son ardeur me tue.

CLÉANDRE

Vit-on jamais amant de la sorte enflammé,
Qui se tint malheureux pour être trop aimé ?

Alidor

Comptes-tu mon esprit entre les ordinaires ?
Penses-tu qu'il s'arrête aux sentiments vulgaires ?
Les règles que je suis ont un air tout divers,
Je veux que l'on soit libre au milieu de ses fers.
Il ne faut point servir d'objet qui nous possède,
Il ne faut point nourrir d'amour qui ne nous cède,
Je le hais s'il me force, et quand j'aime je veux
Que de ma volonté dépendent tous mes vœux,
Que mon feu m'obéisse au lieu de me contraindre,
Que je puisse à mon gré l'augmenter, et l'éteindre,
Et toujours en état de disposer de moi,
Donner quand il me plaît, et retirer ma foi.
Pour vivre de la sorte Angélique est trop belle,
Mes pensers n'oseraient m'entretenir que d'elle,
Je sens de ses regards mes plaisirs se borner,
Mes pas d'autre côté ne s'oseraient tourner,
Et de tous mes soucis la liberté bannie
Fait trop voir ma faiblesse avec sa tyrannie ;
J'ai honte de souffrir les maux dont je me plains,
Et d'éprouver ses yeux plus forts que mes desseins,
Mais sans plus consentir à de si rudes gênes,
A tel prix que ce soit je veux rompre mes chaînes,
De crainte qu'un hymen m'en ôtant le pouvoir,
Fît d'un amour par force un amour par devoir.

Cléandre

Crains-tu de posséder ce que ton cœur adore ?

Alidor

Ah ! ne me parle point d'un lien que j'abhorre,
Angélique me charme, elle est belle aujourd'hui,
Mais sa beauté peut-elle autant durer que lui ?
Et pour peu qu'elle dure, aucun me peut-il dire
Si je pourrai l'aimer jusqu'à ce qu'elle empire ?
Du temps qui change tout les révolutions
Ne changent-elles pas nos résolutions ?
[Est-ce] une humeur égale et ferme que la nôtre ?
Un âge hait-il pas souvent ce qu'aimait l'autre ?
Juge alors le tourment que c'est d'être attaché,
Et de ne pouvoir rompre un si fâcheux marché.
Cependant Angélique à force de me plaire
Me flatte doucement de l'espoir du contraire,
Et si d'autre façon je ne me sais garder,
Ses appas sont bientôt pour me persuader.

Mais puisque son amour me donne tant de peine,
250 Je la veux offenser pour acquérir sa haine,
Et pratiquer enfin un doux commandement
Qui prononce l'arrêt de mon bannissement,
Ce remède est cruel, mais pourtant nécessaire,
Puisqu'elle me plaît trop, il me lui faut déplaire,
255 Tant que j'aurai chez elle encore quelque accès,
Mes desseins de guérir n'auront point de succès.

Cléandre

Etrange humeur d'amant!

Alidor

Etrange, mais utile,
Je me procure un mal pour en éviter mille.

Cléandre

Tu ne prévois donc pas ce qui t'attend de maux,
260 Quand un rival aura le fruit de tes travaux :
Pour se venger de toi, cette belle offensée
Sous le joug d'un mari sera bientôt passée,
Et lors, que de soupirs, et de pleurs épandus,
Ne te rendront aucun de tant de biens perdus!

Alidor

265 Mais dis que pour rentrer dans mon indifférence
Je perdrai mon amour avec mon espérance,
Et qu'y trouvant alors sujet d'aversion,
Ma liberté naîtra de ma punition.

Cléandre

Après cette assurance, ami, je me déclare,
270 Amoureux dès longtemps d'une beauté si rare,
Toi seul de la servir me pouvais empêcher,
Et je n'aimais Philis que pour m'en approcher.
Souffre donc maintenant que pour mon allégeance
Je prenne, si je puis, le temps de sa vengeance,
275 Que des ressentiments qu'elle aura contre toi
Je tire un avantage en lui portant ma foi,
Et que dans la colère en son âme conçue
Je puisse à mes amours faciliter l'issue.

Alidor

Si ce joug inhumain, ce passage trompeur,
280 Ce supplice éternel ne te fait point de peur,

A moi ne tiendra pas que la beauté que j'aime
Ne me quitte bientôt pour un autre moi-même,
Tu portes en bon lieu tes désirs amoureux,
Mais songe que l'hymen fait bien des malheureux.

CLÉANDRE

285 Poussons à cela près, mais aussi quand j'y pense,
Peut-être seulement le nom d'époux t'offense,
Et tu voudrais qu'un autre eût cette qualité,
Pour après...

ALIDOR

Je t'entends, sois sûr de ce côté,
Outre que ma maîtresse, aussi chaste que belle,
290 De la vertu parfaite est l'unique modèle,
Et que le plus aimable et le plus effronté
Entreprendrait en vain sur sa pudicité,
Les beautés d'une fille ont beau toucher mon âme,
Je ne la connais plus dès l'heure qu'elle est femme.
295 De mille qu'autrefois tu m'as vu caresser,
En pas une un mari pouvait-il l'offenser ?
J'évite l'apparence autant comme le crime,
Je fuis un compliment qui semble illégitime,
Et le jeu m'en déplaît quand on fait à tous coups
300 Causer un médisant, et rêver un jaloux.
Encor que dans mon feu mon cœur ne s'intéresse,
Je veux pouvoir prétendre où ma bouche l'adresse,
Et garder, si je puis, parmi ces fictions,
Un renom aussi pur que mes intentions.
305 Ami, soupçon à part, avant que le jour passe,
D'Angélique pour toi gagnons la bonne grâce,
Et de ce pas allons ensemble consulter
Des moyens qui pourront t'y mettre et m'en ôter,
Et quelle invention sera la plus aisée.

CLÉANDRE

310 Allons, ce que j'ai dit n'était que par risée.

ACTE II

SCÈNE PREMIÈRE
ANGÉLIQUE, POLYMAS

ANGÉLIQUE, *tenant une lettre déployée.*
De cette trahison ton maître est donc l'auteur ?

POLYMAS

Son choix, mal à propos, m'en a fait le porteur,
Mon humeur y répugne, et quoi qu'il en advienne,
J'en fais une, de peur de servir à la sienne,
315 Et mon devoir mal propre à de si lâches coups,
Manque aussitôt vers lui comme le sien vers vous.

ANGÉLIQUE

Contre ce que je vois mon fol amour s'obstine,
Qu'Alidor ait écrit cette lettre à Clarine !
Et qu'ainsi d'Angélique il se voulût jouer !

POLYMAS

320 Il n'aura pas le front de le désavouer,
Opposez-lui ses traits, battez-le de ses armes.
Pour s'en pouvoir défendre il lui faudrait des charmes,
Surtout cachez mon nom, et ne m'exposez pas
Aux infaillibles coups d'un violent trépas,
325 Que je vous puisse encor trahir son artifice,
Et pour mieux vous servir, rester à son service.

ANGÉLIQUE

Ne crains rien de ma part, je sais l'invention
De répondre aisément à ton intention.

POLYMAS

Feignez d'avoir reçu ce billet de Clarine,
330 Et que...

Angélique

Ne m'instruis point, et va qu'il ne devine.
S'il t'avait ici vu, toute la vérité
Paraîtrait en dépit de ma dextérité.

Polymas

C'est d'elle désormais que je tiendrai la vie.

Angélique

As-tu de la garder encore quelque envie ?
335 Ne me réplique plus, et va-t'en.

Polymas

             J'obéis.

Angélique, *seule*.

Mes feux, il est donc vrai que l'on vous a trahis,
Et ceux dont Alidor paraissait l'âme atteinte
Ne sont plus que fumée, ou n'étaient qu'une feinte !
Que la foi des amants est un gage pipeur !
340 Que leurs serments sont vains, et notre espoir trompeur !
Qu'on est peu dans leur cœur pour être dans leur bouche !
Et que malaisément on sait ce qui les touche,
Mais voici l'infidèle, ha ! qu'il se contraint bien !

SCÈNE II

ALIDOR, ANGÉLIQUE

Alidor

Puis-je avoir un moment de ton cher entretien ?
345 Mais j'appelle un moment de même qu'une année
Passe entre deux amants pour moins qu'une journée.

Angélique

Traître, ingrat, est-ce à toi de m'aborder ainsi ?
Et peux-tu bien me voir sans me crier merci ?
As-tu cru que le ciel consentît à ma perte,
350 Jusqu'à souffrir encor ta lâcheté couverte ?
Apprends, perfide, apprends que [je] suis hors d'erreur,
Tes yeux ne me sont plus que des objets d'horreur,
Je ne suis plus charmée, et mon âme plus saine
N'eut jamais tant d'amour qu'elle a pour toi de haine.

ACTE II, SCÈNE II

ALIDOR

355 Voilà me recevoir avec des compliments...

ANGÉLIQUE

Bien au-dessous encor de mes ressentiments.

ALIDOR

La cause ?

ANGÉLIQUE

En demander la cause ! lis, parjure,
Et puis accuse-moi de te faire une injure.

Alidor lit la lettre entre les mains d'Angélique.

LETTRE SUPPOSÉE
d'Alidor à Clarine.

Clarine, je suis tout à vous,
360   Ma liberté vous rend les armes,
  Angélique n'a point de charmes
Pour me défendre de vos coups,
Ce n'est qu'une idole mouvante,
Ses yeux sont sans vigueur, sa bouche sans appas,
365 Quand je la crus d'esprit je ne la connus pas,
Et de quelques attraits que le monde vous vante,
  Vous devez mes affections
Autant à ses défauts, qu'à vos perfections.

ANGÉLIQUE

Eh bien, ta trahison est-elle en évidence ?

ALIDOR

370 Est-ce là tant de quoi ?

ANGÉLIQUE

Tant de quoi ! l'impudence !
Après mille serments il me manque de foi,
Et me demande encor si c'est là tant de quoi !
Change, si tu le veux, je n'y perds qu'un volage,
Mais en m'abandonnant laisse en paix mon visage,
375 Oublie avec ta foi ce que j'ai de défauts ;
N'établis point tes feux sur le peu que je vaux,
Fais que sans m'y mêler ton compliment s'explique,
Et ne le grossis point du mépris d'Angélique.

Alidor

Deux mots de vérité vous mettent bien aux champs.

Angélique

380 Ciel, tu ne punis point des hommes si méchants!
Ce traître vit encor, il me voit, il respire,
Il m'affronte, il l'avoue, il rit quand je soupire.

Alidor

Vraiment le ciel a tort de ne vous pas donner,
Lorsque vous tempêtez, son foudre à gouverner,
385 Il devrait avec vous être d'intelligence.

Angélique déchire la lettre et en jette les morceaux.

Le digne et grand objet d'une haute vengeance!
Vous traitez du papier avec trop de rigueur.

Angélique

Je voudrais en pouvoir faire autant de ton cœur.

Alidor

Qui ne vous flatte point puissamment vous irrite,
390 Pour dire franchement votre peu de mérite
Commet-on envers vous des forfaits si nouveaux
Qu'incontinent on doive être mis en morceaux ?
Si ce crime autrement ne saurait se remettre,

Il lui présente aux yeux un miroir qu'elle porte pendu à sa ceinture.

Cassez, ceci vous dit encor pis que ma lettre.

Angélique

395 S'il me dit mes défauts autant ou plus que toi,
Déloyal, pour le moins il n'en dit rien qu'à moi,
C'est dedans son cristal que je les étudie,
Mais après il s'en tait, et moi j'y remédie,
Il m'en donne un avis sans me les reprocher,
400 Et me les découvrant, il m'aide à les cacher.

Alidor

Vous êtes en colère, et vous dites des pointes!
Ne présumiez-vous point que j'irais à mains jointes
Les yeux enflés de pleurs, et le cœur de soupirs,
Vous faire offre à genoux de mille repentirs ?
405 Que vous êtes à plaindre étant si fort déçue!

ANGÉLIQUE
Insolent, ôte-toi pour jamais de ma vue.

ALIDOR
Me défendre vos yeux après mon changement
Appelez-vous cela du nom de châtiment ?
Ce n'est que me bannir du lieu de mon supplice,
410 Et ce commandement est si plein de justice,
Qu'encore qu'Alidor ne soit plus sous vos lois,
Il va vous obéir pour la dernière fois.

SCÈNE III

ANGÉLIQUE
Commandement honteux où ton obéissance
N'est qu'un signe trop clair de mon peu de puissance,
415 Où ton bannissement a pour toi des appas,
Et me devient cruel de ne te l'être pas.
A quoi se résoudra désormais ma colère
Si ta punition te tient lieu de salaire ?
Que mon pouvoir me nuit ! et qu'il m'est cher vendu !
420 Voilà, voilà que c'est d'avoir trop attendu,
Je devais dès longtemps te bannir par caprice,
Mon bonheur dépendait d'une telle injustice,
Je chasse un fugitif avec trop de raison,
Et lui donne les champs quand il rompt sa prison,
425 Ah ! que n'ai-je eu des bras à suivre mon courage !
Qu'il m'eût bien autrement réparé cet outrage !
Que j'eusse retranché de ses propos railleurs !
Le traître n'eût jamais porté son cœur ailleurs,
Puisqu'il m'était donné je m'en fusse saisie,
430 Et sans prendre conseil que de ma jalousie,
Puisqu'un autre portrait en efface le mien,
Cent coups auraient chassé ce voleur de mon bien.
Vains projets, vains discours, vaine et fausse allégeance,
Et mes bras et son cœur manquent à ma vengeance :
435 Ciel qui m'en vois donner de si justes sujets,
Donne-m'en des moyens, donne-m'en des objets,
Où me dois-je adresser ? qui doit porter sa peine ?
Qui doit à son défaut m'éprouver inhumaine ?
De mille désespoirs mon cœur est assailli,
440 Je suis seule punie et je n'ai point failli.

Mais, aveugle, je prends une injuste querelle,
Je n'ai que trop failli d'aimer un infidèle,
De recevoir un traître, un ingrat sous ma loi,
Et trouver du mérite en qui manquait de foi.
445 Ciel, encore une fois écoute mon envie,
Ote-m'en la mémoire, ou le prive de vie,
Fais que de mon esprit je le puisse bannir,
Ou ne l'avoir que mort dedans mon souvenir.
Que je m'anime en vain contre un objet aimable!
450 Tout criminel qu'il est il me semble adorable,
Et mes souhaits qu'étouffe un soudain repentir
En demandant sa mort n'y sauraient consentir.
Restes impertinents d'une flamme insensée,
Ennemis de mon heur, sortez de ma pensée,
455 Ou si vous m'en peignez encore quelques traits,
Laissez là ses vertus, peignez-moi ses forfaits.

SCÈNE IV

ANGÉLIQUE, PHILIS

Angélique

Le croirais-tu, Philis ? Alidor m'abandonne.

Philis

Pourquoi non ? je n'y vois rien du tout qui m'étonne,
Rien qui ne soit possible, et de plus fort commun,
460 La constance est un bien qu'on ne voit en pas un,
Tout se change ici-bas, mais partout bon remède.

Angélique

Le ciel n'en a point fait au mal qui me possède.

Philis

Choisis de mes amants sans t'affliger si fort,
Et n'appréhende pas de me faire grand tort,
465 J'en pourrais au besoin fournir toute la ville
Qu'il m'en demeurerait encore plus de mille.

Angélique

Tu me ferais mourir avec de tels propos,
Ah! laisse-moi plutôt soupirer en repos,
Ma sœur.

ACTE II, SCÈNE IV

PHILIS

Plût au bon Dieu que tu voulusses l'être.

ANGÉLIQUE

470 Eh quoi, tu ris encor! c'est bien faire paraître...

PHILIS

Que je ne saurais voir d'un visage affligé
Ta cruauté punie, et mon frère vengé,
Après tout, je connais quelle est ta maladie,
Tu vois comme Alidor est plein de perfidie,
475 Mais je mets dans deux jours ma tête à l'abandon,
Au cas qu'un repentir n'obtienne son pardon.

ANGÉLIQUE

Après que cet ingrat me quitte pour Clarine!

PHILIS

De le garder longtemps elle n'a pas la mine,
Et j'estime si peu ces nouvelles amours,
480 Que je te plège encor son retour dans deux jours,
Et lors ne pense pas, quoi que tu te proposes,
Que de tes volontés devant lui tu disposes :
Prépare tes dédains, arme-toi de rigueur,
Une larme, un soupir te perceront le cœur,
485 Et je serai ravie alors de voir vos flammes
Brûler mieux que devant, et rejoindre vos âmes :
Mais j'en crains un progrès à ta confusion,
Qui change une fois, change à toute occasion,
Et nous verrons toujours, si Dieu le laisse vivre,
490 Un change, un repentir, un pardon s'entresuivre,
Ce dernier est souvent l'amorce d'un forfait,
Et l'on cesse de craindre un courroux sans effet.

ANGÉLIQUE

Sa faute a trop d'excès pour être rémissible,
Ma sœur, je ne suis pas de la sorte insensible,
495 Et si je présumais que mon trop de bonté
Pût jamais se résoudre à cette lâcheté,
Qu'un si honteux pardon pût suivre cette offense,
J'en préviendrais le coup, m'en ôtant la puissance.
Adieu, dans la colère où je suis aujourd'hui,
500 J'accepterais plutôt un barbare que lui.

SCÈNE V

PHILIS, DORASTE

PHILIS

Il faut donc se hâter, qu'elle ne refroidisse.
Elle frappe à sa porte et Doraste sort.
Frère, quelque inconnu t'a fait un bon service,
Il ne tiendra qu'à toi d'être un second Médor.
On a fait qu'Angélique...

DORASTE
Eh bien ?

PHILIS
Hait Alidor.

DORASTE
505 Elle hait Alidor ! Angélique !

PHILIS
Angélique.

DORASTE
D'où lui vient cette humeur ? qui les a mis en pique ?

PHILIS
Si tu prends bien ton temps, il y fait bon pour toi ;
Va, ne t'amuse point à savoir le pourquoi,
Parle au père d'abord, tu sais qu'il te souhaite,
510 Et, s'il ne s'en dédit, tiens l'affaire pour faite.

DORASTE
Bien qu'un si bon avis ne soit à mépriser,
Je crains...

PHILIS
Lisis m'aborde, et tu me veux causer !
Entre chez Angélique, et pousse ta fortune,
Quand je vois un amant, un frère m'importune.

SCÈNE VI

LISIS, PHILIS

LISIS

515 Comme vous le chassez !

PHILIS

Qu'eût-il fait avec nous ?
Mon entretien sans lui te semblera plus doux,
Tu pourras t'expliquer avec moins de contrainte,
Me conter de quels feux tu te sens l'âme atteinte,
Et ce que tu croiras propre à te soulager,
520 Regarde maintenant si je sais t'obliger.

LISIS

Cette obligation serait bien plus extrême,
Si vous vouliez traiter tous mes rivaux de même,
Et vous feriez bien plus pour mon contentement,
De souffrir avec vous vingt frères qu'un amant.

PHILIS

525 Nous sommes donc, Lisis, d'une humeur bien contraire,
Je souffrirais plutôt cinquante amants qu'un frère,
Et puisque nos esprits ont si peu de rapport,
Je m'étonne comment nous nous aimons si fort.

LISIS

Vous êtes ma maîtresse, et moi sous votre empire
530 Je dois suivre vos lois, et non y contredire,
Et pour vous obéir mes sentiments domptés,
Se règlent seulement dessus vos volontés.

PHILIS

J'aime des serviteurs avec cette souplesse,
Et qui peuvent aimer en moi ce qui les blesse,
535 Si tu vois quelque jour tes feux recompensés,
Souviens-toi... Qu'est ceci, Cléandre, vous passez ?

Cléandre va pour entrer chez Angélique.

SCÈNE VII

CLÉANDRE, PHILIS, LISIS

Cléandre
Il me faut bien passer, puisque la place est prise.

Philis
Venez, cette raison est de mauvaise mise,
D'un million d'amants je puis nourrir les feux.
540 Et n'aurais pas l'esprit d'en entretenir deux :
Sortez de cette erreur, et souffrant ce partage,
Ne faites pas ici l'entendu davantage.

Cléandre
Le moyen que je sois insensible à ce point ?

Philis
Quoi ? pour l'entretenir ne vous aimai-je point ?

Cléandre
545 Encor que votre ardeur à la mienne réponde,
Je ne veux plus d'un bien commun à tout le monde.

Philis
Si vous nommez ma flamme un bien commun à tous,
Je n'aime pour le moins personne plus que vous,
Cela vous doit suffire.

Cléandre
      Oui bien à des volages,
550 Qui peuvent en un jour adorer cent visages;
Mais ceux dont un objet possède tous les soins
Se donnant tout entiers, n'en méritent pas moins.

Philis
De vrai, si vous valiez beaucoup plus que les autres,
Je devrais rejeter leurs vœux auprès des vôtres,
555 Mais mille aussi bien faits ne sont pas mieux traités
Et ne murmurent point contre mes volontés.
Est-ce à moi s'il vous plaît de vivre à votre mode ?
Votre amour en ce cas serait fort incommode,
Loin de la recevoir, vous me feriez la loi :
560 Qui m'aime de la sorte, il s'aime et non pas moi.

Lisis, *à Cléandre.*

Persiste en ton humeur, je te prie, et conseille
A tous nos concurrents d'en prendre une pareille.

Cléandre

Tu seras bientôt seul s'ils veulent m'imiter.

Philis

Quoi donc, c'est tout de bon que tu me veux quitter ?
565 Tu ne dis mot, rêveur, et pour toute réplique
Tu tournes tes regards du côté d'Angélique,
Est-ce là donc l'objet de tes légèretés ?
Veux-tu faire d'un coup deux infidélités,
Et que dans mon offense Alidor s'intéresse ?
570 Cléandre, c'est assez de trahir ta maîtresse,
Dans ta nouvelle flamme épargne tes amis,
Et ne l'adresse point en lieu qui soit promis.

Cléandre

De la part d'Alidor je vais voir cette belle,
Laisse-m'en avec lui démêler la querelle,
575 Et ne t'informe point de mes intentions.

Philis

Puisqu'il me faut résoudre en mes afflictions,
Et que pour te garder j'ai trop peu de mérite,
Du moins avant l'adieu demeurons quitte à quitte :
Que ce que j'ai du tien je te le rende ici,
580 Tu m'as offert des vœux, que je t'en rende aussi,
Et faisons entre nous toutes choses égales.

Lisis

Et moi durant ce temps je garderai les balles ?

Philis

Je te donne congé d'une heure, si tu veux.

Lisis

Je l'accepte, au hasard de le prendre pour deux.

Philis

*Lisis rentre, et Cléandre tâche de s'échapper,
et d'entrer chez Angélique.*

585 Pour deux, pour quatre, soit, ne crains pas qu'il m'ennuie.
Mais je ne consens pas cependant qu'on me fuie,

On ne sort d'avec moi qu'avecque mon congé.
Inhumain, est-ce ainsi que je t'ai négligé ?
Quand tu m'offrais des vœux prenais-je ainsi la fuite ?
590 Et rends-tu la pareille à ma juste poursuite ?
Avec tant de douceur tu te vis écouter,
Et tu tournes le dos quand je t'en veux conter.

Cléandre

Va te jouer d'un autre avec tes railleries,
Je ne puis plus souffrir de ces badineries,
595 Ne m'aime point du tout, ou n'aime rien que moi.

Philis

Je ne t'impose pas une si dure loi,
Avec moi, si tu veux, aime toute la terre,
Sans craindre que jamais je t'en fasse la guerre.
Je reconnais assez mes imperfections,
600 Et quelque part que j'aie en tes affections,
C'est encor trop pour moi, seulement ne rejette
La parfaite amitié d'une fille imparfaite.

Cléandre

Qui te rend obstinée à me persécuter ?

Philis

Qui te rend si cruel que de me rejeter ?

Cléandre

605 Il faut que de tes mains un adieu me délivre.

Philis

Si tu sais t'en aller je saurai bien te suivre,
Et quelque occasion qui t'amène en ces lieux,
Tu ne lui diras pas grand secret à mes yeux.
Je suis plus incommode encor qu'il ne te semble.
610 Parlons plutôt d'accord et composons ensemble,
Hier un peintre excellent m'apporta mon portrait,
Tandis qu'il t'en demeure encore quelque trait,
Qu'encor tu me connais, et que de ta pensée
Mon image n'est pas tout à fait effacée,
615 Ne m'en refuse point ton petit jugement.

Cléandre

Je le tiens pour bien fait.

Philis

Plains-tu tant un moment ?
Et m'attachant à toi, si je te désespère,
A ce prix trouves-tu ta liberté trop chère ?

Cléandre

Allons, puisqu'autrement je ne te puis quitter,
A tel prix que ce soit il me faut racheter.

ACTE III

SCÈNE PREMIÈRE

PHILIS, CLÉANDRE

Cléandre

En ce point il ressemble à ton humeur volage
Qu'il reçoit tout le monde avec même visage ;
Mais d'ailleurs ce portrait ne te ressemble pas,
Vu qu'il ne me dit mot, et ne suit point mes pas.

Philis

En quoi que désormais ma présence te nuise,
La civilité veut que je te reconduise.

Cléandre

Mets enfin quelque borne à ta civilité,
Et suivant notre accord me laisse en liberté.

SCÈNE II

DORASTE, PHILIS, CLÉANDRE

Doraste, *sortant de chez Angélique.*

Tout est gagné, ma sœur, la belle m'est acquise ;
Jamais occasion ne se trouva mieux prise,
Je possède Angélique.

CLÉANDRE
Angélique!

DORASTE
                    Oui, tu peux
Avertir Alidor du succès de mes vœux,
Et qu'au sortir du bal que je donne chez elle
Demain un sacré nœud me joint à cette belle.
635 Dis-lui qu'il se console, adieu, je vais pourvoir
A tout ce qu'il faudra préparer pour ce soir.

PHILIS
Nous voilà donc de bal! Dieu nous fera la grâce
D'en trouver là cinquante à qui donner la place.
Va-t'en, si bon te semble, ou demeure en ces lieux,
640 Je ne t'arrêtais pas ici pour tes beaux yeux,
Mais jusqu'à maintenant j'ai voulu te distraire,
De peur que ton abord interrompît mon frère,
Quelque fin que tu sois tiens-toi pour affiné.

SCÈNE III

CLÉANDRE
Ciel, à tant de malheurs m'aviez-vous destiné!
645 Faut-il que d'un dessein si juste que le nôtre,
La peine soit pour nous et les fruits pour un autre,
Et que notre artifice ait si mal succédé
Qu'il me dérobe un bien qu'Alidor m'a cédé?
Officieux ami d'un amant déplorable,
650 Que tu m'offres en vain cet objet adorable!
Qu'en vain de m'en saisir ton adresse entreprend!
Ce que tu m'as donné, Doraste le surprend,
Tandis qu'il me supplante, une sœur me cajole,
Elle me tient les mains cependant qu'il me vole,
655 On me joue, on me brave, on me tue, on s'en rit,
L'un me vante son heur, l'autre son trait d'esprit,
L'un et l'autre à la fois me perd, me désespère,
Et je puis épargner, ou la sœur, ou le frère,
Etre sans Angélique, et sans ressentiment,
660 Avec si peu de cœur aimer si puissamment!
Que faisiez-vous, mes bras? que faisiez-vous, ma lame?
N'osiez-vous mettre au jour les secrets de mon âme?

N'osiez-vous leur montrer ce qu'ils m'ont fait de mal ?
N'osiez-vous découvrir à Doraste un rival ?
665 Cléandre, est-ce un forfait que l'ardeur qui te presse ?
Craignais-tu de rougir d'une telle maîtresse ?
Et cachais-tu l'excès de ton affection,
Par honte, par respect, ou par discrétion ?
Avec quelque raison, ou quelque violence,
670 Que l'un de ces motifs t'obligeât au silence,
Pour faire à ce rival sentir quel est ton bras,
L'intérêt d'un ami ne suffisait-il pas ?
Pouvais-tu désirer d'occasion plus belle
Que le nom d'Alidor à venger ta querelle ?
675 Si pour tes feux cachés tu n'oses t'émouvoir,
Laisse leurs intérêts, suis ceux de ton devoir,
On supplante Alidor, du moins en apparence,
Et sans ressentiment tu souffres cette offense,
Ton courage est muet et ton bras endormi,
680 Pour être amant discret tu parais lâche ami.
C'est trop abandonner ta renommée au blâme ;
Il faut sauver d'un coup ton honneur et ta flamme,
Et l'un et l'autre ici marchent d'un pas égal,
Soutenant un ami tu t'ôtes un rival.
685 Ne diffère donc plus ce que l'honneur commande,
Et lui gagne Angélique afin qu'il te la rende :
Veux-tu pour le défendre une plus douce loi ?
Si tu combats pour lui, les fruits en sont pour toi.
J'y suis tout résolu, Doraste, il la faut rendre,
690 Tu sauras ce que c'est de supplanter Cléandre,
Tout l'univers armé pour te la conserver
De mes jaloux efforts ne te pourrait sauver.
Qu'est ceci, ma fureur ? est-il temps de paraître ?
Quand tu manques d'objets tu commences à naître,
695 C'était, c'était tantôt qu'il fallait t'exciter,
C'était, c'était tantôt qu'il fallait m'emporter,
Puisqu'un rival présent trop faible tu recules,
Tes mouvements tardifs deviennent ridicules,
Et quoi qu'à ces transports promette ma valeur,
700 A peine les effets préviendront mon malheur.
Pour rompre en honnête homme un hymen si funeste,
Je n'ai plus désormais qu'un peu de jour qui reste,
Autrement il me faut affronter ce rival,
Au péril de cent morts, au milieu de son bal,
705 Aucune occasion ailleurs ne m'est offerte,
Il lui faut tout quitter, ou me perdre en sa perte,
Il faut...

SCÈNE IV

ALIDOR, CLÉANDRE

ALIDOR

Eh bien, Cléandre, ai-je su t'obliger ?

CLÉANDRE

Pour m'avoir obligé, que je vais t'affliger !
Doraste a pris le temps des dépits d'Angélique.

ALIDOR

710 Après ?

CLÉANDRE

Après cela, veux-tu que je m'explique ?

ALIDOR

Qu'en a-t-il obtenu ?

CLÉANDRE

Par-delà son espoir,
Si bien qu'après le bal qu'il lui donne ce soir,
Leur hymen accompli rend mon malheur extrême.

ALIDOR

En es-tu bien certain ?

CLÉANDRE

J'ai tout su de lui-même.

ALIDOR

715 Que je serais heureux si je ne t'aimais point !
Cet hymen aurait mis mon bonheur à son point.
La prison d'Angélique aurait rompu la mienne,
Quelque empire sur moi que son visage obtienne,
Ma passion fût morte avec sa liberté,
720 Et trop vain pour souffrir qu'en sa captivité
Les restes d'un rival eussent fait mon servage,
Elle eût perdu mon cœur avec son pucelage.
Pour forcer sa colère à de si doux effets,
Quels efforts, cher ami, ne me suis-je point faits ?
725 Me feindre tout de glace, et n'être que de flamme !
La mépriser de bouche, et l'adorer dans l'âme !

ACTE IV, SCÈNE IV

J'ai souffert ce supplice, et me suis feint léger,
De honte et de dépit de ne pouvoir changer,
Et je vois près du but où je voulais prétendre
730 Les fruits de mon travail n'être pas pour Cléandre!
A ces conditions mon bonheur me déplaît,
Je ne puis être heureux, si Cléandre ne l'est,
Ce que je t'ai promis ne peut être à personne,
Il faut que je périsse, ou que je te le donne,
735 J'aurai trop de moyens à te garder ma foi,
Et malgré les destins Angélique est à toi.

CLÉANDRE

Ne trouble point, ami, ton repos pour mon aise,
Crois-tu qu'à tes dépens aucun bonheur me plaise ?
Sans que ton amitié fasse un second effort
740 Voici de qui j'aurai ma maîtresse ou la mort.
Si Doraste a du cœur il faut qu'il la défende,
Et que l'épée au poing il la gagne, ou la rende.

ALIDOR

Simple, par le chemin que tu penses tenir,
Tu la lui peux ôter, mais non pas l'obtenir.
745 La suite des duels ne fut jamais plaisante,
C'était ces jours passés, ce que disait Théante,
Il faut prendre un chemin, et plus court et plus sûr,
Je veux sans coup férir t'en rendre possesseur,
Va-t'en donc, et me laisse auprès de cette belle
750 Employer le pouvoir qui me reste sur elle.

CLÉANDRE

Cher ami...

ALIDOR

Va-t'en, dis-je, et par tes compliments
Cesse de t'opposer à tes contentements,
Désormais en ces lieux tu ne fais que me nuire.

CLÉANDRE

Je te vais donc laisser ma fortune à conduire,
755 Adieu, puissé-je avoir les moyens à mon tour
De faire autant pour toi, que toi pour mon amour.

ALIDOR, *seul.*

Que pour ton amitié, je vais souffrir de peine!
Déjà presque échappé je rentre dans ma chaîne,
Il faut encore un coup m'exposant à ses yeux,
760 Reprendre de l'amour afin d'en donner mieux.

Mais reprendre un amour dont je me veux défaire,
Qu'est-ce qu'à mes desseins un chemin tout contraire ?
Allons-y toutefois puisque je l'ai promis,
Toute peine est fort douce à qui sert ses amis.

SCÈNE V

ANGÉLIQUE, *dans son cabinet.*

765 Quel malheur partout m'accompagne !
Qu'un indiscret hymen me venge à mes dépens !
   Que de pleurs en vain je répands,
Moins pour ce que je perds, que pour ce que je gagne !
L'un m'est plus doux que l'autre, et j'ai moins de tourment
770 Du forfait d'Alidor, que de son châtiment.
   Ce traître alluma donc ma flamme !
Je puis donc consentir à ces tristes accords !
   Et par quelques puissants efforts
Que de tous sens je tourne et retourne mon âme,
775 J'y trouve seulement, afin de me punir,
Le dépit du passé, l'horreur de l'avenir.

SCÈNE VI

ANGÉLIQUE, ALIDOR

ANGÉLIQUE, *voyant Alidor entrer en son cabinet.*

Où viens-tu, déloyal ? avec quelle impudence
Oses-tu redoubler mes maux par ta présence ?
Ton plaisir dépend-il d'avoir vu mes douleurs ?
780 Qui te fait si hardi de surprendre mes pleurs ?
Est-il dit que tes yeux te mettront hors de doute,
Et t'apprendront combien ta trahison me coûte ?
Après qu'effrontément ton aveu m'a fait voir
Qu'Angélique sur toi n'eut jamais de pouvoir,
785 Tu te mets à genoux, et tu veux, misérable,
Que ton feint repentir m'en donne un véritable ?
Va, va, n'espère rien de ces submissions,
Porte-les à l'objet de tes affections,
Ne me présente plus les traits qui m'ont déçue,
790 N'attaque point mon cœur en me blessant la vue,

Penses-tu que je sois après ton changement
Ou sans ressouvenir, ou sans ressentiment ?
S'il te souvient encor de ton brutal caprice,
Dis-moi, que viens-tu faire au lieu de ton supplice ?
795 Garde un exil si cher à tes légèretés,
Je ne veux plus savoir de toi mes vérités.
Quoi ? tu ne me dis mot ? crois-tu que ton silence
Puisse de tes discours réparer l'insolence ?
Des pleurs effacent-ils un mépris si cuisant,
800 Et ne t'en dédis-tu, traître, qu'en te taisant ?
Pour triompher de moi, veux-tu pour toutes armes
Employer des soupirs, et de muettes larmes ?
Sur notre amour passé c'est à trop te fier,
Du moins dis quelque chose à te justifier,
805 Demande le pardon que tes regards m'arrachent,
Explique leurs discours, dis-moi ce qu'ils me cachent.
Que mon courroux est faible, et que leurs traits puissants
Rendent des criminels aisément innocents !
Je n'y puis résister, quelque effort que je fasse,
810 Comme vaincue il faut que je quitte la place.

Elle veut sortir du cabinet, mais Alidor la retient.

ALIDOR

Ma chère âme, mon tout, quoi ? vous m'abandonnez !
C'est bien là me punir quand vous me pardonnez.
Je sais ce que j'ai fait, et qu'après tant d'audace
Je ne mérite pas de jouir de ma grâce :
815 Mais demeurez du moins tant que vous ayez su
Que par un feint mépris votre amour fut déçu,
Que je vous fus fidèle en dépit de ma lettre,
Qu'en vos mains seulement on la devait remettre,
Que mon dessein n'allait qu'à voir vos mouvements,
820 Et juger de vos feux par vos ressentiments.
Dites, quand je la vis entre vos mains remise,
Changeai-je de couleur ? eus-je quelque surprise ?
Ma parole plus ferme, et mon port assuré
Ne vous montraient-ils pas un esprit préparé ?
825 Que Clarine vous die à la première vue,
Si jamais de mon change elle s'est aperçue ;
Aussi mon compliment flattait mal ses appas,
Il vous offensait bien, mais ne l'obligeait pas,
Et ses termes piquants, mal conçus pour lui plaire,
830 Au lieu de son amour cherchaient votre colère.

Angélique

Cesse de m'éclaircir dessus un tel secret,
En te montrant fidèle il accroît mon regret,
Je perds moins, si je crois ne perdre qu'un volage,
Et je ne puis sortir d'erreur qu'à mon dommage.
835 Que me sert de savoir si tes vœux sont constants ?
Que te sert d'être aimé quand il n'en est plus temps ?

Alidor

Aussi ne viens-je pas pour regagner votre âme,
Préférez-moi Doraste, et devenez sa femme,
Je vous viens par ma mort en donner le pouvoir.
840 Moi vivant votre foi ne le peut recevoir,
Elle m'est engagée, et quoi que l'on vous die,
Sans crime elle ne peut durer moins que ma vie.
Mais voici qui vous rend l'une et l'autre à la fois.

Angélique

Ah! ce cruel discours me réduit aux abois!
845 Dans ma prompte vengeance à jamais misérable,
Que je déteste en vain ma faute irréparable!

Alidor

Si vous avez du cœur, on la peut réparer.

Angélique

C'est demain qu'on nous doit pour jamais séparer,
En ce piteux état que veux-tu que je fasse ?

Alidor

850 Ah! ce discours ne part que d'un cœur tout de glace.
Non, non, résolvez-vous, il vous faut à ce soir
Montrer votre courage, ou moi mon désespoir :
Quittez avec le bal vos malheurs pour me suivre,
Ou soudain à vos yeux je vais cesser de vivre.
855 Mettrez-vous en ma mort votre contentement ?

Angélique

Non, mais que dira-t-on d'un tel enlèvement ?

Alidor

Est-ce là donc le prix de vous avoir servie ?
Il y va de votre heur, il y va de ma vie,
Et vous vous arrêtez à ce qu'on en dira;
860 Mais faites désormais tout ce qu'il vous plaira,

ACTE III, SCÈNE VI

Puisque vous consentez plutôt à vos supplices,
Qu'à l'unique moyen de payer mes services,
Ma mort va me venger de votre peu d'amour,
Si vous n'êtes à moi, je ne veux plus du jour.

Angélique

865 Retiens ce coup fatal, me voilà résolue,
Dessus mes volontés ta puissance absolue
Peut disposer de moi, peut tout me commander.
Mon honneur en tes mains prêt à se hasarder,
Par un trait si hardi, quelque tort qu'il se fasse,
870 Y consent toutefois, et ne veut qu'une grâce.
Accorde à ma pudeur que deux mots de ta main
Justifient aux miens ma fuite et ton dessein,
Qu'ils puissent, me cherchant, trouver ici ce gage,
Qui les rende assurés de notre mariage,
875 Que la sincérité de ton intention
Conserve, mise au jour, ma réputation,
Ma faute en sera moindre, et hors de l'impudence
Paraîtra seulement fuir une violence.

Alidor

Ma reine, enfin par là vous me ressuscitez,
880 Agissez pleinement dessus mes volontés,
J'avais pour votre honneur la même inquiétude;
Et ne pourrais d'ailleurs, qu'avec ingratitude,
Voyant ce que pour moi votre flamme résout
Dénier quelque chose à qui m'accorde tout.
885 Donnez-moi, sur-le-champ je vous veux satisfaire.

Angélique

Il vaut mieux que l'effet à tantôt se diffère,
Je manque ici de tout, et j'ai peur, mon souci,
Que quelqu'un par malheur ne te surprenne ici.
Mon dessein généreux fait naître cette crainte,
890 Depuis qu'il est formé j'en ai senti l'atteinte,
Va, quitte-moi, ma vie, et te coule sans bruit.

Alidor

Adieu donc, ma chère âme.

Angélique, *seule en son cabinet*.

Adieu jusqu'à minuit.
Que promets-tu, pauvre aveuglée ?
A quoi t'engage ici ta folle passion ?
895 Et de quelle indiscrétion
Ne s'accompagne point ton ardeur déréglée ?

Tu cours à ta ruine, et vas tout hasarder
Sur la foi de celui qui n'en saurait garder.
Je me trompe, il n'est point volage,
900 J'ai vu sa fermeté, j'en ai cru ses soupirs,
    Et si je flatte mes désirs
Une si douce erreur n'est qu'à mon avantage,
Me manquât-il de foi, je la lui dois garder;
Et pour perdre Doraste il faut tout hasarder.

ALIDOR, *sortant de la porte d'Angélique, et repassant sur le théâtre.*

905 Cléandre elle est à toi, j'ai fléchi son courage.
Que ne peut l'artifice, et le fard du langage!
Et si pour un ami ces effets je produis,
Lorsque j'agis pour moi, qu'est-ce que je ne puis ?

SCÈNE VII

PHILIS

D'où provient qu'Alidor sort de chez Angélique ?
910 Aurait-il avec elle encor quelque pratique ?
Son visage n'a rien que d'un homme content.
Aurait-il regagné cet esprit inconstant ?
O qu'il ferait bon voir que cette humeur volage
Deux fois en moins d'une heure eût changé de courage!
915 Que mon frère en tiendrait s'ils s'étaient mis d'accord!
Il faut qu'à le savoir je fasse mon effort.
Ce soir je sonderai les secrets de son âme,
Et si son entretien ne me trahit sa flamme,
J'aurai l'œil de si près dessus ses actions
920 Que je m'éclaircirai de ses intentions.

SCÈNE VIII

PHILIS, LISIS

PHILIS

Quoi ? Lisis, ta retraite est de peu de durée ?

LISIS

L'heure de mon congé n'est qu'à peine expirée,
Mais vous voyant ici sans frère et sans amant...

Philis

N'en présume pas mieux pour ton contentement.

Lisis

Et d'où vient à Philis une humeur si nouvelle ?

Philis

Vois-tu, je ne sais quoi me brouille la cervelle,
Va, ne me conte rien de ton affection,
Elle en aurait fort peu de satisfaction.

Lisis

Puisque vous le voulez, adieu, je me retire.

Philis

Réserve pour le bal ce que tu me veux dire.

Lisis

Le bal ! où le tient-on ?

Philis

Là-dedans.

Lisis

Il suffit,
De votre bon avis je ferai mon profit.

ACTE IV

SCÈNE PREMIÈRE

ALIDOR, CLÉANDRE, Troupe d'armés

L'acte est dans la nuit.

Alidor

Attends là de pied coi que je t'en avertisse.
*Il dit ce vers à Cléandre et l'ayant fait retirer
avec sa troupe il continue seul.*

Enfin la nuit s'avance, et son voile propice
Me va faciliter le succès que j'attends
Pour rendre heureux Cléandre, et mes désirs contents.

Mon cœur las de porter un joug si tyrannique
Ne sera plus qu'une heure esclave d'Angélique,
Je vais faire un ami possesseur de mon bien :
940 Aussi dans son bonheur je rencontre le mien,
C'est moins pour l'obliger que pour me satisfaire,
Moins pour le lui donner qu'afin de m'en défaire.
Ce trait est un peu lâche, et sent sa trahison,
Mais cette lâcheté m'ouvrira ma prison,
945 Je veux bien à ce prix avoir l'âme traîtresse,
Et que ma liberté me coûte une maîtresse.
Que lui fais-je après tout qu'elle n'ait mérité
Pour avoir malgré moi fait ma captivité ?
Qu'on ne m'accuse point d'aucune ingratitude
950 Ce n'est que me venger d'un an de servitude,
Que rompre son dessein comme elle a fait le mien,
Qu'user de mon pouvoir comme elle a fait du sien,
Et ne lui pas laisser un si grand avantage
De suivre son humeur, et forcer mon courage.
955 Le forcer! mais hélas! que mon consentement
Par un si doux effort fut surpris aisément!
Quel excès de plaisirs goûta mon imprudence
Avant que s'aviser de cette violence!
Examinant mon feu qu'est-ce que je ne perds!
960 Et qu'il m'est cher vendu de connaître mes fers!
Je soupçonne déjà mon dessein d'injustice,
Et je doute s'il est ou raison, ou caprice,
Je crains un pire mal après ma guérison,
Et d'aller au supplice en rompant ma prison.
965 Alidor, tu consens qu'un autre la possède!
Peux-tu bien t'exposer à des maux sans remède,
A de vains repentirs, d'inutiles regrets,
De stériles remords, et des bourreaux secrets,
Cependant qu'un ami par tes lâches menées
970 Cueillera les faveurs qu'elle t'a destinées ?
Ne frustre point l'effet de son intention,
Et laisse un libre cours à ton affection,
Fais ce beau coup pour toi, suis l'ardeur qui te presse.
Mais trahir ton ami! mais trahir ta maîtresse!
975 Jamais fut-il mortel si malheureux que toi ?
De tous les deux côtés, il y va de ta foi.
A qui la tiendras-tu ? Mon esprit en déroute
Sur le plus fort des deux ne peut sortir de doute,
Je n'en veux obliger pas un à me haïr,
980 Et ne sais qui des deux ou servir ou trahir.
Mais que mon jugement s'enveloppe de nues!

ACTE IV, SCÈNE II

Mes résolutions qu'êtes-vous devenues ?
Revenez mes desseins, et ne permettez pas
Qu'on triomphe de vous avec un peu d'appas.
985 Cléandre, elle est à toi, dedans cette querelle
Angélique le perd, nous sommes deux contre elle,
Ma liberté conspire avecque tes ardeurs,
Les miennes désormais vont tourner en froideurs,
Et lassé de souffrir un si rude servage
990 J'ai l'esprit assez fort pour combattre un visage.
Ce coup n'est qu'un effet de générosité,
Et je ne suis honteux que d'en avoir douté.
Amour, que ton pouvoir tâche en vain de paraître !
Fuis, petit insolent, je veux être le maître,
995 Il ne sera pas dit qu'un homme tel que moi
En dépit qu'il en ait obéisse à ta loi.
Je ne me résoudrai jamais à l'hyménée
Que d'une volonté franche et déterminée,
Et celle qu'en ce cas je nommerai mon mieux
1000 M'en sera redevable, et non pas à ses yeux,
Et ma flamme...

SCÈNE II

ALIDOR, CLÉANDRE

CLÉANDRE
Alidor.

ALIDOR
Qui m'appelle ?

CLÉANDRE
Cléandre.

ALIDOR
Qui te fait avancer ?

CLÉANDRE
Je me lasse d'attendre.

ALIDOR
Laisse-moi, cher ami, le soin de t'avertir
En quel temps de ce coin il te faudra sortir.

CLÉANDRE
1005 Minuit vient de sonner, et par expérience
Tu sais comme l'amour est plein d'impatience.

Alidor

Va donc tenir tout prêt à faire un si beau coup,
Ce que nous attendons ne peut tarder beaucoup,
Je livre entre tes mains cette belle maîtresse
1010 Sitôt que j'aurai pu lui rendre ta promesse.
Sans lumière, et d'ailleurs s'assurant en ma foi
Rien ne l'empêchera de la croire de moi;
Après achève seul, je ne puis sans supplice
Forcer ici mes bras à te faire service,
1015 Et mon reste d'amour en cet enlèvement
Ne peut contribuer que mon consentement.

Cléandre

Ami, ce m'est assez.

Alidor

Va donc là-bas attendre
Que je te donne avis du temps qu'il faudra prendre.
Encore un mot, Cléandre, et qui t'importe fort.
1020 Ta taille avec la mienne a si peu de rapport
Qu'Angélique soudain te pourra reconnaître,
Regarde après ses cris si tu serais le maître.

Cléandre

Ma main dessus sa bouche y saura trop pourvoir.

Alidor

Ami, séparons-nous, je pense l'entrevoir.

Cléandre

1025 Adieu, fais promptement.

SCÈNE III

ALIDOR, ANGÉLIQUE

Angélique
St.

Alidor
Je l'entends, c'est elle.

Angélique

Alidor, es-tu là ?

ACTE IV, SCÈNE IV

ALIDOR

Je suis à vous, ma belle.
De peur d'être connu je défends à mes gens
De paraître en ces lieux avant qu'il en soit temps.
Tenez.

Il lui donne la promesse de Cléandre.

ANGÉLIQUE

Je prends sans lire, et ta foi m'est si claire
1030 Que je la prends bien moins pour moi que pour mon père,
Je la porte à ma chambre, épargnons les discours,
Fais avancer tes gens, et dépêche.

ALIDOR
J'y cours.
Lorsque de son honneur je lui rends l'assurance
C'est quand je trompe mieux sa crédule espérance,
1035 Mais puisque au lieu de moi je lui donne un ami,
A tout prendre, ce n'est la tromper qu'à demi.

SCÈNE IV

PHILIS

Angélique. C'est fait, mon frère en a dans l'aile,
La voyant échapper je courais après elle,
Mais un maudit galant m'est venu brusquement
1040 Servir à la traverse un mauvais compliment,
Et par ses vains discours m'embarrasser, de sorte
Qu'Angélique à son aise a su gagner la porte.
Sa perte est assurée, et ce traître Alidor
La posséda jadis, et la possède encor.
1045 Mais jusques à ce point serait-elle imprudente ?
Il n'en faut point douter, sa perte est évidente,
Le cœur me le disait le voyant en sortir,
Et mon frère dès lors se devait avertir.
Je te trahis, mon frère, et par ma négligence
1050 Etant sans y penser de leur intelligence.

Alidor paraît avec Cléandre accompagné d'une troupe, et après lui avoir montré Philis, qu'il croit être Angélique, il se retire en un coin du théâtre, et Cléandre enlève Philis, et lui met d'abord la main sur la bouche.

SCÈNE V

Alidor

On l'enlève, et mon cœur surpris d'un vain regret
Fait à ma perfidie un reproche secret,
Il tient pour Angélique, il la suit, le rebelle,
Parmi mes trahisons il veut être fidèle,
Je le sens refuser sa franchise à ce prix,
Je le sens malgré moi de nouveaux feux épris
Désavouer mon crime, et pour mieux s'en défendre
Me demander son bien que je cède à Cléandre.
Hélas! qui me prescrit cette brutale loi
De payer tant d'amour avec si peu de foi?
Qu'envers cette beauté ma flamme est inhumaine;
Si mon feu la trahit, que lui ferait ma haine!
Juge, juge, Alidor, en quelle extrémité
Ne la va point jeter ton infidélité,
Ecoute ses soupirs, considère ses larmes,
Et laisse-toi gagner à de si fortes armes,
Cours après elle, et vois si Cléandre aujourd'hui
Pourra faire pour toi ce que tu fais pour lui.
Mais mon esprit s'égare, et quoi qu'il se figure
Faut-il que je me rende à des pleurs en peinture,
Et qu'Alidor de nuit plus faible que de jour
Redonne à la pitié ce qu'il ôte à l'amour?
Ainsi donc mes desseins se tournent en fumée!
J'ai d'autres repentirs que de l'avoir aimée!
Suis-je encore Alidor après ces sentiments?
Et ne pourrai-je enfin régler mes mouvements?
Vaine compassion des douleurs d'Angélique,
Qui pensez triompher d'un cœur mélancolique,
Téméraire avorton d'un impuissant remords,
Va, va porter ailleurs tes débiles efforts,
Après de tels appas qui ne m'ont pu séduire
Qui te fait espérer ce qu'ils n'ont su produire?
Pour un méchant soupir que tu m'as dérobé
Ne me présume pas encore succombé.
Je sais trop maintenant ce que je me propose,
Et souverain sur moi rien que moi n'en dispose.
En vain un peu d'amour me déguise en forfait
Du bien que je me veux le généreux effet,
De nouveau j'y consens, et prêt à l'entreprendre...

SCÈNE VI

ANGÉLIQUE, ALIDOR

Angélique

Je demande pardon de t'avoir fait attendre,
D'autant qu'en l'escalier on faisait quelque bruit
Et qu'un peu de lumière en effaçait la nuit,
Je n'osais m'avancer de peur d'être aperçue.
Allons, tout est-il prêt, personne ne m'a vue :
De grâce dépêchons, c'est trop perdre de temps,
Et les moments ici nous sont trop importants,
Fuyons vite, et craignons les yeux d'un domestique.
Quoi, tu ne réponds point à la voix d'Angélique ?

Alidor

Angélique ! mes gens vous viennent d'enlever,
Qui vous a fait si tôt de leurs mains vous sauver ?
Quel soudain repentir, quelle crainte de blâme,
Et quelle ruse enfin vous dérobe à ma flamme ?
Ne vous suffit-il point de me manquer de foi,
Sans prendre encor plaisir à vous jouer de moi ?

Angélique

Que tes gens cette nuit m'ayent vue ou saisie !
N'ouvre point ton esprit à cette fantaisie.

Alidor

Autant que m'ont permis les ombres de la nuit
Je l'ai vu de mes yeux.

Angélique

                        Tes yeux t'ont donc séduit,
Et quelque autre sans doute après moi descendue
Se trouve entre les mains dont j'étais attendue.
Mais, ingrat, pour toi seul j'abandonne ces lieux,
Et tu n'accompagnais ma fuite que des yeux !
La belle preuve, hélas ! de ton amour extrême
De remettre ce coup à d'autres qu'à toi-même !
J'étais donc un larcin indigne de tes mains !

Alidor

Quand vous aurez appris le fond de mes desseins,

Vous n'attribuerez plus voyant mon innocence
A peu d'affection l'effet de ma prudence.

ANGÉLIQUE

Pour ôter tout soupçon, et tromper ton rival
1120 Tu diras qu'il fallait te montrer dans le bal ?
Faible ruse !

ALIDOR

    Ajoutez, et vaine, et sans adresse
Puisque je ne pouvais démentir ma promesse.

ANGÉLIQUE

Quel était donc le but de ton intention ?

ALIDOR

D'attendre ici le coup de leur émotion,
1125 Et d'un autre côté me jetant à la fuite
Divertir de vos pas leur plus chaude poursuite.

ANGÉLIQUE, *en pleurant.*

Mais enfin, Alidor, tes gens se sont mépris ?

ALIDOR

Dans ce coup de malheur, et confus et surpris,
Je vois tous mes desseins succéder à ma honte,
1130 Permettez-moi d'aller mettre ordre à ce mécompte.

ANGÉLIQUE

Cependant, misérable, à qui me laisses-tu ?
Tu frustres donc mes vœux de l'espoir qu'ils ont eu ?
Et ton manque d'amour, de mes malheurs complice,
M'abandonnant ici me livre à mon supplice ?
1135 L'hymen (ah ! ce penser déjà me fait mourir)
Me va joindre à Doraste, et tu le peux souffrir !
Tu me peux exposer à cette tyrannie !
De l'erreur de tes gens je me verrai punie !

ALIDOR

Jugez mieux de ma flamme, et songez, mon espoir,
1140 Qu'un tel enlèvement n'est plus en mon pouvoir,
J'en ai manqué le coup, et ce que je regrette,
Mon carrosse est parti, mes gens ont fait retraite,
A Paris, et de nuit, une telle beauté
Suivant un homme seul est mal en sûreté,

ACTE IV, SCÈNE VII

1145 Doraste, ou par malheur quelque pire surprise
De ces coureurs de nuit me ferait lâcher prise.
De grâce, mon souci, passons encore un jour.

ANGÉLIQUE

Tu manques de courage aussi bien que d'amour,
Et tu me fais trop voir par cette rêverie
1150 Le chimérique effet de ta poltronnerie.
Alidor (quel amant!) n'ose me posséder.

ALIDOR

Un bien si précieux se doit-il hasarder ?
Et ne pouvez-vous point d'une seule journée
Différer le malheur de ce triste hyménée ?
1155 Peut-être le désordre, et la confusion
Qui naîtront dans le bal de cette occasion
Le remettront pour vous et l'autre nuit je jure...

ANGÉLIQUE

Que tu seras encor ou timide ou parjure ?
Quand tu m'as résolue à tes intentions,
1160 Ingrat, t'ai-je opposé tant de précautions ?
Tu m'aimes, ce dis-tu ? tu le fais bien paraître
Remettant mon bonheur ainsi sur un peut-être.

ALIDOR

Encor que mon amour appréhende pour vous,
Puisque vous le voulez, eh bien, je m'y résous
1165 Fuyons, hasardons tout. Mais on ouvre la porte,
C'est Doraste qui sort, et nous suit à main-forte.

*Alidor s'échappe et Angélique le veut suivre,
mais Doraste l'arrête.*

SCÈNE VII

ANGÉLIQUE, DORASTE, LYCANTE,
Troupe d'amis.

DORASTE

Quoi! ne m'attendre pas! c'est trop me dédaigner,
Je ne viens qu'à dessein de vous accompagner,
Car vous n'entreprenez si matin ce voyage
1170 Que pour vous préparer à notre mariage,

Encor que vous partiez beaucoup devant le jour
Vous ne serez jamais assez tôt de retour,
Vous vous éloignez trop, vu que l'heure nous presse.
Infidèle, est-ce là me tenir ta promesse ?

ANGÉLIQUE

1175 Eh bien c'est te trahir, penses-tu que mon feu
D'un généreux dessein te fasse un désaveu ?
Je t'acquis par dépit, et perdrais avec joie,
Mon désespoir à tous m'abandonnait en proie,
Et lorsque d'Alidor je me vis outrager
1180 Je fis armes de tout afin de me venger,
Tu t'offris par hasard, je t'acceptai de rage,
Je te donnai son bien, et non pas mon courage.
Ce change à mon dépit jetait un faux appas,
Je le nommais sa peine, et c'était mon trépas,
1185 Je prenais pour vengeance une telle injustice,
Et dessous ses couleurs j'adorais mon supplice.
Aveugle que j'étais ! mon peu de jugement
Ne se laissait guider qu'à mon ressentiment,
Mais depuis Alidor m'a fait voir que son âme
1190 En feignant un mépris n'avait pas moins de flamme,
Il a repris mon cœur en me rendant les yeux,
Et soudain mon amour m'a fait haïr ces lieux.

DORASTE

Tu suivais Alidor !

ANGÉLIQUE

Ta funeste arrivée
En arrêtant mes pas de ce bien m'a privée.
1195 Mais si.

DORASTE

Tu le suivais !

ANGÉLIQUE

Oui, fais tous tes efforts,
Lui seul aura mon cœur, tu n'auras que le corps.

DORASTE

Impudente, effrontée autant comme traîtresse,
De ce cher Alidor tiens-tu cette promesse ?
Est-elle de sa main, parjure ? de bon cœur
1200 J'aurais cédé ma place à ce premier vainqueur,
Mais suivre un inconnu ! me quitter pour Cléandre !

ANGÉLIQUE

Pour Cléandre ?

ACTE IV, SCÈNE VII

DORASTE

J'ai tort, je tâche à te surprendre,
Vois ce qu'en te cherchant m'a donné le hasard,
C'est ce que dans ta chambre a laissé ton départ,
1205 C'est là qu'au lieu de toi j'ai trouvé sur ta table
De ta fidélité la preuve indubitable,
Lis, mais ne rougis point; et me soutiens encor
Que tu ne fuis ces lieux que pour suivre Alidor.

BILLET DE CLÉANDRE A ANGÉLIQUE

Angélique lit.

Angélique, reçois ce gage
1210 De la foi que je te promets
Qu'un prompt et sacré mariage
Unira nos jours désormais,
Quittons ces lieux, chère maîtresse,
Rien ne peut que ta fuite assurer mon bonheur,
1215 Mais laisse aux tiens cette promesse
Pour sûreté de ton honneur,
Afin qu'ils en puissent apprendre,
Que tu suis ton mari, lorsque tu suis Cléandre.

CLÉANDRE

ANGÉLIQUE

Que je suis mon mari lorsque je suis Cléandre!
1220 Alidor est perfide, ou Doraste imposteur,
Je vois la trahison, et doute de l'auteur :
Toutefois ce papier suffit pour m'en instruire,
Je le pris d'Alidor, mais je le pris sans lire,
Et puisqu'à m'enlever son bras se refusait
1225 Il ne prétendait rien au larcin qu'il faisait.
Le traître! j'étais donc destinée à Cléandre!
Hélas! mais qu'à propos le ciel l'a fait méprendre!
Et ne consentant point à ses lâches desseins.
Met au lieu d'Angélique une autre entre ses mains.

DORASTE

1230 Que parles-tu d'une autre en ta place ravie ?

ANGÉLIQUE

J'en ignore le nom, mais elle m'a suivie,
Et quelle qu'elle soit...

DORASTE

Il suffit, n'en dis plus,
Après ce que j'ai vu j'en sais trop là-dessus,

Autre n'est que Philis entre leurs mains tombée,
1235 Après toi de la salle elle s'est dérobée,
J'arrête une maîtresse, et je perds une sœur,
Mais allons promptement après le ravisseur.

SCÈNE VIII

Angélique

Dure condition de mon malheur extrême,
Si j'aime on me trahit, je trahis si l'on m'aime.
1240 Qu'accuserai-je ici d'Alidor, ou de moi ?
Nous manquons l'un et l'autre également de foi,
Si j'ose l'appeler lâche, traître, parjure,
Ma rougeur aussitôt prendra part à l'injure,
Et les mêmes couleurs qui peindront ses forfaits,
1245 Des miens en même temps exprimeront les traits.
Mais quel aveuglement nos deux crimes égale
Puisque c'est pour lui seul que je suis déloyale ?
L'amour m'a fait trahir (qui n'en trahirait pas ?)
Et la trahison seule a pour lui des appas,
1250 Son crime est sans excuse, et le mien pardonnable,
Il est deux fois, que dis-je ? il est le seul coupable,
Il m'a prescrit la loi, je n'ai fait qu'obéir,
Il me trahit lui-même, et me force à trahir.
Déplorable Angélique, en malheurs sans seconde,
1255 Que peux-tu désormais, que peux-tu faire au monde,
Si ton amour fidèle, et ton peu de beauté
N'ont pu te garantir d'une déloyauté ?
Doraste tient ta foi, mais si ta perfidie
A jusqu'à te quitter son âme refroidie,
1260 Suis, suis dorénavant de plus saines raisons,
Et ne t'expose plus à tant de trahisons,
Et tant qu'on ait pu voir la fin de ce mécompte,
Va cacher dans ta chambre, et tes pleurs et ta honte.

ACTE V

SCÈNE PREMIÈRE

CLÉANDRE, PHILIS

CLÉANDRE

Accordez-moi ma grâce avant qu'entrer chez vous.

PHILIS

1265 Vous voulez donc enfin d'un bien commun à tous ?
Craignez-vous qu'à vos feux ma flamme ne réponde ?
Et vous puis-je haïr si j'aime tout le monde ?

CLÉANDRE

Votre bel esprit raille, et pour moi seul cruel
Du rang de vos amants sépare un criminel :
1270 Toutefois mon amour n'est pas moins légitime,
Et mon erreur du moins me rend vers vous sans crime.
Soyez, quoi qu'il en soit, d'un naturel plus doux,
L'amour a pris le soin de me punir pour vous,
Les traits que cette nuit il trempait dans vos larmes
1275 Ont triomphé d'un cœur invincible à vos charmes.

PHILIS

Puisque vous ne n'aimez que par punition,
Vous m'obligez fort peu de cette affection.

CLÉANDRE

Après votre beauté sans raison négligée
Il me punit bien moins qu'il ne vous a vengée.
1280 Avez-vous jamais vu dessein plus renversé ?
Quand j'ai la force en main, je me trouve forcé,
Je crois prendre une fille, et suis pris par un autre,
J'ai tout pouvoir sur vous et me remets au vôtre,
Angélique me perd quand je crois l'acquérir,
1285 Je gagne un nouveau mal quand je pense guérir,

Dans un enlèvement je hais la violence,
Je suis respectueux après cette insolence,
Je commets un forfait et n'en saurais user,
Je ne suis criminel que pour m'en accuser,
1290 Je m'expose à ma peine, et négligeant ma fuite
Je m'offre à des périls que tout le monde évite.
Ce que j'ai pu ravir je le viens demander,
Et pour vous devoir tout je veux tout hasarder.

Philis

Vous ne me devrez rien, du moins si j'en suis crue.

Cléandre

1295 Mais après le danger où vous vous êtes vue
Malgré tous vos mépris les soins de votre honneur
Vous doivent désormais résoudre à mon bonheur.
La moitié d'une nuit passée en ma puissance
A d'étranges soupçons porte la médisance.
1300 Cela su, présumez comme on pourra causer.

Philis

Pour étouffer ce bruit il vous faut épouser,
Non pas ? mais au contraire après ce mariage
On présumerait tout à mon désavantage,
Et vous voir refusé fera mieux croire à tous
1305 Qu'il ne s'est rien passé qu'à propos entre nous.
Toutefois, après tout, mon humeur est si bonne
Que je ne puis jamais désespérer personne,
Sachez que mes désirs toujours indifférents
Iront sans résistance au gré de mes parents,
1310 Leur choix sera le mien, c'est vous parler sans feinte.

Cléandre

Je vois de leur côté mêmes sujets de crainte,
Si vous me refusez m'écouteraient-ils mieux ?

Philis

Le monde vous croit riche, et mes parents sont vieux.

Cléandre

Puis-je sur cet espoir...

Philis

Il vous faudrait tout dire.

SCÈNE II

ALIDOR, CLÉANDRE, PHILIS

ALIDOR

1315 Cléandre a-t-il enfin ce que son cœur désire ?
Et ses amours changés par un heureux hasard
De celui de Philis ont-ils pris quelque part ?

CLÉANDRE

Cette nuit tu l'as vue en un mépris extrême,
Et maintenant, ami, c'est encore elle-même,
1320 Son orgueil se redouble étant en liberté,
Et devient plus hardi d'agir en sûreté :
J'espère toutefois, à quelque point qu'il monte,
Qu'à la fin...

PHILIS

Cependant que vous lui rendrez compte,
Je vais voir mes parents que ce coup de malheur
1325 A mon occasion accable de douleur.
Je n'ai tardé que trop à les tirer de peine.

Elle rentre, et Cléandre la voulant suivre, Alidor l'arrête.

ALIDOR

Est-ce donc tout de bon qu'elle t'est inhumaine ?

CLÉANDRE

Il la faut suivre, adieu. Je te puis assurer
Que je n'ai pas sujet de me désespérer,
1330 Va voir ton Angélique, et la compte pour tienne
Pourvu que son humeur soit pareille à la sienne.

ALIDOR

Tu me la rends enfin ?

CLÉANDRE

Doraste tient sa foi,
Tu possèdes son cœur, qu'aurait-elle pour moi ?
Quelques charmants appas qui soient sur son visage
1335 Je n'y saurais avoir qu'un fort mauvais partage,

Peut-être elle croirait qu'il lui serait permis
De ne me rien garder ne m'ayant rien promis,
Je m'exposerais trop à des maux sans remède.
Mais derechef adieu.

SCÈNE III

ALIDOR

Qu'ainsi tout me succède!
1340 Comme si ses désirs se réglaient sur mes vœux,
Il accepte Angélique, et la rend quand je veux,
Quand je tâche à la perdre il meurt de m'en défaire,
Quand je l'aime, elle cesse aussitôt de lui plaire,
Mon cœur prêt à guérir, le sien se trouve atteint,
1345 Et mon feu rallumé, le sien se trouve éteint.
Il aime quand je quitte, il quitte alors que j'aime,
Et sans être rivaux nous aimons en lieu même.
C'en est fait, Angélique, et je ne saurais plus
Rendre contre tes yeux des combats superflus,
1350 De ton affection cette preuve dernière
Reprend sur tous mes sens une puissance entière.
Aveugle, cette nuit m'a redonné le jour,
Que j'eus de perfidie, et que je vis d'amour!
Quand je sus que Cléandre avait manqué sa proie,
1355 Que j'en eus de regret, et que j'en ai de joie!
Plus je t'étais ingrat, plus tu me chérissais,
Et ton ardeur croissait plus je te trahissais.
Aussi j'en fus honteux, et confus dans mon âme,
La honte et le remords rallumèrent ma flamme.
1360 Que l'amour pour nous vaincre a de chemins divers,
Et que malaisément on rompt de si beaux fers!
C'est en vain qu'on résiste aux traits d'un beau visage,
En vain à son pouvoir refusant son courage
On veut éteindre un feu par ses yeux allumé,
1365 Et ne le point aimer quand on s'en voit aimé :
Sous ce dernier appas l'amour a trop de force,
Il jette dans nos cœurs une trop douce amorce,
Et ce tyran secret de nos affections
Saisit trop puissamment nos inclinations.
1370 Aussi ma liberté n'a plus rien qui me flatte,
Le grand soin que j'en eus partait d'une âme ingrate,
Et mes desseins d'accord avecques mes désirs
A servir Angélique, ont mis tous mes plaisirs.

ACTE V, SCÈNE IV

Je ne m'obstine plus à mériter sa haine,
1375 Je me sens trop heureux d'une si belle chaîne,
Ce sont traits d'esprit fort que d'en vouloir sortir,
Et c'est où ma raison ne peut plus consentir.
Mais hélas! ma raison est-elle assez hardie
Pour me dire qu'on m'aime après ma perfidie ?
1380 Quelque secret instinct à mon bonheur fatal
Porte-t-il point ma belle à me vouloir du mal ?
Que de mes trahisons elle serait vengée
Si comme mon humeur la sienne était changée!
Mais qui la changerait, puisqu'elle ignore encor
1385 Tous les lâches complots du rebelle Alidor!
Que dis-je? misérable! ah! c'est trop me méprendre,
Elle en a trop appris du billet de Cléandre,
Son nom au lieu du mien en ce papier souscrit
Ne lui montre que trop le fond de mon esprit.
1390 Sur ma foi toutefois elle le prit sans lire,
Et si le ciel vengeur comme moi ne conspire,
Elle s'y fie assez pour n'en avoir rien lu.
Entrons à tout hasard d'un esprit résolu,
Dérobons à ses yeux le témoin de mon crime :
1395 Que si pour l'avoir lu sa colère s'anime,
Et qu'elle veuille user d'une juste rigueur,
Nous savons les chemins de regagner son cœur.

SCÈNE IV

DORASTE, LYCANTE

DORASTE

Ne sollicite plus mon âme refroidie,
Je méprise Angélique après sa perfidie,
1400 Mon cœur s'est révolté contre ses lâches traits,
Et qui n'a point de foi, n'a point pour moi d'attraits.
Veux-tu qu'on me trahisse, et que mon amour dure ?
J'ai souffert sa rigueur, mais je hais son parjure,
Et tiens sa trahison indigne à l'avenir
1405 D'occuper aucun lieu dedans mon souvenir.
Qu'Alidor la possède, il est traître comme elle,
Jamais pour ce sujet nous n'aurons de querelle,
J'aurais peu de raison de lui vouloir du mal
Pour m'avoir délivré d'un esprit déloyal,

1410 Ma colère l'épargne, et n'en veut qu'à Cléandre,
Il verra que son pire était de se méprendre,
Et si je puis jamais trouver ce ravisseur
Il me rendra soudain et la vie et ma sœur.

LYCANTE

Ecoutez un peu moins votre âme généreuse,
1415 Que feriez-vous par là qu'une sœur malheureuse ?
Les soins de son honneur que vous devez avoir
Pour d'autres intérêts vous doivent émouvoir.
Après que par hasard Cléandre l'a ravie,
Elle perdrait l'honneur, s'il en perdait la vie,
1420 On la croirait son reste, et pour la posséder
Peu d'amants sur ce bruit se voudraient hasarder :
Faites mieux, votre sœur à peine peut prétendre
Une fortune égale à celle de Cléandre
Que l'excès de ses biens vous le rende chéri,
1425 Et de son ravisseur faites-en son mari,
Encor que son dessein ne fût pour sa personne,
Faites-lui retenir ce qu'un hasard lui donne,
Je crois que cet hymen pour satisfaction
Plaira mieux à Philis que sa punition.

DORASTE

1430 Nous consultons en vain, ma poursuite étant vaine.

LYCANTE

Nous le rencontrerons, n'en soyez point en peine,
Où que soit sa retraite, il n'est pas toujours nuit,
Et ce qu'un jour nous cache un autre le produit.
Mais Dieux ! voilà Philis qu'il a déjà rendue.

SCÈNE V

PHILIS, DORASTE, LYCANTE

DORASTE

1435 Ma sœur, je te retiens après t'avoir perdue !
Et de grâce, quel lieu recèle le voleur
Qui pour s'être mépris a causé ton malheur ?
Que son trépas...

PHILIS

Tout beau, peut-être ta colère
Au lieu de ton rival attaque ton beau-frère,
En un mot tu sauras qu'en cet enlèvement
Mes larmes m'ont acquis Cléandre pour amant.
Son cœur m'est demeuré pour peine de son crime,
Et veut faire d'un rapt un amour légitime,
Il fait tous ses efforts pour gagner mes parents,
Et s'il les peut fléchir, quant à moi je me rends.
Non pas, à dire vrai, que son objet me tente,
Mais mon père content je suis assez contente.
Tandis par la fenêtre ayant vu ton retour
Je t'ai voulu sur l'heure apprendre cet amour,
Pour te tirer de peine, et rompre ta colère.

DORASTE

Crois-tu que cet hymen puisse me satisfaire ?

PHILIS

Si tu n'es ennemi de mes contentements
Ne prends mes intérêts que dans mes sentiments,
Ne fais point le mauvais si je ne suis mauvaise.
Et quoi, ce qui me plaît faut-il qu'il te déplaise ?
En cette occasion si tu me veux du bien
Règle (plus modéré) ton esprit sur le mien.
Je respecte mon père, et le tiens assez sage,
Pour ne résoudre rien à mon désavantage :
Si Cléandre le gagne, et m'en peut obtenir,
Je crois de mon devoir...

LYCANTE

Je l'aperçois venir.
Résolvez-vous, monsieur, à ce qu'elle désire.

SCÈNE VI

DORASTE, CLÉANDRE, PHILIS, LYCANTE

CLÉANDRE

Si tu n'es, mon souci, d'humeur à te dédire,
Tout me rit désormais, j'ai leur consentement.
Mais excusez, monsieur, le transport d'un amant,

Et souffrez qu'un rival confus de son offense
Pour en perdre le nom entre en votre alliance;
Ne me refusez point un oubli du passé,
Et son ressouvenir à jamais effacé,
1470 Bannissant toute aigreur recevez un beau-frère
Que votre sœur accepte après l'aveu d'un père.

DORASTE

Quand j'aurais sur ce point des avis différents
Je ne puis contredire au choix de mes parents.
Mais outre leur pouvoir votre âme généreuse,
1475 Et ce franc procédé qui rend ma sœur heureuse
Vous acquièrent les biens qu'ils vous ont accordés,
Et me font souhaiter ce que vous demandez.
Vous m'avez obligé de m'ôter Angélique,
Rien de ce qui la touche à présent ne me pique,
1480 Je n'y prends plus de part après sa trahison,
Je l'aimai par malheur, et la hais par raison.
Mais la voici qui vient de son amant suivie.

SCÈNE VII

ALIDOR, ANGÉLIQUE, DORASTE, etc.

ALIDOR

Finissez vos mépris, ou m'arrachez la vie.

ANGÉLIQUE

Ne m'importune plus, infidèle. Ah! ma sœur,
1485 Comme as-tu pu si tôt tromper ton ravisseur ?

PHILIS, à *Angélique*.

Il n'en a plus le nom, et son feu légitime
Autorisé des miens en efface le crime,
Le hasard me le donne, et changeant ses desseins
Il m'a mise en son cœur aussi bien qu'en ses mains.
1490 Son erreur fut soudain de son amour suivie,
Et je ne l'ai ravi qu'après qu'il m'a ravie,
Jusque-là tes beautés ont possédé ses vœux,
Mais l'amour d'Alidor faisait taire ses feux,
De peur de l'offenser te cachant son martyre
1495 Il me venait conter ce qu'il ne t'osait dire.

ACTE V, SCÈNE VII

Mais la chance est tournée en cet enlèvement,
Tu perds un serviteur, et je gagne un amant.

DORASTE, *à Philis.*

Dis-lui qu'elle en perd deux, mais qu'elle s'en console,
Puisque avec Alidor je lui rends sa parole.

A Angélique.

1500 Satisfaites sans crainte à vos intentions,
Je ne mets plus d'obstacle à vos affections,
Si vous faussez déjà la parole donnée
Que ne feriez-vous point après notre hyménée ?
Pour moi, malaisément on me trompe deux fois,
1505 Vous l'aimiez, aimez-le, je lui cède mes droits.

ALIDOR

Puisque vous me pouvez accepter sans parjure,
Mon âme, se peut-il que votre rigueur dure ?
Suis-je plus Alidor ? vos feux sont-ils éteints ?
Et quand mon amour croît produit-il vos dédains ?
1510 Voulez-vous...

ANGÉLIQUE

Déloyal, cesse de me poursuivre,
Si je t'aime jamais je veux cesser de vivre.
Quel espoir mal conçu te rapproche de moi ?
Aurais-je de l'amour pour qui n'a point de foi ?

DORASTE

1515 Quoi ? le bannissez-vous parce qu'il vous ressemble ?
Cette union d'humeurs vous doit unir ensemble :
Pour ce manque de foi est trop le rejeter,
Il ne l'a pratiqué que pour vous imiter.

ANGÉLIQUE

Cessez de reprocher à mon âme troublée
La faute où la porta son ardeur aveuglée,
1520 Vous seul avez ma foi, vous seul à l'avenir
Pouvez à votre gré me la faire tenir.
Si toutefois après ce que j'ai pu commettre
Vous me pouvez haïr jusqu'à me la remettre,
Un cloître désormais bornera mes desseins,
1525 C'est là que je prendrai des mouvements plus saints,
C'est là que loin du monde et de sa vaine pompe
Je n'aurai qui tromper, non plus que qui me trompe.

ALIDOR
Mon souci.

ANGÉLIQUE
Tes soucis doivent tourner ailleurs.

PHILIS, *à Angélique.*
De grâce prends pour lui des sentiments meilleurs.

DORASTE, *à Philis.*
1530 Nous leur nuisons, ma sœur, hors de notre présence
Elle se porterait à plus de complaisance,
L'amour seul assez fort pour la persuader
Ne veut point d'autre tiers à les accommoder.

CLÉANDRE, *à Doraste.*
Mon amour ennuyé des yeux de tant de monde
1535 Adore la raison où votre avis se fonde.
Adieu, belle Angélique, adieu, c'est justement
Que votre ravisseur vous cède à votre amant.

DORASTE, *à Angélique.*
Je vous eus par dépit, lui seul il vous mérite,
Ne lui refusez point ma part que je lui quitte.

PHILIS
1540 Si tu t'aimes, ma sœur, fais-en autant que moi,
Et laisse à tes parents à disposer de toi,
Ce sont des jugements imparfaits que les nôtres.
Le cloître a ses douceurs, mais le monde en a d'autres,
Qui pour avoir un peu moins de solidité
1545 N'accommodent que mieux notre fragilité.
Je crois qu'un bon dessein dans le cloître te porte,
Mais un dépit d'amour n'en est pas bien la porte,
Et l'on court grand hasard d'un cuisant repentir
De se voir en prison sans espoir d'en sortir.

CLÉANDRE, *à Philis.*
1550 N'achèverez-vous point ?

PHILIS
J'ai fait, et vous vais suivre.
Adieu, par mon exemple apprends comme il faut vivre,
Et prends pour Alidor un naturel plus doux.

Cléandre, Doraste, Philis et Lycante rentrent.

ANGÉLIQUE

Rien ne rompra le coup à quoi je me résous.
Je me veux exempter de ce honteux commerce
1555 Où la déloyauté si pleinement s'exerce.
Un cloître est désormais l'objet de mes désirs,
L'âme ne goûte point ailleurs de vrais plaisirs.
Ma foi qu'avait Doraste engageait ma franchise,
Et je ne vois plus rien puisqu'il me l'a remise
1560 Qui me retienne au monde, ou m'arrête en ce lieu.
Cherche un autre à trahir, et pour jamais, adieu.

SCÈNE DERNIÈRE

ALIDOR

Stances *en forme d'Epilogue.*

Que par cette retraite elle me favorise!
Alors que mes desseins cèdent à mes amours,
Et qu'ils ne sauraient plus défendre ma franchise,
1565 Sa haine, et ses refus viennent à leur secours.
    J'avais beau la trahir, une secrète amorce
Rallumait dans mon cœur l'amour par la pitié,
Mes feux en recevaient une nouvelle force,
Et toujours leur ardeur en croissait de moitié.
1570   Ce que cherchait par là mon âme peu rusée,
De contraires moyens me l'ont fait obtenir :
Je suis libre à présent qu'elle est désabusée,
Et je ne l'abusais que pour le devenir.
    Impuissant ennemi de mon indifférence,
1575 Je brave, vain amour, ton débile pouvoir,
Ta force ne venait que de mon espérance,
Et c'est ce qu'aujourd'hui m'ôte son désespoir.
    Je cesse d'espérer, et commence de vivre,
Je vis dorénavant puisque je vis à moi,
1580 Et quelques doux assauts qu'un autre objet me livre,
C'est de moi seulement que je prendrai la loi.
    Beautés, ne pensez point à réveiller ma flamme,
Vos regards ne sauraient asservir ma raison,
Et ce sera beaucoup emporté sur mon âme
1585 S'ils me font curieux d'apprendre votre nom.

Nous feindrons toutefois pour nous donner carrière,
Et pour mieux déguiser nous en prendrons un peu,
Mais nous saurons toujours rebrousser en arrière,
Et quand il nous plaira nous retirer du jeu.
1590 Cependant Angélique enfermant dans un cloître
Ses yeux dont nous craignions la fatale clarté,
Les murs qui garderont ces tyrans de paraître
Serviront de remparts à notre liberté.
Je suis hors du péril qu'après son mariage
1595 Le bonheur d'un jaloux augmente mon ennui,
Et ne serai jamais sujet à cette rage
Qui naît de voir son bien entre les mains d'autrui.
Ravi qu'aucun n'en ait ce que j'ai pu prétendre
Puisqu'elle dit au monde un éternel adieu,
1600 Comme je la donnais sans regret à Cléandre,
Je verrai sans regret qu'elle se donne à Dieu.

L'ILLUSION COMIQUE

Comédie

A MADEMOISELLE M. F. D. R.

Mademoiselle,

Voici un étrange monstre que je vous dédie. Le premier acte n'est qu'un prologue, les trois suivants sont une comédie imparfaite, le dernier est une tragédie, et tout cela cousu ensemble fait une comédie. Qu'on en nomme l'invention bizarre et extravagante tant qu'on voudra, elle est nouvelle, et souvent la grâce de la nouveauté parmi nos Français n'est pas un petit degré de bonté. Son succès ne m'a point fait de honte sur le théâtre, et j'ose dire que la représentation de cette pièce capricieuse ne vous a point déplu, puisque vous m'avez commandé de vous en adresser l'Epître quand elle irait sous la presse. Je suis au désespoir de vous la présenter en si mauvais état, qu'elle en est méconnaissable : la quantité de fautes que l'imprimeur a ajoutées aux miennes la déguise, ou pour mieux dire, la change entièrement. C'est l'effet de mon absence de Paris, d'où mes affaires m'ont rappelé sur le point qu'il l'imprimait, et m'ont obligé d'en abandonner les épreuves à sa discrétion. Je vous conjure de ne la lire point que vous n'ayez pris la peine de corriger ce que vous trouverez marqué en suite de cette Epître. Ce n'est pas que j'y aie employé toutes les fautes qui s'y sont coulées, le nombre en est si grand qu'il eût épouvanté le lecteur, j'ai seulement choisi celles qui peuvent apporter quelque corruption notable au sens, et qu'on ne peut pas deviner aisément. Pour les autres qui ne sont que contre la rime, ou l'orthographe, ou la ponctuation, j'ai cru que le lecteur judicieux y suppléerait sans beaucoup de difficulté, et qu'ainsi il n'était pas besoin d'en charger cette première feuille. Cela m'apprendra à ne hasarder plus de pièces à l'impression durant mon absence.

Ayez assez de bonté pour ne dédaigner pas celle-ci, toute déchirée qu'elle est, et vous m'obligerez d'autant plus à demeurer toute ma vie,

MADEMOISELLE,

Le plus fidèle et le plus passionné de vos serviteurs,

CORNEILLE

L'ILLUSION COMIQUE

Comédie

LES AUTEURS

ALCANDRE, magicien.
PRIDAMANT, père de Clindor.
DORANTE, ami de Pridamant.
MATAMORE, capitan gascon, amoureux d'Isabelle.
CLINDOR, suivant du capitan et amant d'Isabelle.
ADRASTE, gentilhomme amoureux d'Isabelle.
GÉRONTE, père d'Isabelle.
ISABELLE, fille de Géronte.
LISE, servante d'Isabelle.
GEOLIER de Bordeaux.
PAGE du capitan.
ROSINE, princesse d'Angleterre, femme de Florilame.
ÉRASTE, écuyer de Florilame.
TROUPE de domestiques d'Adraste.
TROUPE de domestiques de Florilame.

ACTE PREMIER

SCÈNE PREMIÈRE

PRIDAMANT, DORANTE

Dorante

Ce grand mage dont l'art commande à la nature
N'a choisi pour palais que cette grotte obscure;
La nuit qu'il entretient sur cet affreux séjour
N'ouvrant son voile épais qu'aux rayons d'un faux jour,
5 De leur éclat douteux n'admet en ces lieux sombres
Que ce qu'en peut souffrir le commerce des ombres.
N'avancez pas, son art au pied de ce rocher
A mis de quoi punir qui s'en ose approcher,
Et cette large bouche est un mur invisible,
10 Où l'air en sa faveur devient inaccessible,
Et lui fait un rempart dont les funestes bords
Sur un peu de poussière étalent mille morts.
Jaloux de son repos plus que de sa défense
Il perd qui l'importune ainsi que qui l'offense,
15 Si bien que ceux qu'amène un curieux désir
Pour consulter Alcandre attendent son loisir,
Chaque jour il se montre, et nous touchons à l'heure
Que pour se divertir il sort de sa demeure.

Pridamant

J'en attends peu de choses et brûle de le voir,
20 J'ai de l'impatience et je manque d'espoir,
Ce fils, ce cher objet de mes inquiétudes,
Qu'ont éloigné de moi des traitements trop rudes,
Et que depuis dix ans je cherche en tant de lieux
A caché pour jamais sa présence à mes yeux.

25 Sous ombre qu'il prenait un peu trop de licence
Contre ses libertés je roidis ma puissance,
Je croyais le réduire à force de punir,
Et ma sévérité ne fit que le bannir.
Mon âme vit l'erreur dont elle était séduite,
30 Je l'outrageais présent et je pleurai sa fuite;
Et l'amour paternel me fit bientôt sentir
D'une injuste rigueur un juste repentir.
Il l'a fallu chercher, j'ai vu dans mon voyage
Le Pô, le Rhin, la Meuse, la Seine, et le Tage,
35 Toujours le même soin travaille mes esprits,
Et ces longues erreurs ne m'en ont rien appris,
Enfin au désespoir de perdre tant de peine,
Et n'attendant plus rien de la prudence humaine,
Pour trouver quelque fin à tant de maux soufferts,
40 J'ai déjà, sur ce point, consulté les enfers,
J'ai vu les plus fameux en ces noires sciences,
Dont vous dites qu'Alcandre a tant d'expérience,
On en faisait, l'état que vous faites de lui,
Et pas un d'eux n'a pu soulager mon ennui.
45 L'enfer devient muet quand il me faut répondre
Ou ne me répond rien qu'afin de me confondre.

DORANTE

Ne traitez pas Alcandre en homme du commun,
Ce qu'il sait en son art n'est connu de pas un.
Je ne vous dirai point qu'il commande au tonnerre,
50 Qu'il fait enfler les mers, qu'il fait trembler la terre,
Que de l'air qu'il mutine en mille tourbillons
Contre ses ennemis il fait des bataillons;
Que de ses mots savants les forces inconnues
Transportent les rochers, font descendre les nues,
55 Et briller dans la nuit l'éclat de deux soleils,
Vous n'avez pas besoin de miracles pareils,
Il suffira pour vous, qu'il lit dans les pensées,
Et connaît l'avenir et les choses passées,
Rien n'est secret pour lui dans tout cet univers,
60 Et pour lui nos destins sont des livres ouverts,
Moi-même ainsi que vous je ne pouvais le croire,
Mais sitôt qu'il me vit il me dit mon histoire,
Et je fus étonné d'entendre les discours
Des traits les plus cachés de mes jeunes amours.

PRIDAMANT

65 Vous m'en dites beaucoup.

DORANTE
J'en ai vu davantage.

PRIDAMANT
Vous essayez en vain de me donner courage,
Mes soins, et mes travaux verront sans aucun fruit
Clore mes tristes jours d'une éternelle nuit.

DORANTE
Depuis que j'ai quitté le séjour de Bretagne
70 Pour venir faire ici le noble de campagne,
Et que deux ans d'amour par une heureuse fin
M'ont acquis Silvérie et ce château voisin,
De pas un, que je sache, il n'a déçu l'attente,
Quiconque le consulte en sort l'âme contente,
75 Croyez-moi, son secours n'est pas à négliger :
D'ailleurs il est ravi quand il peut m'obliger,
Et j'ose me vanter qu'un peu de mes prières
Vous obtiendra de lui des faveurs singulières.

PRIDAMANT
Le sort m'est trop cruel pour devenir si doux.

DORANTE
80 Espérez mieux, il sort, et s'avance vers vous.
Regardez-le marcher, ce visage si grave
Dont le rare savoir tient la nature esclave
N'a sauvé toutefois des ravages du temps
Qu'un peu d'os et de nerfs qu'ont décharnés cent ans,
85 Son corps malgré son âge a les forces robustes,
Le mouvement facile et les démarches justes,
Des ressorts inconnus agitent le vieillard,
Et font de tous ces pas des miracles de l'art.

SCÈNE II

ALCANDRE, PRIDAMANT, DORANTE

DORANTE
Grand démon du savoir de qui les doctes veilles
90 Produisent chaque jour de nouvelles merveilles,

A qui rien n'est secret dans nos intentions
Et qui vois sans nous voir toutes nos actions,
Si de ton art divin le pouvoir admirable
Jamais en ma faveur se rendit secourable,
95 De ce père affligé soulage les douleurs,
Une vieille amitié prend part en ses malheurs,
Rennes ainsi qu'à moi lui donna la naissance
Et presque entre ces bras j'ai passé mon enfance,
Là de son fils et moi naquit l'affection,
100 Nous étions pareils d'âge et de condition.

Alcandre

Dorante c'est assez, je sais ce qui l'amène,
Ce fils est aujourd'hui le sujet de sa peine !
Vieillard, n'est-il pas vrai que son éloignement
Par un juste remords te gêne incessamment,
105 Qu'une obstination à te montrer sévère
L'a banni de ta vue, et cause ta misère,
Qu'en vain au repentir de ta sévérité
Tu cherches en tous lieux ce fils si maltraité ?

Pridamant

Oracle de nos jours qui connaît toutes choses,
110 En vain de ma douleur je cacherais les causes,
Tu sais trop quelle fut mon injuste rigueur,
Et vois trop clairement les secrets de mon cœur :
Il est vrai, j'ai failli, mais pour mes injustices
Tant de travaux en vain sont d'assez grands supplices,
115 Donne enfin quelque borne à mes regrets cuisants,
Rends-moi l'unique appui de mes débiles ans,
Je le tiendrai rendu si j'en sais des nouvelles,
L'amour pour le trouver me fournira des ailes,
Où fait-il sa retraite ? en quels lieux dois-je aller ?
120 Fût-il au bout du monde on m'y verra voler.

Alcandre

Commencez d'espérer, vous saurez par mes charmes
Ce que le ciel vengeur refusait à vos larmes,
Vous reverrez ce fils plein de vie et d'honneur,
De son bannissement il tire son bonheur.
125 C'est peu de vous le dire, en faveur de Dorante
Je veux vous faire voir sa fortune éclatante.
Les novices de l'art avecque leurs encens
Et leurs mots inconnus qu'ils feignent tout-puissants

ACTE PREMIER, SCÈNE II

Leurs herbes, leurs parfums, et leurs cérémonies
130 Apportent au métier des longueurs infinies,
Qui ne sont après tout qu'un mystère pipeur
Pour les faire valoir et pour vous faire peur,
Ma baguette à la main j'en ferai davantage.

Il donne un coup de baguette et on tire un rideau derrière lequel sont en parade les plus beaux habits des comédiens.

Jugez de votre fils par un tel équipage.
135 Eh bien celui d'un prince a-t-il plus de splendeur ?
Et pouvez-vous encor douter de sa grandeur ?

PRIDAMANT

D'un amour paternel vous flattez les tendresses,
Mon fils n'est point du rang à porter ces richesses,
Et sa condition ne saurait endurer
140 Qu'avecque tant de pompe il ose se parer.

ALCANDRE

Sous un meilleur destin sa fortune rangée
Et sa condition avec le temps changée,
Personne maintenant n'a de quoi murmurer
Qu'en public de la sorte il ose se parer.

PRIDAMANT

145 A cet espoir si doux j'abandonne mon âme,
Mais parmi ces habits je vois ceux d'une femme.
Serait-il marié ?

ALCANDRE

Je vais de ses amours
Et de tous ses hasards vous faire le discours,
Toutefois si votre âme était assez hardie
150 Sous une illusion vous pourriez voir sa vie,
Et tous ses accidents devant vous exprimés
Par des spectres pareils à des corps animés,
Il ne leur manquera ni geste, ni parole.

PRIDAMANT

Ne me soupçonnez point d'une crainte frivole,
155 Le portrait de celui que je cherche en tous lieux
Pourrait-il par sa vue épouvanter mes yeux ?

ALCANDRE, *à Dorante.*

Mon cavalier de grâce il faut faire retraite,
Et souffrir qu'entre nous l'histoire en soit secrète.

PRIDAMANT

Pour un si bon ami je n'ai point de secrets.

DORANTE

160 Il vous faut sans réplique accepter ses arrêts.
Je vous attends chez moi.

ALCANDRE

Ce soir, si bon lui semble,
Il vous apprendra tout quand vous serez ensemble.

SCÈNE III

ALCANDRE, PRIDAMANT

ALCANDRE

Votre fils tout d'un coup ne fut pas grand seigneur,
Toutes ses actions ne vous font pas honneur,
165 Et je serais marri d'exposer sa misère
En spectacle à des yeux autres que ceux d'un père,
Il vous prit quelque argent, mais ce petit butin
A peine lui dura du soir jusqu'au matin
Et pour gagner Paris il vendit par la plaine
170 Des brevets à chasser la fièvre et la migraine,
Dit la bonne aventure, et s'y rendit ainsi.
Là comme on vit d'esprit il en vécut aussi;
Dedans Saint-Innocent il se fit secrétaire,
Après montant d'état, il fut clerc d'un notaire;
175 Ennuyé de la plume, il la quitta soudain
Et dans l'académie il joua de la main,
Il se mit sur la rime, et l'essai de sa veine
Enrichit les chanteurs de la Samaritaine :
Son style prit après de plus beaux ornements,
180 Il se hasarda même à faire des romans,
Des chansons pour Gautier, des pointes pour Guillaume,
Depuis il trafiqua de chapelets de baume,
Vendit du mithridate en maître opérateur,
Revint dans le Palais et fut solliciteur,
185 Enfin jamais Buscon, Lazarille de Tormes,
Sayavèdre et Gusman ne prirent tant de formes,
C'était là pour Dorante un honnête entretien.

ACTE PREMIER, SCÈNE III

PRIDAMANT

Que je vous suis tenu de ce qu'il n'en sait rien!

ALCANDRE

Sans vous faire rien voir, je vous en fais un conte
190 Dont le peu de longueur épargne votre honte :
Las de tant de métiers sans honneur et sans fruit :
Quelque meilleur destin à Bordeaux l'a conduit,
Et là comme il pensait au choix d'un exercice,
Un brave du pays l'a pris à son service :
195 Ce guerrier amoureux en a fait son agent,
Cette commission l'a remeublé d'argent,
Il sait avec adresse en portant les paroles
De la vaillante dupe attraper les pistoles,
Même de son agent il s'est fait son rival,
200 Et la beauté qu'il sert ne lui veut point de mal.
Lorsque de ces amours vous aurez vu l'histoire,
Je vous le veux montrer plein d'éclat et de gloire,
Et la même action qu'il pratique aujourd'hui.

PRIDAMANT

Que déjà cet espoir soulage mon ennui!

ALCANDRE

205 Il a caché son nom en battant la campagne
Et s'est fait de Clindor le sieur de la Montagne,
C'est ainsi que tantôt vous l'entendrez nommer.
Voyez tout sans rien dire, et sans vous alarmer,
Je tarde un peu beaucoup pour votre impatience,
210 N'en concevez pourtant aucune défiance.
C'est qu'un charme ordinaire a trop peu de pouvoir
Sur les spectres parlants qu'il faut vous faire voir.
Entrons dedans ma grotte afin que j'y prépare
Quelques charmes nouveaux pour un effet si rare.

ACTE II

SCÈNE PREMIÈRE

ALCANDRE, PRIDAMANT

Alcandre

215 Quoi qui s'offre à vos yeux n'en ayez point d'effroi,
De ma grotte surtout ne sortez qu'après moi,
Sinon, vous êtes mort, voyez déjà paraître
Sous deux fantômes vains votre fils et son maître.

Pridamant

O Dieux! je sens mon âme après lui s'envoler.

Alcandre

220 Faites-lui du silence et l'écoutez parler.

SCÈNE II

MATAMORE, CLINDOR

Clindor

Quoi ? Monsieur, vous rêvez! et cette âme hautaine
Après tant de beaux faits semble être encore en peine!
N'êtes-vous point lassé d'abattre des guerriers :
Soupirez-vous après quelques nouveaux lauriers ?

Matamore

225 Il est vrai que je rêve et ne saurais résoudre
Lequel je dois des deux le premier mettre en poudre
Du grand sophi de Perse, ou bien du grand mogor.

CLINDOR

Et de grâce, monsieur, laissez-les vivre encor.
Qu'ajouterait leur perte à votre renommée ?
Et puis quand auriez-vous rassemblé votre armée ?

MATAMORE

Mon armée ! ah ! poltron ! ah ! traître ! pour leur mort
Tu crois donc que ce bras ne soit pas assez fort !
Le seul bruit de mon nom renverse les murailles,
Défait les escadrons, et gagne les batailles,
Mon courage invaincu contre les empereurs
N'arme que la moitié de ses moindres fureurs,
D'un seul commandement que je fais aux trois Parques,
Je dépeuple l'Etat des plus heureux monarques,
Le foudre est mon canon, les destins mes soldats,
Je couche d'un revers mille ennemis à bas,
D'un souffle je réduis leurs projets en fumée,
Et tu m'oses parler cependant d'une armée !
Tu n'auras plus l'honneur de voir un second Mars,
Je vais t'assassiner d'un seul de mes regards,
Veillaque. Toutefois je songe à ma maîtresse,
Le penser m'adoucit. Va, ma colère cesse,
Et ce petit archer qui dompte tous les Dieux,
Vient de chasser la mort qui logeait dans mes yeux.
Regarde, j'ai quitté cette effroyable mine
Qui massacre, détruit, brise, brûle, extermine,
Et pensant au bel œil qui tient ma liberté
Je ne suis plus qu'amour, que grâce, que beauté.

CLINDOR

O Dieux ! en un moment que tout vous est possible !
Je vous vois aussi beau que vous êtes terrible,
Et ne crois point d'objet si ferme en sa rigueur
Qui puisse constamment vous refuser son cœur.

MATAMORE

Je te le dis encor, ne sois plus en alarme,
Quand je veux j'espouvante, et quand je veux je charme,
Et selon qu'il me plaît je remplis tour à tour
Les hommes de terreur et les femmes d'amour,
Du temps que ma beauté m'était inséparable
Leurs persécutions me rendaient misérable,
Je ne pouvais sortir sans les faire pâmer,
Mille mouraient par jour à force de m'aimer,

265 J'avais des rendez-vous de toutes les princesses,
Les reines à l'envi mendiaient mes caresses,
Celle d'Ethiopie, et celle du Japon
Dans leurs soupirs d'amour ne mêlaient que mon nom,
De passion pour moi deux sultanes troublèrent,
270 Deux autres pour me voir du sérail s'échappèrent,
J'en fus mal quelque temps avec le grand Seigneur !

Clindor

Son mécontentement n'allait qu'à votre honneur.

Matamore

Ces pratiques nuisaient à mes desseins de guerre
Et pouvaient m'empêcher de conquérir la terre :
275 D'ailleurs j'en devins las et pour les arrêter
J'envoyai le destin dire à son Jupiter
Qu'il trouvât un moyen qui fît cesser les flammes
Et l'importunité dont m'accablaient les dames,
Qu'autrement ma colère irait dedans les cieux
280 Le dégrader soudain de l'empire des Dieux,
Et donnerait à Mars à gouverner son foudre,
La frayeur qu'il en eut le fit bientôt résoudre,
Ce que je demandais fut prêt en un moment,
Et depuis je suis beau quand je veux seulement.

Clindor

285 Que j'aurais sans cela de poulets à vous rendre.

Matamore

De quelle que ce soit garde-toi bien d'en prendre
Sinon de... tu m'entends, que dit-elle de moi ?

Clindor

Que vous êtes des cœurs, et le charme et l'effroi,
Et que si quelque effet peut suivre vos promesses
290 Son sort est plus heureux que celui des Déesses.

Matamore

Ecoute en ce temps-là dont tantôt je parlois,
Les Déesses aussi se rangeaient sous mes lois,
Et je te veux conter une étrange aventure
Qui jeta du désordre en toute la nature,
295 Mais désordre aussi grand qu'on en voie arriver.
Le Soleil fut un jour sans se pouvoir lever,

ACTE II, SCÈNE II

>   Et ce visible Dieu que tant de monde adore
>   Pour marcher devant lui ne trouvait point d'Aurore ;
>   On la cherchait partout au lit du vieux Tithon,
> 300 Dans les bois de Céphale, au palais de Memnon,
>   Et faute de trouver cette belle fourrière,
>   Le jour jusqu'à midi se passait sans lumière.

CLINDOR

> Où se pouvait cacher la reine des clartés ?

MATAMORE

>   Parbleu je la tenais encore à mes côtés,
> 305 Aucun n'osa jamais la chercher dans ma chambre,
>   Et le dernier de juin fut un jour de décembre,
>   Car enfin supplié par le Dieu du Sommeil
>   Je la rendis au monde et l'on vit le Soleil.

CLINDOR

>   Cet étrange accident me revient en mémoire,
> 310 J'étais lors en Mexique où j'en appris l'histoire,
>   Et j'entendis conter que la Perse en courroux
>   De l'affront de son dieu murmurait contre vous.

MATAMORE

>   J'en ouis quelque chose et je l'eusse punie,
>   Mais j'étais engagé dans la Transylvanie,
> 315 Où ses ambassadeurs qui vinrent l'excuser
>   A force de présents me surent apaiser.

CLINDOR

> Que la clémence est belle en un si grand courage !

MATAMORE

>   Contemple, mon ami, contemple ce visage :
>   Tu vois un abrégé de toutes les vertus
> 320 D'un monde d'ennemis sous mes pieds abattus
>   Dont la race est périe, et la terre déserte,
>   Pas un qu'à son orgueil n'a jamais dû sa perte,
>   Tous ceux qui font hommage à mes perfections
>   Conservent leurs Etats par leurs submissions
> 325 En Europe où les rois sont d'une humeur civile
>   Je ne leur rase point de château ni de ville,
>   Je les souffre régner : mais chez les Africains,
>   Partout où j'ai trouvé des rois un peu trop vains

J'ai détruit les pays avecque les monarques,
Et leurs vastes déserts en sont de bonnes marques,
Ces grands sables qu'à peine on passe sans horreur,
Sont d'assez beaux effets de ma juste fureur.

CLINDOR

Revenons à l'amour, voici votre maîtresse.

MATAMORE

Ce diable de rival l'accompagne sans cesse.

CLINDOR

Où vous retirez-vous ?

MATAMORE

Ce fat n'est pas vaillant
Mais il a quelque humeur qui le rend insolent,
Peut-être qu'orgueilleux d'être avec cette belle
Il serait assez vain pour me faire querelle.

CLINDOR

Ce serait bien courir lui-même à son malheur.

MATAMORE

Lorsque j'ai ma beauté je n'ai point ma valeur.

CLINDOR

Cessez d'être charmant et faites-vous terrible.

MATAMORE

Mais tu n'en prévois pas l'accident infaillible.
Je ne saurais me faire effroyable à demi,
Je tuerais ma maîtresse avec mon ennemi.
Attendons en ce coin l'heure qui les sépare.

CLINDOR

Comme votre valeur, votre prudence est rare.

SCÈNE III

ADRASTE, ISABELLE

ADRASTE

Hélas! s'il est ainsi quel malheur est le mien!
Je soupire, j'endure, et je n'avance rien,

ACTE II, SCÈNE III

    Et malgré les transports de mon amour extrême,
350 Vous ne voulez pas croire encor que je vous aime.

ISABELLE

    Je ne sais pas, monsieur, de quoi vous me blâmez.
    Je me connais aimable, et crois que vous m'aimez,
    Dans vos soupirs ardents j'en vois trop d'apparence,
    Et quand bien de leur part j'aurais moins d'assurance,
355 Pour peu qu'un honnête homme ait vers moi de crédit,
    Je lui fais la faveur de croire ce qu'il dit.
    Rendez-moi la pareille, et puisqu'à votre flamme
    Je ne déguise rien de ce que j'ai dans l'âme,
    Faites-moi la faveur de croire sur ce point,
360 Que bien que vous m'aimez je ne vous aime point.

ADRASTE

    Cruelle, est-ce là donc ce que vos injustices
    Ont réservé de prix à de si longs services ?
    Et mon fidèle amour est-il si criminel
    Qu'il doive être puni d'un mépris éternel ?

ISABELLE

365 Nous donnons bien souvent de divers noms aux choses,
    Des épines pour moi, vous les nommez des roses,
    Ce que vous appelez service, affection,
    Je l'appelle supplice et persécution.
    Chacun dans sa croyance également s'obstine,
370 Vous pensez m'obliger d'un feu qui m'assassine,
    Et la même action à votre sentiment
    Mérite récompense, au mien un châtiment.

ADRASTE

    Donner un châtiment, à des flammes si saintes,
    Dont j'ai reçu du ciel les premières atteintes !
375 Oui, le Ciel au moment qu'il me fit respirer
    Ne me donna du cœur que pour vous adorer,
    Mon âme prit naissance avecque votre idée,
    Avant que de vous voir vous l'avez possédée,
    Et les premiers regards dont m'aient frappé vos yeux
380 N'ont fait qu'exécuter l'ordonnance des cieux
    Que vous saisir d'un bien qu'ils avaient fait tout vôtre.

ISABELLE

    Le ciel m'eût fait plaisir d'en enrichir un autre,
    Il vous fit pour m'aimer et moi pour vous haïr,
    Gardons-nous bien tous deux de lui désobéir.

385 Après tout vous avez bonne part à sa haine
Ou de quelque grand crime il vous donne la peine
Car je ne pense pas qu'il soit supplice égal
D'être forcé d'aimer qui vous traite si mal.

ADRASTE

Puisque ainsi vous jugez que ma peine est si dure,
390 Prenez quelque pitié des tourments que j'endure.

ISABELLE

Certes j'en ai beaucoup, et vous plaint d'autant plus
Que je vois ces tourments passer pour superflus,
Et n'avoir pour tout fruit d'une longue souffrance,
Que l'incommode honneur d'une triste constance.

ADRASTE

395 Un père l'autorise et mon feu maltraité
Enfin aura recours à son autorité.

ISABELLE

Ce n'est pas le moyen de trouver votre conte,
Et d'un si beau dessein vous n'aurez que la honte.

ADRASTE

J'espère voir pourtant avant la fin du jour
400 Ce que peut son vouloir au défaut de l'amour.

ISABELLE

Et moi j'espère voir, avant que le jour passe,
Un amant accablé de nouvelle disgrâce.

ADRASTE

Eh quoi! cette rigueur ne cessera jamais.

ISABELLE

Allez trouver mon père, et me laissez en paix.

ADRASTE

405 Votre âme au repentir de sa froideur passée,
Ne la veut point quitter sans être un peu forcée,
J'y vais tout de ce pas mais avec des serments
Que c'est pour obéir à vos commandements.

ISABELLE

Allez continuer une vaine poursuite.

SCÈNE IV

MATAMORE, ISABELLE, CLINDOR

Matamore

410 Eh bien ? dès qu'il m'a vu comme a-t-il pris la fuite !
M'a-t-il bien su quitter la place au même instant ?

Isabelle

Ce n'est pas honte à lui, les rois en font autant,
Au moins si ce grand bruit qui court de vos merveilles
N'a trompé mon esprit en frappant mes oreilles.

Matamore

415 Vous le pouvez bien croire, et pour le témoigner,
Choisissez en quels lieux il vous plaît de régner,
Ce bras tout aussitôt vous conquête un empire,
J'en jure par lui-même, et cela, c'est tout dire.

Isabelle

Ne prodiguez pas tant ce bras toujours vainqueur.
420 Je ne veux point régner que dessus votre cœur,
Toute l'ambition que me donne ma flamme
C'est d'avoir pour sujets les désirs de votre âme.

Matamore

Ils vous sont tout acquis et pour vous faire voir
Que vous avez sur eux un absolu pouvoir,
425 Je n'écouterai plus cette humeur de conquête,
Et laissant tous les rois leurs couronnes en tête
J'en prendrai seulement deux ou trois pour valets
Qui viendront à genoux vous rendre mes poulets.

Isabelle

L'éclat de tels suivants attirerait l'envie
430 Sur le rare bonheur où je coule ma vie.
Le commerce discret de nos affections

Elle montre Clindor.

N'a besoin que de lui pour ces commissions.

Matamore

Vous avez, Dieu me sauve, un esprit à ma mode,
Vous trouvez comme moi la grandeur incommode,

Les sceptres les plus beaux n'ont rien pour moi d'exquis,
Je les rends aussitôt que je les ai conquis,
Et me suis vu charmer quantité de princesses
Sans que jamais mon cœur acceptât ces maîtresses.

Isabelle

Certes en ce point seul je manque un peu de foi,
Que vous ayez quitté des princesses pour moi!
Qu'elles n'aient pu blesser un cœur dont je dispose!

Matamore

Je crois que la Montagne en saura quelque chose.
Viens çà, lorsqu'en la Chine en ce fameux tournoi
Je donnai dans la vue aux deux filles du roi,
Sens-tu rien de leurs flammes et de la jalousie
Dont pour moi toutes deux avaient l'âme saisie?

Clindor

Par vos mépris enfin l'une et l'autre mourut,
J'étais lors en Egypte où le bruit en courut,
Et ce fut en ce temps que la peur de vos armes
Fit nager le grand Caire en un fleuve de larmes:
Vous veniez d'assommer dix géants en un jour,
Vous aviez désolé les pays d'alentour,
Rasé quinze châteaux, aplani deux montagnes,
Fait passer par le feu, villes, bourgs, et campagnes,
Et défait vers Damas cent mille combattants.

Matamore

Que tu remarques bien et les lieux et les temps!
Je l'avais oublié.

Isabelle

Des faits si pleins de gloire
Vous peuvent-ils ainsi sortir de la mémoire?

Matamore

Trop pleine des lauriers remportés sur les rois
Je ne la charge point de ces menus exploits.

Un Page

Monsieur...

Matamore

Que veux-tu, page?

Le Page

Un courrier vous demande.

ACTE II, SCÈNE V

MATAMORE

D'où vient-il ?

LE PAGE

De la part de la reine d'Islande.

MATAMORE

Ciel qui sais comme quoi j'en suis persécuté
Un peu plus de repos avec moins de beauté,
465 Fais qu'un si long mépris enfin la désabuse.

CLINDOR, *à Isabelle.*

Voyez ce que pour vous ce grand guerrier refuse.

ISABELLE

Je n'en puis plus douter.

CLINDOR

Il vous le disait bien.

MATAMORE

Elle m'a beau prier, non, je n'en ferai rien
Et quoi qu'un fol espoir ose encor lui promettre,
470 Je lui vais envoyer sa mort dans une lettre.
Trouvez-le bon, ma reine, et souffrez cependant
Une heure d'entretien de ce cher confident,
Qui comme de ma vie il sait toute l'histoire
Vous fera voir sur qui vous avez la victoire.

ISABELLE

475 Tardez encore moins, et par ce prompt retour
Je jugerai quelle est envers moi votre amour.

SCÈNE V

CLINDOR, ISABELLE

CLINDOR

Jugez plutôt par là l'humeur du personnage.
Ce page n'est chez lui que pour ce badinage,
Et venir d'heure en heure avertir sa grandeur,
480 D'un courrier, d'un agent, ou d'un ambassadeur.

Isabelle

Ce message me plaît bien plus qu'il ne lui semble :
Il me défait d'un fou pour nous laisser ensemble.

Clindor

Ce discours favorable enhardira mes feux
A bien user d'un temps si propice à mes vœux.

Isabelle

485 Que m'allez-vous conter ?

Clindor

                Que j'adore Isabelle.
Que je n'ai plus de cœur ni d'âme que pour elle;
Que ma vie...

Isabelle

          Epargnez ces propos superflus.
Je les sais, je les crois, que voulez-vous de plus ?
Je néglige à vos yeux l'offre d'un diadème,
490 Je dédaigne un rival, en un mot je vous aime.
C'est aux commencements des faibles passions
A s'amuser encore aux protestations,
Il suffit de nous voir au point où sont les nôtres,
Un clin d'œil vaut pour vous tout le discours des autres.

Clindor

495 Dieux, qui l'eût jamais cru que mon sort rigoureux
Se rendît si facile à mon cœur amoureux!
Banni de mon pays par la rigueur d'un père,
Sans support, sans amis, accablé de misère,
Et réduit à flatter le caprice arrogant
500 Et les vaines humeurs d'un maître extravagant,
En ce piteux état ma fortune si basse
Trouve encor quelque part en votre bonne grâce,
Et d'un rival puissant les biens, et la grandeur,
Obtiennent moins sur vous que ma sincère ardeur.

Isabelle

505 C'est comme il faut choisir, et l'amour véritable
S'attache seulement à ce qu'il voit d'aimable :
Qui regarde les biens, ou la condition,
N'a qu'un amour avare ou plein d'ambition
Et souille lâchement par ce mélange infâme
510 Les plus nobles désirs qu'enfante une belle âme.

ACTE II, SCÈNE VI

Je sais bien que mon père a d'autres sentiments
Et mettra de l'obstacle à nos contentements,
Mais l'amour sur mon cœur a pris trop de puissance
Pour écouter encor les lois de la naissance,
515 Mon père peut beaucoup, mais bien moins que ma foi,
Il a choisi pour lui, je veux choisir pour moi.

Clindor

Confus de voir donner à mon peu de mérite...

Isabelle

Voici mon importun, souffrez que je l'évite.

SCÈNE VI

ADRASTE, CLINDOR

Adraste

Que vous êtes heureux! et quel malheur me suit!
520 Ma maîtresse vous souffre, et l'ingrate me fuit,
Quelque goût qu'elle prenne en votre compagnie
Sitôt que j'ai paru mon abord l'a bannie.

Clindor

Sans qu'elle ait vu vos pas s'adresser en ce lieu,
Lasse de mes discours elle m'a dit adieu.

Adraste

525 Lasse de vos discours! votre humeur est trop bonne
Et votre esprit trop beau pour ennuyer personne
Mais que lui contiez-vous qui pût l'importuner?

Clindor

Des choses qu'aisément vous pouvez deviner,
Les amours de mon maître ou plutôt ses sottises;
530 Ses conquêtes en l'air, ses hautes entreprises.

Adraste

Voulez-vous m'obliger? votre maître, ni vous
N'êtes pas gens tous deux à me rendre jaloux,
Mais si vous ne pouvez arrêter ses saillies,
Divertissez ailleurs le cours de ses folies.

CLINDOR

535 Que craignez-vous de lui, dont tous les compliments
Ne parlent que de morts et de saccagements,
Qu'il bat, terrasse, brise, étrangle, brûle, assomme ?

ADRASTE

Pour être son valet je vous trouve honnête homme,
Vous n'avez point la mine à servir sans dessein
540 Un fanfaron plus fou que son discours n'est vain.
Quoi qu'il en soit, depuis que je vous vois chez elle
Toujours de plus en plus je l'éprouve cruelle :
Ou vous servez quelque autre, ou votre qualité
Laisse dans vos projets trop de témérité.
545 Je vous tiens fort suspect de quelque haute adresse :
Que votre maître enfin fasse une autre maîtresse,
Ou s'il ne peut quitter un entretien si doux
Qu'il se serve du moins d'un autre que de vous.
Ce n'est pas qu'après tout les volontés d'un père,
550 Qui sait ce que je suis, ne terminent l'affaire,
Mais purgez-moi l'esprit de ce petit souci,
Et si vous vous aimez bannissez-vous d'ici,
Car si je vous vois plus regarder cette porte
Je sais comme traiter les gens de votre sorte.

CLINDOR

555 Me croyez-vous bas tant de nuire à votre feu ?

ADRASTE

Sans réplique, de grâce, ou vous verrez beau jeu,
Allez, c'est assez dit.

CLINDOR

Pour un léger ombrage
C'est trop indignement traiter un bon courage.
Si le ciel en naissant ne m'a fait grand seigneur
560 Il m'a fait le cœur ferme et sensible à l'honneur,
Et je suis homme à rendre un jour ce qu'on me prête.

ADRASTE

Quoi ! vous me menacez !

CLINDOR

Non, non, je fais retraite,
D'un si cruel affront vous aurez peu de fruit,
Mais ce n'est pas ici qu'il faut faire du bruit.

SCÈNE VII

ADRASTE, LISE

ADRASTE

565 Ce bélître insolent me fait encor bravade.

LISE

A ce compte, monsieur, votre esprit est malade ?

ADRASTE

Malade ! mon esprit ?

LISE

Oui, puisqu'il est jaloux
Du malheureux agent de ce prince des fous.

ADRASTE

Je suis trop glorieux et crois trop d'Isabelle
570 Pour craindre qu'un valet me supplante auprès d'elle,
Je ne puis toutefois souffrir sans quelque ennui
Le plaisir qu'elle prend à rire avecque lui.

LISE

C'est dénier ensemble et confesser la dette.

ADRASTE

Nomme, si tu le veux, ma boutade indiscrète,
575 Et trouve mes soupçons bien ou mal à propos,
Je l'ai chassé d'ici pour me mettre en repos.
En effet, qu'en est-il ?

LISE

Si j'ose vous le dire,
Ce n'est plus que pour lui qu'Isabelle soupire.

ADRASTE

O Dieu, que me dis-tu ?

LISE

Qu'il possède son cœur,
580 Que jamais feux naissants n'eurent tant de vigueur,
Qu'ils meurent l'un pour l'autre et n'ont qu'une pensée.

Adraste

Trop ingrate beauté, déloyale, insensée,
Tu m'oses donc ainsi préférer un maraud ?

Lise

Ce rival orgueilleux le porte bien plus haut,
585 Et je vous en veux faire entière confidence,
Il se dit gentilhomme, et riche.

Adraste

Ah ! l'impudence !

Lise

D'un père rigoureux fuyant l'autorité
Il a couru longtemps d'un et d'autre côté,
Enfin manque d'argent peut-être ou par caprice
590 De notre Rodomont il s'est mis au service
Où choisi pour agent de ces folles amours
Isabelle a prêté l'oreille à ses discours ;
Il a si bien charmé cette pauvre abusée,
Que vous en avez vu votre ardeur méprisée,
595 Mais parlez à son père et bientôt son pouvoir
Remettra son esprit aux termes du devoir.

Adraste

Je viens tout maintenant d'en tirer assurance
De recevoir les fruits de ma persévérance,
Et devant qu'il soit peu nous en verrons l'effet,
600 Mais écoute, il me faut obliger tout à fait.

Lise

Où je vous puis servir, j'ose tout entreprendre.

Adraste

Peux-tu dans leurs amours me les faire surprendre ?

Lise

Il n'est rien plus aisé, peut-être dès ce soir.

Adraste

Adieu donc, souviens-toi de me les faire voir.
605 Cependant prends ceci seulement par avance.

Lise

Que le galant alors soit frotté d'importance.

ACTE II, SCÈNE IX

ADRASTE

Crois-moi qu'il se verra pour te mieux contenter
Chargé d'autant de bois qu'il en pourra porter.

SCÈNE VIII

LISE

L'arrogant croit déjà tenir ville gagnée,
610 Mais il sera puni de m'avoir dédaignée.
Parce qu'il est aimable il fait le petit Dieu,
Et ne veut s'adresser qu'aux filles de bon lieu,
Je ne mérite pas l'honneur de ses caresses :
Vraiment c'est pour son nez, il lui faut des maîtresses,
615 Je ne suis que servante, et qu'est-il que valet ?
Si son visage est beau, le mien n'est pas trop laid.
Il se dit riche et noble, et cela me fait rire,
Si loin de son pays qui n'en peut autant dire ?
Qu'il le soit, nous verrons ce soir si je le tiens
620 Danser sous le cotret sa noblesse et ses biens.

SCÈNE IX

ALCANDRE, PRIDAMANT

ALCANDRE

Le cœur vous bat un peu.

PRIDAMANT

Je crains cette menace.

ALCANDRE

Lise aime trop Clindor pour causer sa disgrâce.

PRIDAMANT

Elle en est méprisée et cherche à se venger.

ALCANDRE

Ne craignez point, l'amour la fera bien changer.

ACTE III

SCÈNE PREMIÈRE

GÉRONTE, ISABELLE

GÉRONTE

Apaisez vos soupirs et tarissez vos larmes,
Contre ma volonté ce sont de faibles armes,
Mon cœur quoique sensible à toutes vos douleurs
Ecoute la raison et néglige vos pleurs,
Je connais votre bien beaucoup mieux que vous-même
Orgueilleuse, il vous faut, je pense, un diadème!
Et ce jeune baron avecque tout son bien
Passe encore chez vous pour un homme de rien!
Que lui manque après tout ? bien fait de corps et d'âme,
Noble, courageux, riche, adroit, et plein de flamme,
Il vous fait trop d'honneur.

ISABELLE

Je sais qu'il est parfait,
Et reconnais fort mal les honneurs qu'il m'a fait
Mais si votre bonté me permet en ma cause
Pour me justifier de dire quelque chose,
Par un secret instinct que je ne puis nommer
J'en fais beaucoup d'état et ne le puis aimer.
De certains mouvements que le ciel nous inspire
Nous font aux yeux d'autrui souvent choisir le pire,
C'est lui qui d'un regard fait naître en notre cœur
L'estime ou le mépris, l'amour, ou la rigueur :
Il attache ici-bas avec des sympathies
Les âmes que son choix a là-haut assorties,
On n'en saurait unir sans ses avis secrets,
Et cette chaîne manque où manque ses décrets.
Aller contre les lois de cette providence
C'est le prendre à partie, et blâmer sa prudence.
L'attaquer en rebelle, et s'exposer aux coups
Des plus âpres malheurs qui suivent son courroux.

Géronte

Impudente, est-ce ainsi que l'on se justifie ?
Quel maître vous apprend cette philosophie ?
655 Vous en savez beaucoup, mais tout votre savoir
Ne m'empêchera pas d'user de mon pouvoir
Si le Ciel pour mon choix vous donne tant de haine,
Vous a-t-il mise en feu pour ce grand capitaine ?
Ce guerrier valeureux vous tient-il dans ses fers,
660 Et vous a-t-il domptée avec tout l'univers ?
Ce fanfaron doit-il relever ma famille ?

Isabelle

Et de grâce, monsieur, traitez mieux votre fille.

Géronte

Quel sujet donc vous porte à me désobéir ?

Isabelle

Mon heur et mon repos que je ne puis trahir,
665 Ce que vous appelez un heureux hyménée,
N'est pour moi qu'un enfer si j'y suis condamnée.

Géronte

Ah ! qu'il en est encor de mieux faites que vous
Qui se voudraient bien voir dans un enfer si doux !
Après tout, je le veux, cédez à ma puissance.

Isabelle

670 Faites un autre essai de mon obéissance.

Géronte

Ne me répliquez plus, quand j'ai dit, je le veux,
Rentrez, c'est désormais trop contesté nous deux.

SCÈNE II

Géronte

Qu'à présent la jeunesse a d'étranges manies !
Les règles du devoir lui sont des tyrannies,
675 Et les droits les plus saints deviennent impuissants
A l'empêcher de courre après son propre sens :
Mais c'est l'humeur du sexe, il aime à contredire,
Pour secouer s'il peut le joug de notre empire,

Ne suit que son caprice en ses affections,
Et n'est jamais d'accord de nos élections.
N'espère pas pourtant, aveugle et sans cervelle,
Que ma prudence cède à ton esprit rebelle.
Mais ce fou viendra-t-il toujours m'embarrasser,
Par force, ou par adresse il me le faut chasser.

SCÈNE III

GÉRONTE, MATAMORE, CLINDOR

MATAMORE, *à Clindor.*

N'auras-tu point enfin pitié de ma fortune ?
Le grand vizir encor de nouveau m'importune.
Le Tartare d'ailleurs m'appelle à son secours.
Narsingue et Calicut m'en pressent tous les jours,
Si je ne les refuse, il me faut mettre en quatre.

CLINDOR

Pour moi je suis d'avis que vous les laissiez battre.
Vous emploieriez trop mal vos invincibles coups,
Si pour en servir un vous faisiez trois jaloux.

MATAMORE

Tu dis bien, c'est assez de telles courtoisies.
Je ne veux qu'en amour donner des jalousies.
Ah ! monsieur, excusez si faute de vous voir
Bien que si près de vous je manquais au devoir.
Mais quelle émotion paraît sur ce visage ?
Où sont vos ennemis que j'en fasse un carnage ?

GÉRONTE

Monsieur, grâces aux Dieux, je n'ai point d'ennemis.

MATAMORE

Mais grâces à ce bras qui vous les a soumis.

GÉRONTE

C'est une grâce encor que j'avais ignorée.

MATAMORE

Depuis que ma faveur pour vous s'est déclarée,
Ils sont tous morts de peur, ou n'ont osé branler.

Géronte

C'est ailleurs maintenant qu'il vous faut signaler.
705 Il fait beau voir ce bras plus craint que le tonnerre,
Demeurer si paisible en un temps plein de guerre
Et c'est pour acquérir un nom bien relevé
D'être dans une ville à battre le pavé !
Chacun croit votre gloire à faux titre usurpée
710 Et vous ne passez plus que pour traîneur d'épée.

Matamore

Ah ! ventre ! il est tout vrai que vous avez raison,
Mais le moyen d'aller si je suis en prison !
Isabelle m'arrête et ses yeux pleins de charmes
Ont captivé mon cœur et suspendu mes armes.

Géronte

715 Si rien que son sujet ne vous tient arrêté
Faites votre équipage en toute liberté,
Elle n'est pas pour vous, n'en soyez point en peine.

Matamore

Ventre ! que dites-vous ? je la veux faire reine.

Géronte

Je ne suis pas d'humeur à rire tant de fois
720 Du grotesque récit de vos rares exploits,
La sottise ne plaît qu'alors qu'elle est nouvelle :
En un mot, faites reine une autre qu'Isabelle,
Si pour l'entretenir vous venez plus ici...

Matamore

Il a perdu le sens de me parler ainsi.
725 Pauvre homme, sais-tu bien que mon nom effroyable
Met le Grand Turc en fuite, et fait trembler le diable,
Que pour t'anéantir je ne veux qu'un moment ?

Géronte

J'ai chez moi des valets à mon commandement,
Qui se connaissant mal à faire des bravades
730 Répondraient de la main à vos rodomontades.

Matamore, *à Clindor.*

Dis-lui ce que j'ai fait en mille et mille lieux.

Géronte

Adieu, modérez-vous, il vous en prendra mieux :
Bien que je ne sois pas de ceux qui vous haïssent,
J'ai le sang un peu chaud et mes gens m'obéissent.

SCÈNE IV

MATAMORE, CLINDOR

Matamore

735 Respect de ma maîtresse, incommode vertu,
Tyran de ma vaillance, à quoi me réduis-tu ?
Que n'ai-je eu cent rivaux à la place d'un père
Sur qui sans t'offenser laisser choir ma colère ?
Ah ! visible démon, vieux spectre décharné,
740 Vrai suppôt de Satan, médaille de damné.
Tu m'oses donc bannir et même avec menaces :
Moi de qui tous les rois briguent les bonnes grâces.

Clindor

Tandis qu'il est dehors allez dès aujourd'hui
Causer de vos amours et vous moquer de lui.

Matamore

745 Cadédiou, ses valets feraient quelque insolence.

Clindor

Ce fer a trop de quoi dompter leur violence.

Matamore

Oui, mais les feux qu'il jette en sortant de prison,
Auraient en un moment embrasé la maison.
Dévoré tout à l'heure ardoises, et gouttières.
750 Faîtes, lattes, chevrons, montants, courbes, filières,
Entretoises, sommiers, colonnes, soliveaux,
Parnes, soles, appuis, jambages, traveteaux,
Portes, grilles, verrous, serrures, tuiles, pierre,
Plomb, fer, plâtre, ciment, peinture, marbre, verre,
755 Caves, puits, cours, perrons, salles, chambres, greniers,
Offices, cabinets, terrasses, escaliers,
Juge un peu quel désordre aux yeux de ma charmeuse.
Ces feux étoufferaient son ardeur amoureuse,

ACTE III, SCÈNE V

Va lui parler pour moi, toi qui n'es pas vaillant,
Tu puniras à moins un valet insolent.

CLINDOR

C'est m'exposer...

MATAMORE

Adieu, je vois ouvrir la porte,
Et crains que sans respect cette canaille sorte.

SCÈNE V

CLINDOR, LISE

CLINDOR

Le souverain poltron, à qui pour faire peur
Il ne faut qu'une feuille, une ombre, une vapeur,
Un vieillard le maltraite, il fuit pour une fille,
Et tremble à tous moments de crainte qu'on l'étrille.
Lise, que ton abord doit être dangereux,
Il donne l'épouvante à ce cœur généreux,
Cet unique vaillant, la fleur des capitaines,
Qui dompte autant de rois qu'il captive de reines.

LISE

Mon visage est ainsi malheureux en attraits,
D'autres charment de loin, le mien fait peur de près.

CLINDOR

S'il fait peur à des fous, il charme les plus sages,
Il n'est pas quantité de semblables visages,
Si l'on brûle pour toi, ce n'est pas sans sujet,
Je ne connus jamais un si gentil objet,
L'esprit beau, prompt, accort, l'humeur un peu railleuse,
L'embonpoint ravissant, la taille avantageuse,
Les yeux doux, le teint vif, et les traits délicats,
Qui serait le brutal qui ne t'aimerait pas ?

LISE

De grâce, et depuis quand, me trouvez-vous si belle ?
Voyez bien, je suis Lise, et non pas Isabelle.

CLINDOR

Vous partagez vous deux mes inclinations,
J'adore sa fortune et tes perfections.

LISE

Vous en embrassez trop; c'est assez pour vous d'une,
Et mes perfections cèdent à sa fortune.

CLINDOR

Bien que pour l'épouser je lui donne ma foi,
Penses-tu qu'en effet je l'aime plus que toi ?
L'amour et l'hyménée ont diverse méthode
L'un court au plus aimable, et l'autre au plus commode.
Je suis dans la misère et tu n'as point de bien,
Un rien s'assemble mal avec un autre rien.
Mais si tu ménageais ma flamme avec adresse,
Une femme est sujette, une amante est maîtresse,
Les plaisirs sont plus grands à se voir moins souvent;
La femme les achète, et l'amante les vend,
Un amour par devoir bien aisément s'altère.
Les nœuds en sont plus forts quand il est volontaire,
Il hait toute contrainte et son plus doux appas
Se goûte quand on aime et qu'on peut n'aimer pas,
Seconde avec douceur celui que je te porte.

LISE

Vous me connaissez trop pour m'aimer de la sorte,
Et vous en parlez moins de votre sentiment
Qu'à dessein de railler par divertissement.
Je prends tout en riant comme vous me le dites,
Allez continuer cependant vos visites.

CLINDOR

Un peu de tes faveurs me rendrait plus content.

LISE

Ma maîtresse là-haut est seule et vous attend.

CLINDOR

Tu me chasses ainsi !

LISE

Non, mais je vous envoie
Aux lieux où vous trouvez votre heur et votre joie.

CLINDOR

Que même tes dédains me semblent gracieux!

LISE

Ah! que vous prodiguez un temps si précieux!
Allez.

CLINDOR

Souviens-toi donc...

LISE

De rien que m'ait pu dire...

CLINDOR

Un amant...

LISE

Un causeur qui prend plaisir à rire.

SCÈNE VI

LISE

815 L'ingrat! il trouve enfin mon visage charmant,
Et pour me suborner il contrefait l'amant :
Qui hait ma sainte ardeur m'aime dans l'infamie,
Me dédaigne pour femme, et me veut pour amie!
Perfide, qu'as-tu vu dedans mes actions
820 Qui te dût enhardir à ces prétentions ?
Qui t'a fait m'estimer digne d'être abusée,
Et juger mon honneur une conquête aisée ?
J'ai tout pris en riant, mais c'était seulement
Pour ne t'avertir pas de mon ressentiment,
825 Qu'eût produit son éclat que de la défiance ?
Qui cache sa colère, assure sa vengeance,
Et ma feinte douceur te laissant espérer,
Te jette dans les rets que j'ai su préparer,
Va traître, aime en tous lieux, et partage ton âme,
830 Choisis qui tu voudras pour maîtresse et pour femme,
Donne à l'une ton cœur; donne à l'autre ta foi,
Mais ne crois plus tromper Isabelle, ni moi.
Ce long calme bientôt va tourner en tempête,
Et l'orage est tout prêt à fondre sur ta tête,
835 Surpris par un rival dans ce cher entretien
Il vengera d'un coup son malheur et le mien.
Toutefois qu'as-tu fait qui t'en rende coupable ?
Pour chercher sa fortune est-on si punissable ?
Tu m'aimes mais le bien te fait être inconstant,
840 Au siècle où nous vivons qui n'en ferait autant ?
Oublions les projets de sa flamme maudite,
Et laissons-le jouir du bonheur qu'il mérite,

Que de pensers divers en mon cœur amoureux !
Et que je sens dans l'âme un combat rigoureux !
845 Perdre qui me chérit ! épargner qui m'affronte !
Ruiner ce que j'aime ! aimer qui veut ma honte !
L'amour produira-t-il un si cruel effet ?
L'impudent rira-t-il de l'affront qu'il m'a fait ?
Mon amour me séduit, et ma haine m'emporte,
850 L'une peut tout sur moi, l'autre n'est pas moins forte,
N'écoutons plus l'amour pour un tel suborneur,
Et laissons à la haine assurer mon honneur.

SCÈNE VII

Matamore

Les voilà, sauvons-nous, non je ne vois personne,
Avançons hardiment, tout le corps me frissonne.
855 Je les entends, fuyons, le vent faisait ce bruit,
Coulons-nous en faveur des ombres de la nuit.
Vieux rêveur, malgré toi, j'attends ici ma reine,
Ces diables de valets me mettent bien en peine.
De deux mille ans et plus je ne tremblai si fort,
860 C'est trop me hasarder, s'ils sortent je suis mort.
Car j'aime mieux mourir que leur donner bataille
Et profaner mon bras contre cette canaille.
Que le courage expose à d'étrange dangers !
Toutefois en tout cas je suis des plus légers ;
865 S'il ne faut que courir, leur attente est dupée,
J'ai le pied pour le moins aussi bon que l'épée,
Tout de bon je les vois, c'est fait il faut mourir,
J'ai le corps tout glacé, je ne saurais courir,
Destin, qu'à ma valeur tu te montres contraire !
870 C'est ma reine elle-même avec mon secrétaire,
Tout mon corps se déglace, écoutons leurs discours,
Et voyons son adresse à traiter mes amours.

SCÈNE VIII

CLINDOR, ISABELLE, MATAMORE

Isabelle

Tout se prépare mal du côté de mon père,
Je ne le vis jamais d'une humeur si sévère,
875 Il ne souffrira plus votre maître ni vous,
Notre baron d'ailleurs est devenu jaloux,
Et c'est aussi pourquoi je vous ai fait descendre,
Dedans mon cabinet ils nous pourraient surprendre,
Ici nous causerons en plus de sûreté,
880 Vous pourrez vous couler d'un et d'autre côté;
Et si quelqu'un survient, ma retraite est ouverte.

Clindor

C'est trop prendre de soin pour empêcher ma perte.

Isabelle

Je n'en puis prendre trop pour conserver un bien
Sans qui tout l'univers ensemble ne m'est rien.
885 Oui, je fais plus d'état d'avoir gagné votre âme,
Que si tout l'univers me connaissait pour dame.
Un rival par mon père attaque en vain ma foi,
Votre amour seul a droit de triompher de moi,
Des discours de tous deux je suis persécutée
890 Mais pour vous je me plais à être maltraitée.
Il n'est point de tourments qui ne me semblent doux,
Si ma fidélité les endure pour vous.

Clindor

Vous me rendez confus et mon âme ravie
Ne vous peut en revanche offrir rien que ma vie,
895 Mon sang est le seul bien qui me reste en ces lieux,
Trop heureux de le perdre en servant vos beaux yeux.
Mais si mon astre un jour changeant son influence,
Me donne un accès libre aux lieux de ma naissance,
Vous verrez que ce choix n'est pas tant inégal,
Et que tout balancé je vaux bien un rival.
900 Cependant, mon souci, permettez-moi de craindre
Qu'un père et ce rival ne veuillent vous contraindre.

Isabelle

J'en sais bien le remède, et croyez qu'en ce cas,
L'un aura moins d'effet que l'autre n'a d'appas,
Je ne vous dirai point où je suis résolue,
Il suffit que sur moi je me rende absolue,
Que leurs plus grands efforts sont des efforts en l'air,
Et que...

Matamore

C'est trop souffrir, il est temps de parler.

Isabelle

Dieux ! on nous écoutait.

Clindor

C'est notre capitaine,
Je vais bien l'apaiser, n'en soyez pas en peine.

SCÈNE IX

MATAMORE, CLINDOR

Matamore

Ah ! traître !

Clindor

Parlez bas, ces valets...

Matamore

Eh bien ! quoi ?

Clindor

Ils fondront tout à l'heure et sur vous et sur moi.

Matamore

Viens çà, tu sais ton crime, et qu'à l'objet que j'aime,
Loin de parler pour moi tu parlais pour toi-même.

Clindor

Oui, j'ai pris votre place, et vous ai mis dehors.

Matamore

Je te donne le choix de trois ou quatre morts.
Je vais d'un coup de poing te briser comme verre,

ACTE III, SCÈNE IX

Ou t'enfoncer tout vif au centre de la terre,
Ou te fendre en dix parts d'un seul coup de revers,
Ou te jeter si haut au-dessus des éclairs
Que tu sois dévoré des feux élémentaires.
Choisis donc promptement et songe à tes affaires.

CLINDOR

Vous-mêmes choisissez.

MATAMORE

Quels choix proposes-tu ?

CLINDOR

De fuir en diligence, ou d'être bien battu.

MATAMORE

Me menacer encore! ah ventre! quelle audace!
Au lieu d'être à genoux et d'implorer ma grâce!
Il a donné le mot, ces valets vont sortir,
Je m'en vais commander aux mers de t'engloutir.

CLINDOR

Sans vous chercher si loin un si grand cimetière
Je vous vais de ce pas jeter dans la rivière.

MATAMORE

Ils sont d'intelligence, ah! tête!

CLINDOR

Point de bruit,
J'ai déjà massacré dix hommes cette nuit,
Et si vous me fâchez vous en croîtrez le nombre.

MATAMORE

Cadédiou ce coquin a marché dans mon ombre,
Il s'est fait tout vaillant d'avoir suivi mes pas :
S'il avait du respect j'en voudrais faire cas.
Ecoute, je suis bon, et ce serait dommage
De priver l'univers d'un homme de courage,
Demande-moi pardon, et quitte cet objet
Dont les perfections m'ont rendu son sujet,
Tu connais ma valeur, éprouve ma clémence.

CLINDOR

Plutôt si votre amour a tant de véhémence
Faisons deux coups d'épée au nom de sa beauté.

Matamore

Parbleu, tu me ravis de générosité,
945 Va, pour la conquérir n'use plus d'artifice,
Je te la veux donner pour prix de tes services,
Plains-toi dorénavant d'avoir un maître ingrat.

Clindor

A ce rare présent d'aise le cœur me bat,
Protecteur des grands rois, guerrier trop magnanime,
950 Puisse tout l'univers bruire de votre estime.

SCÈNE X

ISABELLE, MATAMORE, CLINDOR

Isabelle

Je rends grâces au ciel de ce qu'il a permis
Qu'à la fin sans combat je vous vois bons amis.

Matamore

Ne pensez plus, ma reine, à l'honneur que ma flamme
Vous devait faire un jour de vous prendre pour femme :
955 Pour quelque occasion j'ai changé de dessein,
Mais je vous veux donner un homme de ma main,
Faites-en de l'état, il est vaillant lui-même,
Il commandait sous moi.

Isabelle

      Pour vous plaire je l'aime.

Clindor

Mais il faut du silence à notre affection.

Matamore

960 Je vous promets silence et ma protection,
Avouez-vous de moi par tous les coins de monde,
Je suis craint à l'égal sur la terre et sur l'onde.
Allez, vivez contents sous une même loi.

Isabelle

Pour vous mieux obéir je lui donne ma foi.

ACTE III, SCÈNE XII

CLINDOR

965 Commandez que sa foi soit d'un baiser suivie.

MATAMORE

Je le veux.

SCÈNE XI

GÉRONTE, ADRASTE, MATAMORE,
CLINDOR, ISABELLE, LISE,
Troupe de domestiques.

ADRASTE

Ce baiser te va coûter la vie,
Suborneur.

MATAMORE

Ils ont pris mon courage en défaut.
Cette porte est ouverte, allons gagner le haut.

CLINDOR

Traître qui te fais fort d'une troupe brigande,
970 Je te choisirai bien au milieu de la bande.

GÉRONTE

Dieux! Adraste est blessé, courez au médecin,
Vous autres cependant arrêtez l'assassin.

CLINDOR

Hélas, je cède au nombre. Adieu, chère Isabelle,
Je tombe au précipice où mon destin m'appelle.

GÉRONTE

975 C'en est fait, emportez ce corps à la maison
Et vous, conduisez tôt ce traître à la prison.

SCÈNE XII

ALCANDRE, PRIDAMANT

PRIDAMANT

Hélas! mon fils est mort.

ALCANDRE

Que vous avez d'alarmes!

PRIDAMANT

Ne lui refusez point le secours de vos charmes.

ALCANDRE

Un peu de patience et sans un tel secours
980 Vous le verrez bientôt heureux en ses amours.

ACTE IV

SCÈNE PREMIÈRE

ISABELLE

Enfin le terme approche, un jugement inique
Doit faire agir demain un pouvoir tyrannique,
A son propre assassin immoler mon amant,
Faire une vengeance au lieu d'un châtiment.
985 Par un décret injuste autant comme sévère
Demain doit triompher la haine de mon père,
La faveur du pays, l'autorité du mort,
Le malheur d'Isabelle, et la rigueur du sort,
Hélas! que d'ennemis et de quelle puissance
990 Contre le faible appui que donne l'innocence,
Contre un pauvre inconnu de qui tout le forfait
C'est de m'avoir aimée et d'être trop parfait!
Oui, Clindor tes vertus et ton feu légitime,
T'ayant acquis mon cœur, ont fait aussi ton crime,
995 Contre elles un jaloux fit son traître dessein
Et reçut le trépas qu'il portait dans ton sein.
Qu'il eût valu bien mieux à ta valeur trompée
Offrir ton estomac ouvert à son épée
Puisque loin de punir ceux qui t'ont attaqué
1000 Les lois vont achever le coup qu'ils ont manqué!
Tu fusses mort alors, mais sans ignominie,
Ta mort n'eût point laissé ta mémoire ternie,

ACTE IV, SCÈNE II

On n'eût point vu le faible opprimé du puissant,
Ni mon pays souillé du sang d'un innocent,
1005 Ni Thémis endurer l'indigne violence,
Qui pour l'assassiner emprunte sa balance.
Hélas! et de quoi sert à mon cœur enflammé,
Avoir fait un beau choix et d'avoir bien aimé,
Si mon amour fatal te conduit au supplice
1010 Et m'apprête à moi-même un mortel précipice!
Car en vain après toi l'on me laisse le jour,
Je veux perdre la vie en perdant mon amour,
Prononçant ton arrêt c'est de moi qu'on dispose,
Je veux suivre ta mort puisque j'en suis la cause,
1015 Et le même moment verra par deux trépas
Nos esprits amoureux se rejoindre là-bas.
Ainsi, père inhumain, ta cruauté déçue
De nos saintes ardeurs verra l'heureuse issue
Et si ma perte alors fait naître tes douleurs,
1020 Auprès de mon amant je rirai de tes pleurs,
Ce qu'un remords cuisant te coûtera des larmes,
D'un si doux entretien augmentera les charmes,
Ou s'il n'a pas assez de quoi te tourmenter
Mon ombre chaque jour viendra t'épouvanter,
1025 S'attacher à tes pas dans l'horreur des ténèbres,
Présenter à tes yeux mille images funèbres,
Jeter dans ton esprit un éternel effroi,
Te reprocher ma mort, t'appeler après moi,
Accabler de malheurs ta languissante vie,
1030 Et te réduire au point de me porter envie,
Enfin...

SCÈNE II

ISABELLE, LISE

LISE

Quoi! chacun dort, et vous êtes ici!
Je vous jure, Monsieur en est en grand souci.

ISABELLE

Quand on n'a plus d'espoir, Lise, on n'a plus de crainte,
Je trouve des douceurs à faire ici ma plainte,
1035 Ici je vis Clindor pour la dernière fois,
Ce lieu me redit mieux les accents de sa voix,

Et remet plus avant dans ma triste pensée
L'aimable souvenir de mon amour passée.

LISE

Que vous prenez de peine à grossir vos ennuis !

ISABELLE

1040 Que veux-tu que je fasse en l'état où je suis ?

LISE

De deux amants parfaits dont vous étiez servie
L'un est mort, et demain l'autre perdra la vie,
Sans perdre plus de temps à soupirer pour eux,
Il en faut trouver un qui les vaille tous deux.

ISABELLE

1045 Impudente, oses-tu me tenir ces paroles ?

LISE

Quel fruit espérez-vous de vos douleurs frivoles ?
Pensez-vous pour pleurer et ternir vos appas
Rappeler votre amant des portes du trépas ?
Songez plutôt à faire une illustre conquête,
1050 Je sais pour vos liens une âme toute prête,
Un homme incomparable.

ISABELLE

Ote-toi de mes yeux.

LISE

Le meilleur jugement ne choisirait pas mieux.

ISABELLE

Pour croître mes douleurs faut-il que je te voie ?

LISE

Et faut-il qu'à vos yeux je déguise ma joie ?

ISABELLE

1055 D'où te vient cette joie ainsi hors de saison ?

LISE

Quand je vous l'aurai dit jugez si j'ai raison.

ISABELLE

Ah ! ne me conte rien.

ACTE IV, SCÈNE II

LISE
Mais l'affaire vous touche.

ISABELLE
Parle-moi de Clindor ou n'ouvre point la bouche.

LISE
Ma belle humeur qui rit au milieu des malheurs
1060 Fait plus en un moment qu'un siècle de vos pleurs,
Elle a sauvé Clindor.

ISABELLE
Sauvé Clindor!

LISE
Lui-même,
Et puis après cela jugez si je vous aime.

ISABELLE
Et de grâce, où faut-il que je l'aille trouver ?

LISE
Je n'ai que commencé, c'est à vous d'achever.

ISABELLE
1065 Ah! Lise ?

LISE
Tout de bon, seriez-vous pour le suivre ?

ISABELLE
Si je suivrais celui sans qui je ne puis vivre ?
Lise, si ton esprit ne le tire des fers
Je l'accompagnerai jusque dans les enfers;
Va, ne m'informe plus si je suivrais sa fuite.

LISE
1070 Puisqu'à ce beau dessein l'amour vous a réduite
Ecoutez où j'en suis, et secondez mes coups.
Si votre amant n'échappe il ne tiendra qu'à vous.
La prison est fort proche.

ISABELLE
Eh bien ?

LISE
Le voisinage
Au frère du concierge a fait voir mon visage,

Et comme c'est tout un que me voir et m'aimer,
Le pauvre malheureux s'en est laissé charmer.

ISABELLE

Je n'en avais rien su !

LISE

J'en avais tant de honte
Que je mourais de peur qu'on vous en fît le conte,
Mais depuis quatre jours votre amant arrêté
A fait que l'allant voir je l'ai mieux écouté,
Des yeux et du discours flattant son espérance
D'un mutuel amour j'ai formé l'apparence.
Quand on aime une fois et qu'on se croit aimé
On fait tout pour l'objet dont on est enflammé,
Par là j'ai sur son âme assuré mon empire
Et l'ai mis en état de ne m'oser dédire.
Quand il n'a plus douté de mon affection,
J'ai fondé mes refus sur sa condition,
Et lui pour m'obliger jurait de s'y déplaire.
Mais que malaisément il s'en pouvait défaire,
Que les clefs des prisons qu'il gardait aujourd'hui
Etaient le plus grand bien de son frère et de lui.
Moi de prendre mon temps, que sa bonne fortune
Ne lui pouvait offrir d'heure plus opportune,
Que pour se faire riche et pour me posséder
Il n'avait seulement qu'à s'en accommoder,
Qu'il tenait dans les fers un seigneur de Bretagne
Déguisé sous le nom du sieur de la Montagne,
Qu'il fallait le sauver et le suivre chez lui,
Qu'il nous ferait du bien et serait notre appui.
Il demeure étonné, je le presse, il s'excuse,
Il me parle d'amour, et moi je le refuse.
Je le quitte en colère, il me suit tout confus,
Me fait nouvelle excuse, et moi nouveau refus.

ISABELLE

Mais enfin !

LISE

J'y retourne, et le trouve fort triste,
Je le juge ébranlé, je l'attaque, il résiste,
Ce matin, en un mot le péril est pressant,
Ç'ai-je dit, tu peux tout, et ton frère est absent,
Mais il faut de l'argent pour un si long voyage,
M'a-t-il dit, il en faut pour faire l'équipage,
Ce cavalier en manque.

ISABELLE

Ah ! Lise, tu devais
Lui faire offre en ce cas de tout ce que j'avais :
Perles, bagues, habits.

LISE

J'ai bien fait encor pire.
J'ai dit que c'est pour vous que ce captif soupire,
Que vous l'aimiez de même et fuiriez avec nous.
Ce mot me l'a rendu si traitable et si doux,
Que j'ai bien reconnu qu'un peu de jalousie
Touchant votre Clindor brouillait sa fantaisie,
Et que tous ces délais provenaient seulement
D'une vaine frayeur qu'il ne fût mon amant.
Il est parti soudain après votre amour sue,
A trouvé tout aisé, m'en a promis l'issue,
Qu'il allait y pourvoir et que vers la minuit,
Vous fussiez toute prête à déloger sans bruit.

ISABELLE

Que tu me rends heureuse !

LISE

Ajoutez-y de grâce
Qu'accepter un mari pour qui je suis de glace,
C'est me sacrifier à vos contentements.

ISABELLE

Aussi...

LISE

Je ne veux point de vos remercîments.
Allez ployer bagage et n'épargnez en somme
Ni votre cabinet, ni celui du bonhomme,
Je vous vends ses trésors, mais à fort bon marché,
J'ai dérobé ses clefs depuis qu'il est couché,
Je vous les livre.

ISABELLE

Allons faire le coup ensemble.

LISE

Passez-vous de mon aide.

ISABELLE

Eh quoi ! le cœur te tremble !

LISE

1135 Non mais c'est un secret tout propre à l'éveiller,
Nous ne nous garderions jamais de babiller.

ISABELLE

Folle tu ris toujours.

LISE

De peur d'une surprise,
Je dois attendre ici le chef de l'entreprise,
S'il tardait à la rue, il serait reconnu,
1140 Nous vous irons trouver dès qu'il sera venu,
C'est là sans raillerie...

ISABELLE

Adieu donc je te laisse
Et consens que tu sois aujourd'hui la maîtresse.

LISE

C'est du moins.

ISABELLE

Fais bon guet.

LISE

Vous, faites bon butin.

SCÈNE III

LISE

Ainsi Clindor, je fais moi seule ton destin,
1145 Des fers où je t'ai mis c'est moi qui te délivre
Et te puis à mon choix faire mourir, ou vivre.
On me vengeait de toi par-delà mes désirs,
Je n'avais de dessein que contre tes plaisirs,
Ton sort trop rigoureux m'a fait changer d'envie,
1150 Je te veux assurer tes plaisirs et ta vie,
Et mon amour éteint te voyant en danger
Renaît pour m'avertir que c'est trop me venger.
J'espère aussi, Clindor, que pour reconnaissance,
Tu réduiras pour moi tes vœux dans l'innocence,
1155 Qu'un mari me tenant en sa possession
Sa présence vaincra ta folle passion
Ou que si cette ardeur encore te possède
Ma maîtresse avertie y mettra bon remède.

SCÈNE IV

MATAMORE, ISABELLE, LISE

ISABELLE

Quoi! chez nous et de nuit!

MATAMORE

L'autre jour...

ISABELLE

Qu'est ceci?
L'autre jour! est-il temps que je vous trouve ici?

LISE

C'est ce grand capitaine, où s'est-il laissé prendre?

ISABELLE

En montant l'escalier je l'en ai vu descendre.

MATAMORE

L'autre jour au défaut de mon affection,
J'assurai vos appas de ma protection.

ISABELLE

Après?

MATAMORE

On vint ici faire une brouillerie,
Vous rentrâtes voyant cette forfanterie,
Et pour vous protéger je vous suivis soudain.

ISABELLE

Votre valeur prit lors un généreux dessein.
Depuis?

MATAMORE

Pour conserver une dame si belle
Au plus haut du logis j'ai fait la sentinelle.

ISABELLE

Sans sortir?

MATAMORE

Sans sortir.

LISE

C'est-à-dire en deux mots
Qu'il s'est caché de peur dans la chambre aux fagots.

MATAMORE

De peur ?

LISE

Oui, vous tremblez, la vôtre est sans égale.

MATAMORE

Parce qu'elle a bon pas, j'en fais mon Bucéphale,
1175 Lorsque je la domptai je lui fis cette loi,
Et depuis quand je marche elle tremble sous moi.

LISE

Votre caprice est rare à choisir des montures.

MATAMORE

C'est pour aller plus vite aux grandes aventures.

ISABELLE

Vous en exploitez bien, mais changeons de discours,
1180 Vous avez demeuré là-dedans quatre jours ?

MATAMORE

Quatre jours.

ISABELLE

Et vécu ?

MATAMORE

De nectar, d'ambroisie.

LISE

Je crois que cette viande aisément rassasie.

MATAMORE

Aucunement.

ISABELLE

Enfin vous étiez descendu ?

MATAMORE

Pour faire qu'un amant en vos bras fût rendu,
1185 Pour rompre sa prison, en fracasser les portes,
Et briser en morceaux ses chaînes les plus fortes.

ACTE IV, SCÈNE V

Lise

Avouez franchement que pressé de la faim
Vous veniez bien plutôt faire la guerre au pain.

Matamore

L'un et l'autre, parbleu. Cette ambroisie est fade,
1190 J'en eus au bout d'un jour l'estomac tout malade,
C'est un mets délicat, et de peu de soutien,
A moins que d'être un Dieu l'on n'en vivrait pas bien.
Il cause mille maux, et dès l'heure qu'il entre,
Il allonge les dents et rétrécit le ventre.

Lise

1195 Enfin c'est un ragoût qui ne vous plaisait pas ?

Matamore

Quitte pour chaque nuit faire deux tours en bas,
Et là m'accommodant des reliefs de cuisine
Mêler la viande humaine avecque la divine.

Isabelle

Vous aviez après tout dessein de nous voler.

Matamore

1200 Vous-mêmes après tout m'osez-vous quereller
Si je laisse une fois échapper ma colère ?

Isabelle

Lise, fais-moi sortir les valets de mon père.

Matamore

Un sot les attendrait.

SCÈNE V

ISABELLE, LISE

Lise

Vous ne le tenez pas.

Isabelle

Il nous avait bien dit que la peur a bon pas.

Lise

1205 Vous n'avez cependant rien fait ou peu de chose ?

Isabelle

Rien du tout, que veux-tu ? sa rencontre en est cause.

Lise

Mais vous n'aviez alors qu'à le laisser aller.

Isabelle

Mais il m'a reconnue et m'est venu parler :
Moi qui seule et de nuit craignais son insolence
1210 Et beaucoup plus encor de troubler le silence,
J'ai cru pour m'en défaire et m'ôter de souci,
Que le meilleur était de l'amener ici.
Vois quand j'ai ton secours que je me tiens vaillante
Puisque j'ose affronter cette humeur violente.

Lise

1215 J'en ai ri comme vous, mais non sans murmurer,
C'est bien du temps perdu.

Isabelle

Je le vais réparer.

Lise

Voici le conducteur de notre intelligence,
Sachez auparavant toute sa diligence.

SCÈNE VI

ISABELLE, LISE, LE GEOLIER

Isabelle

Eh bien, mon grand ami, braverons-nous le sort,
1220 Et viens-tu m'apporter ou la vie ou la mort ?
Ce n'est plus qu'en toi seul que mon espoir se fonde.

Le Geôlier

Madame, grâces aux Dieux, tout va le mieux du monde,
Il ne faut que partir, j'ai des chevaux tout prêts,
Et vous pourrez bientôt vous moquer des arrêts.

ACTE IV, SCÈNE VII

ISABELLE

1225 Ah que tu me ravis, et quel digne salaire !
Pourrai-je présenter à mon Dieu tutélaire ?

LE GEÔLIER

Voici la récompense où mon désir prétend.

ISABELLE

Lise, il faut se résoudre à le rendre content.

LISE

Oui, mais tout son apprêt nous est fort inutile,
1230 Comment ouvrirons-nous les portes de la ville ?

LE GEÔLIER

On nous tient des chevaux en main sûre aux faubourgs
Et je sais un vieux mur qui tombe tous les jours,
Nous pourrons aisément sortir par ces ruines.

ISABELLE

Ah ! que je me trouvais sur d'étranges épines !

LE GEÔLIER

1235 Mais il faut se hâter.

ISABELLE

Nous partirons soudain.
Viens nous aider là-haut à faire notre main.

SCÈNE VII

CLINDOR, *en prison.*

Aimables souvenirs de mes chères délices
Qu'on va bientôt changer en d'infâmes supplices,
Que malgré les horreurs de ce mortel effroi
1240 Vous avez de douceurs, et de charmes pour moi !
Ne m'abandonnez point, soyez-moi plus fidèles
Que les rigueurs du sort ne se montrent cruelles,
Et lorsque du trépas les plus noires couleurs
Viendront à mon esprit figurer mes malheurs
1245 Figurez aussitôt à mon âme interdite
Combien je fus heureux par-delà mon mérite :
Lorsque je me plaindrai de leur sévérité,
Redites-moi l'excès de ma témérité,

Que d'un si haut dessein ma fortune incapable
Rendait ma flamme injuste, et mon espoir coupable,
Que je fus criminel quand je devins amant;
Et que ma mort en est le juste châtiment.
Quel bonheur m'accompagne à la fin de ma vie!
Isabelle, je meurs pour vous avoir servie,
Et de quelque tranchant que je souffre les coups
Je meurs trop glorieux puisque je meurs pour vous.
Hélas! que je me flatte, et que j'ai d'artifice,
Pour déguiser la honte et l'horreur d'un supplice!
Il faut mourir enfin, et quitter ces beaux yeux
Dont le fatal amour me rend si glorieux,
L'ombre d'un meurtrier cause encor ma ruine,
Il succomba vivant, et mort il m'assassine,
Son nom fait contre moi ce que n'a pu son bras,
Mille assassins nouveaux naissent de son trépas,
Et je vois de son sang fécond en perfidies
S'élever contre moi des âmes plus hardies,
De qui les passions s'armant d'autorité,
Font un meurtre public avec impunité!
Demain de mon courage ils doivent faire un crime,
Donner au déloyal ma tête pour victime,
Et tous pour le pays prennent tant d'intérêt,
Qu'il ne m'est pas permis de douter de l'arrêt.
Ainsi de tous côtés, ma perte était certaine,
J'ai repoussé la mort, je la reçois pour peine,
D'un péril évité je tombe en un nouveau,
Et des mains d'un rival en celles d'un bourreau.
Je frémis au penser de ma triste aventure,
Dans le sein du repos je suis à la torture,
Au milieu de la nuit et du temps du sommeil
Je vois de mon trépas le honteux appareil,
J'en ai devant les yeux les funestes ministres,
On me lit du sénat les mandements sinistres,
Je sors les fers aux pieds, j'entends déjà le bruit,
De l'amas insolent d'un peuple qui me suit,
Je vois le lieu fatal où ma mort se prépare,
Là mon esprit se trouble, et ma raison s'égare,
Je ne découvre rien propre à me secourir,
Et la peur de la mort me fait déjà mourir,
Isabelle toi seule en réveillant ma flamme
Dissipes ces terreurs, et rassures mon âme;
Aussitôt que je pense à tes divins attraits,
Je vois évanouir ces infâmes portraits;
Quelques rudes assauts que le malheur me livre,

Garde mon souvenir et je croirai revivre,
Mais d'où vient que de nuit on ouvre ma prison!
Ami que viens-tu faire ici hors de saison?

SCÈNE VIII

CLINDOR, LE GEOLIER

Le Geôlier

Les juges assemblés pour punir votre audace
Mus de compassion enfin vous ont fait grâce.

Clindor

M'ont fait grâce, bons Dieux!

Le Geôlier

Oui vous mourrez de nuit

Clindor

De leur compassion est-ce là tout le fruit ?

Le Geôlier

Que de cette faveur vous tenez peu de compte!
D'un supplice public c'est vous sauver la honte.

Clindor

Quels encens puis-je offrir aux maîtres de mon sort,
Dont l'arrêt me fait grâce et m'envoie à la mort ?

Le Geôlier

Il la faut recevoir avec meilleur visage.

Clindor

Fais ton office, ami, sans causer davantage.

Le Geôlier

Une troupe d'archers là dehors vous attend.
Peut-être en les voyant serez-vous plus content.

SCÈNE IX

CLINDOR, ISABELLE, LISE, LE GEOLIER

ISABELLE

Lise, nous l'allons voir.

LISE

Que vous êtes ravie !

ISABELLE

1310 Ne le serais-je point de recevoir la vie ?
Son destin et le mien prennent un même cours,
Et je mourrais du coup qui trancherait ses jours.

LE GEÔLIER

Monsieur, connaissez-vous beaucoup d'archers semblables ?

CLINDOR

Ma chère âme, est-ce vous ? surprises adorables !
1315 Trompeur trop obligeant ! tu disais bien vraiment
Que je mourrais de nuit mais de contentement.

ISABELLE

Mon heur.

LE GEÔLIER

Ne perdons point le temps à ces caresses,
Nous aurons tout loisir de baiser nos maîtresses.

CLINDOR

Quoi ! Lise est donc la sienne !

ISABELLE

Ecoutez le discours
1320 De votre liberté qu'ont produit leurs amours.

LE GEÔLIER

En lieu de sûreté le babil est de mise,
Mais ici ne songeons qu'à nous ôter de prise.

ISABELLE

Sauvons-nous, mais avant promettez-nous tous deux
Jusqu'au jour d'un hymen de modérer vos feux,
1325 Autrement nous rentrons.

CLINDOR

Que cela ne vous tienne :
Je vous donne ma foi.

LE GEÔLIER

Lise, reçois la mienne.

ISABELLE

Sur un gage si bon, j'ose tout hasarder.

LE GEÔLIER

Nous nous amusons trop, hâtons-nous d'évader.

SCÈNE X

ALCANDRE, PRIDAMANT

ALCANDRE

Ne craignez plus pour eux ni périls ni disgrâce,
1330 Beaucoup les poursuivront mais sans trouver leurs traces.

PRIDAMANT

A la fin je respire.

ALCANDRE

Après un tel bonheur
Deux ans les ont montés en haut degré d'honneur,
Je ne vous dirai point le cours de leurs voyages
S'ils ont trouvé le calme ou vaincu les orages,
1335 Ni par quel art non plus ils se sont élevés,
Il suffit d'avoir vu comme ils se sont sauvés,
Et que sans vous en faire une histoire importune,
Je vous les vais montrer en leur haute fortune.
Mais puisqu'il faut passer à des effets plus beaux,
1340 Rentrons pour évoquer des fantômes nouveaux,
Ceux que vous avez vus représenter de suite
A vos yeux étonnés leurs amours et leurs fuites
N'étant pas destinés aux hautes fonctions
N'ont point assez d'éclat pour leurs conditions.

ACTE V

SCÈNE PREMIÈRE
ALCANDRE, PRIDAMANT

Pridamant
1345 Qu'Isabelle est changée et qu'elle est éclatante !

Alcandre
Lise marche après elle et lui sert de suivante,
Mais derechef surtout n'ayez aucun effroi,
Et de ce lieu fatal ne sortez qu'après moi,
Je vous le dis encor, il y va de la vie.

Pridamant
1350 Cette condition m'en ôtera l'envie.

SCÈNE II
ISABELLE, LISE

Lise
Ce divertissement n'aura-t-il point de fin,
Et voulez-vous passer la nuit dans ce jardin ?

Isabelle
Je ne puis plus cacher le sujet qui m'amène,
C'est grossir mes douleurs que de taire ma peine,
1355 Le prince Florilame.

Lise
Eh bien ? il est absent.

ACTE V, SCÈNE II

ISABELLE

C'est la source des maux que mon âme ressent,
Nous sommes ses voisins et l'amour qu'il nous porte
Dedans son grand jardin nous permet cette porte,
La princesse Rosine et mon perfide époux
1360 Durant qu'il est absent en font leur rendez-vous,
Je l'attends au passage et lui ferai connaître
Que je ne suis pas femme à rien souffrir d'un traître.

LISE

Madame, croyez-moi, loin de le quereller
Vous feriez beaucoup mieux de tout dissimuler,
1365 Ce n'est pas bien à nous d'avoir des jalousies.
Un homme en court plus tôt après ses fantaisies,
Il est toujours le maître et tout votre discours
Par un contraire effet l'obstine en ses amours.

ISABELLE

Je dissimulerai son adultère flamme !
1370 Un autre aura son cœur et moi le nom de femme !
Sans crime d'un hymen peut-il rompre la loi ?
Et ne rougit-il point d'avoir si peu de foi ?

LISE

Cela fut bon jadis, mais au temps où nous sommes
Ni l'hymen, ni la foi n'obligent plus les hommes,
1375 Madame, leur honneur à des règles à part,
Où le vôtre se perd, le leur est sans hasard,
Et la même action entre eux et nous commune
Est pour nous déshonneur, pour eux bonne fortune.
La chasteté n'est plus la vertu d'un mari,
1380 La princesse du vôtre a fait son favori,
Sa réputation croîtra par ses caresses,
L'honneur d'un galant homme est d'avoir des maîtresses.

ISABELLE

Ote-moi cet honneur et cette vanité,
De se mettre en crédit par l'infidélité.
1385 Si pour haïr le change et vivre sans amie
Un homme comme lui tombe dans l'infamie,
Je le tiens glorieux d'être infâme à ce prix,
S'il en est méprisé, j'estime ce mépris,
Le blâme qu'on reçoit d'aimer trop une femme
1390 Aux maris vertueux est un illustre blâme.

Lise

Madame il vient d'entrer, la porte a fait du bruit.

Isabelle

Retirons-nous qu'il passe.

Lise
Il vous voit, et vous suit.

SCÈNE III

CLINDOR, ISABELLE, LISE

Clindor

Vous fuyez, ma princesse, et cherchez des remises,
Sont-ce là les faveurs que vous m'aviez promises ?
1395 Où sont tant de baisers dont votre affection
Devait être prodigue à ma réception ?
Voici l'heure et le lieu, l'occasion est belle,
Je suis seul, vous n'avez que cette demoiselle
Dont la dextérité ménagea nos amours ;
1400 Le temps est précieux et vous fuyez toujours.
Vous voulez, je m'assure, avec ces artifices
Que les difficultés augmentent nos délices,
A la fin je vous tiens, quoi ! vous me repoussez !
Que craignez-vous encor ? mauvaise c'est assez.
1405 Florilame est absent, ma jalouse endormie.

Isabelle
En êtes-vous bien sûr ?

Clindor
Ah ! fortune ennemie !

Isabelle

Je veille, déloyal, ne crois plus m'aveugler,
Au milieu de la nuit je ne vois que trop clair :
Je vois tous mes soupçons passer en certitudes
1410 Et ne puis plus douter de tes ingratitudes,
Toi-même par ta bouche as trahi ton secret,
O l'esprit avisé pour un amant discret !
Et que c'est en amour une haute prudence
D'en faire avec sa femme entière confidence !

ACTE V, SCÈNE III

1415 Où sont tant de serments de n'aimer rien que moi ?
Qu'as-tu fait de ton cœur ? qu'as-tu fait de ta foi ?
Lorsque je la reçus, ingrat, qu'il te souvienne
De combien différaient ta fortune et la mienne,
De combien de rivaux je dédaignai les vœux,
1420 Ce qu'un simple soldat pouvait être auprès d'eux,
Quelle tendre amitié je recevais d'un père ;
Je l'ai quitté pourtant pour suivre ta misère,
Et je tendis les bras à mon enlèvement
Ne pouvant être à toi de son consentement.
1425 En quelle extrémité depuis ne m'ont réduite
Les hasards dont le sort a traversé ta fuite,
Et que n'ai-je souffert avant que le bonheur
Elevât ta bassesse à ce haut rang d'honneur ?
Si pour te voir heureux ta foi s'est relâchée,
1430 Rends-moi dedans le sein dont tu m'as arrachée,
Je t'aime et mon amour m'a fait tout hasarder
Non pas pour tes grandeurs mais pour te posséder.

CLINDOR

Ne me reproche plus ta fuite, ni ta flamme ;
Que ne fait point l'amour quand il possède une âme ?
1435 Son pouvoir à ma vue attachait tes plaisirs,
Et tu me suivais moins que tes propres désirs,
J'étais lors peu de chose, oui, mais qu'il te souvienne
Que ta fuite égala ta fortune à la mienne
Et que pour t'enlever c'était un faible appas
1440 Que l'éclat de tes biens qui ne te suivaient pas.
Je n'eus de mon côté que l'épée en partage,
Et ta flamme du tien fut mon seul avantage :
Celle-là m'a fait grand en ces bords étrangers,
L'autre exposa ma tête en cent et cent dangers.
1445 Regrette maintenant ton père, et ses richesses,
Fâche-toi de marcher à côté des princesses,
Retourne en ton pays avecque tous tes biens
Chercher un rang pareil à celui que tu tiens.
Qui te manque après tout ? de quoi peux-tu te plaindre ?
1450 En quelle occasion m'as-tu vu te contraindre ?
As-tu reçu de moi ni froideurs ni mépris ?
Les femmes à vrai dire ont d'étranges esprits ;
Qu'un mari les adore, et qu'une amour extrême
A leur bizarre humeur le soumette lui-même,
1455 Qu'il les comble d'honneurs et de bons traitements,
Qu'il ne refuse rien à leurs contentements,
Fait-il la moindre brèche à la foi conjugale,

Il n'est point à leur gré de crime qui l'égale,
C'est vol, c'est perfidie, assassinat, poison,
1460 C'est massacrer son père, et brûler sa maison
Et jadis des Titans l'effroyable supplice
Tomba sur Encelade avec moins de justice.

Isabelle

Je te l'ai déjà dit que toute ta grandeur
Ne fut jamais l'objet de ma sincère ardeur,
1465 Je ne suivais que toi quand je quittai mon père.
Mais puisque ces grandeurs t'ont fait l'âme légère,
Laisse mon intérêt, songe à qui tu les dois.
Florilame lui seul t'a mis où tu te vois;
A peine il te connut qu'il te tira de peine,
1470 De soldat vagabond il te fit capitaine,
Et le rare bonheur qui suivit cet emploi
Joignit à ses faveurs les faveurs de son roi.
Quelle forte amitié n'a-t-il point fait paraître
A cultiver depuis ce qu'il avait fait naître.
1475 Par ses soins redoublés n'es-tu pas aujourd'hui
Un peu moindre de rang, mais plus puissant que lui ?
Il eût gagné par là l'esprit le plus farouche
Et pour remercîment tu vas souiller sa couche!
Dans ta brutalité trouve quelque raison,
1480 Et contre ses faveurs défends ta trahison!
Il t'a comblé de biens, tu lui voles son âme;
Il t'a fait grand seigneur, et tu le rends infâme!
Ingrat, c'est donc ainsi que tu rends les bienfaits!
Et ta reconnaissance a produit ces effets!

Clindor

1485 Mon âme (car encor ce beau nom te demeure,
Et te demeurera jusqu'à tant que je meure)
Crois-tu qu'aucun respect, ou crainte du trépas
Puisse obtenir sur moi ce que tu n'obtiens pas ?
Dis que je suis ingrat, appelle-moi parjure,
1490 Mais à nos feux sacrés ne fais plus tant d'injure,
Ils conservent encor leur première vigueur,
Je t'aime, et si l'amour qui m'a surpris le cœur
Avait pu s'étouffer au point de sa naissance,
Celui que je te porte eût eu cette puissance.
1495 Mais en vain contre lui l'on tâche à résister,
Toi-même as éprouvé qu'on ne le peut dompter.
Ce Dieu qui te força d'abandonner ton père,
Ton pays, et tes biens, pour suivre ma misère,

ACTE V, SCÈNE III

Ce Dieu même à présent malgré moi m'a réduit
1500 A te faire un larcin des plaisirs d'une nuit.
A mes sens déréglés souffre cette licence,
Une pareille amour meurt dans la jouissance,
Celle dont la vertu n'est point le fondement
Se détruit de soi-même et passe en un moment.
1505 Mais celle qui nous joint est une amour solide,
Où l'honneur a son lustre, où la vertu préside,
Dont les fermes liens durent jusqu'au trépas
Et dont la jouissance a de nouveaux appas.
Mon âme, derechef pardonne à la surprise
1510 Que ce tyran des cœurs a faite à ma franchise,
Souffre une folle ardeur qui ne vivra qu'un jour,
Et n'affaiblit en rien un conjugal amour.

ISABELLE

Hélas! que j'ai de bien à m'abuser moi-même!
Je vois qu'on me trahit et je crois que l'on m'aime,
1515 Je me laisse charmer à ce discours flatteur,
Et j'excuse un forfait dont j'adore l'auteur.
Pardonne, cher époux, au peu de retenue
Où d'un premier transport la chaleur est venue.
C'est en ces accidents manquer d'affection
1520 Que de les voir sans trouble et sans émotion.
Puisque mon teint se fane et ma beauté se passe
Il est bien juste aussi que ton amour se lasse,
Et même je croirai que ce feu passager
En l'amour conjugal ne pourra rien changer.
1525 Songe un peu toutefois à qui ce feu s'adresse,
En quel péril te jette une telle maîtresse.
Dissimule, déguise, et sois amant discret,
Les grands en leur amour n'ont jamais de secret.
Ce grand train qu'à leurs pas leur grandeur propre attache.
1530 N'est qu'un grand corps tout d'yeux à qui rien ne se cache
Et dont il n'est pas un qui ne fît son effort,
A se mettre en faveur par un mauvais rapport,
Tôt ou tard Florilame apprendra tes pratiques,
Ou de sa défiance ou de ses domestiques,
1535 Et lors (à ce penser je frissonne d'horreur)
A quelle extrémité n'ira point sa fureur ?
Puisqu'à ses passe-temps ton humeur te convie,
Cours après tes plaisirs, mais assure ta vie,
Sans aucun sentiment je te verrai changer,
1540 Pourvu qu'à tout le moins tu changes sans danger.

CLINDOR

Encore une fois donc tu veux que je te die,
Qu'auprès de mon amour je méprise ma vie,
Mon âme est trop atteinte, et mon cœur trop blessé
Pour craindre les périls dont je suis menacé,
1545 Ma passion m'aveugle et pour cette conquête
Croit hasarder trop peu de hasarder ma tête,
C'est un feu que le temps pourra seul modérer,
C'est un torrent qui passe et ne saurait durer.

ISABELLE

Eh bien, cours au trépas, puisqu'il a tant de charmes
1550 Et néglige ta vie aussi bien que mes larmes.
Penses-tu que ce prince après un tel forfait
Par ta punition se tienne satisfait ?
Qui sera mon appui lorsque ta mort infâme
A sa juste vengeance exposera ta femme ?
1555 Et que sur la moitié d'un perfide étranger
Une seconde fois il croira se venger ?
Non, je n'attendrai pas que ta perte certaine
Attire encor sur moi les restes de ta peine,
Et que de mon honneur gardé si chèrement
1560 Il fasse un sacrifice à son ressentiment.
Je préviendrai la honte où ton malheur me livre,
Et saurai bien mourir si tu ne veux pas vivre.
Ce corps dont mon amour t'a fait le possesseur
Ne craindra plus bientôt l'effort d'un ravisseur ;
1565 J'ai vécu pour t'aimer, mais non pour l'infamie
De servir au mari de ton illustre amie.
Adieu, je vais du moins en mourant devant toi
Diminuer ton crime, et dégager ta foi.

CLINDOR

Ne meurs pas, chère épouse, et dans un second change
1570 Vois l'effet merveilleux où ta vertu me range.
M'aimer malgré mon crime, et vouloir par ta mort
Eviter le hasard de quelque indigne effort !
Je ne sais qui je dois admirer davantage
Ou de ce grand amour, ou de ce grand courage,
1575 Tous les deux m'ont vaincu, je reviens sous tes lois.
Et ma brutale ardeur va rendre les abois,
C'en est fait, elle expire et mon âme plus saine
Vient de rompre les nœuds de sa honteuse chaîne,
Mon cœur quand il fut pris, s'était mal défendu,
1580 Perds-en le souvenir.

ACTE V, SCÈNE IV

ISABELLE
Je l'ai déjà perdu.

CLINDOR
Que les plus beaux objets qui soient dessus la terre,
Conspirent désormais à lui faire la guerre.
Ce cœur inexpugnable aux assauts de leurs yeux
N'aura plus que les tiens pour maîtres et pour Dieux.
1585 Que leurs attraits unis...

LISE
La princesse s'avance,
Madame.

CLINDOR
Cachez-vous, et nous faites silence,
Ecoute-nous, mon âme et par notre entretien
Juge si son objet m'est plus cher que le tien.

SCÈNE IV
CLINDOR, ROSINE

ROSINE
Débarrassée enfin d'une importune suite
1590 Je remets à l'amour le soin de ma conduite,
Et pour trouver l'auteur de ma félicité
Je prends un guide aveugle en cette obscurité.
Mais que son épaisseur me dérobe la vue!
Le moyen de le voir ou d'en être aperçue!
1595 Voici la grande allée, il devrait être ici,
Et j'entrevois quelqu'un, est-ce toi, mon souci ?

CLINDOR
Madame, ôtez ce mot dont la feinte se joue,
Et que votre vertu dans l'âme désavoue,
C'est assez déguisé, ne dissimulez plus
1600 L'horreur que vous avez de mes feux dissolus.
Vous avez voulu voir jusqu'à quelle insolence
D'une amour déréglée irait la violence,
Vous l'avez vu, madame, et c'est pour la punir
Que vos ressentiments vous font ici venir,

Faites sortir vos gens destinés à ma perte,
N'épargnez point ma tête, elle vous est offerte,
Je veux bien par ma mort apaiser vos beaux yeux,
Et ce n'est pas l'espoir qui m'amène en ces lieux.

ROSINE

Donc au lieu d'un amour rempli d'impatience,
Je ne rencontre en toi que de la défiance ?
As-tu l'esprit troublé de quelque illusion ?
Est-ce ainsi qu'un guerrier tremble à l'occasion ?
Je suis seule, et toi seul, d'où te vient cet ombrage ?
Te faut-il de ma flamme un plus grand témoignage ?
Crois que je suis sans feinte à toi jusqu'à la mort ?

CLINDOR

Je me garderai bien de vous faire ce tort,
Une grande princesse a la vertu plus chère.

ROSINE

Si tu m'aimes, mon cœur, quitte cette chimère.

CLINDOR

Ce n'en est point, madame, et je crois voir en vous
Plus de fidélité pour un si digne époux.

ROSINE

Je la quitte pour toi, mais Dieux ! que je m'abuse,
De ne voir pas encor qu'un ingrat me refuse,
Son cœur n'est plus que glace, et mon aveugle ardeur
Impute à défiance un excès de froideur.
Va, traître, va, parjure, après m'avoir séduite
Ce sont là des discours d'une mauvaise fuite,
Alors que je me rends de quoi me parles-tu ?
Et qui t'amène ici me prêcher la vertu ?

CLINDOR

Mon respect, mon devoir, et ma reconnaissance
Dessus mes passions ont eu cette puissance.
Je vous aime, madame, et mon fidèle amour
Depuis qu'on l'a vu naître a crû de jour en jour,
Mais que ne dois-je point au prince Florilame ?
C'est lui dont le respect triomphe de ma flamme,
Après que sa faveur m'a fait ce que je suis.

Rosine

Tu t'en veux souvenir pour me combler d'ennuis.
Quoi! son respect peut plus que l'ardeur qui te brûle?
L'incomparable ami; mais l'amant ridicule,
D'adorer une femme et s'en voir si chéri
1640 Et craindre au rendez-vous d'offenser un mari!
Traître, il n'en est plus temps, quand tu me fis paraître
Cet excessive amour qui commençait à naître,
Et que le doux appas d'un discours suborneur
Avec un faux mérite attaqua mon honneur,
1645 C'est lorsqu'il te fallait à ta flamme infidèle
Opposer le respect d'une amitié si belle,
Et tu ne devais pas attendre à l'écouter
Quand mon esprit charmé ne le pourrait goûter.
Tes raisons vers tous deux sont de faibles défenses.
1650 Tu l'offensas alors, aujourd'hui tu m'offenses,
Tu m'aimais plus que lui, tu l'aimes plus que moi,
Crois-tu donc à mon cœur donner ainsi la loi,
Que ma flamme à ton gré s'éteigne ou s'entretienne,
Et que ma passion suive toujours la tienne?
1655 Non, non, usant si mal de ce qui t'est permis,
Loin d'en éviter un tu fais deux ennemis,
Je sais trop les moyens d'une vengeance aisée,
Phèdre contre Hippolyte aveugla bien Thésée,
Et ma plainte armera plus de sévérité
1660 Avec moins d'injustice et plus de vérité.

Clindor

Je sais bien que j'ai tort, et qu'après mon audace
Je vous fais un discours de fort mauvaise grâce,
Qu'il sied mal à ma bouche, et que ce grand respect
Agit un peu bien tard pour n'être point suspect.
1665 Mais pour souffrir plus tôt la raison dans mon âme
Vous aviez trop d'appas et mon cœur trop de flamme,
Elle n'a triomphé qu'après un long combat.

Rosine

Tu crois donc triompher lorsque ton cœur s'abat?
Si tu nommes victoire un manque de courage
1670 Appelle encor service un si cruel outrage,
Et puisque me trahir c'est suivre la raison,
Dis-moi que tu me sers par cette trahison.

Clindor

Madame, est-ce vous rendre un si mauvais service
De sauver votre honneur d'un mortel précipice?
1675 Cet honneur qu'une dame a plus cher que les yeux.

Rosine

Cesse de m'étourdir de ces noms odieux
N'as-tu jamais appris que ces vaines chimères
Qui naissent aux cerveaux des maris et des mères
Ces vieux contes d'honneur n'ont point d'impressions
1680 Qui puissent arrêter les fortes passions ?
Perfide, est-ce de moi que tu le dois apprendre ?
Dieux! jusques où l'amour ne me fait point descendre!
Je lui tiens des discours qu'il me devrait tenir,
Et toute mon ardeur ne peut rien obtenir.

Clindor

1685 Par l'effort que je fais à mon amour extrême,
Madame, il faut apprendre à vous vaincre vous-même,
A faire violence à vos plus chers désirs
Et préférer l'honneur à d'injustes plaisirs,
Dont au moindre soupçon, au moindre vent contraire
1690 La honte et les malheurs sont la suite ordinaire.

Rosine

De tous ces accidents rien ne peut m'alarmer.
Je consens de périr à force de t'aimer,
Bien que notre commerce aux yeux de tous se cache,
Qu'il vienne en évidence et qu'un mari le sache,
1695 Que je demeure en butte à ses ressentiments,
Que sa fureur me livre à de nouveaux tourments,
J'en souffrirai plutôt l'infamie éternelle
Que de me repentir d'une flamme si belle.

SCÈNE V

CLINDOR, ROSINE, ISABELLE,
LISE, ÉRASTE,
Troupe de domestiques.

Eraste

Donnons, ils sont ensemble.

Isabelle

O Dieux! qu'ai-je entendu ?

Lise

1700 Madame, sauvons-nous.

ACTE V, SCÈNE V

PRIDAMANT
Hélas ! il est perdu.

CLINDOR
Madame, je suis mort, et votre amour fatale
Par un indigne coup aux enfers me dévale.

ROSINE
Je meurs, mais je me trouve heureuse en mon trépas
Que du moins en mourant je vais suivre tes pas.

ERASTE
Florilame est absent, mais durant son absence
C'est là comme les siens punissent qui l'offense,
C'est lui qui par nos mains vous envoie à tous deux
Le juste châtiment de vos lubriques feux.

ISABELLE
Réponds-moi, cher époux, au moins une parole,
C'en est fait, il expire, et son âme s'envole.
Bourreaux vous ne l'avez massacré qu'à demi,
Il vit encore en moi, soûlez son ennemi,
Achevez, assassins, de m'arracher la vie.
Sa haine sans ma mort n'est pas bien assouvie.

ERASTE
Madame, c'est donc vous !

ISABELLE
Oui, qui cours au trépas.

ERASTE
Votre heureuse rencontre épargne bien nos pas.
Après avoir défait le prince Florilame
D'un ami déloyal et d'une ingrate femme
Nous avions ordre exprès de vous aller chercher.

ISABELLE
Que voulez-vous de moi, traître ?

ERASTE
Il faut marcher,
Le prince dès longtemps amoureux de vos charmes
Dans un de ses châteaux veut essuyer vos larmes.

ISABELLE

Sacrifiez plutôt ma vie à son courroux.

ERASTE

C'est perdre temps, madame, il veut parler à vous.

SCÈNE VI

ALCANDRE, PRIDAMANT

ALCANDRE

1725 Ainsi de notre espoir la fortune se joue,
Tout s'élève, ou s'abaisse au branle de sa roue,
Et son ordre inégal qui régit l'univers
Au milieu du bonheur a ses plus grands revers.

PRIDAMANT

Cette réflexion mal propre pour un père
1730 Consolerait peut-être une douleur légère,
Mais après avoir vu mon fils assassiné
Mes plaisirs foudroyés, mon espoir ruiné,
J'aurais d'un si grand coup l'âme bien peu blessée
Si de pareils discours m'entraient dans la pensée.
1735 Hélas! dans sa misère il ne pouvait périr.
Et son bonheur fatal lui seul l'a fait mourir,
N'attendez pas de moi des plaintes davantage,
La douleur qui se plaint cherche qu'on la soulage,
La mienne court après son déplorable sort,
1740 Adieu, je vais mourir, puisque mon fils est mort.

ALCANDRE

D'un juste désespoir l'effort est légitime,
Et de le détourner je croirais faire un crime,
Oui, suivez ce cher fils sans attendre à demain,
Mais épargnez du moins ce coup à votre main,
1745 Laissez faire aux douleurs qui rongent vos entrailles,
Et pour les redoubler voyez ses funérailles.

*On tire un rideau et on voit tous les comédiens
qui partagent leur argent.*

PRIDAMANT

Que vois-je! chez les morts compte-t-on de l'argent?

ACTE V, SCÈNE VI

ALCANDRE

Voyez si pas un d'eux s'y montre négligent.

PRIDAMANT

Je vois Clindor, Rosine. Ah Dieu! quelle surprise!
1750 Je vois leur assassin, je vois sa femme et Lise,
Quel charme en un moment étouffe leurs discords,
Pour assembler ainsi les vivants et les morts?

ALCANDRE

Ainsi tous les acteurs d'une troupe comique
Leur poème récité partagent leur pratique,
1755 L'un tue et l'autre meurt, l'autre vous fait pitié,
Mais la scène préside à leur inimitié,
Leurs vers font leurs combats, leur mort suit leurs paroles,
Et sans prendre intérêt en pas un de leurs rôles,
Le traître, et le trahi, le mort et le vivant
1760 Se trouvent à la fin amis comme devant.
Votre fils et son train ont bien su par leur fuite,
D'un père et d'un prévôt éviter la poursuite,
Mais tombant dans les mains de la nécessité
Ils ont pris le théâtre en cette extrémité.

PRIDAMANT

1765 Mon fils comédien!

ALCANDRE

D'un art si difficile
Tous les quatre au besoin en ont fait leur asile,
Et depuis sa prison ce que vous avez vu,
Son adultère amour, son trépas impourvu,
N'est que la triste fin d'une pièce tragique
1770 Qu'il expose aujourd'hui sur la scène publique,
Par où ses compagnons et lui dans leur métier
Ravissent dans Paris un peuple tout entier.
Le gain leur en demeure et ce grand équipage
Dont je vous ai fait voir le superbe étalage
1775 Est bien à votre fils mais non pour s'en parer,
Qu'alors que sur la scène il se fait admirer.

PRIDAMANT

J'ai pris sa mort pour vraie, et ce n'était que feinte
Mais je trouve partout mêmes sujets de plainte,
Est-ce là cette gloire et ce haut rang d'honneur
1780 Où le devait monter l'excès de son bonheur?

ALCANDRE

Cessez de vous en plaindre, à présent le théâtre
Est en un point si haut qu'un chacun l'idolâtre,
Et ce que votre temps voyait avec mépris
Est aujourd'hui l'amour de tous les bons esprits,
L'entretien de Paris, le souhait des provinces,
Le divertissement le plus doux de nos princes,
Les délices du peuple, et le plaisir des grands;
Parmi leurs passe-temps il tient les premiers rangs,
Et ceux dont nous voyons la sagesse profonde
Par ses illustres soins conserver tout le monde
Trouvent dans les douceurs d'un spectacle si beau
De quoi se délasser d'un si pesant fardeau.
Même notre grand roi, ce foudre de la guerre
Dont le nom se fait craindre aux deux bouts de la terre,
Le front ceint de lauriers daigne bien quelquefois
Prêter l'œil et l'oreille au Théâtre-François :
C'est là que le Parnasse étale ses merveilles :
Les plus rares esprits lui consacrent leurs veilles,
Et tous ceux qu'Apollon voit d'un meilleur regard
De leurs doctes travaux lui donnent quelque part.
S'il faut par la richesse estimer les personnes,
Le théâtre est un fief dont les rentes sont bonnes,
Et votre fils rencontre en un métier si doux
Plus de biens et d'honneur qu'il n'eût trouvé chez vous.
Défaites-vous enfin de cette erreur commune
Et ne vous plaignez plus de sa bonne fortune.

PRIDAMANT

Je n'ose plus m'en plaindre, on voit trop de combien
Le métier qu'il a pris est meilleur que le mien.
Il est vrai que d'abord mon âme s'est émue,
J'ai cru la comédie au point où je [l'ai] vue,
J'en ignorais l'éclat, l'utilité, l'appas,
Et la blâmais ainsi ne la connaissant pas,
Mais depuis vos discours mon cœur plein d'allégresse
A banni cette erreur avecque la tristesse,
Clindor a trop bien fait.

ALCANDRE
N'en croyez que vos yeux.

PRIDAMANT

Demain pour ce sujet j'abandonne ces lieux.
Je vole vers Paris, cependant, grand Alcandre,
Quelles grâces ici ne vous dois-je point rendre ?

ALCANDRE

Servir les gens d'honneur est mon plus grand désir,
1820 J'ai pris ma récompense en vous faisant plaisir.
Adieu, je suis content puisque je vous vois l'être.

PRIDAMANT

Un si rare bienfait ne se peut reconnaître,
Mais, grand Mage, du moins croyez qu'à l'avenir
Mon âme en gardera l'éternel souvenir.

LE MENTEUR

Comédie

ÉPÎTRE

Monsieur,

Je vous présente une pièce de théâtre d'un style si éloigné de ma dernière, qu'on aura de la peine à croire qu'elles soient parties toutes deux de la même main, dans le même hiver. Aussi les raisons qui m'ont obligé à y travailler, ont été bien différentes. J'ai fait *Pompée* pour satisfaire à ceux qui ne trouvaient pas les vers de *Polyeucte* si puissants que ceux de *Cinna* et leur montrer que j'en saurais bien retrouver la pompe, quand le sujet le pourrait souffrir ; j'ai fait *Le Menteur* pour contenter les souhaits de beaucoup d'autres, qui suivant l'humeur des Français aiment le changement, et après tant de poèmes graves dont nos meilleures plumes ont enrichi la scène, m'ont demandé quelque chose de plus enjoué qui ne servît qu'à les divertir. Dans le premier j'ai voulu faire un essai de ce que pouvaient la majesté du raisonnement et la force des vers dénués de l'agrément du sujet : dans celui-ci j'ai voulu tenter ce que pourrait l'agrément du sujet dénué de la force des vers. Et d'ailleurs, étant obligé au genre comique de ma première réputation, je ne pouvais l'abandonner tout à fait sans quelque espèce d'ingratitude. Il est vrai que comme alors que je me hasardai à le quitter, je n'osai me fier à mes seules forces, et que pour m'élever à la dignité du tragique, je pris l'appui du grand Sénèque, à qui j'empruntai tout ce qu'il avait donné de rare à sa *Médée ;* ainsi quand je me suis résolu de repasser du héroïque au naïf, je n'ai osé descendre de si haut sans m'assurer d'un guide, et me suis laissé conduire au fameux *Lope de Vega*, de peur de m'égarer dans les détours de tant d'intrigues que fait notre Menteur. En un mot ce n'est ici qu'une copie d'un excellent original qu'il a mis au jour sous le titre de *La Verdad sospechosa*, et me fiant sur notre Horace qui donne liberté de tout oser aux poètes ainsi qu'aux peintres, j'ai cru que nonobstant la guerre des deux couronnes, il m'était permis de trafiquer en Espagne. Si cette sorte de commerce était un crime, il y a longtemps que je serais coupable, je ne dis pas seulement pour *Le Cid*, où je me suis aidé de D. Guillen de Castro, mais aussi pour *Médée* dont je viens de parler, et pour *Pompée* même, où pensant me fortifier du secours de deux Latins, j'ai pris celui de deux Espagnols, Sénèque et Lucain, étant tous deux de Cordoue. Ceux qui ne voudront pas me pardonner cette intelligence avec nos ennemis, approuveront du moins que je pille chez eux, et soit qu'on fasse passer ceci pour un larcin, ou pour un emprunt, je m'en suis trouvé si bien, que je n'ai pas envie que ce soit le dernier que je ferai chez eux. Je crois que vous en serez d'avis et ne m'en estimerez pas moins. Je suis,

MONSIEUR,

Votre très humble serviteur,
CORNEILLE

LE MENTEUR

Comédie

LES ACTEURS

GÉRONTE, père de Dorante
ARGANTE, gentilhomme de Poitiers et ami de Géronte.
DORANTE, fils de Géronte.
ALCIPPE, ami de Dorante et amant de Clarice.
PHILISTE, ami de Dorante et d'Alcippe.
CLARICE, maîtresse d'Alcippe.
LUCRÈCE, amie de Clarice.
ISABELLE, suivante de Clarice.
SABINE, femme de chambre de Lucrèce.
CLITON, valet de Dorante.
LYCAS, valet d'Alcippe.

La scène est à Paris.

ACTE PREMIER

SCÈNE PREMIÈRE

DORANTE, CLITON

DORANTE

A la fin j'ai quitté la robe pour l'épée,
L'attente où j'ai vécu n'a point été trompée,
Mon père a consenti que je suive mon choix,
Et je fais banqueroute à ce fatras de lois.
5 Mais puisque nous voici dedans les Tuileries,
Le pays du beau monde et des galanteries,
Dis-moi, me trouves-tu bien fait en cavalier ?
Ma mine a-t-elle rien qui sente l'écolier ?
Qui revient comme moi des royaumes du code
10 Rapporte rarement un visage à la mode.

CLITON

Cette règle, monsieur, n'est pas faite pour vous,
Vous ferez en une heure ici mille jaloux,
Ce visage et ce port n'ont point l'air de l'école,
Et jamais comme vous on ne peignit Bartole,
15 Je prévois du malheur pour beaucoup de maris :
Mais que vous semble encor maintenant de Paris ?

DORANTE

J'en trouve l'air bien doux, et cette loi bien rude
Qui m'en avait banni sous prétexte d'étude.
Toi qui sais les moyens de s'y bien divertir
20 Ayant eu le bonheur que de n'en point sortir,
Dis-moi comme en ce lieu l'on gouverne les dames.

Cliton

C'est là le plus beau soin qui vienne aux belles âmes
(Disent les beaux esprits) mais sans faire le fin
Vous avez l'appétit ouvert de bon matin.
25 D'hier au soir seulement vous êtes dans la ville,
Et vous vous ennuyez déjà d'être inutile!
Votre humeur sans emploi ne peut passer un jour,
Et déjà vous cherchez à pratiquer l'amour!
Je suis auprès de vous en fort bonne posture
30 De passer pour un homme à donner tablature,
J'ai la taille d'un maître en ce noble métier,
Et je suis, tout au moins, l'intendant du quartier.

Dorante

Ne t'effarouche point, je ne cherche, à vrai dire,
Que quelque connaissance où l'on se plaise à rire,
35 Qu'on puisse visiter par divertissement,
Où l'on puisse en douceur couler quelque moment,
Pour me connaître mal tu prends mon sens à gauche.

Cliton

J'entends, vous n'êtes pas un homme de débauche,
Et tenez celles-là trop indignes de vous
40 Que le son d'un écu rend traitables à tous.
Aussi que vous cherchiez de ces sages coquettes
Qui bornent au babil leurs faveurs plus secrètes,
Sans qu'il vous soit permis de jouer que des yeux,
Vous êtes d'encolure à vouloir un peu mieux.
45 Loin de passer son temps, chacun le perd chez elles,
Et le jeu, comme on dit, n'en vaut pas les chandelles :
Mais ce serait pour vous un bonheur sans égal
Que ces femmes de bien qui se gouvernent mal,
Et de qui la vertu, quand on leur fait service,
50 N'est pas incompatible avec un peu de vice.
Vous en verrez ici de toutes les façons,
Ne me demandez point cependant de leçons,
Ou je me connais mal à voir votre visage,
Ou vous n'en êtes pas à votre apprentissage,
55 Vos lois ne régláient pas si bien tous vos desseins
Que vous eussiez toujours un portefeuille aux mains.

Dorante

A ne rien déguiser, Cliton, je te confesse
Qu'à Poitiers j'ai vécu comme vit la jeunesse,

ACTE PREMIER, SCÈNE PREMIÈRE

J'étais en ces lieux-là de beaucoup de métiers :
60 Mais Paris, après tout, est bien loin de Poitiers,
Le climat différent veut une autre méthode,
Ce qu'on admire ailleurs est ici hors de mode.
J'en voyais là beaucoup passer pour gens d'esprit,
Et faire encore état de Chimène et du Cid,
65 Estimer de tous deux la vertu sans seconde,
Qui passeraient ici pour gens de l'autre monde,
Et se feraient siffler si dans un entretien
Ils étaient si grossiers que d'en dire du bien.
Chez les provinciaux on prend ce qu'on rencontre,
70 Et là, faute de mieux, un sot passe à la montre :
Mais il faut à Paris bien d'autres qualités,
On ne s'éblouit point de ces fausses clartés,
Et tant d'honnêtes gens que l'on y voit ensemble
Font qu'on est mal reçu si l'on ne leur ressemble.

CLITON

75 Connaissez mieux Paris, puisque vous en parlez.
Paris est un grand lieu plein de marchands mêlés,
L'effet n'y répond pas toujours à l'apparence,
On s'y laisse duper autant qu'en lieu de France,
Et parmi tant d'esprits plus polis et meilleurs
80 Il y croît des badauds autant et plus qu'ailleurs.
Dans la confusion que ce grand monde apporte
Il y vient de tous lieux des gens de toute sorte,
Et dans toute la France il est fort peu d'endroits
Dont il n'ait le rebut aussi bien que le choix.
85 Comme on s'y connaît mal, chacun s'y fait de mise,
Et vaut communément autant comme il se prise,
De bien pires que vous s'y font assez valoir ;
Mais pour venir au point que vous voulez savoir,
Etes-vous libéral ?

DORANTE

Je ne suis point avare.

CLITON

90 C'est un secret d'amour et bien grand et bien rare,
Mais il faut de l'adresse à le bien débiter,
Autrement on s'y perd au lieu d'en profiter.
Tel donne à pleines mains qui n'oblige personne,
La façon de donner vaut mieux que ce qu'on donne,
95 L'un perd exprès au jeu son présent déguisé,
L'autre oublie un bijou qu'on aurait refusé,

Un lourdaud libéral auprès d'une maîtresse
Semble donner l'aumône alors qu'il fait largesse,
Et d'un tel contretemps il fait tout ce qu'il fait,
100 Que quand il tâche à plaire, il offense en effet.

DORANTE

Laissons là ces lourdauds contre qui tu déclames,
Et me dis seulement si tu connais ces dames.

CLITON

Non, cette marchandise est de trop bon aloi,
Ce n'est point là gibier à des gens comme moi.
105 Il est aisé pourtant d'en savoir des nouvelles,
Et bientôt leur cocher m'en dira des plus belles.

DORANTE

Penses-tu qu'il t'en die ?

CLITON

Assez pour en mourir,
Puisque c'est un cocher, il aime à discourir.

SCÈNE II

DORANTE, CLARICE, LUCRÈCE, ISABELLE

CLARICE, *faisant un faux pas, et comme se laissant choir.*
Ah !

DORANTE, *lui donnant la main.*

Ce malheur me rend un favorable office,
110 Puisqu'il me donne lieu de ce petit service,
Et c'est pour moi, madame, un bonheur souverain
Que cette occasion de vous donner la main.

CLARICE

L'occasion ici fort peu vous favorise,
Et ce faible bonheur ne vaut pas qu'on le prise.

DORANTE

115 Il est vrai, je le dois tout entier au hasard,
Mes soins, ni vos désirs n'y prennent point de part,
Et sa douceur mêlée avec cette amertume
Ne me rend pas le sort plus doux que de coutume,

Puisqu'enfin ce bonheur que j'ai si fort prisé
120 A mon peu de mérite eût été refusé.

CLARICE

S'il a perdu si tôt ce qui pouvait vous plaire,
Je veux être à mon tour d'un sentiment contraire,
Et crois qu'on doit trouver plus de félicité
A posséder un bien sans l'avoir mérité,
125 J'estime plus un don qu'une reconnaissance,
Qui nous donne fait plus que qui nous récompense,
Et le plus grand bonheur au mérite rendu
Ne fait que nous payer de ce qui nous est dû.
La faveur qu'on mérite est toujours achetée,
130 L'heur en croît d'autant plus, moins elle est méritée,
Et le bien où sans peine elle fait parvenir,
Par le mérite à peine aurait pu s'obtenir.

DORANTE

Aussi ne croyez pas que jamais je prétende
Obtenir par mérite une faveur si grande,
135 J'en sais mieux le haut prix, et mon cœur amoureux
Moins il s'en connaît digne, et plus s'en tient heureux.
On me l'a pu toujours dénier sans injure,
Et si la recevant ce cœur même en murmure,
Il se plaint du malheur de ses félicités
140 Que le hasard lui donne, et non vos volontés.
Un amant a fort peu de quoi se satisfaire
Des faveurs qu'on lui fait sans dessein de les faire,
Comme l'intention seule en forme le prix,
Assez souvent sans elle on les joint au mépris.
145 Jugez par là quel bien peut recevoir ma flamme
D'une main qu'on me donne en me refusant l'âme,
Je la tiens, je la touche, et je la touche en vain,
Si je ne puis toucher le cœur avec la main.

CLARICE

Cette flamme, monsieur, est pour moi fort nouvelle
150 Puisque j'en viens de voir la première étincelle,
Si votre cœur ainsi s'embrase en un moment,
Le mien ne brûle pas du moins si promptement :
Mais peut-être à présent que j'en suis avertie
Le temps donnera place à plus de sympathie,
155 Confessez cependant qu'à tort vous murmurez
Du mépris de vos feux que j'avais ignorés.

SCÈNE III

DORANTE, CLARICE, LUCRÈCE, ISABELLE, CLITON

DORANTE

C'est l'effet du malheur qui partout m'accompagne.
Depuis que j'ai quitté les guerres d'Allemagne,
C'est-à-dire, du moins, depuis un an entier,
160 Je suis et jour et nuit dedans votre quartier,
Je vous cherche en tous lieux, au bal, aux promenades,
Nous n'avez que de moi reçu des sérénades,
Et je n'ai pu trouver que cette occasion
A vous entretenir de mon affection.

CLARICE

165 Quoi ! vous avez donc vu l'Allemagne et la guerre ?

DORANTE

Je m'y suis fait longtemps craindre comme un tonnerre.

CLITON

Que lui va-t-il conter ?

DORANTE

Et durant tout ce temps
Il ne s'est fait combats, ni sièges importants,
Nos armes n'ont jamais remporté de victoire,
170 Où cette main n'ait eu bonne part à la gloire,
Et la gazette même a souvent divulgués...

CLITON, *le tirant par la basque.*

Savez-vous bien, monsieur, que vous extravaguez ?

DORANTE

Tais-toi.

CLITON

Vous rêvez, dis-je, ou...

DORANTE

Tais-toi, misérable.

CLITON

Vous venez de Poitiers, ou je me donne au diable,
175 Vous en revîntes hier.

ACTE PREMIER, SCÈNE III

DORANTE, *à Cliton.*

Maraud, te tairas-tu ?
A Clarice.
Avec assez d'honneur j'ai souvent combattu,
Et mon nom a fait bruit peut-être avec justice.

CLARICE

Qui vous a fait quitter un si noble exercice ?

DORANTE

Revenu l'autre hiver pour faire ici ma cour
180 Je vous vis, et je fus retenu par l'amour.
Attaqué par vos yeux je leur rendis les armes,
Je me fis prisonnier de tant d'aimables charmes,
Je leur livrai mon âme, et ce cœur généreux
Dès ce premier moment oublia tout pour eux.
185 Vaincre dans les combats, commander dans l'armée,
De mille exploits fameux enfler ma renommée,
Et tous ces nobles soins qui m'avaient su ravir,
Cédèrent aussitôt à ceux de vous servir.

ISABELLE, *à Clarice tout bas.*

Madame, Alcippe approche, il aura de l'ombrage.

CLARICE

190 Nous en saurons, monsieur, quelque jour davantage,
Adieu.

DORANTE

Quoi, me priver si tôt de tout mon bien !

CLARICE

Nous n'avons pas loisir d'un plus long entretien,
Et malgré la douceur de me voir cajolée,
Il faut que nous fassions seules deux tours d'allée.

DORANTE

195 Cependant accordez à mes vœux innocents
La licence d'aimer des charmes si puissants.

CLARICE

Un cœur qui veut aimer et qui sait comme on aime
N'en demande jamais licence qu'à soi-même.

SCÈNE IV

DORANTE, CLITON

DORANTE

Suis-les, Cliton.

CLITON

J'en sais ce qu'on en peut savoir,
La langue du cocher a bien fait son devoir.
La plus belle des deux, dit-il, est ma maîtresse,
Elle loge à la place, et son nom est Lucrèce.

DORANTE

Quelle place ?

CLITON

Royale, et l'autre y loge aussi,
Il n'en sait pas le nom, mais j'en prendrai souci.

DORANTE

Ne te mets point, Cliton, en peine de l'apprendre,
Celle qui m'a parlé, celle qui m'a su prendre,
C'est Lucrèce, c'est sans aucun contredit,
Sa beauté m'en assure et mon cœur me le dit.

CLITON

Quoique mon sentiment doive respect au vôtre,
La plus belle des deux, je crois que ce soit l'autre.

DORANTE

Quoi, celle qui s'est tue, et qui dans nos propos
N'a jamais eu l'esprit de mêler quatre mots ?

CLITON

Ah ! depuis qu'une femme a le don de se taire,
Elle a des qualités au-dessus du vulgaire,
Cette perfection est rare, et nous pouvons
L'appeler un miracle au siècle où nous vivons,
Puisque à l'ordre commun le ciel fait violence
La formant compatible avecque le silence.
Moi, je n'ai point d'amour en l'état où je suis,
Et quand le cœur m'en dit, j'en prends par où je puis :
Mais naturellement femme qui se peut taire
A sur moi tel pouvoir et tel droit de me plaire,

Qu'eût-elle en vrai magot tout le corps fagoté,
Je lui voudrais donner le prix de la beauté.
225 C'est elle assurément qui s'appelle Lucrèce,
Cherchez un autre nom pour l'objet qui vous blesse,
Ce n'est point là le sien, celle qui n'a dit mot,
Monsieur, c'est la plus belle, ou je ne suis qu'un sot.

DORANTE

Je t'en crois sans jurer avecque tes boutades.
230 Mais voici les plus chers de mes vieux camarades,
Ils semblent étonnés à voir leur action.

SCÈNE V

DORANTE, ALCIPPE, PHILISTE, CLITON

PHILISTE, *à Alcippe.*
Quoi, sur l'eau, la musique et la collation ?

ALCIPPE, *à Philiste.*
Oui, la collation avecque la musique.

PHILISTE, *à Alcippe.*
Hier au soir ?

ALCIPPE, *à Philiste.*
Hier au soir.

PHILISTE, *à Alcippe.*
Et belle ?

ALCIPPE, *à Philiste.*
Magnifique.

PHILISTE, *à Alcippe.*
235 Et par qui ?

ALCIPPE, *à Philiste.*
C'est de quoi je suis mal éclairci.

DORANTE, *les saluant.*
Que mon bonheur est grand de vous revoir ici!

ALCIPPE

Le mien est sans pareil puisque je vous embrasse.

DORANTE

J'ai rompu vos discours d'assez mauvaise grâce,
Vous le pardonnerez à l'aise de vous voir.

PHILISTE

240 Avecque vos amis vous avez tout pouvoir.

DORANTE

Mais de quoi parliez-vous ?

ALCIPPE

D'une galanterie.

DORANTE

D'amour ?

ALCIPPE

Je le présume.

DORANTE

Achevez, je vous prie,
Et souffrez qu'à ce mot ma curiosité
Vous demande sa part de cette nouveauté.

ALCIPPE

245 On dit qu'on a donné musique à quelque dame.

DORANTE

Sur l'eau ?

ALCIPPE

Sur l'eau.

DORANTE

Souvent l'onde irrite la flamme.

PHILISTE

Quelquefois.

DORANTE

Et ce fut hier au soir ?

ALCIPPE

Hier au soir.

DORANTE

Dans l'ombre de la nuit le feu se fait mieux voir,
Le temps était bien pris. Cette dame, elle est belle ?

ACTE PREMIER, SCÈNE V

ALCIPPE

250 Aux yeux de bien du monde elle passe pour telle.

DORANTE

Et la musique ?

ALCIPPE

Assez pour n'en rien dédaigner.

DORANTE

Quelque collation a pu l'accompagner ?

ALCIPPE

On le dit.

DORANTE

Fort superbe ?

ALCIPPE

Et fort bien ordonnée.

DORANTE

Et vous ne savez point celui qui l'a donnée ?

ALCIPPE

255 Vous en riez!

DORANTE

Je ris de vous voir étonné
D'un divertissement que je me suis donné.

ALCIPPE

Vous ?

DORANTE

Moi-même.

ALCIPPE

Et déjà vous avez fait maîtresse ?

DORANTE

Si je n'en avais fait, j'aurais bien peu d'adresse.
Depuis un mois et plus on me voit de retour,
260 Mais pour certain sujet je sors fort peu de jour,
La nuit *incognito* je rends quelques visites,
Ainsi...

CLITON, *à Dorante à l'oreille.*

Vous ne savez, monsieur, ce que vous dites.

DORANTE

Tais-toi, si jamais plus tu me viens avertir...

CLITON

J'enrage de me taire et d'entendre mentir.

PHILISTE, à *Alcippe.*

Voyez qu'heureusement dedans cette rencontre
Votre rival lui-même à vous-même se montre.

DORANTE, *revenant à eux.*

Comme à mes chers amis je vous veux tout conter.
De cinq bateaux qu'exprès j'avais fait apprêter,
Les quatre contenaient quatre chœurs de musique
Capables de charmer le plus mélancolique.
Au premier, violons, en l'autre, luths et voix,
Des flûtes au troisième, au dernier des hautbois,
Qui tour à tour dans l'air poussaient des harmonies
Dont on pouvait nommer les douceurs infinies.
Le cinquième était grand, tapissé tout exprès
De rameaux enlassés, pour conserver le frais,
Dont chaque extrémité portait un doux mélange
De bouquets de jasmin, de grenade, et d'orange.
Je fis de ce bateau la salle du festin,
Là je menai l'objet qui fait seul mon destin,
De cinq autres beautés la sienne fut suivie,
Et la collation fut aussitôt servie.
Je ne vous dirai point les différents apprêts,
Le nom de chaque plat, le rang de chaque mets,
Vous saurez seulement qu'en ce lieu de délices
On servit douze plats, et qu'on fit six services,
Cependant que les eaux, les rochers, et les airs
Répondaient aux accents de nos quatre concerts.
Après qu'on eut mangé, mille et mille fusées
S'élançant vers les cieux, ou droites, ou croisées,
Firent un nouveau jour, d'où tant de serpenteaux
D'un déluge de flamme attaquèrent les eaux,
Qu'on crut que pour leur faire une plus rude guerre
Tout l'élément du feu tombait du ciel en terre.
Après ce passe-temps on dansa jusqu'au jour
Dont le soleil jaloux avança le retour,
S'il eût pris notre avis, ou s'il eût craint ma haine,
Il eût autant tardé qu'à la couche d'Alcmène :
Mais n'étant pas d'humeur à suivre nos désirs
Il sépara la troupe, et finit nos plaisirs.

ALCIPPE

Certes, vous avez grâce à conter ces merveilles,
Paris, tout grand qu'il est, en voit peu de pareilles.

ACTE PREMIER, SCÈNE VI

DORANTE

J'avais été surpris, et l'objet de mes vœux
Ne m'avait, tout au plus, donné qu'une heure ou deux.

PHILISTE

305 Cependant l'ordre est rare, et la dépense belle.

DORANTE

Il s'est fallu passer à cette bagatelle,
Alors que le temps presse, on n'a pas à choisir.

ALCIPPE

Adieu, nous nous verrons avec plus de loisir.

DORANTE

Faites état de moi.

ALCIPPE, *à Philiste en s'en allant.*

Je meurs de jalousie.

PHILISTE, *à Alcippe.*

310 Sans raison toutefois votre âme en est saisie,
Les signes du festin ne s'accordent pas bien.

ALCIPPE, *à Philiste.*

Le lieu s'accorde, et l'heure, et le reste n'est rien.

SCÈNE VI

DORANTE, CLITON

CLITON

Monsieur, puis-je à présent parler sans vous déplaire ?

DORANTE

Je remets à ton choix de parler, ou te taire,
315 Mais quand tu vois quelqu'un, ne fais plus l'insolent.

CLITON

Votre ordinaire est-il de rêver en parlant ?

DORANTE

Où me vois-tu rêver ?

Cliton

J'appelle rêveries
Ce qu'en d'autres qu'un maître on nomme menteries,
Je parle avec respect.

Dorante

Pauvre esprit !

Cliton

Je le perds
320 Quand je vous ois parler de guerre et de concerts.
Vous voyez sans péril nos batailles dernières,
Et faites des festins qui ne vous coûtent guères.
Pourquoi depuis un an vous feindre de retour ?

Dorante

J'en montre plus de flamme, et j'en fais mieux ma cour.

Cliton

325 Qu'a de propre la guerre à montrer votre flamme ?

Dorante

O le beau compliment à charmer une dame,
De lui dire d'abord : J'apporte à vos beautés
Un cœur nouveau venu des universités,
Si vous avez besoin de lois et de rubriques,
330 Je sais le code entier avec les *Authentiques*,
Le *Digeste* nouveau, le vieux, l'*Infortiat*,
Ce qu'en a dit Jason, Balde, Accurse, Alciat.
Qu'un si riche discours nous rend considérables !
Qu'on amollit par là de cœurs inexorables !
335 Qu'un homme à paragraphe est un joli galant !
On s'introduit bien mieux à titre de vaillant,
Tout le secret ne gît qu'en un peu de grimace,
A mentir à propos, jurer de bonne grâce,
Etaler force mots qu'elles n'entendent pas,
340 Faire sonner Lamboy, Jean de Vert, et Galas,
Nommer quelques châteaux de qui les noms barbares,
Plus ils blessent l'oreille, et plus leur semblent rares,
Avoir toujours en bouche, angles, lignes, fossés,
Vedette, contrescarpe, et travaux avancés,
345 Sans ordre, et sans raison, n'importe, on les étonne,
On leur fait admirer les bayes qu'on leur donne,
Et tel, à la faveur d'un semblable débit,
Passe pour homme illustre, et se met en crédit.

Cliton

A qui vous veut ouïr, vous en faites bien croire :
350 Mais celle-ci bientôt peut savoir votre histoire.

Dorante

J'aurai déjà gagné chez elle quelque accès,
Et loin d'en redouter un malheureux succès,
Si jamais un fâcheux nous nuit par sa présence,
Nous pourrons sous ces mots être d'intelligence.
355 Voilà traiter l'amour, Cliton, et comme il faut.

Cliton

A vous dire le vrai, je tombe de bien haut :
Mais parlons du festin. Urgande et Mélusine
N'ont jamais sur-le-champ mieux fourni leur cuisine,
Vous allez au-delà de leurs enchantements,
360 Vous seriez un grand maître à faire des romans,
Ayant si bien en main le festin et la guerre
Vos gens en moins de rien courraient toute la terre,
Et ce serait pour vous des travaux fort légers
De faire voir partout la pompe et les dangers,
365 Ces hautes fictions vous sont bien naturelles.

Dorante

J'aime à braver ainsi les conteurs de nouvelles,
Et sitôt que j'en vois quelqu'un s'imaginer
Que ce qu'il veut m'apprendre a de quoi m'étonner,
Je le sers aussitôt d'un conte imaginaire
370 Qui l'étonne lui-même, et le force à se taire :
Si tu pouvais savoir quel plaisir on a lors
De leur faire rentrer leurs nouvelles au corps...

Cliton

Je le juge assez grand, mais enfin ces pratiques
Vous peuvent engager en de fâcheux intrigues.

Dorante

375 Nous les démêlerons, mais tous ces vains discours
M'empêchent de chercher l'objet de mes amours,
Tâchons de le rejoindre, et sache qu'à me suivre
Je t'apprendrai bientôt d'autres façons de vivre.

ACTE II

SCÈNE PREMIÈRE

GÉRONTE, CLARICE, ISABELLE

Clarice

Je sais qu'il vaut beaucoup étant sorti de vous,
380 Mais, monsieur, sans le voir accepter un époux,
Par quelque haut récit qu'on en soit conviée,
C'est grande avidité de se voir mariée :
Aussi d'en recevoir visite et compliment,
Et lui donner entrée en qualité d'amant,
385 S'il faut qu'à vos projets la suite ne réponde,
Je m'engagerais trop dans le caquet du monde.
Trouvez donc un moyen de me le faire voir
Sans m'exposer au blâme, et manquer au devoir.

Géronte

Oui, vous avez raison, belle et sage Clarice,
390 Ce que vous souhaitez est la même justice,
Et d'ailleurs c'est à nous à subir votre loi.
Je reviens dans une heure, et Dorante avec moi.
Je le tiendrai longtemps dessous votre fenêtre
Afin qu'avec loisir vous le puissiez connaître,
395 Examiner sa taille, et sa mine, et son air,
Et voir quel est l'époux que je vous veux donner.
Il vint hier de Poitiers, mais il sent peu l'école,
Et si l'on pouvait croire un père à sa parole,
Quelque écolier qu'il soit, je dirais qu'aujourd'hui
400 Peu de nos gens de cour sont mieux taillés que lui :
Mais vous en jugerez après la voix publique.
Je cherche à l'arrêter parce qu'il m'est unique,
Et je brûle surtout de le voir sous vos lois.

Clarice

Vous m'honorez beaucoup d'un si glorieux choix,
405 Je l'attendrai, monsieur, avec impatience,
Et je l'aime déjà sur cette confiance.

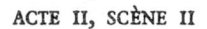

ACTE II, SCÈNE II

SCÈNE II

CLARICE, ISABELLE

Isabelle

Ainsi vous le verrez, et sans vous engager.

Clarice

Mais pour le voir ainsi qu'en pourrai-je juger ?
J'en verrai le dehors, la mine, l'apparence,
410 Mais du reste, Isabelle, où prendre l'assurance ?
Le dedans paraît mal en ces miroirs flatteurs,
Les visages souvent sont de doux imposteurs,
Que de défauts d'esprit se couvrent de leurs grâces !
Et que de beaux semblants cachent des âmes basses !
415 Quoiqu'en ce choix les yeux aient la première part,
Qui leur défère tout, met beaucoup au hasard ;
Qui veut vivre en repos ne doit pas leur déplaire,
Mais sans leur obéir il les doit satisfaire,
En croire leur refus et non pas leur aveu,
420 Et sur d'autres conseils laisser naître son feu.
Cette chaîne qui dure autant que notre vie,
Et qui nous doit donner plus de peur que d'envie,
Si l'on n'y prend bien garde, attache assez souvent
Le contraire au contraire, et le mort au vivant,
425 Et pour moi, puisqu'il faut qu'elle me donne un maître,
Avant que l'accepter je voudrais le connaître,
Mais connaître dans l'âme.

Isabelle

Eh bien, qu'il parle à vous.

Clarice

Alcippe le sachant en deviendrait jaloux.

Isabelle

Qu'importe qu'il le soit, si vous avez Dorante ?

Clarice

430 Sa perte ne m'est pas encore indifférente,
Et l'accord de l'hymen entre nous concerté,
Si son père venait, serait exécuté.

Depuis plus de deux ans il promet, et diffère,
Tantôt c'est maladie, et tantôt quelque affaire,
435 Le chemin est mal sûr, ou les jours sont trop courts,
Et le bonhomme enfin ne peut sortir de Tours.
Je prends tous ces délais pour une résistance,
Et ne suis pas d'humeur à mourir de constance.
Chaque moment d'attente ôte de notre prix,
440 Et fille qui vieillit tombe dans le mépris,
C'est un nom glorieux qui se garde avec honte,
Sa défaite est fâcheuse à moins que d'être prompte,
Le temps n'est pas un Dieu qu'elle puisse braver,
Et son honneur se perd à le trop conserver.

ISABELLE

445 Ainsi vous quitteriez Alcippe pour un autre
Dont vous verriez l'humeur rapportante à la vôtre ?

CLARICE

Oui, je le quitterais, mais pour ce changement
Je voudrais en ma main avoir un autre amant,
Sûre qu'il me fût propre, et que son hyménée
450 Dût bientôt à la sienne unir ma destinée.
Mon humeur sans cela ne s'y résout pas bien,
Car Alcippe, après tout, vaut toujours mieux que rien,
Son père peut venir, quelque longtemps qu'il tarde.

ISABELLE

Pour en venir à bout sans que rien se hasarde,
455 Lucrèce est votre amie, et peut beaucoup pour vous,
Elle n'a point d'amant qui devienne jaloux,
Qu'elle écrive à Dorante, et lui fasse paraître
Qu'elle veut cette nuit le voir par sa fenêtre.
Comme il est jeune encore, on l'y verra voler,
460 Et là sous ce faux nom vous lui pourrez parler
Sans qu'Alcippe jamais en découvre l'adresse,
Ni que lui-même pense à d'autres qu'à Lucrèce.

CLARICE

L'invention est belle, et Lucrèce aisément
Se résoudra pour moi d'écrire un compliment,
465 Nous connaîtrons Dorante avecque cette ruse.

ISABELLE

Puis-je vous dire encor que si je ne m'abuse
Tantôt cet inconnu ne vous déplaisait pas ?

ACTE II, SCÈNE III

CLARICE

Ah ! bon Dieu ! si Dorante avait autant d'appas,
Que d'Alcippe aisément il obtiendrait la place !

ISABELLE

470 Ne parlez point d'Alcippe, il vient.

CLARICE

Qu'il m'embarrasse !
Va pour moi chez Lucrèce, et lui dis mon projet,
Et tout ce qu'on peut dire en semblable sujet.

SCÈNE III

CLARICE, ALCIPPE

ALCIPPE

Ah ! Clarice ! Ah ! Clarice ! inconstante, volage !

CLARICE

Aurait-il deviné déjà ce mariage ?
475 Alcippe, qu'avez-vous ? qui vous fait soupirer ?

ALCIPPE

Ce que j'ai, malheureuse ! et peux-tu l'ignorer ?
Parle à ta conscience, elle devrait t'apprendre...

CLARICE

Parlez un peu plus bas, mon père va descendre.

ALCIPPE

Ton père va descendre, âme double, et sans foi !
480 Confesse que tu n'as un père que pour moi.
La nuit, sur la rivière...

CLARICE

Eh bien, sur la rivière,
La nuit, quoi, qu'est-ce enfin...

ALCIPPE

Oui, la nuit tout entière !

CLARICE
Après ?

ALCIPPE
Quoi, sans rougir ?

CLARICE
Rougir ! à quel propos ?

ALCIPPE
Tu ne meurs pas de honte entendant ces deux mots !

CLARICE
485 Mourir pour les entendre ! et qu'ont-ils de funeste ?

ALCIPPE
Tu peux donc les ouïr et demander le reste ?
Ne saurais-tu rougir si je ne te dis tout ?

CLARICE
Quoi, tout ?

ALCIPPE
Tes passe-temps de l'un à l'autre bout.

CLARICE
Je meure, en vos discours si je puis rien comprendre.

ALCIPPE
490 Quand je te veux parler, ton père va descendre,
Il t'en souvient alors, le tour est excellent :
Mais pour passer la nuit avecque ton galant...

Alcippe, êtes-vous fou ?

Je le devrais bien être,
A présent que le Ciel me fait te mieux connaître.
495 Oui, pour passer la nuit en danses et festin,
Etre avec ton galant du soir jusqu'au matin
(Je ne parle que d'hier) tu n'as point lors de père.

CLARICE
Rêvez-vous ? raillez-vous ? et quel est ce mystère ?

ALCIPPE
Ce mystère est nouveau, mais non pas fort secret,
500 Choisis une autre fois un amant plus discret,
Lui-même il m'a tout dit.

ACTE II, SCÈNE III

Clarice
Qui, lui-même ?

Alcippe
Dorante.

Clarice
Dorante !

Alcippe
Continue, et fais bien l'ignorante.

Clarice
Si je le vis jamais, et si je le connoi...

Alcippe
Ne viens-je pas de voir son père avecque toi ?
Tu passes, infidèle, âme ingrate et légère,
La nuit avec le fils, le jour avec le père !

Clarice
Son père de vieux temps est grand ami du mien.

Alcippe
Cette vieille amitié faisait votre entretien ?
Tu te sens convaincue, et tu m'oses répondre ?
Te faut-il quelque chose encor pour te confondre ?

Clarice
Alcippe, si je sais quel visage a le fils...

Alcippe
La nuit était fort noire alors que tu le vis,
Il ne t'a pas donné quatre chœurs de musique,
Une collation superbe et magnifique,
Six services de rang, douze plats à chacun,
Son entretien alors t'était fort importun,
Quand ses feux d'artifice éclairaient le rivage
Tu n'eus pas le loisir de le voir au visage,
Tu n'as pas avec lui dansé jusques au jour,
Et tu ne l'as pas vu pour le moins au retour ?
T'en ai-je dit assez ? rougis, et meurs de honte.

Clarice
Je ne rougirai point pour le récit d'un conte.

Alcippe
Quoi, je suis donc un fourbe, un bizarre, un jaloux ?

Clarice

Quelqu'un a pris plaisir à se jouer de vous,
525 Alcippe, croyez-moi.

Alcippe

Ne cherche point d'excuses,
Je connais tes détours et devine tes ruses,
Adieu, suis ton Dorante, et l'aime désormais,
Laisse en repos Alcippe, et n'y pense jamais.

Clarice

Ecoutez quatre mots.

Alcippe

Ton père va descendre.

Clarice

530 Non, il ne descend point, et ne peut nous entendre,
Et j'aurai tout loisir de vous désabuser.

Alcippe

Je ne t'écoute point à moins que m'épouser,
A moins qu'en attendant le jour du mariage
M'en donner ta parole et deux baisers en gage.

Clarice

535 Pour me justifier vous demandez de moi,
Alcippe?

Alcippe

Deux baisers, et ta main, et ta foi.

Clarice

Que cela?

Alcippe

Résous-toi, sans plus me faire attendre.

Clarice

Je n'ai pas le loisir, mon père va descendre,

SCÈNE IV

Alcippe

Va, ris de ma douleur alors que je te perds,
540 Par ces indignités romps toi-même mes fers,

ACTE II, SCÈNE V

Aide mes feux trompés à se tourner en glace,
Aide un juste courroux à se mettre en leur place,
Je cours à la vengeance, et porte à ton amant
Le redoutable effet de mon ressentiment.
545 S'il est homme de cœur, ce jour même nos armes
Régleront par le sort tes plaisirs, ou tes larmes,
Et plutôt que le voir possesseur de mon bien,
Puissé-je dans son sang voir couler tout le mien.
Le voici ce rival que son père t'amène,
550 Ma vieille amitié cède à ma nouvelle haine,
Sa vue accroît l'ardeur dont je me sens brûler,
Mais ce n'est pas ici qu'il le faut quereller.

SCÈNE V

GÉRONTE, DORANTE, CLITON

GÉRONTE

Dorante, arrêtons-nous, le trop de promenade
Me mettrait hors d'haleine, et me ferait malade.
555 Que l'ordre est rare et beau de ces grands bâtiments!

DORANTE

Paris semble à mes yeux un pays de romans,
J'y croyais ce matin voir une île enchantée,
Je la laissai déserte, et la trouve habitée,
Quelque Amphion nouveau sans l'aide des maçons
560 En superbes palais a changé ses buissons.

GÉRONTE

Paris voit tous les jours de ces métamorphoses,
Dedans le Pré-aux-Clercs tu verras mêmes choses,
Et l'univers entier ne peut rien voir d'égal
A ce que tu verras vers le Palais-Royal.
565 Toute une ville entière avec pompe bâtie
Semble d'un vieux fossé par miracle sortie,
Et nous fait présumer, à ses superbes toits,
Que tous ses habitants sont des dieux, ou des rois.
Mais changeons de discours. Tu sais combien je t'aime.

DORANTE

570 Je chéris cet honneur bien plus que le jour même.

GÉRONTE

Comme de mon hymen il n'est sorti que toi,
Et que je te vois prendre un périlleux emploi,
Où la chaleur de l'âge, et l'honneur te convie
D'exposer à tous coups et ton sang, et ta vie,
Avant qu'aucun malheur te puisse être advenu,
Pour te faire marcher un peu plus retenu,
Je te veux marier.

DORANTE

O ma chère Lucrèce !

GÉRONTE

Je t'ai voulu choisir moi-même une maîtresse,
Honnête, belle, et riche.

DORANTE

Ah ! pour la bien choisir,
Mon père, donnez-vous un peu plus de loisir.

GÉRONTE

Je la connais assez, Clarice est belle, et sage,
Autant que dans Paris il en soit de son âge,
Son père de tout temps est mon plus grand ami,
Et l'affaire est conclue.

DORANTE

Ah ! monsieur, je frémis.
D'un fardeau si pesant accabler ma jeunesse !

GÉRONTE

Fais ce que je t'ordonne.

DORANTE

Il faut jouer d'adresse.
Quoi, monsieur, à présent qu'il faut dans les combats
Acquérir quelque nom, et signaler mon bras...

GÉRONTE

Avant qu'être au hasard qu'un autre bras t'immole,
Je veux dans ma maison avoir qui m'en console,
Je veux qu'un petit-fils puisse tenir ton rang,
Soutenir ma vieillesse, et réparer mon sang,
En un mot, je le veux.

DORANTE

Vous êtes inflexible !

ACTE II, SCÈNE V   545

GÉRONTE

Fais ce que je te dis.

DORANTE

Mais s'il m'est impossible ?

GÉRONTE

Impossible ! et comment ?

DORANTE

Souffrez qu'aux yeux de tous
Pour obtenir pardon j'embrasse vos genoux.
Je suis...

GÉRONTE

Quoi ?

DORANTE

Dans Poitiers...

GÉRONTE

Parle donc, et te lève.

DORANTE

Je suis donc marié, puisqu'il faut que j'achève.

GÉRONTE

Sans mon consentement !

DORANTE

On m'a violenté,
Vous ferez tout casser par votre autorité,
Mais nous fûmes tous deux forcés à l'hyménée
Par la fatalité la plus inopinée...
Ah ! si vous la saviez.

GÉRONTE

Dis, ne me cache rien.

DORANTE

Elle est de fort bon lieu, mon père, et pour son bien,
S'il n'est du tout si grand que votre humeur souhaite...

GÉRONTE

Sachons, à cela près, puisque c'est chose faite.
Elle se nomme ?

DORANTE

Orphise, et son père Armédon.

Géronte

Je n'ai jamais ouï ni l'un, ni l'autre nom :
Mais poursuis.

Dorante

        Je la vis presque à mon arrivée,
610 Une âme de rocher ne s'en fût pas sauvée.
Tant elle avait d'appas, et tant son œil vainqueur
Par une douce force assujettit mon cœur.
Je cherchai donc chez elle à faire connaissance,
Et les soins obligeants de ma persévérance
615 Surent plaire de sorte à cet objet charmant,
Que j'en fus en six mois autant aimé qu'amant.
J'en reçus des faveurs secrètes, mais honnêtes,
Et j'étendis si loin mes petites conquêtes,
Qu'en son quartier souvent je me coulais sans bruit
620 Pour causer avec elle une part de la nuit.
Un soir que je venais de monter dans sa chambre,
(Ce fut, s'il m'en souvient, le second de septembre,
Oui, ce fut ce jour-là que je fus attrapé)
Ce soir même son père en ville avait soupé,
625 Il monte à son retour, il frappe à la porte, elle
Transit, pâlit, rougit, me cache en sa ruelle,
Ouvre enfin, et d'abord, (qu'elle eut d'esprit et d'art!)
Elle se jette au cou de ce pauvre vieillard,
Et dérobant ainsi son désordre à sa vue,
630 Il se sied, il lui dit qu'il veut la voir pourvue,
Lui propose un parti qu'on lui venait d'offrir,
Jugez combien mon cœur avait lors à souffrir.
Par sa réponse adroite elle sut si bien faire
Que sans m'inquiéter elle plut à son père.
635 Ce discours ennuyeux enfin se termina,
Le bonhomme partait quand ma montre sonna,
Et lui se retournant vers sa fille étonnée,
Depuis quand cette montre, et qui vous l'a donnée ?
Acaste mon cousin me la vient d'envoyer,
640 Dit-elle, et veut ici la faire nettoyer
N'ayant point d'horlogers au lieu de sa demeure,
Elle a déjà sonné deux fois en un quart d'heure.
Donnez-la-moi, dit-il, j'en prendrai mieux le soin.
Alors pour me la prendre elle vient en mon coin,
645 Je la lui donne en main, mais voyez ma disgrâce,
Avec mon pistolet le cordon s'embarrasse,
Fait marcher le déclin, le feu prend, le coup part,
Jugez de notre trouble à ce triste hasard.

ACTE II, SCÈNE V

Elle tombe par terre, et moi je la crus morte,
650 Le père épouvanté gagne aussitôt la porte,
Il appelle au secours, il crie à l'assassin,
Son fils et deux valets me coupent le chemin :
Furieux de ma perte et combattant de rage
Au milieu de tous trois je me faisais passage,
655 Quand un autre malheur de nouveau me perdit,
Mon épée en ma main en trois morceaux rompit.
Désarmé je recule, et rentre, alors Orphise
De sa frayeur première aucunement remise
Sait prendre un temps si juste en son reste d'effroi
660 Qu'elle pousse la porte, et s'enferme avec moi.
Soudain nous entassons pour défenses nouvelles
Bancs, tables, coffres, lits, et jusqu'aux escabelles,
Nous nous barricadons, et dans ce premier feu
Pensons faire beaucoup de différer un peu.
665 Comme à ce boulevard l'un et l'autre travaille,
D'une chambre voisine on perce la muraille :
Alors nous voyant pris il fallut composer.

Ici Clarice les voit de sa fenêtre, et Lucrèce avec Isabelle les voit aussi de la sienne.

Géronte

C'est-à-dire en français qu'il fallut l'épouser ?

Dorante

Les siens m'avaient trouvé de nuit, seul avec elle,
670 Ils étaient les plus forts, elle me semblait belle,
Le scandale était grand, son honneur se perdait,
A ne le faire pas ma tête en répondait,
Ses grands efforts pour moi, son péril et ses larmes
A mon cœur amoureux étaient de nouveaux charmes;
675 Donc pour sauver ma vie avecque son honneur,
Et me mettre avec elle au comble du bonheur,
Je changeai d'un seul mot la tempête en bonace,
Et fis ce que tout autre aurait fait en ma place.
Choisissez maintenant de me voir, ou mourir,
680 Ou posséder un bien qu'on ne peut trop chérir.

Géronte

Non, non, je ne suis pas si mauvais que tu penses,
Et trouve en ton malheur de telles circonstances
Que mon amour t'excuse, et mon esprit touché
Te blâme seulement de l'avoir trop caché.

DORANTE

685 Le peu de bien qu'elle a me faisait vous le taire.

GÉRONTE

Je prends peu garde au bien, afin d'être bon père.
Elle est belle, elle est sage, elle sort de bon lieu,
Tu l'aimes, elle t'aime, il me suffit. Adieu,
Je vais me dégager du père de Clarice.

SCÈNE VI

DORANTE, CLITON

DORANTE

690 Que dis-tu de l'histoire, et de mon artifice ?
Le bonhomme en tient-il ? m'en suis-je bien tiré ?
Quelque sot en ma place y serait demeuré,
Il eût perdu le temps à gémir, et se plaindre,
Et malgré son amour se fût laissé contraindre.
695 O l'utile secret de mentir à propos !

CLITON

Quoi, ce que vous disiez n'est pas vrai ?

DORANTE

Pas deux mots,
Et tu ne viens d'ouïr qu'un trait de gentillesse
Pour conserver mon âme et mon cœur à Lucrèce.

CLITON

Quoi, la montre, l'épée, avec le pistolet ?

DORANTE

700 Industrie.

CLITON

Obligez, monsieur, votre valet.
Quand vous voudrez jouer de ces grands coups de maître
Donnez-lui quelque signe à les pouvoir connaître,
Quoique bien averti j'étais dans le panneau.

DORANTE

Va, n'appréhende pas d'y tomber de nouveau,

ACTE II, SCÈNE VII

705 Tu seras de mon cœur l'unique secrétaire,
Et de tous mes secrets le grand dépositaire.

Cliton

Avec ces qualités, j'ose bien espérer
Qu'assez malaisément je pourrai m'en parer.
Mais parlons de vos feux. Certes cette maîtresse...

SCÈNE VII

DORANTE, CLITON, SABINE

Sabine

710 Lisez ceci, monsieur.

Dorante

D'où vient-il ?

Sabine

De Lucrèce.

Dorante, *après avoir lu.*

Dis-lui que j'y viendrai.

Sabine rentre et Dorante continue.

Doute encore, Cliton,
A laquelle des deux appartient ce beau nom.
Lucrèce sent sa part des feux qu'elle fait naître,
Et me veut cette nuit parler par sa fenêtre.
715 Dis encor que c'est l'autre, ou que tu n'es qu'un sot,
Qu'aurait l'autre à m'écrire à qui je n'ai dit mot ?

Cliton

Monsieur, pour ce sujet n'ayons point de querelle,
Cette nuit à la voix vous saurez si c'est elle.

Dorante

Coule-toi là-dedans, et de quelqu'un des siens
720 Sache subtilement sa famille et ses biens.

SCÈNE VIII

DORANTE, LYCAS

LYCAS, *lui présentant un billet.*

Monsieur.
                DORANTE
    Autre billet.
                    Billet d'Alcippe à Dorante.
            Une offense reçue
Me fait l'épée en main souhaiter votre vue,
Je vous attends au mail.
                      ALCIPPE
      DORANTE, *après avoir lu.*
            Oui, volontiers,
Je te suis.
            Lycas rentre et Dorante continue seul.
        Hier au soir je revins de Poitiers,
725 D'aujourd'hui seulement je produis mon visage,
Et j'ai déjà querelle, amour et mariage.
Pour un commencement ce n'est point mal trouvé,
Vienne encore un procès, et je suis achevé.
Se charge qui voudra d'affaires plus pressantes,
730 Plus en nombre à la fois, et plus embarrassantes,
Je pardonne à qui mieux s'en pourra démêler.
Mais allons voir celui qui m'ose quereller.

ACTE III

SCÈNE PREMIÈRE

DORANTE, ALCIPPE, PHILISTE

PHILISTE

Oui, vous faisiez tous deux en hommes de courage,
Et n'aviez l'un ni l'autre aucun désavantage,

ACTE III, SCÈNE PREMIÈRE

735 Je rends grâces au Ciel de ce qu'il a permis
Que je sois survenu pour vous refaire amis,
Et que la chose égale, ainsi je vous sépare.
Mon heur en est extrême, et l'aventure est rare.

DORANTE

L'aventure est encor bien plus rare pour moi
740 Qui me battais à froid et sans savoir pourquoi.
Mais, Alcippe, à présent tirez-moi hors de peine;
Quel sujet aviez-vous de colère ou de haine ?
Quelque mauvais rapport m'aurait-il pu noircir ?
Dites, que devant lui je vous puisse éclaircir.

ALCIPPE

Vous le savez assez.

DORANTE

Quoi que j'aie pu faire,
745 Je crois n'avoir rien fait qui vous doive déplaire.

ALCIPPE

Eh bien, puisqu'il vous faut parler plus clairement,
Depuis plus de deux ans j'aime secrètement,
Mon affaire est d'accord, et la chose vaut faite,
750 Mais pour quelque raison nous la tenons secrète,
Cependant à l'objet qui me tient sous sa loi,
Et qui sans me trahir ne peut être qu'à moi,
Vous avez donné bal, collation, musique,
Et vous n'ignorez pas combien cela me pique,
755 Puisque pour me jouer un si sensible tour
Vous m'avez à dessein caché votre retour,
Jusques à ce jourd'hui, que sortant d'embuscade
Vous m'en avez conté l'histoire par bravade.
Ce procédé m'étonne, et j'ai lieu de penser
760 Que vous n'avez rien fait qu'afin de m'offenser.

DORANTE

Si vous pouviez encor douter de mon courage,
Je ne vous guérirais ni d'erreur ni d'ombrage,
Et nous nous reverrions si nous étions rivaux :
Mais comme vous savez tous deux ce que je vaux,
765 Ecoutez en deux mots l'histoire démêlée.
Celle que cette nuit sur l'eau j'ai régalée
N'a pu vous donner lieu de devenir jaloux,
Car elle est mariée et ne peut être à vous,
Depuis peu pour affaire elle est ici venue,
770 Et je ne pense pas qu'elle vous soit connue.

ALCIPPE

Je suis ravi, Dorante, en cette occasion
De voir sitôt finir notre division.

DORANTE

Alcippe, une autre fois donnez moins de croyance
Aux premiers mouvements de votre défiance,
775 Prenez sur un appel le loisir d'y rêver,
Sans commencer par où vous devez achever.
Adieu, je suis à vous.

SCÈNE II

ALCIPPE, PHILISTE

PHILISTE
   Ce cœur encor soupire!

ALCIPPE

Hélas! je sors d'un mal pour tomber dans un pire.
Cette collation, qui l'aura pu donner?
780 A qui puis-je m'en prendre? et que m'imaginer?

PHILISTE

Que l'ardeur de Clarice est égale à vos flammes.
Cette galanterie était pour d'autres dames.
L'erreur de votre page a causé votre ennui,
S'étant trompé lui-même, il vous trompe après lui.
785 Je viens de tout savoir d'un des gens de Lucrèce.
Il avait vu chez elle entrer votre maîtresse,
Mais il n'avait pas vu qu'Hippolyte et Daphné
Ce jour-là par hasard chez elle avaient dîné.
Comme il en voit sortir ces deux beautés masquées,
790 Sans les avoir au nez de plus près remarquées,
Voyant que le carrosse, et chevaux, et cocher
Etaient ceux de Lucrèce, il suit sans s'approcher,
Et les prenant ainsi pour Lucrèce et Clarice
Il rend à votre amour un très mauvais service.
795 Il les voit donc aller jusques au bord de l'eau,
Descendre de carrosse, entrer dans un bateau,
Il voit porter des plats, entend quelque musique,
 ce que l'on m'a dit, assez mélancolique)

ACTE III, SCÈNE II

Mais cessez d'en avoir l'esprit inquiété,
800 Car enfin le carrosse avait été prêté,
L'avis se trouve faux, et ces deux autres belles
Avaient en plein repos passé la nuit chez elles.

Alcippe

Quel malheur est le mien! Ainsi donc sans sujet
J'ai fait ce grand vacarme à ce divin objet?

Philiste

805 Je ferai votre paix, mais sachez autre chose.
Celui qui de ce trouble est la seconde cause,
Dorante, qui tantôt nous en a tant conté
De son festin superbe et sur l'herbe apprêté,
Lui qui depuis un mois nous cachant sa venue
810 La nuit *incognito* visite une inconnue,
Il vint hier de Poitiers, et sans faire aucun bruit
Chez lui paisiblement a dormi toute nuit.

Alcippe

Quoi, sa collation...

Philiste

N'est rien qu'un pur mensonge,
Ou bien s'il l'a donnée, il l'a donnée en songe.

Alcippe

815 Dorante en ce combat si peu prémédité
M'a fait voir trop de cœur pour tant de lâcheté.
La valeur n'apprend point la fourbe en son école,
Tout homme de courage est homme de parole,
A des vices si bas il ne peut consentir,
820 Et fuit plus que la mort la honte de mentir,
Cela n'est point.

Philiste

Dorante, à ce que je présume,
Est vaillant par nature, et menteur par coutume.
Ayez sur ce sujet moins d'incrédulité,
Et vous-même admirez notre simplicité,
825 A nous laisser duper nous sommes bien novices.
Une collation servie à six services,
Quatre concerts entiers, tant de plats, tant de feux,
Tout cela cependant prêt en une heure, ou deux,
Comme si l'appareil d'une telle cuisine
830 Fût descendu du Ciel dedans quelque machine,

Quiconque le peut croire ainsi que vous et moi,
S'il a manque de sens, n'a pas manque de foi.
Pour moi, je voyais bien que tout ce badinage
Répondait assez mal aux remarques du page,
835 Mais vous ?

ALCIPPE

La jalousie aveugle un cœur atteint,
Et sans examiner croit tout ce qu'elle craint.
Mais laissons là Dorante avecque son audace,
Allons trouver Clarice, et lui demander grâce,
Elle pouvait tantôt m'entendre sans rougir.

PHILISTE

840 Attendez à demain et me laissez agir,
Je veux par ce récit vous préparer la voie,
Dissiper sa colère, et lui rendre sa joie,
Ne vous exposez point, pour gagner un moment,
Aux premières chaleurs de son ressentiment.

ALCIPPE

845 Si du jour qui s'enfuit la lumière est fidèle,
Je pense l'entrevoir avec son Isabelle.
Je suivrai tes conseils, et fuirai son courroux,
Jusqu'à ce qu'elle ait ri de m'avoir vu jaloux.

SCÈNE III

CLARICE, ISABELLE

CLARICE

Isabelle, il est temps, allons trouver Lucrèce.

ISABELLE

850 Il n'est pas encor tard, et rien ne vous en presse.
Vous avez un pouvoir bien grand sur son esprit,
A peine ai-je parlé, qu'elle a sur l'heure écrit.

CLARICE

Clarice à la servir ne serait pas moins prompte.
Mais dis, par sa fenêtre as-tu bien vu Géronte ?
855 Et sais-tu que ce fils qu'il m'avait tant vanté,
Est ce même inconnu qui m'en a tant conté ?

ACTE III, SCÈNE III

Isabelle

A Lucrèce avec moi je l'ai fait reconnaître,
Et sitôt que Géronte a voulu disparaître,
Le voyant resté seul avecque son valet,
860 Sabine à nos yeux même a rendu le billet.
Vous parlerez à lui.

Clarice

Qu'il est fourbe, Isabelle!

Isabelle

Eh bien, cette pratique est-elle si nouvelle ?
Dorante est-il le seul qui de jeune écolier
Pour être mieux reçu s'érige en cavalier ?
865 Que j'en sais comme lui qui parlent d'Allemagne,
Et si l'on les veut croire, ont vu chaque campagne,
Sur chaque occasion tranchent des entendus,
Content quelque défaite, et des chevaux perdus,
Qui dans une gazette apprenant ce langage,
870 S'ils sortent de Paris, ne vont qu'à leur village,
Et se donnent ici pour témoins approuvés
De tous ces grands combats qu'ils ont lus, ou rêvés!
Il aura cru sans doute, ou je suis fort trompée,
Que les filles de cœur aiment les gens d'épée,
875 Et vous prenant pour telle, il a jugé soudain
Qu'une plume au chapeau vous plaît mieux qu'à la main.
Ainsi donc pour vous plaire, il a voulu paraître,
Non pas pour ce qu'il est, mais pour ce qu'il veut être,
Et s'est osé promettre un traitement plus doux
880 Dans la condition qu'il veut prendre pour vous.

Clarice

En matière de fourbe il est maître, il y pipe,
D'une autre toute fraîche il dupe encore Alcippe.
Ce malheureux jaloux s'est blessé le cerveau
D'un festin qu'hier au soir il m'a donné sur l'eau.
885 (Juge un peu si la pièce a la moindre apparence).
Alcippe cependant m'accuse d'inconstance,
Me fait une querelle où je ne comprends rien.
J'ai, dit-il, toute nuit souffert son entretien,
Il me parle de bal, de danse, de musique,
890 D'une collation superbe et magnifique,
Servie à tant de plats, tant de fois redoublés,
Que j'en ai la cervelle et les esprits troublés.

Isabelle

Reconnaissez par là que Dorante vous aime,
Et que dans son amour son adresse est extrême.
895 Il aura su qu'Alcippe était aimé de vous,
Et pour l'en éloigner il l'a rendu jaloux.
Soudain à cet effort il en a joint un autre,
Il a fait que son père est venu voir le vôtre.
Un amant peut-il mieux agir en un moment,
900 Que de gagner un père et brouiller l'autre amant ?
Votre père l'agrée, et le sien vous souhaite,
Il vous aime, il vous plaît, c'est une affaire faite.

Clarice

Elle est faite, de vrai, ce qu'elle se fera.

Isabelle

Quoi, votre humeur ici lui désobéira ?

Clarice

905 Tu vas sortir de garde, et perdre tes mesures.
Explique, si tu peux, encor ses impostures,
Il était marié sans que l'on en sût rien,
Et son père a repris sa parole du mien
Fort triste de visage et fort confus dans l'âme.

Isabelle

910 Ah ! je dis à mon tour : Qu'il est fourbe, madame !
C'est bien aimer la fourbe, et l'avoir bien en main,
Que de prendre plaisir à fourber sans dessein.
Car pour moi, plus j'y songe, et moins je puis comprendre
Quel fruit auprès de vous il en ose prétendre.
915 Mais qu'allez-vous donc faire, et pourquoi lui parler ?
Est-ce à dessein d'en rire, ou de le quereller ?

Clarice

Je prendrai du plaisir du moins à le confondre.

Isabelle

J'en prendrais davantage à le laisser morfondre.

Clarice

Non, je lui veux parler par curiosité.
920 Mais j'entrevois quelqu'un dans cette obscurité,
Et si c'était lui-même, il me pourrait connaître.
Entrons donc chez Lucrèce, allons à sa fenêtre

Puisque c'est sous son nom que je lui dois parler.
Mon jaloux, après tout, sera mon pis aller,
925 Si sa mauvaise humeur déjà n'est apaisée,
Sachant ce que je sais, la chose est fort aisée.

SCÈNE IV

DORANTE, CLITON

Dorante

Voici l'heure, et le lieu que marque le billet.

Cliton

J'ai su tout ce détail d'un ancien valet.
Son père est de la robe, et n'a qu'elle de fille,
930 Je vous ai dit son bien, son âge, et sa famille.
Mais, monsieur, ce serait pour me bien divertir,
Si comme vous Lucrèce excellait à mentir.
Le divertissement serait rare, ou je meure,
Et je voudrais qu'elle eût ce talent pour une heure,
935 Qu'elle pût un moment vous piper en votre art,
Rendre conte pour conte, et martre pour renard,
D'un et d'autre côté j'en entendrais de bonnes.

Dorante

Le Ciel fait cette grâce à fort peu de personnes,
Il y faut promptitude, esprit, mémoire, soins,
940 Ne hésiter jamais, et rougir encor moins.
Mais la fenêtre s'ouvre, approchons.

SCÈNE V

CLARICE, LUCRÈCE, ISABELLE, à la fenêtre.
DORANTE, CLITON, en bas.

Clarice

                  Isabelle,
Durant notre entretien demeure en sentinelle.

Isabelle

Lorsque votre vieillard sera prêt à sortir
Je ne manquerai pas de vous en avertir.
Isabelle descend de la fenêtre et ne se montre plus.

Lucrèce

Il conte assez au long ton histoire à mon père,
Mais parle sous mon nom, c'est à moi de me taire.

Clarice

Etes-vous là, Dorante ?

Dorante

Oui, madame, c'est moi,
Qui veux vivre et mourir sous votre seule loi.

Lucrèce, *à Clarice.*

Il continue encore à te conter sa chance.

Clarice, *à Lucrèce.*

Il continue encor dans la même impudence :
Mais m'aurait-il déjà reconnue à la voix ?

Cliton, *à Dorante.*

C'est elle, et je me rends, monsieur, à cette fois.

Dorante

Oui, c'est moi, qui voudrais effacer de ma vie
Les jours que j'ai vécu sans vous avoir servie.
Que vivre sans vous voir est un sort rigoureux!
C'est ou ne vivre point, ou vivre malheureux,
C'est une longue mort, et pour moi, je confesse
Que pour vivre, il faut être esclave de Lucrèce.

Clarice, *à Lucrèce.*

Chère amie, il en conte à chacune à son tour.

Lucrèce, *à Clarice.*

Il aime à promener sa fourbe et son amour.

Dorante

A vos commandements j'apporte donc ma vie,
Trop heureux si pour vous elle m'était ravie,
Disposez-en, madame, et me dites en quoi
Vous avez résolu de vous servir de moi.

ACTE III, SCÈNE V

CLARICE

Je vous voulais tantôt proposer quelque chose,
Mais il n'est plus besoin que je vous la propose,
Car elle est impossible.

DORANTE

Impossible! Ah! pour vous
Je pourrai tout, madame, en tous lieux, contre tous.

CLARICE

Jusqu'à vous marier quand je sais que vous l'êtes ?

DORANTE

Moi, marié! Ce sont pièces qu'on vous a faites,
Quiconque vous l'a dit s'est voulu divertir.

CLARICE, *à Lucrèce.*

Est-il un plus grand fourbe ?

LUCRÈCE, *à Clarice.*

Il ne sait que mentir.

DORANTE

Je ne le fus jamais, et si par cette voie
On pense...

CLARICE

Et vous pensez encor que je vous croie ?

DORANTE

Que la foudre à vos yeux m'écrase si je mens.

CLARICE

Un menteur est toujours prodigue de serments.

DORANTE

Non, si vous avez eu pour moi quelque pensée
Qui sur ce faux rapport puisse être balancée,
Cessez d'être en balance, et de vous défier
De ce qu'il m'est aisé de vous justifier.

CLARICE, *à Lucrèce.*

On dirait qu'il dit vrai, tant son effronterie
Avec naïveté pousse une menterie.

DORANTE

Pour vous ôter de doute agréez que demain
En qualité d'époux je vous donne la main.

CLARICE

985 Hé! vous la donneriez en un jour à deux mille.

DORANTE

Certes vous m'allez mettre en crédit par la ville.
Mais en crédit si grand, que j'en crains les jaloux.

CLARICE

C'est tout ce que mérite un homme tel que vous,
Un homme qui se dit un grand foudre de guerre,
990 Et n'en a vu qu'à coups d'écritoire et de verre,
Qui vint hier de Poitiers, et conte à son retour
Que depuis une année il fait ici sa cour,
Qui donne toute nuit festin, musique et danse,
Bien qu'il l'ait dans son lit passée en tout silence,
995 Qui se dit marié, puis soudain s'en dédit,
Sa méthode est jolie à se mettre en crédit.
Vous-même apprenez-moi comme il faut qu'on le nomme.

CLITON, *à Dorante.*

Si vous vous en tirez, je vous tiens habile homme.

DORANTE, *à Cliton.*

Ne t'épouvante point, tout vient en sa saison.

A Clarice.

1000 De ces inventions chacune a sa raison,
Sur toutes quelque jour je vous rendrai contente,
Mais à présent je passe à la plus importante.
J'ai donc feint cet hymen, (pourquoi désavouer
Ce qui vous forcera vous-même à me louer),
1005 Je l'ai feint, et ma feinte à vos mépris m'expose,
Mais si de ces détours vous seule étiez la cause ?

CLARICE

Moi ?

DORANTE

Vous, écoutez-moi. Ne pouvant consentir...

CLITON, *à Dorante.*

De grâce, dites-moi si vous allez mentir.

ACTE III, SCÈNE V

DORANTE, *à Cliton.*

Ah! je t'arracherai cette langue importune.

A Clarice.

1010 Donc comme à vous servir j'attache ma fortune,
L'amour que j'ai pour vous ne pouvant consentir
Qu'un père à d'autres lois voulût m'assujettir...

CLARICE, *à Lucrèce.*

Il fait pièce nouvelle, écoutons.

DORANTE

Cette adresse
A conservé mon âme à la belle Lucrèce,
1015 Et par ce mariage au besoin inventé
J'ai su rompre celui qu'on m'avait apprêté.
Blâmez-moi de tomber en des fautes si lourdes.
Appelez-moi grand fourbe, et grand donneur de bourdes,
Mais louez-moi du moins d'aimer si puissamment,
1020 Et joignez à ces noms celui de votre amant.
Je fais par cet hymen banqueroute à tous autres,
J'évite tous leurs fers pour mourir dans les vôtres.
Et libre pour entrer en des liens si doux
Je me fais marié pour toute autre que vous.

CLARICE

1025 Votre flamme en naissant a trop de violence,
Et me laisse toujours en juste défiance,
Le moyen que mes yeux eussent de tels appas
Pour qui m'a si peu vue et ne me connaît pas ?

DORANTE

Je ne vous connais pas! vous n'avez plus de mère,
1030 Périandre est le nom de monsieur votre père,
Il est homme de robe, adroit, et retenu,
Dix mille écus de rente en font le revenu,
Vous perdîtes un frère aux guerres d'Italie,
Vous aviez une sœur qui s'appelait Julie.
1035 Vous connais-je à présent ? dites encor que non.

CLARICE, *à Lucrèce.*

Cousine, il te connaît, et t'en veut tout de bon.

LUCRÈCE, *en elle-même.*

Plût à Dieu!

CLARICE, *à Lucrèce.*
Découvrons le fond de l'artifice.

A Dorante.

J'avais voulu tantôt vous parler de Clarice,
Quelqu'un de vos amis m'en est venu prier.
1040 Dites-moi, seriez-vous pour elle à marier ?

DORANTE

Par cette question n'éprouvez plus ma flamme,
Je vous ai trop fait voir jusqu'au fond de mon âme,
Et vous ne pouvez plus désormais ignorer
Que j'ai feint cet hymen afin de m'en parer.
1045 Je n'ai ni feux, ni vœux que pour votre service,
Et ne puis plus avoir que mépris pour Clarice.

CLARICE

Vous êtes, à vrai dire, un peu bien dégoûté,
Clarice est de maison, et n'est pas sans beauté,
Si Lucrèce à vos yeux paraît un peu plus belle,
1050 De bien mieux faits que vous se contenteraient d'elle.

DORANTE

Oui, mais un grand défaut ternit tous ses appas.

CLARICE

Qu'est-il ce défaut ?

DORANTE

Elle ne me plaît pas,
Et plutôt que l'hymen avec elle me lie,
Je serai marié si l'on veut en Turquie.

CLARICE

1055 Aujourd'hui cependant on m'a dit qu'en plein jour
Vous lui serriez la main et lui parliez d'amour.

DORANTE

Quelqu'un auprès de vous m'a fait cette imposture.

CLARICE, *à Lucrèce.*

Ecoutez l'imposteur, c'est hasard s'il n'en jure.

DORANTE

Que du Ciel...

CLARICE, *à Lucrèce.*

L'ai-je dit ?

ACTE III, SCÈNE VI

DORANTE

J'éprouve le courroux
1060 Si j'ai parlé, Lucrèce, à personne qu'à vous!

CLARICE

Je ne puis plus souffrir une telle impudence.
Après ce que j'ai vu moi-même en ma présence,
Vous couchez d'imposture, et vous osez jurer
Comme si je pouvais vous croire ou l'endurer!
1065 Adieu, retirez-vous, et croyez, je vous prie,
Que souvent je m'égaie ainsi par raillerie,
Et que pour me donner des passe-temps si doux,
J'ai donné cette baye à bien d'autres qu'à vous.

SCÈNE VI

DORANTE, CLITON

CLITON

Eh bien, vous le voyez, l'histoire est découverte.

DORANTE

1070 Ah! Cliton, je me trouve à deux doigts de ma perte.

CLITON

Vous en avez sans doute un plus heureux succès,
Et vous avez gagné chez elle un grand accès :
Mais je suis ce fâcheux qui nuis par ma présence,
Et vous fais sous ces mots être d'intelligence.

DORANTE

1075 Peut-être, qu'en crois-tu?

CLITON

Le peut-être est gaillard.

DORANTE

Penses-tu qu'après tout, j'en quitte encor ma part?

CLITON

Si jamais cette part tombait dans le commerce,
Quelque espoir dont l'appas vous endorme, ou vous berce,

Si vous trouviez marchand pour ce trésor caché,
1080 Je vous conseillerais d'en faire bon marché.

DORANTE

Mais pourquoi si peu croire un feu si véritable ?

CLITON

A chaque bout de champ vous mentez comme un diable.

DORANTE

Je disais vérité.

CLITON

Quand un menteur la dit,
En passant par sa bouche elle perd son crédit.

DORANTE

1085 Il faut donc essayer si par quelque autre bouche
Elle recevra point un accueil moins farouche.
Allons sur le chevet rêver quelque moyen
D'avoir de l'incrédule un plus doux entretien.
Souvent leur belle humeur suit le cours de la lune,
1090 Telle rend des mépris qui veut qu'on l'importune,
Mais de quelques effets que les siens soient suivis,
Il fera demain jour, et la nuit porte avis.

ACTE IV

SCÈNE PREMIÈRE

DORANTE, CLITON

CLITON

Mais, monsieur, pensez-vous qu'il soit jour chez Lucrèce ?
Pour sortir si matin elle a trop de paresse.

DORANTE

1095 On trouve bien souvent plus qu'on ne croit trouver,
Et ce lieu pour ma flamme est plus propre à rêver,

ACTE IV, SCÈNE PREMIÈRE

J'en puis voir sa fenêtre, et de sa chère idée
Mon âme à cet aspect sera mieux possédée.

CLITON

A propos de rêver, n'avez-vous rien trouvé
Pour servir de remède au désordre arrivé ?

DORANTE

Je me suis souvenu d'un secret que toi-même
Me donnais hier pour grand, pour rare, pour suprême.
Un amant obtient tout quand il est libéral.

CLITON

Le secret est fort beau, mais vous l'appliquez mal,
Il ne fait réussir qu'auprès d'une coquette.

DORANTE

Je sais ce qu'est Lucrèce, elle est sage, et discrète.
A lui faire présent mes efforts seraient vains,
Elle a le cœur trop bon : mais ses gens ont des mains,
Et quoique sur ce point elle les désavoue,
Avec un tel secret leur langue se dénoue,
Ils parlent, et souvent on les daigne écouter.
A quelque prix qu'ils soient, il m'en faut acheter.
Si celle-ci venait qui m'a rendu sa lettre,
Après ce qu'elle a fait, j'ose tout m'en promettre,
Et ce sera hasard, si sans beaucoup d'effort
Je ne trouve moyen de lui payer le port.

CLITON

Certes vous dites vrai, j'en juge par moi-même,
Ce n'est point mon humeur de refuser qui m'aime,
Et comme c'est m'aimer que me faire présent,
Je suis toujours alors d'un esprit complaisant.

DORANTE

Il est beaucoup d'humeurs pareilles à la tienne.

CLITON

Mais, monsieur, attendant que Sabine survienne,
Et que sur son esprit vos dons fassent vertu,
Il court quelque bruit sourd qu'Alcippe s'est battu.

DORANTE

Contre qui ?

CLITON

L'on ne sait, mais dedans ce murmure
A peu près comme vous je vois qu'on le figure,
Et si de tout le jour je vous avais quitté,
Je vous soupçonnerais de cette nouveauté.

DORANTE

Tu ne me quittas point pour entrer chez Lucrèce ?

CLITON

Ah! monsieur, m'auriez-vous joué ce tour d'adresse ?

DORANTE

Nous nous battîmes hier, et j'avais fait serment
De ne parler jamais de cet événement,
Mais à toi, de mon cœur l'unique secrétaire,
A toi, de mes secrets le grand dépositaire,
Je ne cèlerai rien puisque je l'ai promis.
Depuis cinq ou six mois nous étions ennemis,
Il passa par Poitiers, où nous prîmes querelle,
Et comme on nous fit lors une paix telle quelle,
Nous sûmes l'un à l'autre en secret protester
Qu'à la première vue il en faudrait tâter.
Hier nous nous rencontrons, cette ardeur se réveille,
Fait de notre embrassade un appel à l'oreille,
Je me défais de toi, j'y cours, je le rejoins,
Nous vidons sur le pré l'affaire sans témoins,
Et le perçant à jour de deux coups d'estocade,
Je le mets hors d'état d'être jamais malade,
Il tombe dans son sang.

CLITON

A ce compte, il est mort!

DORANTE

Je le laissai pour tel.

CLITON

Certes, je plains son sort,
Il était honnête homme, et le Ciel ne déploie...

SCÈNE II

DORANTE, ALCIPPE, CLITON

ALCIPPE

Je te veux, cher ami, faire part de ma joie,
Je suis heureux, mon père...

DORANTE

Eh bien ?

ALCIPPE

Vient d'arriver.

CLITON, *à Dorante.*

Cette place pour vous est commode à rêver.

DORANTE

Ta joie est peu commune, et pour revoir un père
Un homme tel que nous ne se réjouit guère.

ALCIPPE

Un esprit que la joie entièrement saisit
Croit qu'on doive l'entendre au moindre mot qu'il dit.
Sache donc que je touche à l'heureuse journée
Qui doit avec Clarice unir ma destinée;
On attendait mon père afin de tout signer.

DORANTE

C'est ce que mon esprit ne pouvait deviner,
Mais je m'en réjouis. Tu vas entrer chez elle ?

ALCIPPE

Oui, je lui vais porter cette heureuse nouvelle,
Et je t'en ai voulu faire part en passant.

DORANTE

Tu t'acquiers d'autant plus un cœur reconnaissant.
Enfin donc ton amour ne craint plus de disgrâce ?

ALCIPPE

Cependant qu'au logis mon père se délasse,
J'ai voulu par devoir prendre l'heure du sien.

CLITON, *à Dorante.*

Les gens que vous tuez se portent assez bien.

Alcippe

Je n'ai de part ni d'autre aucune défiance,
Excuse d'un amant la juste impatience.
Adieu.

Dorante

Le Ciel te donne un hymen sans souci.

SCÈNE III

DORANTE, CLITON

Cliton

Il est mort ! quoi, monsieur, vous m'en donnez aussi ?
A moi, de votre cœur l'unique secrétaire ?
A moi, de vos secrets le grand dépositaire ?
Avec ces qualités j'avais lieu d'espérer
Qu'assez malaisément je pourrais m'en parer.

Dorante

Quoi, mon combat te semble un conte imaginaire ?

Cliton

Je croirai tout, monsieur, pour ne vous pas déplaire,
Mais vous en contez tant, à toute heure, en tout lieu,
Que quiconque en échappe est bien aimé de Dieu.
Maure, Juif, ou chrétien, vous n'épargnez personne.

Dorante

Alcippe te surprend, sa guérison t'étonne,
L'état où je le mis était fort périlleux,
Mais il est à présent des secrets merveilleux.
Ne t'a-t-on point parlé d'une source de vie
Que nomment nos guerriers poudre de sympathie ?
On en voit tous les jours des effets étonnants.

Cliton

Encor ne sont-ils pas du tout si surprenants,
Et je n'ai point appris qu'elle eût tant d'efficace,
Qu'un homme que pour mort on laisse sur la place,

ACTE IV, SCÈNE IV

Qu'on a de deux grands coups percé de part en part,
Soit dès le lendemain si frais et si gaillard.

DORANTE

La poudre que tu dis n'est que de la commune,
On n'en fait plus de cas : mais, Cliton, j'en sais une
1195 Qui rappelle si tôt des portes du trépas,
Qu'en moins de fermer l'œil on ne s'en souvient pas.
Quiconque la sait faire a de grands avantages.

CLITON

Donnez-m'en le secret, et je vous sers sans gages.

DORANTE

Je te le donnerais, et tu serais heureux,
1200 Mais le secret consiste en quelques mots hébreux,
Qui tous à prononcer sont si fort difficiles,
Que ce serait pour toi des trésors inutiles.

CLITON

Vous savez donc l'hébreu !

DORANTE

L'hébreu ? parfaitement.
J'ai dix langues, Cliton, à mon commandement.

CLITON

1205 Vous avez bien besoin de dix des mieux nourries
Pour fournir tour à tour à tant de menteries.
Vous les hachez menu comme chair à pâtés.
Vous avez tout le corps bien plein de vérités,
Il n'en sort jamais une.

DORANTE

Ah ! cervelle ignorante !
1210 Mais mon père survient.

SCÈNE IV

GÉRONTE, DORANTE, CLITON

GÉRONTE
Je vous cherchais, Dorante.

DORANTE

Je ne vous cherchais pas, moi. Que mal à propos
Son abord importun vient troubler mon repos,
Et qu'un père incommode un homme de mon âge!

GÉRONTE

Vu l'étroite union que fait le mariage,
1215 J'estime qu'en effet c'est n'y consentir point
Que laisser désunis ceux que le Ciel a joint,
La raison le défend, et je sens dans mon âme
Un violent désir de voir ici ta femme,
J'écris donc à son père, écris-lui comme moi.
1220 Je lui mande qu'après ce que j'ai su de toi
Je me tiens trop heureux qu'une si belle fille,
Si sage, et si bien née, entre dans ma famille.
J'ajoute à ce discours que je brûle de voir
Celle qui de mes ans devient l'unique espoir,
1225 Que pour me l'amener tu t'en vas en personne,
Car enfin il le faut, et le devoir l'ordonne,
N'envoyer qu'un valet sentirait son mépris.

DORANTE

De vos civilités, il sera bien surpris,
Et pour moi je suis prêt; mais je perdrai ma peine,
1230 Il ne souffrira pas encor qu'on vous l'amène,
Elle est grosse.

GÉRONTE

Elle est grosse!

DORANTE

Et de plus de six mois.

GÉRONTE

Que de ravissements je sens à cette fois!

DORANTE

Vous ne voudriez pas hasarder sa grossesse?

GÉRONTE

Non, j'aurai patience autant que d'allégresse,
1235 Pour hasarder ce gage il m'est trop précieux.
A ce coup ma prière a pénétré les Cieux,
Je pense en le voyant que je mourrai de joie.
Adieu, je vais changer la lettre que j'envoie,

ACTE IV, SCÈNE IV

En écrire à son père un nouveau compliment,
1240 Le prier d'avoir soin de son accouchement,
Comme du seul espoir où mon bonheur se fonde.

DORANTE, *à Cliton*

Le bonhomme s'en va le plus content du monde.

GÉRONTE, *se retournant*

Ecris-lui comme moi.
DORANTE
Je n'y manquerai pas.

Qu'il est bon !
CLITON
Taisez-vous, il revient sur ses pas.

GÉRONTE

1245 Il ne me souvient plus du nom de ton beau-père.
Comment s'appelle-t-il ?

DORANTE

Il n'est pas nécessaire,
Sans que vous vous chargiez de ces soins superflus,
En fermant le paquet j'écrirai le dessus.

GÉRONTE

Etant tout d'une main il sera plus honnête.

DORANTE

1250 Ne lui pourrai-je ôter ce souci de la tête ?
Votre main, ou la mienne, il n'importe des deux.

GÉRONTE

Ces nobles de province y sont un peu fâcheux.

DORANTE

Son père sait la cour.
GÉRONTE
Ne me fais plus attendre.

Dis-moi...
DORANTE
Que lui dirai-je ?

GÉRONTE

Il s'appelle ?

Dorante
Pyrandre.

Géronte
Pyrandre ! tu m'as dit tantôt un autre nom ;
C'était, je m'en souviens, oui, c'était Armédon.

Dorante
Oui, c'est là son nom propre, et l'autre d'une terre,
Il portait ce dernier quand il fut à la guerre,
Et se sert si souvent de l'un et l'autre nom,
Que tantôt c'est Pyrandre, et tantôt Armédon.

Géronte
C'est un abus commun qu'autorise l'usage,
Et j'en usais ainsi du temps de mon jeune âge.
Adieu, je vais écrire.

SCÈNE V
DORANTE, CLITON

Dorante
Enfin j'en suis sorti.

Cliton
Il faut bonne mémoire après qu'on a menti.

Dorante
L'esprit a secouru le défaut de mémoire.

Cliton
Mais on éclaircira bientôt toute l'histoire,
Après ce mauvais pas où vous avez bronché
Le reste encor longtemps ne peut être caché.
On le sait chez Lucrèce, et chez cette Clarice
Qui d'un mépris si grand piquée avec justice,
Dans son ressentiment prendra l'occasion
De vous couvrir de honte et de confusion.

Dorante
Ta crainte est bien fondée, et puisque le temps presse,
Il faut tâcher en hâte à m'engager Lucrèce,
Voici tout à propos ce que j'ai souhaité.

SCÈNE VI

DORANTE, CLITON, SABINE

DORANTE

Chère amie, hier au soir j'étais si transporté,
Que l'aise que j'avais ne put pas me permettre
De bien penser à toi quand j'eus lu cette lettre :
Mais tu n'y perdras rien, et voici pour le port.

SABINE

1280 Ne croyez pas, monsieur...

DORANTE

Tiens.

SABINE

Vous me faites tort,
Je ne suis pas de...

DORANTE

Prends.

SABINE

Hé, monsieur...

DORANTE

Prends, te dis-je,
Je ne suis point ingrat alors que l'on m'oblige.
Dépêche, tends la main.

CLITON

Qu'elle y fait de façons !
Je lui veux par pitié donner quelques leçons.
1285 Chère amie, entre nous, toutes tes révérences
En ces occasions ne sont qu'impertinences,
Si ce n'est assez d'une, ouvre toutes les deux,
Le métier que tu fais ne veut point de honteux.
Sans te piquer d'honneur crois qu'il n'est que de prendre,
1290 Et que tenir vaut mieux mille fois que d'attendre.
Cette pluie est fort douce, et quand j'en vois pleuvoir,
J'ouvrirais jusqu'au cœur pour la mieux recevoir.
On prend à toutes mains dans le siècle où nous sommes,
Et refuser n'est plus le vice des grands hommes.

Retiens bien ma doctrine, et pour faire amitié,
Si tu veux, avec toi je serai de moitié.

SABINE

Cet article est de trop.

DORANTE

Vois-tu, je me propose
De faire avec le temps pour toi toute autre chose.
Mais comme j'ai reçu cette lettre de toi,
En voudrais-tu donner la réponse pour moi ?

SABINE

Je la donnerai bien, mais je n'ose vous dire
Que ma maîtresse daigne, ou la prendre, ou la lire,
J'y ferai mon effort.

CLITON

Voyez, elle se rend
Plus douce qu'une épouse, et plus souple qu'un gant.

DORANTE

Le secret a joué. Présente-la, n'importe,
Elle n'a pas pour moi d'aversion si forte,
Je reviens dans une heure en apprendre l'effet.

SABINE

Je vous conterai lors tout ce que j'aurai fait.

SCÈNE VII

CLITON, SABINE

CLITON

Tu vois que les effets préviennent les paroles,
Il est homme qui fait litière de pistoles,
Mais comme auprès de lui je puis beaucoup pour toi...

SABINE

Fais tomber de la pluie, et laisse faire à moi.

CLITON

Tu viens d'entrer en goût.

ACTE IV, SCÈNE VII

SABINE

Avec mes révérences
Je ne suis pas encor si dupe que tu penses,
1315 Je sais bien mon métier, et ma simplicité
Joue aussi bien son jeu que ton avidité.

CLITON

Si tu sais ton métier, dis-moi quelle espérance
Doit obstiner mon maître à la persévérance.
Sera-t-elle insensible ? en viendrons-nous à bout ?

SABINE

1320 Puisqu'il est si brave homme, il faut te dire tout.
Pour te désabuser, sache donc que Lucrèce
N'est rien moins qu'insensible à l'ardeur qui le presse,
De toute cette nuit elle n'a point dormi,
Et si je ne me trompe, elle l'aime à demi.

CLITON

1325 Mais sur quel privilège est-ce qu'elle se fonde,
Quand elle aime à demi, de maltraiter le monde ?
Il n'en a cette nuit reçu que des mépris.
Chère amie, après tout, mon maître vaut son prix,
Ces amours à demi sont d'une étrange espèce,
1330 Et s'il me voulait croire il quitterait Lucrèce.

SABINE

Qu'il ne se hâte point, on l'aime, assurément.

CLITON

Mais on le lui témoigne un peu bien rudement,
Et je ne vis jamais de méthodes pareilles.

SABINE

Elle tient, comme on dit, le loup par les oreilles,
1335 Elle l'aime, et son cœur n'y saurait consentir
Parce que d'ordinaire il ne fait que mentir.
Hier même elle le vit dedans les Tuileries
Où tout ce qu'il conta n'était que menteries,
Il en a fait autant depuis à deux, ou trois.

CLITON

1340 Les menteurs les plus grands disent vrai quelquefois.

SABINE

Elle a lieu de douter et d'être en défiance.

CLITON

Qu'elle donne à ses feux un peu plus de croyance,
Il n'a fait toute nuit que soupirer d'ennui.

SABINE

Peut-être que tu mens aussi bien comme lui.

CLITON

1345 Je suis homme d'honneur, tu me fais injustice.

SABINE

Mais, dis-moi, sais-tu bien qu'il n'aime plus Clarice ?

CLITON

Il ne l'aima jamais.

SABINE

Pour certain ?

CLITON

Pour certain.

SABINE

Qu'il ne craigne donc plus de soupirer en vain.
Aussitôt que Lucrèce a pu le reconnaître,
1350 Elle a voulu qu'exprès je me sois fait paraître
Pour voir si par hasard il ne me dirait rien,
Et s'il l'aime en effet, tout le reste ira bien.
Va-t'en, et sans te mettre en peine de m'instruire,
Crois que je lui dirai tout ce qu'il lui faut dire.

CLITON

1355 Adieu, de ton côté si tu fais ton devoir,
Tu dois croire du mien que je ferai pleuvoir.

SCÈNE VIII

SABINE, LUCRÈCE

SABINE

Que je vais bientôt voir une fille contente !
Mais la voici déjà, qu'elle est impatiente !
Elle meurt de savoir que chante le poulet.

ACTE IV, SCÈNE VIII

Lucrèce

1360 Eh bien, que t'ont conté le maître et le valet ?

Sabine

Le maître et le valet m'ont dit la même chose,
Le maître est tout à vous, et voici de sa prose.

Lucrèce, *après avoir lu*

Dorante avec chaleur fait le passionné,
Mais le fourbe qu'il est nous en a trop donné,
1365 Et je ne suis pas fille à croire ses paroles.

Sabine

Je ne les crois non plus, mais j'en crois ses pistoles.

Lucrèce

Il t'a donc fait présent ?

Sabine

Voyez.

Lucrèce

Et tu l'as pris ?

Sabine

Pour vous ôter du trouble où flottent vos esprits,
Et vous mieux témoigner ses flammes véritables,
1370 J'en ai pris les témoins les plus indubitables,
Et je remets, madame, au jugement de tous
Si qui donne à vos gens est sans amour pour vous,
Et si ce traitement marque une âme commune.

Lucrèce

Je ne m'oppose pas à ta bonne fortune,
1375 Mais comme en l'acceptant tu sors de ton devoir,
Du moins une autre fois ne m'en fais rien savoir.

Sabine

Mais à ce libéral que pourrai-je promettre ?

Lucrèce

Dis-lui que sans la voir j'ai déchiré sa lettre.

Sabine

O ma bonne fortune, où vous enfuyez-vous ?

Lucrèce

1380 Mêles-y de ta part deux ou trois mots plus doux,
Conte-lui dextrement le naturel des femmes,
Qu'avec un peu de temps on amollit leurs âmes,
Et l'avertis surtout des heures et des lieux
Qu'il peut me rencontrer et paraître à mes yeux.
1385 Parce qu'il est grand fourbe, il faut que je m'assure.

Sabine

Ah! si vous connaissiez les peines qu'il endure,
Vous ne douteriez plus si son cœur est atteint,
Toute nuit il soupire, il gémit, il se plaint.

Lucrèce

Pour apaiser les maux que cause cette plainte
1390 Donne-lui de l'espoir avec beaucoup de crainte,
Et sache entre les deux toujours le modérer
Sans m'engager à lui, ni le désespérer.

SCÈNE IX

CLARICE, LUCRÈCE, SABINE

Clarice

Il t'en veut tout de bon, et m'en voilà défaite,
Mais je souffre aisément la perte que j'ai faite,
1395 Alcippe la répare, et son père est ici.

Lucrèce

Te voilà donc bientôt quitte d'un grand souci ?

Clarice

M'en voilà bientôt quitte, et toi, te voilà prête
A t'enrichir bientôt d'une étrange conquête.
Tu sais ce qu'il m'a dit.

Sabine

S'il vous mentait alors,
1400 A présent il dit vrai, j'en réponds corps pour corps.

Clarice

Peut-être qu'il le dit, mais c'est un grand peut-être.

ACTE IV, SCÈNE IX

Lucrèce

Dorante est un grand fourbe et nous l'a fait connaître,
Mais s'il continuait encore à m'en conter,
Peut-être avec le temps il me ferait douter.

Clarice

Si tu l'aimes, du moins étant bien avertie
Prends bien garde à ton fait, et fais bien ta partie.

Lucrèce

C'en est trop, et tu dois seulement présumer
Que je suis pour le croire, et non pas pour l'aimer.

Clarice

De le croire à l'aimer la distance est petite,
Qui fait croire ses feux fait croire son mérite,
Ces deux points en amour se suivent de si près,
Que qui se croit aimée, aime bientôt après.

Lucrèce

Si je te disais donc qu'il va jusqu'à m'écrire,
Que je tiens son billet, que j'ai voulu le lire ?

Clarice

Sans crainte d'en trop dire, ou d'en trop présumer,
Je dirais que déjà tu vas jusqu'à l'aimer.

Lucrèce

La curiosité souvent dans quelques âmes
Produit le même effet que produiraient des flammes.

Clarice

Je suis prête à le croire afin de t'obliger.

Sabine

Vous me feriez ici toutes deux enrager.
Voyez, qu'il est besoin de tout ce badinage!
Faites moins la sucrée, et changez de langage,
Ou vous n'en casserez, ma foi, que d'une dent.

Lucrèce

Laissons là cette folle, et me dis cependant,
Quand nous le vîmes hier dedans les Tuileries,
Qu'il te conta d'abord tant de galanteries,
Il fut, ou je me trompe, assez bien écouté,
Etait-ce amour alors, ou curiosité ?

Clarice

Curiosité pure, avec dessein de rire
De tous les compliments qu'il aurait pu me dire.

Lucrèce

Je fais de ce billet même chose à mon tour,
Je l'ai pris, je l'ai lu, mais le tout sans amour,
Curiosité pure, avec dessein de rire
De tous les compliments qu'il aurait pu m'écrire.

Clarice

Ce sont deux que de lire, et d'avoir écouté,
L'une est grande faveur, l'autre civilité :
Mais trouves-y ton compte, et j'en serai ravie,
En l'état où je suis j'en parle sans envie.

Lucrèce

Sabine lui dira que je l'ai déchiré.

Clarice

Nul avantage ainsi n'en peut être tiré,
Tu n'es que curieuse.

Lucrèce

Ajoute : à ton exemple.

Clarice

Soit, mais il est saison que nous allions au temple.

Lucrèce, *à Clarice*

Allons.
A Sabine.
Si tu le vois, agis comme tu sais.

Sabine

Ce n'est pas sur ce coup que je fais mes essais,
Je connais à tous deux où tient la maladie,
Et le mal sera grand si je n'y remédie :
Mais sachez qu'il est homme à prendre sur le vert.

Lucrèce

Je te croirai.

Sabine

Mettons cette pluie à couvert.

ACTE V

SCÈNE PREMIÈRE
GÉRONTE, ARGANTE

ARGANTE

La suite d'un procès est un fâcheux martyre.

GÉRONTE

1450 Vu ce que je vous suis, vous n'aviez qu'à m'écrire,
Et demeurer chez vous en repos à Poitiers,
J'aurais sollicité pour vous en ces quartiers :
Le voyage est trop long, et dans l'âge où vous êtes
La santé s'intéresse aux efforts que vous faites :
1455 Mais puisque vous voici, je veux vous faire voir
Et si j'ai des amis, et si j'ai du pouvoir.
Faites-moi la faveur cependant de m'apprendre
Quelle est et la famille, et le bien de Pyrandre.

ARGANTE

Quel est-il, ce Pyrandre ?

GÉRONTE

Un de vos citoyens,
1460 Noble, à ce qu'on m'a dit, mais un peu mal en biens.

ARGANTE

Il n'est dans tout Poitiers bourgeois ni gentilhomme
Qui (si je m'en souviens) de la sorte se nomme.

GÉRONTE

Vous le connaîtrez mieux peut-être à l'autre nom,
Ce Pyrandre s'appelle autrement Armédon.

ARGANTE

1465 Aussi peu l'un que l'autre.

Géronte

Et le père d'Orphise,
Cette rare beauté qu'ici mêmes on prise ?
Vous connaîtrez le nom de cet objet charmant
Qui de votre Poitiers est l'unique ornement.

Argante

Croyez que cette Orphise, Armédon, et Pyrandre,
1470 Sont gens dont à Poitiers on ne peut rien apprendre,
S'il vous faut sur ce point encor quelque garant...

Géronte

En faveur de mon fils vous faites l'ignorant,
Mais je ne sais que trop qu'il aime cette Orphise,
Et qu'après les douceurs d'une longue hantise
1475 On l'a seul dans sa chambre avec elle trouvé,
Que par son pistolet un désordre arrivé
L'a forcé sur-le-champ d'épouser cette belle,
Je sais tout, et de plus ma bonté paternelle
M'a fait y consentir, et votre esprit discret
1480 N'a plus d'occasion de m'en faire un secret.

Argante

Quelque envieux sans doute avec cette chimère
A voulu mettre mal le fils auprès du père,
Et l'histoire, et les noms, tout n'est qu'imaginé :
Pour tomber dans ce piège il était trop bien né,
1485 Il avait trop de sens, et trop de prévoyance,
A de si faux rapports donnez moins de croyance.

Géronte

C'est ce que toutefois j'ai peine à concevoir,
Celui dont je le tiens disait le bien savoir,
Et je tenais la chose assez indifférente.
1490 Mais dans votre Poitiers quel bruit avait Dorante ?

Argante

D'homme de cœur, d'esprit, adroit et résolu,
Il a passé partout pour ce qu'il a voulu.
Tout ce qu'on le blâmait (mais c'étaient tours d'école)
C'est qu'il faisait mal sûr de croire à sa parole,
1495 Et qu'il se fiait tant sur sa dextérité
Qu'il disait peu souvent deux mots de vérité,
Mais ceux qui le blâmaient excusaient sa jeunesse,
Et comme enfin ce n'est que mauvaise finesse,

Et l'âge, et votre exemple, et vos enseignements
1500 Lui feront bien quitter ces divertissements.
Faites qu'il s'en corrige avant que l'on le sache,
Ils pourraient à son nom imprimer quelque tache.
Adieu, je vais rêver une heure à mon procès.

GÉRONTE

Le Ciel suivant mes vœux en règle le succès.

SCÈNE II

GÉRONTE

1505 O vieillesse facile! ô jeunesse impudente!
O de mes cheveux gris honte trop évidente!
Est-il dessous le Ciel père plus malheureux?
Est-il affront plus grand pour un cœur généreux?
Dorante n'est qu'un fourbe, et cet ingrat que j'aime
1510 Après m'avoir fourbé me fait fourber moi-même,
Et d'un discours en l'air que forme l'imposteur
Il m'en fait le trompette et le second auteur!
Comme si c'était peu pour mon reste de vie
De n'avoir à rougir que de son infamie,
1515 L'infâme se jouant de mon trop de bonté
Me fait encor rougir de ma crédulité.

SCÈNE III

GÉRONTE, DORANTE, CLITON

GÉRONTE

Etes-vous gentilhomme?

DORANTE

              Ah! rencontre fâcheuse!
Etant sorti de vous la chose est peu douteuse.

GÉRONTE

Croyez-vous qu'il suffit d'être sorti de moi?

DORANTE

1520 Avec toute la France aisément je le crois.

GÉRONTE

Et ne savez-vous point avec toute la France,
D'où ce titre d'honneur a tiré sa naissance,
Et que la vertu seule a mis en ce haut rang
Ceux qui l'ont jusqu'à nous fait passer dans leur sang ?

DORANTE

1525 J'ignorerais un point que n'ignore personne,
Que la vertu l'acquiert, comme le sang le donne.

GÉRONTE

Où le sang a manqué, si la vertu l'acquiert,
Où le sang l'a donné, le vice aussi le perd.
Ce qui naît d'un moyen périt par son contraire,
1530 Tout ce que l'un a fait, l'autre le peut défaire,
Et dans la lâcheté du vice où je te vois
Tu n'es pas gentilhomme étant sorti de moi.

DORANTE

Moi ?

GÉRONTE

Laisse-moi parler, toi de qui l'imposture
Souille honteusement ce don de la nature,
1535 Qui se dit gentilhomme, et ment comme tu fais,
Il ment quand il le dit, et ne le fut jamais.
Est-il vice plus lâche ? est-il tache plus noire,
Plus indigne d'un homme élevé pour la gloire ?
Est-il quelque faiblesse ? est-il quelque action
1540 Dont un cœur vraiment noble ait plus d'aversion,
Puisqu'un seul démenti lui porte une infamie
Qu'il ne peut effacer s'il n'expose sa vie,
Et si dedans le sang il ne lave l'affront
Qu'un si honteux outrage imprime sur son front ?

DORANTE

1545 Qui vous dit que je mens ?

GÉRONTE

Qui me le dit, infâme!
Dis-moi, si tu le peux, dis le nom de ta femme,
Le conte qu'hier au soir tu m'en fis publier.

Cliton, *à Dorante*

Dites que le sommeil vous l'a fait oublier.

Géronte

Ajoute, ajoute encore avec effronterie
1550 Le nom de ton beau-père et de sa seigneurie,
Invente à m'éblouir quelques nouveaux détours.

Cliton, *à Dorante*

Appelez la mémoire, ou l'esprit au secours.

Géronte

De quel front cependant faut-il que je confesse
Que ton effronterie a surpris ma vieillesse,
1555 Qu'un homme de mon âge a cru légèrement
Ce qu'un homme du tien débite impudemment ?
Tu me fais donc servir de fable et de risée,
Passer pour esprit faible, et pour cervelle usée !
Mais dis-moi, te portais-je à la gorge un poignard ?
1560 Voyais-tu violence ou courroux de ma part ?
Si quelque aversion t'éloignait de Clarice,
Quel besoin avais-tu d'un si lâche artifice ?
Et pouvais-tu douter que mon consentement
Ne dût tout accorder à ton contentement,
1565 Puisque mon indulgence au dernier point venue
Consentait à tes yeux l'hymen d'une inconnue ?
Ce grand excès d'amour que je t'ai témoigné
N'a point touché ton cœur, ou ne l'a point gagné,
Ingrat, tu m'as payé d'une impudente feinte,
1570 Et tu n'as eu pour moi respect, amour, ni crainte
Va, je te désavoue.

Dorante

Hé, mon père, écoutez...

Géronte

Quoi, des contes en l'air et sur l'heure inventés ?

Dorante

Non, la vérité pure.

Géronte

En est-il dans ta bouche ?

Cliton, *à Dorante.*

Voici pour votre adresse une assez rude touche.

DORANTE

Epris d'une beauté qu'à peine ai-je pu voir
Qu'elle a pris sur mon âme un absolu pouvoir,
De Lucrèce, en un mot, vous la pouvez connaître.

GÉRONTE

Dis vrai, je la connais, et ceux qui l'ont fait naître,
Son père est mon ami.

DORANTE

Mon cœur en un moment
Etant de ses regards charmé si puissamment,
Le choix que vos bontés avaient fait de Clarice,
Sitôt que je le sus, me parut un supplice :
Mais comme j'ignorais si Lucrèce et son sort
Pouvaient avec le vôtre avoir quelque rapport,
Je n'osai pas encor vous découvrir la flamme
Que venaient ses beautés d'allumer dans mon âme,
Et vous oyais parler d'un ton si résolu
Que je craignis sur l'heure un pouvoir absolu :
Ainsi donc vous croyant d'une humeur inflexible,
Pour rompre cet hymen je le fis impossible,
Et j'avais ignoré, monsieur, jusqu'à ce jour
Que la dextérité fût un crime en amour.
Mais si je vous osais demander quelque grâce,
A présent que je sais et son bien, et sa race,
Je vous conjurerais par les nœuds les plus doux
Dont l'amour et le sang puissent m'unir à vous,
De seconder mes vœux auprès de cette belle,
Obtenez-la d'un père, et je l'obtiendrai d'elle.

GÉRONTE

Tu me fourbes encor.

DORANTE

Si vous ne m'en croyez,
Croyez-en, pour le moins, Cliton que vous voyez,
Il sait tout mon secret.

GÉRONTE

Tu ne meurs pas de honte
Qu'il faille que de lui je fasse plus de conte,
Et que ton père même en doute de ta foi
Donne plus de croyance à ton valet qu'à toi ?
Ecoute, je suis bon, et malgré ma colère
Je veux encore un coup montrer un cœur de père,

ACTE V, SCÈNE IV

Je veux encore un coup pour toi me hasarder,
Je connais ta Lucrèce, et la vais demander;
Mais si de ton côté le moindre obstacle arrive...

Dorante

1610 Pour vous mieux assurer souffrez que je vous suive.

Géronte

Demeure ici, demeure, et ne suis point mes pas;
Je doute, je hasarde, et je ne te crois pas.
Mais sache que tantôt si pour cette Lucrèce
Tu fais la moindre fourbe, ou la moindre finesse,
1615 Tu peux bien fuir mes yeux et ne me voir jamais,
Autrement, souviens-toi du serment que je fais,
Je jure les rayons du jour qui nous éclaire,
Que tu ne mourras point que de la main d'un père,
Et que ton sang indigne à mes pieds répandu
1620 Rendra prompte justice à mon honneur perdu.

SCÈNE IV

DORANTE, CLITON

Dorante

Je crains peu les effets d'une telle menace.

Cliton

Vous vous rendez trop tôt, et de mauvaise grâce,
Et cet esprit adroit qui l'a dupé deux fois,
Devait en galant homme aller jusques à trois,
1625 Toutes tierces, dit-on, sont bonnes, ou mauvaises.

Dorante

Cliton, ne raille point que tu ne me déplaises,
D'un trouble tout nouveau j'ai l'esprit agité.

Cliton

N'est-ce point du remords d'avoir dit vérité ?
Si pourtant ce n'est point quelque nouvelle adresse,
1630 Car je doute à présent si vous aimez Lucrèce,
Et vous vois si fertile en semblables détours
Que quoi que vous disiez, je l'entends au rebours.

DORANTE

Je l'aime, et sur ce point ta défiance est vaine,
Mais je hasarde trop, et c'est ce qui me gêne.
1635 Si son père et le mien ne tombent point d'accord,
Tout commerce est rompu, je fais naufrage au port,
Et qui sait si d'ailleurs l'affaire entre eux conclue
Rencontrera sitôt la fille résolue ?
J'ai tantôt vu passer cet objet si charmant,
1640 Sa compagne, ou je meure, a beaucoup d'agrément,
Aujourd'hui que mes yeux l'ont mieux examinée,
De ma première amour j'ai l'âme un peu gênée,
Mon cœur entre les deux est presque partagé,
Et celle-ci l'aurait s'il n'était engagé.

CLITON

1645 Mais pourquoi donc montrer une flamme si grande,
Et porter votre père à faire la demande ?

DORANTE

Il ne m'aurait pas cru, si je ne l'avais fait.

CLITON

Quoi, même en disant vrai vous mentiez en effet ?

DORANTE

C'était le seul moyen d'apaiser sa colère.
1650 Que maudit soit quiconque a détrompé mon père,
Avec ce faux hymen j'aurais eu le loisir
De consulter mon cœur, et je pourrais choisir.

CLITON

Mais sa compagne enfin n'est autre que Clarice.

DORANTE

Je me suis donc rendu moi-même un bon office.
1655 O qu'Alcippe est heureux, et que je suis confus !
Mais Alcippe, après tout, n'aura que mon refus.
N'y pensons plus, Cliton, puisque la place est prise.

CLITON

Vous en voilà défait aussi bien que d'Orphise.

DORANTE

Reportons à Lucrèce un esprit ébranlé
1660 Que l'autre à ses yeux même avait presque volé,
Mais Sabine survient.

SCÈNE V

DORANTE, SABINE, CLITON

DORANTE

Qu'as-tu fait de ma lettre ?
En de si belles mains as-tu su la remettre ?

SABINE

Oui, monsieur, mais...

DORANTE

Quoi, mais ?

SABINE

Elle a tout déchiré.

DORANTE

Sans lire ?

SABINE

Sans rien lire.

DORANTE

Et tu l'as enduré ?

SABINE

1665 Ah! si vous aviez vu comme elle m'a grondée,
Elle me va chasser, l'affaire en est vidée.

DORANTE

Elle s'apaisera, mais pour t'en consoler
Tends la main.

SABINE

Hé, monsieur.

DORANTE

Ose encor lui parler.
Je ne perds pas sitôt toutes mes espérances.

CLITON

1670 Voyez la bonne pièce avec ses révérences,
Comme ses déplaisirs sont déjà consolés,
Elle vous en dira plus que vous n'en voulez.

DORANTE
Elle a donc déchiré mon billet sans le lire ?

SABINE
Elle m'avait donné charge de vous le dire,
1675 Mais à parler sans fard...

CLITON
Sait-elle son métier ?

SABINE
Elle n'en a rien fait, et l'a lu tout entier,
Je ne puis si longtemps abuser un brave homme.

CLITON
Si quelqu'un l'entend mieux, je l'irai dire à Rome.

DORANTE
Elle ne me hait pas, à ce compte ?

SABINE
Elle ? non.

DORANTE
1680 M'aime-t-elle ?

SABINE
Non plus.

DORANTE
Tout de bon ?

SABINE
Tout de bon.

DORANTE
Aime-t-elle quelque autre ?

SABINE
Encor moins.

DORANTE
Qu'obtiendrai-je ?

SABINE
Je ne sais.

DORANTE
Mais enfin, dis-moi.

SABINE
Que vous dirai-je ?

ACTE V, SCÈNE VI

DORANTE
Vérité.

SABINE
Je la dis.

DORANTE
Mais elle m'aimera ?

SABINE
Peut-être.

DORANTE
Et quand encor ?

SABINE
Quand elle vous croira.

DORANTE
Quand elle me croira ? Que ma joie est extrême!

SABINE
Quand elle vous croira, dites qu'elle vous aime.

DORANTE
Je le dis déjà donc, et m'en ose vanter,
Puisque ce cher objet n'en saurait plus douter,
Mon père...

SABINE
La voici qui vient avec Clarice.

SCÈNE VI

CLARICE, LUCRÈCE, DORANTE, SABINE, CLITON

CLARICE, *à Lucrèce.*
Il peut te dire vrai, mais ce n'est pas son vice;
Comme tu le connais, ne précipite rien.

DORANTE, *à Clarice.*
Beauté qui pouvez seule et mon mal, et mon bien...

CLARICE, *à Lucrèce.*
On dirait qu'il m'en veut, et c'est moi qu'il regarde.

Lucrèce

Quelques regards sur toi sont tombés, par mégarde,
Voyons s'il continue.

Dorante, *à Clarice.*

Ah! que loin de vos yeux
Les moments à mon cœur deviennent ennuyeux,
Et que je reconnais par mon expérience
Quel supplice aux amants est une heure d'absence!

Clarice, *à Lucrèce.*

Il continue encor.

Lucrèce

Mais vois ce qu'il m'écrit.

Clarice

Mais écoute.

Lucrèce

Tu prends pour toi ce qu'il me dit.

Clarice

Eclaircissons-nous-en. Vous m'aimez donc, Dorante?

Dorante

Hélas! que cette amour vous est indifférente!
Depuis que vos regards m'ont mis sous votre loi...

Clarice, *à Lucrèce.*

Crois-tu que le discours s'adresse encore à toi?

Lucrèce

Je ne sais où j'en suis.

Clarice

Oyons la fourbe entière.

Lucrèce

Vu ce que nous savons, elle est un peu grossière.

Clarice

C'est ainsi qu'il partage entre nous son amour,
Il t'en conte de nuit, comme il me fait de jour.

Dorante, *à Clarice.*

Vous consultez ensemble! Ah! quoi qu'elle vous die,
Sur de meilleurs conseils disposez de ma vie,

ACTE V, SCÈNE VI

Le sien auprès de vous me serait trop fatal,
Elle a quelque sujet de me vouloir du mal.

LUCRÈCE *en elle-même.*

Ah ! je n'en ai que trop, et si je ne me venge...

CLARICE, *à Dorante.*

Ce qu'elle me disait est de vrai fort étrange.

DORANTE

1715 C'est quelque invention de son esprit jaloux.

CLARICE

Je le crois, mais enfin, me reconnaissez-vous ?

DORANTE

Si je vous reconnais ? quittez ces railleries,
Vous que j'entretins hier dedans les Tuileries,
Que je fis aussitôt maîtresse de mon sort ?

CLARICE

1720 Si je veux toutefois en croire son rapport
Votre âme du depuis ailleurs s'est engagée.

DORANTE

Pour un autre déjà je vous aurais changée ?
Que plutôt à vos pieds mon cœur sacrifié...

CLARICE

Bien plus, si je la crois, vous êtes marié.

DORANTE

1725 Vous me jouez, madame, et sans doute pour rire,
Vous prenez du plaisir à m'entendre redire
Qu'à dessein de mourir en des liens si doux
Je me fais marié pour toute autre que vous.

CLARICE

Et qu'avant que l'hymen avecque moi vous lie,
1730 Vous serez marié, si l'on veut, en Turquie.

DORANTE

Dites, qu'avant qu'on puisse autrement m'engager,
Je serai marié, si l'on veut, en Alger.

Clarice

Mais enfin vous n'avez que mépris pour Clarice ?

Dorante

Mais enfin vous savez le nœud de l'artifice,
1735 Et que pour être à vous je fais ce que je puis.

Clarice

Moi-mêmes à mon tour je ne sais où j'en suis,
Lucrèce, écoute un mot.

Dorante

       Lucrèce ! que dit-elle ?

Cliton, *à Dorante.*

Vous en tenez, monsieur, Lucrèce est la plus belle,
Mais laquelle des deux, j'en ai le mieux jugé,
1740 Et vous auriez perdu si vous aviez gagé.

Dorante

Cette nuit à la voix j'ai cru la reconnaître.

Cliton

Clarice sous son nom parlait à sa fenêtre,
Sabine m'en a fait un secret entretien.

Dorante

Bonne bouche, j'en tiens, mais l'autre la vaut bien,
1745 Et comme dès tantôt je la trouvais bien faite
Mon cœur déjà penchait où mon erreur le jette.
Ne me découvre point, et dans ce nouveau feu
Tu me vas voir, Cliton, jouer un nouveau jeu,
Sans changer de discours changeons de batterie.

Lucrèce, *à Clarice.*

1750 Voyons le dernier point de son effronterie,
Quand tu lui diras tout, il sera bien surpris.

Clarice, *à Dorante.*

Comme elle est mon amie, elle m'a tout appris,
Cette nuit vous l'aimiez, et m'avez méprisée,
Laquelle de nous deux avez-vous abusée ?
1755 Vous lui parliez d'amour en termes assez doux.

Dorante

Moi ? depuis mon retour je n'ai parlé qu'à vous.

ACTE V, SCÈNE VI

CLARICE

Vous n'avez point parlé cette nuit à Lucrèce ?

DORANTE

Vous n'avez point voulu me faire un tour d'adresse,
Et je ne vous ai point reconnue à la voix ?

CLARICE

1760 Vous dirait-il bien vrai pour la première fois ?

DORANTE

Pour me venger de vous j'eus assez de malice
Pour vous laisser jouir d'un si lourd artifice,
Et vous laissant passer pour ce que vous vouliez
Je vous en donnai plus que vous ne m'en donniez.
1765 Je vous embarrassai, n'en faites point la fine,
Choisissez un peu mieux vos dupes à la mine,
Vous pensiez me jouer, et moi je vous jouais,
Mais par de faux mépris que je désavouais,
Car enfin je vous aime, et je hais de ma vie
1770 Les jours que j'ai vécus sans vous avoir servie.

CLARICE

Pourquoi, si vous m'aimez, feindre un hymen en l'air
Quand un père pour vous est venu me parler ?
Quel fruit de cette fourbe osez-vous vous promettre ?

LUCRÈCE

Pourquoi, si vous l'aimez, m'écrire cette lettre ?

DORANTE, *à Lucrèce.*

1775 J'aime de ce courroux les principes cachés,
Je ne vous déplais pas puisque vous vous fâchez.
Mais j'ai moi-même enfin assez joué d'adresse,
Il faut vous dire vrai, je n'aime que Lucrèce.

CLARICE, *à Lucrèce.*

Est-il un plus grand fourbe ? et peux-tu l'écouter ?

DORANTE, *à Lucrèce.*

1780 Quand vous m'aurez ouï, vous n'en pourrez douter.
Sous votre nom, Lucrèce, et par votre fenêtre
Clarice m'a fait pièce, et je l'ai su connaître,
Comme en y consentant vous m'avez affligé,
Je vous ai mise en peine et je m'en suis vengé.

LUCRÈCE

1785 Mais que disiez-vous hier dedans les Tuileries ?

DORANTE

Clarice fut l'objet de mes galanteries...

CLARICE, à Lucrèce.

Veux-tu longtemps encore écouter ce moqueur ?

DORANTE, à Lucrèce.

Elle avait mes discours, mais vous aviez mon cœur,
Où vos yeux faisaient naître un feu que j'ai fait taire,
1790 Jusqu'à ce que ma flamme ait eu l'aveu d'un père :
Comme tout ce discours n'était que fiction,
Je cachais mon retour et ma condition.

CLARICE, à Lucrèce.

Vois que fourbe sur fourbe à nos yeux il entasse,
Et ne fait que jouer des tours de passe-passe.

DORANTE, à Lucrèce

1795 Vous seule êtes l'objet dont mon cœur est charmé.

LUCRÈCE

C'est ce que les effets m'ont fort mal confirmé.

DORANTE

Si mon père à présent porte parole au vôtre,
Après son témoignage en voudrez-vous quelque autre ?

LUCRÈCE

Après son témoignage il faudra consulter
1800 Si nous aurons encor quelque lieu d'en douter.

DORANTE, à Lucrèce.

Qu'à de telles clartés votre erreur se dissipe.

A Clarice.

Et vous, belle Clarice, aimez toujours Alcippe,
Sans l'hymen de Poitiers il ne tenait plus rien,
Je ne lui ferai pas ce mauvais entretien,
1805 Mais entre vous et moi vous savez le mystère,
Le voici qui s'avance, et j'aperçois mon père.

SCÈNE VII

GÉRONTE, DORANTE, ALCIPPE, CLARICE,
LUCRÈCE, ISABELLE, SABINE, CLITON

ALCIPPE, *sortant de chez Clarice et parlant à elle.*
Nos parents sont d'accord, et vous êtes à moi.

GÉRONTE, *sortant de chez Lucrèce
et parlant à elle.*
Votre père à Dorante engage votre foi.

ALCIPPE, *à Clarice.*
Un seing de votre main, l'affaire est terminée.

GÉRONTE, *à Lucrèce.*
1810 Un mot de votre bouche achève l'hyménée.

DORANTE, *à Lucrèce.*
Ne soyez pas rebelle à seconder mes vœux.

ALCIPPE
Etes-vous aujourd'hui muettes toutes deux ?

CLARICE
Mon père a sur mes vœux une entière puissance.

LUCRÈCE
Le devoir d'une fille est dans l'obéissance.

GÉRONTE, *à Lucrèce.*
1815 Venez donc recevoir ce doux commandement.

ALCIPPE, *à Clarice.*
Venez donc ajouter ce doux consentement.
*Alcippe rentre chez Clarice avec elle et Isabelle,
et le reste rentre chez Lucrèce.*

SABINE, *à Dorante comme il rentre.*
Si vous vous mariez, il ne pleuvra plus guères.

DORANTE
Je changerai pour toi cette pluie en rivières.

SABINE

Vous n'aurez pas loisir seulement d'y penser,
1820 Mon métier ne vaut rien quand on s'en peut passer.

CLITON, *seul*.

Comme en sa propre fourbe un menteur s'embarrasse!
Peu sauraient comme lui s'en tirer avec grâce,
Vous autres qui doutiez s'il en pourrait sortir,
Par un si rare exemple apprenez à mentir.

LA SUITE DU MENTEUR

Comédie

ÉPÎTRE

Monsieur,

Je vous avais bien dit que *Le Menteur* ne serait pas le dernier emprunt, ou larcin que je ferais chez les Espagnols. En voici une suite qui est encore tirée du même original, et dont Lope a traité le sujet sous le titre de *Amar sin saber a quien*. Elle n'a pas été si heureuse au théâtre que l'autre, quoique plus remplie de beaux sentiments et de beaux vers. Ce n'est pas que j'en veuille accuser, ni le défaut des acteurs, ni le mauvais jugement du peuple : la faute en est toute à moi, qui devais mieux prendre mes mesures, et choisir des sujets plus répondants au goût de mon auditoire. Si j'étais de ceux qui tiennent que la poésie a pour but de profiter aussi bien que de plaire, je tâcherais de vous persuader que celle-ci est beaucoup meilleure que l'autre, à cause que Dorante y paraît beaucoup plus honnête homme, et donne des exemples de vertu à suivre, au lieu qu'en l'autre il ne donne que des imperfections à éviter. Mais pour moi qui tiens avec Aristote et Horace, que notre art n'a pour but que le divertissement, j'avoue qu'il est ici bien moins à estimer qu'en la première comédie, puisque avec ses mauvaises habitudes il a perdu presque toutes ses grâces, et qu'il semble avoir quitté la meilleure part de ses agréments, lorsqu'il a voulu se corriger de ses défauts. Vous me direz que je suis bien injurieux au métier qui me fait connaître, d'en ravaler le but si bas que de le réduire à plaire au peuple, et que je suis bien hardi tout ensemble de prendre pour garant de mon opinion les deux maîtres dont ceux du parti contraire se fortifient. A cela je vous dirai que ceux-là même qui mettent si haut le but de l'art sont injurieux à l'artisan, dont ils ravalent d'autant plus le mérite, qu'ils pensent relever la dignité de sa profession ; parce que s'il est obligé de prendre soin de l'utile, il évite seulement une faute quand il s'en acquitte, et n'est digne d'aucune louange. C'est mon Horace qui me l'apprend,

> *Vitavi denique culpam,*
> *Non laudem merui.*

En effet, Monsieur, vous ne loueriez pas beaucoup un homme pour avoir réduit un poème dramatique dans l'unité de jour et de lieu, parce que les lois du théâtre le lui prescrivent, et que sans cela son ouvrage ne serait qu'un monstre. Pour moi, j'estime extrêmement ceux qui mêlent l'utile au délectable, et d'autant plus qu'ils n'y sont pas obligés par les règles de la poésie, je suis bien aise de dire d'eux avec notre docteur,

> *Omne tulit punctum qui miscuit utile dulci.*

Mais je dénie qu'ils faillent contre ces règles, lorsqu'ils ne l'y mêlent pas, et les blâme seulement de ne s'être pas proposé un objet assez digne d'eux, ou si vous me permettez de parler un peu chrétiennement, de n'avoir pas eu assez de charité pour prendre l'occasion de donner en passant quelque instruction à ceux qui les écoutent, ou qui les lisent : pourvu qu'ils aient trouvé le moyen de plaire, ils sont quittes envers leur art, et s'ils pèchent, ce n'est pas contre lui, c'est contre les bonnes mœurs, et contre leur auditoire. Pour vous faire voir le sentiment d'Horace là-dessus, je n'ai qu'à répéter ce que j'en ai déjà pris, puisqu'il ne tient pas qu'on soit digne de louange, quand on n'a fait que s'acquitter de ce qu'on doit, et qu'il en donne tant à celui qui joint l'utile à l'agréable, il est aisé de conclure qu'il tient que celui-là fait plus qu'il n'était obligé de faire. Quant à Aristote, je ne crois pas que ceux du parti contraire aient d'assez bons yeux pour trouver le mot d'utilité dans tout son *Art poétique* : quand il recherche la cause de la poésie, il ne l'attribue qu'au plaisir que les hommes reçoivent de l'imitation, et comparant l'une à l'autre les parties de la tragédie, il préfère la fable aux mœurs, seulement pour ce qu'elle contient tout ce qu'il y a d'agréable dans le poème, et c'est pour cela qu'il l'appelle l'âme de la tragédie. Cependant quand on y mêle quelque utilité, ce doit être principalement dans cette partie qui regarde les mœurs, et que ce grand homme toutefois ne tient point du tout nécessaire, puisqu'il permet de la retrancher entièrement, et demeure d'accord qu'on peut faire une tragédie sans mœurs. Or pour ne vous pas donner

ÉPITRE

mauvaise impression de la comédie du *Menteur* qui a donné lieu à cette suite, que vous pourriez juger être simplement faite pour plaire, et n'avoir pas ce noble mélange de l'utilité, d'autant qu'elle semble violer une autre maxime qu'on veut tenir pour indubitable, touchant la récompense des bonnes actions, et la punition des mauvaises, il ne sera peut-être pas hors de propos que je vous dise là-dessus ce que je pense. Il est certain que les actions de Dorante ne sont pas bonnes moralement, n'étant que fourbes et menteries, et néanmoins il obtient enfin ce qu'il souhaite, puisque la vraie Lucrèce est en cette pièce sa dernière inclination. Ainsi si cette maxime est une véritable règle de théâtre, j'ai failli, et si c'est en ce point seul que consiste l'utilité de la poésie, je n'y en ai point mêlé. Pour le premier, je n'ai qu'à vous dire que cette règle imaginaire est entièrement contre la pratique des anciens, et sans aller chercher des exemples parmi les Grecs, Sénèque qui en a tiré presque tous ses sujets, nous en fournit assez. Médée brave Jason après avoir brûlé le palais royal, fait périr le roi et sa fille, et tué ses enfants. Dans *La Troade*, Ulysse précipite Astyanax, et Pyrrhus immole Polyxène, tous deux impunément. Dans *Agamemnon*, il est assassiné par sa femme, et par son adultère qui s'empare de son trône, sans qu'on voie tomber de foudre sur leurs têtes. Atrée même dans *Le Thyeste* triomphe de son misérable frère, après lui avoir fait manger ses enfants, et dans les comédies de Plaute et de Térence, que voyons-nous autre chose que des jeunes fous qui après avoir par quelque tromperie tiré de l'argent de leurs pères pour dépenser à la suite de leurs amours déréglées, sont enfin richement mariés, et des esclaves qui après avoir conduit toute l'intrigue, et servi de ministres à leurs débauches, obtiennent leur liberté pour récompense ? Ce sont des exemples qui ne seraient non plus propres à imiter que les mauvaises finesses de notre Menteur. Vous me demanderez en quoi donc consiste cette utilité de la poésie, qui en doit être un des grands ornements, et qui relève si haut le mérite du poète quand il en enrichit son ouvrage ? J'en trouve deux à mon sens, l'une empruntée de la morale, l'autre qui lui est particulière. Celle-là se rencontre aux sentences et réflexions que l'on peut adroitement semer presque partout. Celle-ci en la naïve peinture des vices et des vertus. Pourvu qu'on les sache mettre en leur jour, et les faire connaître par leurs véritables caractères, celles-ci se feront aimer, quoique malheureuses, et ceux-là se feront détester, quoique triomphants. Et comme le portrait d'une laide femme ne laisse pas d'être beau, et qu'il n'est pas besoin d'avertir que l'original n'en est pas aimable, pour empêcher qu'on l'aime, il en est de même dans notre peinture parlante : quand le crime est bien peint de ses couleurs, quand les imperfections sont bien figurées, il n'est point besoin d'en faire voir un mauvais succès à la fin pour avertir qu'il ne les faut pas imiter. Et je m'assure que toutes les fois que *Le Menteur* a été représenté, bien qu'on l'ait vu sortir du théâtre pour aller épouser l'objet de ses derniers désirs, il n'y a eu personne qui se soit proposé son exemple pour acquérir une maîtresse, et qui n'ait pris toutes ses fourbes, quoiqu'heureuses, pour des friponneries d'écolier, dont il faut qu'on se corrige avec soin, si l'on veut passer pour honnête homme. Je vous dirais qu'il y a encore une autre utilité propre à la tragédie, qui est la purgation des passions : mais ce n'est pas ici le lieu d'en parler, puisque ce n'est qu'une comédie que je vous présente. Vous y pourrez rencontrer en quelques endroits ces deux sortes d'utilité, dont je vous viens d'entretenir ; je voudrais que le peuple y eût trouvé autant d'agréable, afin que je vous pusse présenter quelque chose qui eût mieux atteint le but de l'art. Telle qu'elle est, je vous la donne aussi bien que la première, et demeure de tout mon cœur,

Monsieur,

Votre très humble serviteur,
CORNEILLE

LA SUITE DU MENTEUR

Comédie

LES ACTEURS

DORANTE.
CLITON, valet de Dorante.
CLÉANDRE, gentilhomme de Lyon.
MÉLISSE, sœur de Cléandre.
PHILISTE, amoureux de Mélisse.
LYSE, servante de Mélisse.
UN PRÉVOT.

La scène est à Lyon.

ACTE PREMIER

SCÈNE PREMIÈRE

DORANTE, CLITON

Dorante paraît écrivant dans une prison, et le geôlier ouvrant la porte à Cliton, et le lui montrant.

Cliton

Ah! monsieur, c'est donc vous?

Dorante

Cliton, je te revois!

Cliton

Je vous trouve, monsieur, dans la maison du roi!
Quel charme, quel désordre, ou quelle raillerie
Des prisons de Lyon fait votre hôtellerie?

Dorante

5 Tu le sauras tantôt, mais qui t'amène ici?

Cliton

Les soins de vous chercher.

Dorante

Tu prends trop de souci,
Et quoiqu'après deux ans ton souvenir s'avise,
Ta rencontre me plaît, j'en aime la surprise,
Ton devoir, quoique tard, enfin s'est éveillé.

CLITON

10 Et qui savait, monsieur, où vous étiez allé ?
Vous ne nous témoigniez qu'ardeur et qu'allégresse,
Qu'impatients désirs de posséder Lucrèce,
L'argent était touché, les accords publiés,
Le festin commandé, les parents conviés,
15 Tout cet attirail prêt qu'on fait pour l'hyménée,
Les violons choisis ainsi que la journée ;
Qui se fût défié que la nuit de devant
Votre propre Grandeur dût fendre ainsi le vent ?
Comme il ne fut jamais d'éclipse plus obscure,
20 Chacun sur ce départ forma sa conjecture,
Tous s'entre-regardaient, étonnés, ébahis,
L'un disait, il est jeune, il veut voir le pays,
L'autre, il s'est allé battre, il a quelque querelle,
L'autre d'une autre idée embrouillait sa cervelle,
25 Et tel vous soupçonnait de quelque guérison
D'un mal privilégié dont je tairai le nom.
Pour moi, j'écoutais tout, et mis dans mon caprice
Qu'on ne devinait rien que par votre artifice,
Ainsi ce qui chez eux prenait plus de crédit
30 M'était aussi suspect que si vous l'eussiez dit,
Et tout simple et doucet, sans y chercher finesse,
Attendant le boiteux, je consolais Lucrèce.

DORANTE

Je l'aimais, je te jure, et pour la posséder
Mon amour mille fois voulut tout hasarder ;
35 Mais quand j'eus bien pensé qu'il fallait à mon âge
Au sortir de Poitiers entrer au mariage,
Que j'eus considéré ses chaînes de plus près,
Son visage à ce prix n'eut plus pour moi d'attraits,
L'horreur d'un tel lien m'en fit de la maîtresse,
40 Je crus qu'il fallait mieux employer ma jeunesse,
Et que quelques appas qui me pussent ravir
C'était mal en user que sitôt m'asservir.
Je combats toutefois, mais le temps qui s'avance
Me fait précipiter en cette extravagance,
45 Et la tentation de tant d'argent touché
M'achève de pousser où j'étais trop penché.
Que l'argent est commode à faire une folie !
L'argent me fait résoudre à courir l'Italie,
Je pars de nuit en poste, et d'un soin diligent
50 Je quitte la maîtresse et j'emporte l'argent.

ACTE PREMIER, SCÈNE PREMIÈRE

Mais dis-moi, que fit-elle, et que dit lors son père ?
Le mien, ou je me trompe, était fort en colère ?

CLITON

D'abord de part et d'autre on vous attend sans bruit ;
Un jour se passe, deux, trois, quatre, cinq, six, huit,
55 Enfin n'espérant plus, on éclate, on foudroie,
Lucrèce par dépit témoigne de la joie,
Chante, danse, discourt, rit, mais sur mon honneur
Elle enrageait, monsieur, dans l'âme, et de bon cœur.
Ce grand bruit s'accommode, et pour plâtrer l'affaire
60 La pauvre délaissée épouse votre père,
Et rongeant dans son cœur son déplaisir secret
D'un visage content prend le change à regret :
L'éclat d'un tel affront l'ayant trop décriée
Il n'est à son avis que d'être mariée,
65 Et comme en un naufrage on se prend où l'on peut,
En fille obéissante elle veut ce qu'on veut.
Voilà donc le bonhomme enfin à sa seconde,
C'est-à-dire qu'il prend la poste à l'autre monde,
Un peu moins de deux mois le met dans le cercueil.

DORANTE

70 J'ai su sa mort à Rome, où j'en ai pris le deuil.

CLITON

Elle a laissé chez vous un diable de ménage :
Ville prise d'assaut n'est pas mieux au pillage,
La veuve et les cousins, chacun y fait pour soi
Comme fait un sergent pour les deniers du roi,
75 Où qu'ils jettent la main, ils font rafles entières,
Ils ne pardonnent pas même au plomb des gouttières,
Et ce sera beaucoup si vous trouvez chez vous,
Quand vous y rentrerez, deux gonds et quatre clous.
J'apprends qu'on vous a vu cependant à Florence,
80 Pour vous donner avis je pars en diligence,
Et je suis étonné qu'en entrant dans Lyon
Je vois courir du peuple avec émotion,
Je veux voir ce que c'est, et je vois, ce me semble,
Pousser dans la prison quelqu'un qui vous ressemble,
85 Je demande d'entrer, et vous trouvant ici
Je trouve avecque vous mon voyage accourci.
Voilà mon aventure, apprenez-moi la vôtre.

DORANTE

La mienne est bien étrange, on me prend pour un autre.

CLITON

J'eusse osé le gager. Est-ce meurtre, ou larcin ?

DORANTE

90 Suis-je fait en voleur, ou bien en assassin ?
Traître, en ai-je l'habit, ou la mine, ou la taille ?

CLITON

Connaît-on à l'habit aujourd'hui la canaille,
Et n'est-il point, monsieur, à Paris de filous
Et de taille et de mine aussi bonnes que vous ?

DORANTE

95 Tu dis vrai, mais écoute. Après une querelle
Qu'à Florence un jaloux me fit pour quelque belle,
J'eus avis que ma vie y courait du danger,
Ainsi donc sans trompette il fallut déloger,
Je pars seul et de nuit, et prends ma route en France,
100 Où sitôt que je suis en pays d'assurance,
Comme d'avoir couru je me sens un peu las,
J'abandonne la poste, et viens au petit pas.
Approchant de Lyon je vois dans la campagne...

CLITON, *bas.*

N'aurons-nous point ici des guerres d'Allemagne ?

DORANTE

105 Que dis-tu ?

CLITON

Rien, monsieur, je gronde entre mes dents.
Du malheur qui suivra ces rares incidents,
J'en ai l'âme déjà toute préoccupée.

DORANTE

Donc à deux cavaliers je vois tirer l'épée,
Et pour en empêcher l'événement fatal,
110 J'y cours la mienne au poing, et descends de cheval :
L'un et l'autre voyant à quoi je me prépare
Se hâte d'achever avant qu'on les sépare,
Presse sans perdre temps, si bien qu'à mon abord
D'un coup que l'un allonge il blesse l'autre à mort.
115 Je me jette au blessé, je l'embrasse, et j'essaie
Pour arrêter son sang de lui bander sa plaie,

ACTE PREMIER, SCÈNE PREMIÈRE

L'autre qui voit pour lui le séjour dangereux
Saute sur mon cheval, et lui donne des deux,
Disparaît, et mettant à couvert le coupable
120 Me laisse auprès du mort faire le charitable.
Ce fut en cet état, les doigts de sang souillés,
Qu'au bruit de ce duel trois sergents éveillés,
Tout gonflés de l'espoir d'une bonne lippée,
Me découvrirent seul, et la main à l'épée.
125 Lors suivant du métier le serment solennel
Mon argent fut pour eux le premier criminel,
Et s'en étant saisis aux premières approches
Ces messieurs pour prison lui donnèrent leurs poches,
Et moi, non sans couleur, encor qu'injustement,
130 Je fus conduit par eux en cet appartement.
Qui te fait ainsi rire, et qu'est-ce que tu penses ?

CLITON

Je trouve ici, monsieur, beaucoup de circonstances.
Vous en avez sans doute un trésor infini,
Votre hymen de Poitiers n'en fut pas mieux fourni,
135 Et surtout le cheval lui seul en ce rencontre
Vaut et le pistolet, et l'épée, et la montre.

DORANTE

Je me suis bien défait de ces traits d'écolier
Dont l'usage autrefois m'était si familier,
Et maintenant, Cliton, je vis en honnête homme.

CLITON

140 Vous êtes amendé du voyage de Rome,
Et votre âme en ce lieu réduite au repentir
Fait mentir le proverbe en cessant de mentir !
Ah ! j'aurais plutôt cru...

DORANTE

Le temps m'a fait connaître
Quelle indignité c'est, et quel mal en peut naître.

CLITON

145 Quoi ? ce duel, ces coups si justement portés,
Ce cheval, ces sergents...

DORANTE

Autant de vérités.

CLITON

J'en suis fâché pour vous, monsieur, et surtout d'une
Que je ne compte pas à petite infortune :
Vous êtes prisonnier, et n'avez point d'argent,
Vous serez criminel.

DORANTE

Je suis trop innocent.

CLITON

Ah! monsieur, sans argent est-il de l'innocence ?

DORANTE

Fort peu, mais dans ces murs Philiste a pris naissance,
Et comme il est parent des premiers magistrats,
Soit d'argent, soit d'amis, nous n'en manquerons pas.
J'ai su qu'il est en ville, et lui venais d'écrire
Lorsqu'ici le concierge est venu t'introduire,
Va lui porter ma lettre.

CLITON

Avec un tel secours
Vous serez innocent avant qu'il soit huit jours.
Mais je ne comprends rien à ces nouveaux mystères.
Les filles doivent être ici fort volontaires,
Jusque dans la prison elles cherchent les gens.

SCÈNE II

DORANTE, CLITON, LYSE

CLITON, *à Lyse.*

Il ne fait que sortir des mains de trois sergents,
Je t'en veux avertir, un fol espoir te trouble,
Il cajole des mieux, mais il n'a pas le double.

LYSE

J'en apporte pour lui.

CLITON

Pour lui! tu m'as dupé,
Et je doute sans toi si nous eussions soupé.

LYSE, *montrant une bourse.*

Avec ce passeport, suis-je la bienvenue ?

Cliton

Tu nous vas à tous deux donner dedans la vue.

Lyse

Ai-je bien pris mon temps ?

Cliton

Le mieux qu'il se pouvait.
C'est une honnête fille, et Dieu nous la devait,
Monsieur, écoutez-la.

Dorante

Que veut-elle ?

Lyse

Une dame
Vous offre en cette lettre un cœur tout plein de flamme.

Dorante

Une dame ?

Cliton

Lisez sans faire de façons,
Dieu nous aime, monsieur, comme nous sommes bons,
Et ce n'est pas là tout, l'amour ouvre son coffre,
Et l'argent qu'elle tient vaut bien le cœur qu'elle offre.

Dorante *lit.*

Au bruit du monde qui vous conduisait prisonnier, j'ai mis les yeux à la fenêtre, et vous ai trouvé de si bonne mine, que mon cœur est allé dans la même prison que vous, et n'en veut point sortir tant que vous y serez. Je ferai mon possible pour vous en tirer au plus tôt. Cependant obligez-moi de vous servir de ces cent pistoles que je vous envoie, vous en pouvez avoir besoin en l'état où vous êtes, et il m'en demeure assez d'autres à votre service.

Dorante *continue.*

Cette lettre est sans nom.

Cliton

Les mots en sont français.
Dis-moi, sont-ce louis, ou pistoles de poids ?

Dorante

Tais-toi.

LYSE, *à Dorante.*

Pour ma maîtresse il est de conséquence
180 De vous taire deux jours son nom et sa naissance,
Ce secret trop tôt su peut la perdre d'honneur.

DORANTE

Je serai cependant aveugle en mon bonheur,
Et d'un si grand bienfait j'ignorerai la source ?

CLITON, *à Dorante.*

Curiosité bas, prenons toujours la bourse,
185 Bien souvent on perd tout pour vouloir tout savoir.

LYSE, *à Dorante.*

Puis-je la lui donner ?

CLITON, *à Lyse.*

Donne, j'ai tout pouvoir,
Quand même ce serait le trésor de Venise.

DORANTE

Tout beau, tout beau, Cliton, il nous faut...

CLITON

Lâcher prise ?

Quoi, c'est ainsi, monsieur...

DORANTE

Parleras-tu toujours ?

CLITON

190 Et voulez-vous du Ciel renvoyer le secours ?

DORANTE

Accepter de l'argent porte en soi quelque honte.

CLITON

Je m'en charge pour vous, et la prends pour mon compte.

DORANTE, *à Lyse.*

Ecoute un mot.

CLITON

Je tremble, il la va refuser.

DORANTE

Ta maîtresse m'oblige.

ACTE PREMIER, SCÈNE II

CLITON
Il en veut mieux user,
Oyons.

DORANTE
Sa courtoisie est extrême, et m'étonne,
Mais...

CLITON
Le diable de mais.

DORANTE
Mais qu'elle me pardonne,
Si...

CLITON
Je meurs, je suis mort.

DORANTE
Si j'en change l'effet,
Et reçois comme un prêt le don qu'elle me fait.

CLITON
Je suis ressuscité, prêt ou don, ne m'importe.

DORANTE, *à Cliton, et puis à Lyse.*
Prends. Je lui rendrai même avant que je sorte.

CLITON, *à Lyse.*
Ecoute un mot. Tu peux t'en aller à l'instant,
Et revenir demain avec encore autant.
Et vous, monsieur, songez à changer de demeure,
Vous serez innocent avant qu'il soit une heure.

DORANTE, *à Cliton, et puis à Lyse.*
Ne me romps plus la tête, et toi tarde un moment,
J'écris à ta maîtresse un mot de compliment.

Dorante va écrire sur la table.

CLITON
Dirons-nous cependant deux mots de guerre ensemble ?

LYSE
Disons.

CLITON
Regarde-moi.

LYSE
Je le veux.

CLITON

Que t'en semble ? Dis.

LYSE

Que tout vert et rouge ainsi qu'un perroquet
Tu n'es que bien en cage, et n'as que du caquet.

CLITON

Tu ris, cette action qu'est-elle ?

LYSE

Ridicule.

CLITON

Et cette main ?

LYSE

De taille à bien ferrer la mule.

CLITON

Cette jambe, ce pied ?

LYSE

Si tu sors des prisons,
Dignes de t'installer aux Petites-Maisons.

CLITON

Ce front ?

LYSE

Est un peu creux.

CLITON

Cette tête ?

LYSE

Un peu folle.

CLITON

Ce ton de voix enfin avec cette parole ?

LYSE

Ah! c'est là que mes sens demeurent étonnés,
Le ton de voix est rare aussi bien que le nez.

CLITON

Je meurs, ton humeur me semble si jolie
Que tu me vas résoudre à faire une folie :
Touche, je veux t'aimer, tu seras mon souci,
Nos maîtres font l'amour, nous le ferons aussi.

ACTE PREMIER, SCÈNE II

J'aurai mille beaux mots tous les jours à te dire,
Je coucherai de feux, de sanglots, de martyre,
225 Je te dirai je meurs, je suis dans les abois,
Je brûle...

LYSE

Et tout cela de ce beau ton de voix ?
Ah! si tu m'entreprends deux jours de cette sorte,
Mon cœur est déconfit, et je me tiens pour morte,
Si tu me veux en vie, affaiblis ces attraits,
230 Et retiens pour le moins la moitié de leurs traits.

CLITON

Tu sais même charmer alors que tu te moques,
Gouverne doucement l'âme que tu m'escroques,
On a traité mon maître avec moins de rigueur,
On n'a pris que sa bourse, et tu prends jusqu'au cœur.

LYSE

235 Il est riche, ton maître ?

CLITON

Assez.

LYSE

Et gentilhomme ?

CLITON

Il le dit.

LYSE

Il demeure ?

CLITON

A Paris.

LYSE

Et se nomme ?

DORANTE, *fouillant dans la bourse.*

Porte-lui cette lettre, et reçois...

CLITON, *lui retenant le bras.*

Sans compter ?

DORANTE

Cette part de l'argent que tu viens d'apporter.

CLITON

Elle n'en prendra pas, monsieur, je vous proteste.

Lyse

240 Celle qui vous l'envoie en a pour moi de reste.

Cliton

Je vous le disais bien, elle a le cœur trop bon.

Lyse

Lui pourrai-je, monsieur, apprendre votre nom ?

Dorante

Il est dans mon billet, mais prends, je t'en conjure !

Cliton

Vous faut-il dire encor que c'est lui faire injure ?

Lyse

245 Vous perdez temps, monsieur, je sais trop mon devoir :
Adieu, je serai peu sans vous venir revoir,
Et porte tant de joie à celle qui vous aime
Qu'elle rapportera la réponse elle-même.

Cliton

Adieu, belle railleuse.

Lyse

Adieu, beau nasillard.

SCÈNE III

DORANTE, CLITON

Dorante

250 Cette fille est jolie, elle a l'esprit gaillard.

Cliton

J'en estime l'humeur, j'en aime le visage,
Mais plus que tous les deux, j'adore son message.

Dorante

C'est celle dont il vient qu'il en faut estimer,
C'est elle qui me charme, et que je veux aimer.

Cliton

255 Quoi ! vous voulez, monsieur, aimer cette inconnue ?

ACTE PREMIER, SCÈNE III

DORANTE

Oui, je la veux aimer, Cliton.

CLITON

Sans l'avoir vue ?

DORANTE

Un si rare bienfait en un besoin pressant
S'empare puissamment d'un cœur reconnaissant,
Et comme de soi-même il marque un grand mérite,
260 Dessous cette couleur il parle, il sollicite,
Peint l'objet aussi beau qu'on le voit généreux,
Et si l'on n'est ingrat, il faut être amoureux.

CLITON

Votre amour va toujours d'un étrange caprice.
Dès l'abord autrefois vous aimâtes Clarice.
265 Celle-ci sans la voir ; mais, monsieur, votre nom,
Lui deviez-vous l'apprendre, et si tôt ?

DORANTE

Pourquoi non ?
J'ai cru le devoir faire, et l'ai fait avec joie.

CLITON

Il est plus décrié que la fausse monnaie.

DORANTE

Mon nom ?

CLITON

Oui, dans Paris en langage commun
270 Dorante et le Menteur à présent ce n'est qu'un,
Et vous y possédez ce haut degré de gloire
Qu'en une comédie on a mis votre histoire.

DORANTE

En une comédie ?

CLITON

Et si naïvement
Que j'ai cru, la voyant, voir un enchantement.
275 On y voit un Dorante avec votre visage,
On le prendrait pour vous, il a votre air, votre âge,
Vos yeux, votre action, votre maigre embonpoint,
Et paraît comme vous adroit au dernier point.
Comme à l'événement j'ai part à la peinture,
280 Après votre portrait on produit ma figure,

Le héros de la farce, un certain Jodelet
Fait marcher après vous votre digne valet,
Il a jusqu'à mon nez et jusqu'à ma parole,
Et nous avons tous deux appris en même école,
285 C'est l'original même, il vaut ce que je vaux,
Si quelque autre s'en mêle, on peut s'inscrire en faux,
Et tout autre que lui dans cette comédie
N'en fera jamais voir qu'une fausse copie.
Pour Clarice et Lucrèce, elles en ont quelque air,
290 Philiste avec Alcippe y vient vous accorder,
Votre feu père même est joué sous le masque.

DORANTE

Cette pièce doit être et plaisante et fantasque,
Mais son nom ?

CLITON

Votre nom de guerre, le Menteur.

DORANTE

Les vers en sont-ils bons ? fait-on cas de l'auteur ?

CLITON

295 La pièce a réussi, quoique faible de style,
Et d'un nouveau proverbe elle enrichit la ville,
De sorte qu'aujourd'hui presque en tous les quartiers
On dit quand quelqu'un ment, qu'il revient de Poitiers.
Et pour moi, c'est bien pis, je n'ose plus paraître,
300 Ce maraud de farceur m'a fait si bien connaître
Que les petits enfants, sitôt qu'on m'aperçoit,
Me courent dans la rue. et me montrent au doigt,
Et chacun rit de voir les courtauds de boutique,
Grossissant à l'envi leur chienne de musique
305 Se rompre le gosier dans cette belle humeur
A crier après moi le valet du Menteur.
Vous en riez aussi ?

DORANTE

Veux-tu point que j'en rie ?

CLITON

Je n'y trouve que rire, et cela vous décrie,
Mais si bien, qu'à présent voulant vous marier
310 Vous ne trouveriez pas la fille d'un huissier,
Pas celle d'un recors, pas d'un cabaret même.

ACTE PREMIER, SCÈNE IV

Dorante

Il faut donc avancer près de celle qui m'aime,
Comme Paris est loin, si je ne suis déçu,
Nous pourrons réussir avant qu'elle ait rien su,
315 Mais quelqu'un vient à nous, et j'entends du murmure.

SCÈNE IV

LE PRÉVÔT, CLÉANDRE, DORANTE, CLITON

Cléandre, *au prévôt.*

Ah! je suis innocent, vous me faites injure.

Le Prévot, *à Cléandre.*

Si vous l'êtes, monsieur, ne craignez aucun mal,
Mais comme enfin le mort était votre rival,
Et que le prisonnier proteste d'innocence,
320 Je dois sur ce soupçon vous mettre en sa présence.

Cléandre, *au prévôt.*

Et si pour s'affranchir il ose me charger?

Le Prévôt, *à Cléandre.*

La Justice entre vous en saura bien juger,
Souffrez paisiblement que l'ordre s'exécute.

A Dorante.

Vous dites avoir vu le coup qu'on vous impute,
325 Voyez ce cavalier, en serait-ce l'auteur?

Cléandre, *bas.*

Il va me reconnaître. Ah Dieu! je meurs de peur.

Dorante, *au prévôt.*

Souffrez que j'examine à loisir son visage.

Bas.

C'est lui, mais il n'a fait qu'en homme de courage,
Ce serait lâcheté, quoi qu'il puisse arriver,
330 De perdre un si grand cœur quand je le puis sauver,
Ne le découvrons point.

Cléandre, *bas.*

          Il me connaît, je tremble.

DORANTE, *au prévôt*.

Ce cavalier, monsieur, n'a rien qui lui ressemble,
L'autre est de moindre taille, il a le poil plus blond,
Le teint plus coloré, le visage plus rond,
335 Et je le connais moins, tant plus je le contemple.

CLÉANDRE, *bas*.

O générosité qui n'eut jamais d'exemple!

DORANTE

L'habit même est tout autre.

LE PRÉVÔT

            Enfin ce n'est pas lui?

DORANTE

Non, il n'a point de part au duel d'aujourd'hui.

LE PRÉVÔT, *à Cléandre*.

Je suis ravi, monsieur, de voir votre innocence
340 Assurée à présent par sa reconnaissance,
Sortez quand vous voudrez, vous avez tout pouvoir :
Excusez la rigueur qu'a voulu mon devoir,
Adieu.

CLÉANDRE, *au prévôt*.
    Vous avez fait le dû de votre office.

SCÈNE V

DORANTE, CLÉANDRE, CLITON

DORANTE, *à Cléandre*.

Mon cavalier, pour vous je me fais injustice,
345 Je vous tiens pour brave homme, et vous connais fort bien,
Faites votre devoir comme j'ai fait le mien.

CLÉANDRE

Monsieur...
      DORANTE
    Point de réplique, on pourrait nous entendre.

CLÉANDRE

Sachez donc seulement qu'on m'appelle Cléandre,
Que je sais mon devoir, que j'en prendrai souci,
Et que je périrai pour vous tirer d'ici.

SCÈNE VI

DORANTE, CLITON

DORANTE

N'est-il pas vrai, Cliton, que c'eût été dommage
De livrer au malheur ce généreux courage ?
J'avais entre mes mains et sa vie et sa mort,
Et je me viens de voir arbitre de son sort.

CLITON

Quoi ? c'est là donc, monsieur...

DORANTE

Oui, c'est là le coupable...

CLITON

L'homme à votre cheval ?

DORANTE

Rien n'est si véritable.

CLITON

Je ne sais où j'en suis, et deviens tout confus,
Ne m'aviez-vous pas dit que vous ne mentiez plus ?

DORANTE

J'ai vu sur son visage un noble caractère
Qui me parlant pour lui m'a forcé de me taire,
Et d'une voix connue entre les gens de cœur
M'a dit qu'en le perdant je me perdrais d'honneur,
J'ai cru devoir mentir pour sauver un brave homme.

CLITON

Et c'est ainsi, monsieur, que l'on s'amende à Rome ?
Je me tiens au proverbe, oui, courez, voyagez,
Je veux être guenon si jamais vous changez,

Vous mentirez toujours, monsieur, sur ma parole,
Croyez-moi que Poitiers est une bonne école,
Pour le bien du public je le veux publier,
370 Les leçons qu'on y prend ne peuvent s'oublier.

DORANTE

Je ne mens plus, Cliton, je t'en donne assurance,
Mais en un tel sujet l'occasion dispense.

CLITON

Vous en prendrez autant comme vous en verrez,
Menteur vous voulez vivre, et menteur vous mourrez,
375 Et l'on dira de vous pour oraison funèbre :
C'était en menterie un auteur très célèbre,
Qui savait les tailler de si digne façon
Qu'aux maîtres du métier il en eût fait leçon,
Et qui tant qu'il vécut, sans craindre aucune risque,
380 Aux meilleurs d'après lui pût donner quinze et bisque.

DORANTE

Je n'ai plus qu'à mourir, mon épitaphe est fait,
Et tu m'érigeras en cavalier parfait.
Tu ferais violence à l'humeur la plus triste :
Mais sans plus badiner, va-t'en chercher Philiste,
385 Donne-lui cette lettre et moi, sans plus mentir,
Avec les prisonniers j'irai me divertir.

ACTE II

SCÈNE PREMIÈRE

MÉLISSE, LYSE

MÉLISSE, *tenant une lettre ouverte en sa main.*
Certes il écrit bien, sa lettre est excellente.

LYSE

Madame, sa personne est encor plus galante,
Tout est charmant en lui, sa grâce, son maintien...

MÉLISSE

390 Il semble que déjà tu lui veuilles du bien ?

LYSE

J'en trouve, à dire vrai, la rencontre si belle,
Que je voudrais l'aimer si j'étais demoiselle,
Il est riche, et de plus, il demeure à Paris,
Où des dames, dit-on, est le vrai paradis,
395 Et ce qui vaut bien mieux que toutes ses richesses,
Les maris y sont bons, et les femmes maîtresses,
Et je pense, s'il faut ne vous déguiser rien,
Que si j'étais son fait, il serait bien le mien.

MÉLISSE

Tu n'es pas dégoûtée. Enfin, Lyse, sans rire,
C'est un homme bien fait ?

LYSE

Plus que je ne puis dire.

MÉLISSE

400 A sa lettre il paraît qu'il a beaucoup d'esprit;
Mais, dis-moi, parle-t-il aussi bien qu'il écrit ?

LYSE

Pour lui faire en discours montrer son éloquence
Il lui faudrait des gens de plus de conséquence,
C'est à vous d'éprouver ce que vous demandez.

MÉLISSE

405 Et que croit-il de moi ?

LYSE

Ce que vous lui mandez,
Que vous l'avez tantôt vu par votre fenêtre,
Que vous l'aimez déjà.

MÉLISSE

Cela pourrait bien être.

LYSE

Sans l'avoir jamais vu ?

MÉLISSE

J'écris bien sans le voir.

LYSE

Mais vous suivez d'un frère un absolu pouvoir,

410 Qui vous ayant conté par quel bonheur étrange
    Il s'est mis à couvert de la mort de Florange,
    Se sert de cette feinte en cachant votre nom
    Pour lui donner secours dedans cette prison,
    Comme il y tient sa place, il fait ce qu'il doit faire.

MÉLISSE

415 Je n'écrivais tantôt qu'à dessein de lui plaire,
    Mais, Lyse, maintenant j'ai pitié de l'ennui
    D'un homme si bien fait qui souffre pour autrui,
    Et par quelques motifs que je vienne d'écrire,
    Il est de mon honneur de ne m'en pas dédire;
420 La lettre est de ma main, elle parle d'amour,
    S'il ne sait qui je suis, il peut l'apprendre un jour,
    Un tel gage m'oblige à lui tenir parole,
    Ce qu'on met par écrit passe une amour frivole,
    Puisqu'il a du mérite on ne m'en peut blâmer,
425 Et je lui dois mon cœur s'il le daigne estimer.
    Je m'en forme en idée une image si rare
    Qu'elle pourrait gagner l'âme la plus barbare,
    L'amour en est le peintre, et ton rapport flatteur
    En fournit les couleurs à ce doux enchanteur.

LYSE

430 Tout comme vous l'aimez vous verrez qu'il vous aime,
    Si vous vous engagez il s'engage de même,
    Et se forme de vous un tableau si parfait
    Que c'est lettre pour lettre, et portrait pour portrait.
    Il faut que votre amour plaisamment s'entretienne,
435 Il sera votre idée, et vous serez la sienne,
    L'alliance est mignarde, et cette nouveauté
    Surtout dans une lettre aura grande beauté,
    Quand vous y souscrirez pour Dorante ou Mélisse :
    « Votre très humble idée à vous rendre service ».
    Vous vous moquez, madame, et loin d'y consentir
440 Vous n'en parlez ainsi que pour vous divertir.

MÉLISSE

Je ne me moque point.

LYSE

    Et que fera, madame,
Cet autre cavalier dont vous possédez l'âme,
Votre amant ?

MÉLISSE

  Qui ?

ACTE II, SCÈNE PREMIÈRE

Lyse

Philiste.

Mélisse

Ah! ne présume pas
Que son cœur soit sensible au peu que j'ai d'appas,
445 Il fait mine d'aimer, mais sa galanterie
N'est qu'un amusement et qu'une raillerie.

Lyse

Il est riche, et parent des premiers de Lyon.

Mélisse

Et c'est ce qui le porte à plus d'ambition.
S'il me voit quelquefois, c'est comme par surprise,
450 Dans ses civilités, on dirait qu'il méprise,
Qu'un seul mot de sa bouche est un rare bonheur,
Et qu'un de ses regards est un excès d'honneur.
L'amour même d'un roi me serait importune
S'il fallait la tenir à si haute fortune,
455 La sienne est un trésor qu'il fait bien d'épargner,
L'avantage est trop grand, j'y pourrais trop gagner,
Il n'entre point chez nous, et quand il me rencontre,
Il semble qu'avec peine à mes yeux il se montre,
Et prend l'occasion avec une froideur
460 Qui craint en me parlant d'abaisser sa grandeur.

Lyse

Peut-être il est timide, et n'ose davantage.

Mélisse

S'il craint, c'est que l'amour trop avant ne l'engage,
Il voit souvent mon frère et ne parle de rien.

Lyse

Mais vous le recevez, ce me semble, assez bien ?

Mélisse

465 Comme je ne suis pas en amour des plus fines,
Faute d'autre j'en souffre, et je lui rends ses mines,
Mais je commence à voir que de tels cajoleurs
Ne font qu'effaroucher les partis les meilleurs,
Et je m'ennuie enfin qu'avec cette grimace
470 D'un véritable amant il occupe la place.

LYSE

Je l'ai vu pour vous voir faire beaucoup de tours.

MÉLISSE

Qui l'empêche d'entrer et me voir tous les jours ?
Sommes-nous en Espagne, ou bien en Italie ?

LYSE

Les amoureux, madame, ont chacun leur folie,
475 La sienne est de vous voir avec tant de respect
Qu'il passe pour superbe et vous devient suspect ;
Et la vôtre, un dégoût de cette retenue
Qui vous fait mépriser la personne connue,
Pour donner votre estime et chercher avec soin
480 L'amour d'un inconnu parce qu'il est de loin.

SCÈNE II

CLÉANDRE, MÉLISSE, LYSE

CLÉANDRE

Envers ce prisonnier as-tu fait cette feinte,
Ma sœur ?

MÉLISSE

Sans me connaître il me croit l'âme atteinte,
Que je l'ai vu conduire en ce triste séjour,
Que ma lettre et l'argent sont des effets d'amour,
485 Et Lyse qui l'a vu m'en dit tant de merveilles
Qu'elle fait presque entrer l'amour par les oreilles.

CLÉANDRE

Ah ! si tu savais tout !

MÉLISSE

Elle ne laisse rien,
Elle en vante l'esprit, la taille, le maintien,
Le visage attrayant, et la façon modeste.

CLÉANDRE

490 Ah ! que c'est peu de chose au prix de ce qui reste !

MÉLISSE

Que reste-t-il à dire ? un courage invaincu ?

Cléandre

C'est le plus généreux qui ait jamais vécu,
C'est le cœur le plus noble, et l'âme la plus haute...

Mélisse

Quoi ! vous voulez, mon frère, ajouter à sa faute ?
495 Percer avec ces traits un cœur qu'elle a blessé,
Et vous-même achever ce qu'elle a commencé ?

Cléandre

Ma sœur, à peine sais-je encor comme il se nomme,
Et je sais qu'on n'a vu jamais plus honnête homme,
Et que ton frère enfin périrait aujourd'hui
500 Si nous avions affaire à tout autre qu'à lui.
Quoique notre partie ait été si secrète
Que j'en dusse espérer une sûre retraite,
Et que Florange et moi (comme je t'ai conté)
De peur que ce duel ne pût être éventé,
505 Sans prendre de seconds, l'eussions faite de sorte
Que sans armes chacun sortit par une porte,
Que nous n'eussions ensemble été vus de huit jours,
Que presque tout le monde ignorât nos amours,
Et que l'occasion me fut si favorable
510 Que je vis l'innocent saisi pour le coupable ;
(Je crois te l'avoir dit, qu'il nous vint séparer,
Et que sur son cheval je sus me retirer.)
Comme je me montrais afin que ma présence
Donnât lieu d'en juger une entière innocence,
515 Sur un bruit épandu que le défunt et moi
D'une même beauté nous adorions la loi,
Un prévôt soupçonneux me saisit dans la rue,
Me mène au prisonnier, et m'expose à sa vue,
Juge quel trouble j'eus de me voir en ces lieux :
520 Ce cavalier me voit, m'examine des yeux,
Me reconnaît, je tremble encore à te le dire,
Mais apprends sa vertu, chère sœur, et l'admire.
Ce grand cœur se voyant mon destin en la main
Devient pour me sauver à soi-même inhumain,
525 Lui qui souffre pour moi sait mon crime et le nie,
Dit que ce qu'on m'impute est une calomnie,
Dépeint le criminel de tout autre façon,
Oblige le prévôt à sortir sans soupçon,
Me promet amitié, m'assure de se taire,
530 Voilà ce qu'il a fait, vois ce que je dois faire.

Mélisse

L'aimer, le secourir, et tous deux avouer
Qu'une telle vertu ne se peut trop louer.

Cléandre

Si je l'ai plaint tantôt de souffrir pour mon crime,
Cette pitié, ma sœur, était bien légitime :
535 Mais ce n'est plus pitié, c'est obligation,
Et le devoir succède à la compassion.
Nos plus puissants secours ne sont qu'ingratitude,
Donc à les redoubler mets toute ton étude,
Sous ce même prétexte, et ces déguisements
540 Ajoute à ton argent perles et diamants,
Qu'il ne manque de rien, et pour sa délivrance
Je vais de mes amis faire agir la puissance,
Que si tous leurs efforts ne le peuvent tirer
Pour m'acquitter vers lui j'irai me déclarer.
545 Adieu, de ton côté prends souci de me plaire,
Et voici ce que tu dois à qui te sauve un frère.

Mélisse

Je vous obéirai très ponctuellement.

SCÈNE III

MÉLISSE, LYSE

Lyse

Vous pouviez dire encor très volontairement,
Et la faveur du Ciel vous a bien conservée
550 Si ces derniers discours ne vous ont achevée.
Le parti de Philiste a de quoi s'appuyer,
Je n'en suis plus, madame, il n'est bon qu'à noyer,
Il ne valut jamais un cheveu de Dorante.
Je puis vers la prison apprendre une courante ?

Mélisse

555 Oui, tu peux te résoudre encore à te crotter.

Lyse

Quels de vos diamants me faut-il lui porter ?

ACTE II, SCÈNE III

MÉLISSE

Mon frère va trop vite, et sa chaleur l'emporte
Jusqu'à connaître mal des gens de cette sorte.
Aussi comme son but est différent du mien,
560 Je dois prendre un chemin fort éloigné du sien,
Il est reconnaissant, et je suis amoureuse,
Il a peur d'être ingrat, et je veux être heureuse,
A force de présents il se croit acquitter,
Mais le redoublement ne fait que rebuter,
565 Si le premier oblige un homme de mérite,
Le second l'importune et le reste l'irrite,
Et passé le besoin, quoi qu'on lui puisse offrir,
C'est un accablement qu'il ne saurait souffrir.
L'amour est libéral, mais c'est avec adresse,
570 Le prix de ses présents est en leur gentillesse,
Et celui qu'à Dorante exprès tu vas porter,
Je veux qu'il le dérobe au lieu de l'accepter.
Ecoute une pratique assez ingénieuse.

LYSE

Elle doit être belle et fort mystérieuse.

MÉLISSE

575 Au lieu des diamants dont tu viens de parler
Avec quelques douceurs il faut le régaler,
Entrer sous ce prétexte, et trouver quelque voie
Par où sans que j'y sois tu fasses qu'il me voie.
Porte-lui mon portrait, et comme sans dessein
580 Fais qu'il puisse aisément le surprendre en ton sein,
Feins lors pour le ravoir un déplaisir extrême,
S'il le rend, c'en est fait, s'il le retient, il m'aime.

LYSE

A vous dire le vrai vous en savez beaucoup.

MÉLISSE

L'amour est un grand maître, il instruit tout d'un coup.

LYSE

585 Il vient de vous donner de belles tablatures.

MÉLISSE

Viens quérir mon portrait avec des confitures,
Comme pourra Dorante en user bien ou mal
Nous résoudrons après touchant l'original.

SCÈNE IV

PHILISTE, DORANTE, CLITON, dans la prison.

Dorante

Voilà, mon cher ami, la véritable histoire
D'une aventure étrange et difficile à croire;
Mais puisque je vous vois mon sort m'est assez doux.

Philiste

L'aventure est étrange, et bien digne de vous,
Et si je n'en voyais la fin trop véritable,
J'aurais bien de la peine à la trouver croyable,
Vous me seriez suspect si vous étiez ailleurs.

Cliton

Ayez pour lui, monsieur, des sentiments meilleurs,
Il s'est bien converti dans un si long voyage,
C'est tout un autre esprit sous le même visage,
Et tout ce qu'il débite est pure vérité
S'il ne ment quelquefois par générosité.
C'est le même qui prit Clarice pour Lucrèce,
Qui fit jaloux Alcippe avecque tant d'adresse,
Et malgré tout cela, le même toutefois
Depuis qu'il est ici n'a menti qu'une fois.

Philiste

En voudrais-tu jurer ?

Cliton

Oui, monsieur, et j'en jure
Par le Dieu des menteurs dont il est créature,
Et s'il vous faut encore un serment plus nouveau,
Par l'hymen de Poitiers et le festin sur l'eau.

Philiste

Laissant là ce badin, ami, je vous confesse
Qu'il me souvient toujours de vos traits de jeunesse,
Cent fois en cette ville aux meilleures maisons
J'en ai fait un bon conte en déguisant les noms,
J'en ai ri de bon cœur, et j'en ai bien fait rire,
Et quoi que maintenant je vous entende dire
Ma mémoire toujours me les vient présenter,
Et m'en fait un rapport qui m'invite à douter.

ACTE II, SCÈNE IV

DORANTE

Formez en ma faveur de plus saines pensées,
Ces petites humeurs sont aussitôt passées,
Et l'air du monde change en bonnes qualités
620 Ces teintures qu'on prend aux universités.

PHILISTE

Dès lors à cela près vous étiez en estime
D'avoir une âme noble et grande et magnanime.

CLITON

Je le disais dès lors, sans cette qualité
Vous n'eussiez pu jamais le payer de bonté.

DORANTE

625 Ne te tairas-tu point ?

CLITON

Dis-je rien qu'il ne sache,
Et fais-je à votre nom quelque nouvelle tache ?
N'était-il pas, monsieur, avec Alcippe, et vous
Quand ce festin en l'air le rendit si jaloux ?
Fut-il pas le témoin du conte que vous fîtes ?
630 Vous sépara-t-il pas lors que vous vous battîtes ?
Et sait-il pas enfin les plus rusés détours
Dont votre esprit adroit bricola vos amours ?

PHILISTE

Ami, ce flux de langue est trop grand pour se taire,
Mais sans plus l'écouter parlons de votre affaire.
635 Elle me semble aisée, et j'ose me vanter
Qu'assez facilement je pourrai l'emporter,
Ceux dont elle dépend sont de ma connaissance,
Et même à la plupart je touche de naissance,
Le mort était d'ailleurs fort peu considéré,
640 Et chez les gens d'honneur on ne l'a point pleuré.
Donc sans perdre de temps souffrez que j'aille apprendre
Pour en venir à bout quel chemin il faut prendre.
Ne vous attristez point cependant en prison,
On aura soin de vous comme en votre maison,
645 Le concierge en a l'ordre, il tient de moi sa place,
Et sitôt que je parle, il n'est rien qu'il ne fasse.

DORANTE

Ma joie est de vous voir, vous me l'allez ravir.

PHILISTE

Je prends congé de vous pour vous aller servir,
Cliton divertira votre mélancolie.

SCÈNE V

DORANTE, CLITON

CLITON

650 Comme va maintenant l'amour, ou la folie ?
Cette dame obligeante au visage inconnu
Qui s'empare des cœurs avec son revenu,
Est-elle encore aimable ? a-t-elle encor des charmes ?
Par générosité lui rendrons-nous les armes ?

DORANTE

655 Cliton, je la tiens belle, et m'ose figurer
Qu'elle n'a rien en soi qu'on ne puisse adorer.
Qu'en imagines-tu ?

CLITON

J'en fais des conjectures
Qui s'accordent fort mal avecque vos figures.
Vous payer par avance et vous cacher son nom,
660 Quoi que vous présumiez ne marque rien de bon,
A voir ce qu'elle a fait, et comme elle procède
Je jurerais, monsieur, qu'elle est ou vieille ou laide,
Peut-être l'une et l'autre, et vous a regardé
Comme un galant commode assez incommodé.

DORANTE

665 Tu parles en brutal.

CLITON

Vous en visionnaire,
Mais si je disais vrai, que prétendez-vous faire ?

DORANTE

Envoyer et la dame et les amours au vent.

CLITON

Mais vous avez reçu, quiconque prend, se vend.

DORANTE

Quitte pour lui jeter son argent à la tête.

CLITON

670 Le compliment est doux, et la défaite honnête.
Tout de bon à ce coup vous êtes converti,
Je le soutiens, monsieur, le proverbe a menti :
Sans scrupule autrefois, témoin votre Lucrèce,
Vous emportiez l'argent, et quittiez la maîtresse :
675 Mais Rome vous a fait si grand homme de bien,
Qu'à présent vous voulez rendre à chacun le sien,
Vous vous êtes instruit des cas de conscience.

DORANTE

Tu m'embrouilles l'esprit faute de patience,
Deux ou trois jours peut-être, un peu plus, un peu moins,
680 Eclairciront ce trouble et purgeront ces soins.
Tu sais qu'on m'a promis que la beauté qui m'aime
Viendra me rapporter sa réponse elle-même,
Vois déjà sa servante, elle revient.

CLITON
Tant pis,
Dussiez-vous enrager, c'est ce que je vous dis,
685 Si fréquente ambassade et maîtresse invisible
Sont de ma conjecture une preuve infaillible.
Voyons ce qu'elle veut, et si son passeport
Est aussi bien fourni comme au premier abord.

DORANTE

Veux-tu qu'à tous moments il pleuve des pistoles ?

CLITON

690 Qu'avons-nous sans cela besoin de ses paroles ?

SCÈNE VI

DORANTE, LYSE, CLITON

DORANTE, *à Lyse.*

Je ne t'espérais pas si soudain de retour.

LYSE

Vous jugerez par là d'un cœur qui meurt d'amour,
De vos civilités ma maîtresse est ravie,
Elle serait venue, elle en brûle d'envie,

Mais une compagnie au logis la retient,
Elle viendra bientôt, et peut-être elle vient,
Et je me connais mal à l'ardeur qui l'emporte
Si vous ne la voyez même avant que je sorte.
Acceptez cependant quelque peu de douceurs
Fort propres en ces lieux à conforter les cœurs,
Les sèches sont dessous, celles-ci sont liquides.

CLITON

Les amours de tantôt me semblaient plus solides.
Si tu n'as autre chose épargne mieux tes pas,
Cette inégalité ne me satisfait pas,
Nous avons le cœur bon, et dans nos aventures
Nous ne fûmes jamais hommes à confitures.

LYSE

Badin, qui te demande ici ton sentiment ?

CLITON

Ah ! tu me fais l'amour un peu bien rudement.

LYSE

Est-ce à toi de parler, que n'attends-tu ton heure ?

DORANTE

Saurons-nous cette fois son nom ou sa demeure ?

LYSE

Non pas encor si tôt.
DORANTE
    Mais te vaut-elle bien ?
Parle-moi franchement et ne déguise rien.

LYSE

A ce compte, monsieur, vous me trouvez passable ?

DORANTE

Je te trouve de taille, et d'esprit agréable,
Tant de grâce en l'humeur, et tant d'attrait aux yeux,
Qu'à te dire le vrai je ne voudrais pas mieux,
Elle me charmera pourvu qu'elle te vaille.

LYSE

Ma maîtresse n'est pas tout à fait de ma taille,
Mais elle me surpasse en esprit, en beauté,
Autant et plus encor, monsieur, qu'en qualité.

ACTE II, SCÈNE VI

DORANTE

Tu sais adroitement couler ta flatterie ;
Que ce bout de ruban a de galanterie !
Je veux le dérober, mais qu'est-ce qui le suit ?

LYSE

Rendez-le-moi, monsieur, j'ai hâte, il s'en va nuit.

DORANTE

725 Je verrai ce que c'est.

LYSE

C'est une miniature.

DORANTE

O le charmant portrait ! l'adorable peinture !
Elle est faite à plaisir ?

LYSE

Après le naturel.

DORANTE

Je ne crois pas jamais avoir rien vu de tel.

LYSE

Ces quatre diamants dont elle est enrichie
730 Ont sous eux quelque feuille ou mal nette, ou blanchie,
Et je cours de ce pas y faire regarder.

DORANTE

Et quel est ce portrait ?

LYSE

Le faut-il demander ?
Voyez-vous pas que c'est ma maîtresse elle-même ?

DORANTE

Qui, celle qui m'écrit ?

LYSE

Oui, celle qui vous aime,
735 A l'aimer tant soit peu vous l'eussiez deviné.

DORANTE

Un si rare bonheur ne m'est pas destiné,
Et tu me veux flatter par cette fausse joie.

LYSE

Quand je dis vrai, monsieur, j'entends que l'on me croie.
Mais je m'amuse trop, l'orfèvre est loin d'ici,
740 Donnez-moi, je perds temps.

DORANTE

     Laisse-moi ce souci,
Nous avons un orfèvre arrêté pour ses dettes,
Qui saura tout remettre au point que tu souhaites.

LYSE

Vous m'en donnez, monsieur.

DORANTE

     Je te le ferai voir.

LYSE

A-t-il la main fort bonne ?

DORANTE

     Autant qu'on peut l'avoir.

LYSE

745 Sans mentir ?

DORANTE

  Sans mentir.

CLITON

     Il est trop jeune, il n'ose.

LYSE

Je voudrais bien pour vous faire ici quelque chose,
Mais vous le montreriez.

DORANTE

    Non, à qui que ce soit.

LYSE

Vous me ferez chasser si quelque autre le voit.

DORANTE

Va, dors en sûreté.

LYSE

    Mais enfin à quand rendre ?

DORANTE

750 Dès demain.

LYSE

   Demain donc je le viendrai reprendre,
Je ne puis me résoudre à vous désobliger.

ACTE II, SCÈNE VII

CLITON

Elle se met pour vous en un très grand danger.
Dirons-nous rien nous deux ?

LYSE

Non.

CLITON

Comme tu méprises.

LYSE

Je n'ai pas le loisir d'entendre tes sottises.

CLITON

755 Avec cette rigueur tu me feras mourir.

LYSE

Peut-être à mon retour je te saurai guérir,
Je ne puis mieux pour l'heure. Adieu.

CLITON

Tout me succède.

SCÈNE VII

DORANTE, CLITON

DORANTE

Viens, Cliton, et regarde. Est-elle vieille, ou laide ?
Voit-on des yeux plus vifs ? voit-on des traits plus doux ?

CLITON

760 Je suis un peu moins dupe, et plus fûté que vous.
C'est un leurre, monsieur, la chose est toute claire,
Elle a fait tout du long les mines qu'il faut faire,
On amorce le monde avec de tels portraits,
Pour les faire surprendre on les apporte exprès,
765 On s'en fâche, on fait bruit, on vous les redemande,
Mais on tremble toujours de peur qu'on ne les rende,
Et pour dernière adresse une telle beauté
Ne se voit que de nuit et dans l'obscurité,
De crainte qu'aussitôt l'amour ne s'estropie
770 A voir l'original si loin de sa copie.
Mais laissons ce discours qui vous peut ennuyer,
Vous ferai-je venir l'orfèvre prisonnier ?

Dorante

Simple, n'as-tu point vu que c'était une feinte ?
Un effet de l'amour dont mon âme est atteinte ?

Cliton

775 Bon, en voici déjà de deux en même jour,
Par devoir d'honnête homme, et par effet d'amour.
Avec un peu de temps nous en verrons bien d'autres,
Chacun a ses talents, et ce sont là les vôtres.

Dorante

Tais-toi, tu m'étourdis avecque tes raisons,
780 Allons prendre un peu d'air dans la cour des prisons.

ACTE III

SCÈNE PREMIÈRE

CLÉANDRE, DORANTE, CLITON

Dorante

Je vous en prie encor, discourons d'autre chose,
Et sur un tel sujet ayons la bouche close,
On peut nous écouter, et vous surprendre ici,
Et si vous vous perdez vous me perdez aussi :
785 La parfaite amitié que pour vous j'ai conçue,
Quoiqu'elle soit l'effet d'une première vue,
Joint mon péril au vôtre, et les unit si bien
Qu'au cours de votre sort elle attache le mien.

Cléandre

N'ayez aucune peur, et sortez d'un tel doute,
790 J'ai des gens là dehors qui gardent qu'on n'écoute,
Et je vous puis parler en toute sûreté
De ce que mon malheur doit à votre bonté.
Si d'un bienfait si grand qu'on reçoit sans mérite
Qui s'avoue insolvable aucunement s'acquitte,

795 Pour m'acquitter vers vous autant que je le puis
J'avoue, et hautement, monsieur, que je le suis :
Mais si cette amitié par l'amitié se paie,
Ce cœur qui vous doit tout vous en rend une vraie,
La vôtre la devance à peine d'un moment,
800 Elle attache mon sort au vôtre également,
Et l'on n'y trouvera que cette différence
Qu'en vous elle est faveur, en moi reconnaissance.

DORANTE

N'appelez point faveur ce qui fut un devoir,
Entre les gens de cœur il suffit de se voir,
805 Par un effort secret de quelque sympathie
L'un à l'autre aussitôt un certain nœud les lie,
Chacun d'eux sur son front porte écrit ce qu'il est,
Et quand on lui ressemble on prend son intérêt.

CLITON

Par exemple, voyez, aux traits de ce visage
810 Mille dames m'ont pris pour homme de courage,
Et sitôt que je parle on devine à demi
Que le sexe jamais ne fut mon ennemi.

CLÉANDRE

Cet homme a de l'humeur.

DORANTE

C'est un vieux domestique
Qui, comme vous voyez, n'est pas mélancolique.
815 A cause de son âge il se croit tout permis,
Il se rend familier avec tous mes amis,
Mêle partout son mot, et jamais, quoi qu'on die,
Pour donner son avis il n'attend qu'on le prie,
Souvent il importune, et quelquefois il plaît.

CLÉANDRE

820 J'en voudrais savoir un de l'humeur dont il est.

CLITON

Croyez qu'à le trouver vous auriez grande peine,
Le monde n'en voit pas quatorze à la douzaine,
Et je jurerais bien, monsieur, en bonne foi
Qu'en France il n'en est point que Jodelet et moi.

DORANTE

825 Voilà de ses bons mots les grâces plus exquises,
Mais qui parle beaucoup dit beaucoup de sottises,

Et quand il a dessein de se mettre en crédit,
Plus il y fait d'effort, moins il sait ce qu'il dit.

CLITON

On appelle cela des vers à ma louange.

CLÉANDRE

830 Presque insensiblement nous avons pris le change,
Mais revenons, monsieur, à ce que je vous dois.

DORANTE

Nous en pourrons parler encor quelque autre fois,
Il suffit pour ce coup.

CLÉANDRE

Je ne saurais vous taire
En quel heureux état se trouve votre affaire.
835 Vous sortirez bientôt, et peut-être demain,
Mais un si prompt secours ne vient pas de ma main,
Les amis de Philiste en ont trouvé la voie,
J'en dois rougir de honte au milieu de ma joie,
Et je ne saurais voir sans être un peu jaloux
840 Qu'il m'ôte les moyens de rien faire pour vous.
Je cède avec regret à cet ami fidèle,
S'il a plus de pouvoir il n'a pas plus de zèle,
Et vous m'obligerez au sortir de prison
De me faire l'honneur de prendre ma maison.
845 Je n'attends point le temps de votre délivrance
De peur qu'encore un coup Philiste me devance,
Comme il m'ôte aujourd'hui l'espoir de vous servir ;
Vous loger est un bien que je lui veux ravir.

DORANTE

C'est un excès d'honneur que vous me voulez rendre,
850 Et je croirais faillir de m'en vouloir défendre.

CLÉANDRE

Je vous en reprierai quand vous pourrez sortir,
Et lors nous tâcherons à vous bien divertir,
Et vous faire oublier l'ennui que je vous cause ;
Auriez-vous cependant besoin de quelque chose ?
855 Vous êtes voyageur, et pris par des sergents,
Et quoique ces messieurs soient fort honnêtes gens,
Il en est quelques-uns...

CLITON

Les siens en sont du nombre,
Ils ont en le prenant pillé jusqu'à son ombre,

Et n'était que le Ciel a su le soulager
860 Vous le verriez encor fort net et fort léger :
Mais comme je pleurais ces tristes aventures
Nous avons reçu lettre, argent, et confitures.

CLÉANDRE

Et de qui ?

DORANTE

Pour le dire il faudrait deviner,
Jugez ce qu'en ma place on peut s'imaginer.
865 Une dame m'écrit, me flatte, me régale,
Me promet une amour qui n'eut jamais d'égale,
Me fait force présents...

CLÉANDRE

Et vous visite ?

DORANTE

Non.

CLÉANDRE

Vous savez son logis ?

DORANTE

Non, pas même son nom.
Vous figurez-vous point ce que ce pourrait être ?

CLÉANDRE

870 A moins que de la voir je ne la puis connaître.

DORANTE

Pour un si bon ami je n'ai point de secret,
Voyez, connaissez-vous les traits de ce portrait ?

CLÉANDRE

Elle semble éveillée, et passablement belle,
Mais je ne vous en puis dire aucune nouvelle,
875 Et je ne connais rien à ces traits que je vois.
Je vais vous préparer une chambre chez moi.
Adieu.

SCÈNE II

DORANTE, CLITON

Dorante

Ce brusque adieu marque un trouble dans l'âme,
Sans doute il la connaît.

Cliton

C'est peut-être sa femme.

Dorante

Sa femme ?

Cliton

Oui, c'est sans doute elle qui vous écrit,
880 Et vous venez de faire un coup de grand esprit.
Voilà de vos secrets et de vos confidences.

Dorante

Nomme-les par leur nom, dis de mes imprudences.
Mais serait-ce en effet celle que tu me dis ?

Cliton

Envoyez vos portraits à de tels étourdis,
885 Ils gardent un secret avec extrême adresse.
C'est sa femme, vous dis-je, ou du moins sa maîtresse,
Ne l'avez-vous pas vu tout changé de couleur.

Dorante

Je l'ai vu comme atteint d'une vive douleur
Faire de vains efforts pour cacher sa surprise,
890 Son désordre, Cliton, montre ce qu'il déguise,
Il a pris un prétexte à sortir promptement
Sans se donner loisir d'un mot de compliment.

Cliton

Qu'il fera dangereux rencontrer sa colère !
Il va tout renverser si l'on le laisse faire,
895 Et je vous tiens pour mort si sa fureur se croît :
Mais surtout ses valets peuvent bien marcher droit,
Malheureux le premier qui fâchera son maître,
Pour autres cent louis je ne voudrais pas l'être.

ACTE III, SCÈNE II

DORANTE

La chose est sans remède, en soit ce qui pourra,
900 S'il fait tant le mauvais peut-être on le verra.
　Ce n'est pas qu'après tout, Cliton, si c'est sa femme
Je ne sache étouffer cette naissante flamme,
Ce serait lui prêter un fort mauvais secours
De lui ravir l'honneur en conservant ses jours,
905 D'une belle action j'en ferais une noire,
J'en ai fait mon ami, j'ai part dedans sa gloire,
Et je ne voudrais pas qu'on me pût reprocher
De servir un brave homme au prix d'un bien si cher.

CLITON

Et s'il est son amant ?

DORANTE

　　　　　　　Puisqu'elle me préfère,
910 Ce que j'ai fait pour lui vaut bien qu'il me défère,
Sinon, il a du cœur, il en sait bien les lois,
Et je suis résolu de défendre son choix.
Tandis pour un moment trêve de raillerie,
Je veux entretenir un peu ma rêverie.

Il prend le portrait de Mélisse.

915 　　Merveille qui m'as enchanté,
　　Portrait à qui je rends les armes,
　　As-tu bien autant de bonté
　　Comme tu me fais voir de charmes ?
　　Hélas ! au lieu de l'espérer,
920 　　Je ne fais que me figurer
　　Que tu te plains à cette belle,
　　Que tu lui dis mon procédé,
　　Et que je te fus infidèle
　　Sitôt que je t'eus possédé.

925 　　Garde mieux le secret que moi,
　　Daigne en ma faveur te contraindre,
　　Si je t'ai pu manquer de foi
　　C'est m'imiter que de t'en plaindre,
　　Ta colère en me punissant
930 　　Te fait criminel d'innocent,
　　Sur toi retombent tes vengeances...

CLITON, *lui ôtant le portrait.*

Vous ne dites, monsieur, que des extravagances,
Et parlez justement le langage des fous,
Donnez, j'entretiendrai ce portrait mieux que vous,

Je veux vous en montrer de meilleures méthodes,
Et lui faire des vœux plus courts, et plus commodes.
  Adorable et riche beauté,
  Qui joins les effets aux paroles,
  Merveille qui m'as enchanté
  Par tes douceurs et tes pistoles :
  Sache un peu mieux les partager,
  Et si tu nous veux obliger
  A dépeindre aux races futures
  L'éclat de tes faits inouïs,
  Garde pour toi les confitures,
  Et nous accable de louis.
Voilà parler en homme.

DORANTE

     Arrête tes saillies,
Ou va du moins ailleurs débiter tes folies,
Je ne suis pas toujours d'humeur à t'écouter.

CLITON

Et je ne suis jamais d'humeur à vous flatter,
Je ne vous puis souffrir de dire une sottise,
Par un double intérêt je prends cette franchise,
L'un, vous êtes mon maître, et j'en rougis pour vous,
L'autre, c'est mon talent, et j'en deviens jaloux.

DORANTE

Si c'est là ton talent, ma faute est sans exemple.

CLITON

Ne me l'enviez point, le vôtre est assez ample,
Et puisqu'enfin le Ciel m'a voulu départir
Le don d'extravaguer comme à vous de mentir,
Comme je ne mens point devant Votre Excellence
Ne dites à mes yeux aucune extravagance,
N'entreprenez sur moi, non plus que moi sur vous.

DORANTE

Tais-toi, le Ciel m'envoie un entretien plus doux,
L'ambassade revient.
CLITON

    Que nous apporte-t-elle ?

DORANTE

Maraud, veux-tu toujours quelque douceur nouvelle ?

ACTE III, SCÈNE III

Cliton

965 Non pas, mais le passé m'a rendu curieux,
Je lui regarde aux mains aussitôt comme aux yeux.

SCÈNE III

DORANTE, MÉLISSE
déguisée en servante, cachant son visage, sous une coiffe,
CLITON, LYSE

Cliton, *à Lyse.*

Montre ton passeport. Quoi! tu viens les mains vides!

A Dorante.

Ainsi détruit le temps les choses plus solides,
Et moins d'un jour réduit tout votre heur et le mien
970 Des louis aux douceurs, et des douceurs à rien.

Lyse

Si j'apportai tantôt, à présent je demande.

Dorante

Que veux-tu ?

Lyse

Ce portrait qu'il faut que l'on me rende.

Dorante

As-tu pris du secours pour faire plus de bruit ?

Lyse

C'est ma sœur que j'amène à cause qu'il fait nuit;
975 Mais vous pensez en vain chercher une défaite,
Demandez-lui, monsieur, quelle vie on m'a faite.

Dorante

Quoi, ta maîtresse sait que tu me l'as laissé ?

Lyse

Elle s'en est doutée, et je l'ai confessé.

Dorante

Elle s'en est donc mise en colère ?

LYSE

Et si forte
Que je n'ose rentrer si je ne le rapporte :
Si vous vous obstinez à me le retenir
Je ne sais dès ce soir, monsieur, que devenir,
Ma fortune est perdue, et dix ans de service.

DORANTE

Ecoute, il n'est pour toi chose que je ne fisse,
Si je te nuis ici c'est avecque regret,
Mais on aura mon cœur avant que ce portrait.
Va dire de ma part à celle qui t'envoie
Qu'il fait tout mon bonheur, qu'il fait toute ma joie,
Que rien n'approcherait de mon ravissement
Si je le possédais de son consentement,
Qu'il est l'unique bien où mon espoir se fonde,
Qu'il est le seul trésor qui me soit cher au monde,
Et quant à ta fortune, il est en mon pouvoir
De la faire monter par-delà ton espoir.

LYSE

Je ne veux point de vous, ni de vos récompenses.

DORANTE

Tu me dédaignes trop.

LYSE

Je le dois.

CLITON

Tu l'offenses,
Mais voulez-vous, monsieur, me croire et vous venger ?
Rendez-lui son portrait pour la faire enrager.

LYSE

O le grand habile homme ! il y connaît finesse.
C'est donc ainsi, monsieur, que vous tenez promesse ?
Mais puisque auprès de vous j'ai si peu de crédit
Demandez à ma sœur ce qu'elle m'en a dit,
Et si c'est sans raison que j'ai tant l'épouvante.

DORANTE

Tu verras que ta sœur sera plus obligeante :
Mais si ce grand courroux lui donne autant d'effroi
Je ferai tout autant pour elle que pour toi.

LYSE

N'importe, parlez-lui, du moins vous saurez d'elle
Avec quelle chaleur j'ai pris votre querelle.

ACTE III, SCÈNE III

DORANTE, *à Mélisse.*

Son ordre est-il si rude ?

MÉLISSE

Il est assez exprès,
1010 Mais sans mentir, ma sœur vous presse un peu de près,
Quoiqu'elle ait commandé la chose a deux visages.

CLITON

Comme toutes les deux jouent leurs personnages.

MÉLISSE

Souvent tout cet effort à ravoir un portrait
N'est que pour voir l'amour par l'état qu'on en fait.
1015 Que sait-on si c'est point le dessein de Madame ?
Ma sœur non plus que moi ne lit pas dans son âme,
Si j'étais que de vous je voudrais hasarder,
Et de force ou de gré je le saurais garder.
Si vous l'aimez, monsieur, croyez qu'en son courage
1020 Elle vous aime assez pour vous laisser ce gage;
Ce serait vous traiter avec trop de rigueur
Puisque avant ce portrait on aura votre cœur,
Et je la trouverais d'une humeur bien étrange
Si je ne lui faisais accepter cet échange,
1025 Je l'entreprends pour vous, et vous répondrai bien
Qu'elle aimera ce gage autant comme le sien.

DORANTE

O Ciel! et de quel nom faut-il que je te nomme ?

CLITON

Ainsi font deux soldats logés chez le bonhomme,
Quand l'un veut tout tuer l'autre rabat les coups,
1030 L'un jure comme un diable, et l'autre file doux.
Les belles, n'en déplaise à tout votre grimoire,
Vous vous entr'entendez comme larrons en foire.

MÉLISSE

Que dit cet insolent ?

DORANTE

C'est un fou qui me sert.

CLITON

Vous dites que...

DORANTE, *à Cliton.*

Tais-toi, ta sottise me perd;
A Mélisse.
1035 Je suivrai ton conseil, il m'a rendu la vie.

LYSE

Avec sa complaisance à flatter votre envie,
Dans le cœur de Madame elle croit pénétrer,
Mais mon front en rougit et n'ose se montrer.

MÉLISSE, *se découvrant.*

Mon front n'en rougit point, et je veux bien qu'il voie
1040 D'où lui vient ce conseil qui lui rend tant de joie.

DORANTE

Mes yeux, que vois-je ? où suis-je ? êtes-vous des flatteurs ?
Si le portrait dit vrai, les habits sont menteurs,
Madame, c'est ainsi que vous savez surprendre!

MÉLISSE

C'est ainsi que je tâche à ne me point méprendre,
1045 A voir si vous m'aimez, et savez mériter
Cette parfaite amour que je vous veux porter.
Ce portrait est à vous, vous l'avez su défendre,
Et sur l'original vous pouvez tout prétendre,
Mais par quelque motif que vous l'eussiez rendu
1050 L'un et l'autre à jamais était pour vous perdu,
Je retirais mon cœur en retirant ce gage,
Et vous n'eussiez de moi jamais vu que l'image.
Voilà le vrai sujet de mon déguisement,
Pour ne rien hasarder j'ai pris ce vêtement,
1055 Pour entrer sans soupçon, pour en sortir de même,
Et ne me point montrer qu'ayant vu si l'on m'aime.

DORANTE

Je demeure immobile, et pour vous répliquer
Je perds la liberté même de m'expliquer :
Surpris, charmé, confus d'une telle merveille,
1060 Je ne sais si je dors, je ne sais si je veille,
Je ne sais si je vis, et je sais toutefois
Que ma vie est trop peu pour ce que je vous dois,
Que tous mes jours usés dessous votre service,
Que tout mon sang pour vous offert en sacrifice,
1065 Que tout mon cœur brûlé d'amour pour vos appas
Envers votre beauté ne m'acquitteraient pas.

MÉLISSE

Sachez pour arrêter ce discours qui me flatte
Que je n'ai pu moins faire à moins que d'être ingrate,
Vous avez fait pour moi plus que vous ne savez,
1070 Et je vous dois bien plus que vous ne me devez.
Vous m'entendrez un jour, à présent je vous quitte,
Et malgré mon amour je romps cette visite,
Le soin de mon honneur veut que j'en use ainsi,
Je crains à tous moments qu'on me surprenne ici,
1075 Encor que déguisée on pourrait me connaître.
Je vous puis cette nuit parler par ma fenêtre,
Du moins si le concierge est homme à consentir
A force de présents que vous puissiez sortir,
Un peu d'argent fait tout chez les gens de sa sorte.

DORANTE

1080 Je le sais, mais, madame, en cas que je l'emporte,
Où vous dois-je chercher ?

MÉLISSE

              Ayant su la maison
Vous pourriez aisément vous informer du nom,
Encore un jour ou deux il me faut vous le taire ;
Mais vous n'êtes pas homme à me vouloir déplaire,
1085 Je loge en Bellecour, environ au milieu,
Dans un grand pavillon. N'y manquez pas. Adieu.

DORANTE

Donnez quelque signal pour plus certaine adresse.

LYSE

Un linge servira de marque plus expresse,
J'en prendrai soin.

MÉLISSE

          On ouvre, et quelqu'un vous vient voir,
1090 Si vous m'aimez, monsieur...

Elles rabaissent toutes deux leurs coiffes.

DORANTE

              Je sais bien mon devoir,
Sur ma discrétion prenez toute assurance.

SCÈNE IV

PHILISTE, DORANTE, CLITON, MÉLISSE, LYSE
qui s'écoulent incontinent.

PHILISTE

Ami, notre bonheur passe notre espérance.
Vous avez compagnie ! Ah ! voyons s'il vous plaît.

DORANTE

Laissez-les s'écouler, je vous dirai qui c'est.
Ce n'est qu'une lingère, allant en Italie.
Je la vis en passant et la trouvai jolie,
Nous fîmes connaissance et me sachant ici,
Comme vous le voyez, elle en a pris souci.

PHILISTE

Vous trouvez en tous lieux d'assez bonnes fortunes.

DORANTE

Celle-ci pour le moins n'est pas des plus communes.

PHILISTE

Elle vous semble belle, à ce compte ?

DORANTE

A ravir.

PHILISTE

Je n'en suis point jaloux.

DORANTE

M'y voulez-vous servir ?

PHILISTE

Je suis trop maladroit pour un si noble rôle.

DORANTE

Vous n'avez seulement qu'à dire une parole.

PHILISTE

Qu'une ?

ACTE III, SCÈNE IV 653

Dorante

Non, cette nuit j'ai promis de la voir,
Sûr que vous obtiendrez mon congé pour ce soir,
Le concierge est à vous.

Philiste

C'est une affaire faite.

Dorante

Quoi, vous me refusez un mot que je souhaite ?

Philiste

L'ordre, tout au contraire, en est déjà donné,
1110 Et votre esprit trop prompt n'a pas bien deviné.
Comme je vous quittais avec peine à vous croire
Quatre de mes amis m'ont conté votre histoire,
Ils marchaient après vous deux ou trois mille pas,
Ils vous ont vu courir, tomber le mort à bas,
1115 L'autre vous démonter et fuir en diligence,
Ils ont vu tout cela de sur une éminence,
Et n'ont connu personne étant trop éloignés ;
Voilà, quoi qu'il en soit, tous nos procès gagnés,
Et plutôt de beaucoup que je n'osais prétendre :
1120 Je n'ai point perdu de temps, et les ai fait entendre,
Si bien que sans chercher d'autre éclaircissement
Vos juges m'ont promis votre élargissement.
Mais quoi qu'il soit constant qu'on vous prend pour un [autre,
Il faudra caution, et je serai la vôtre,
1125 Ce sont formalités que la Justice veut,
Autrement, disent-ils, l'affaire ne se peut,
Mais je crois qu'ils en font ainsi que bon leur semble ;
Tandis ce soir chez moi nous souperons ensemble,
Dans un moment ou deux vous y pourrez venir,
1130 Nous aurons tout loisir de nous entretenir,
Et vous prendrez le temps de voir votre lingère.
Ils m'ont dit toutefois qu'il serait nécessaire
De coucher pour la forme un moment en prison,
Et m'en ont sur-le-champ rendu quelque raison,
1135 Mais c'est si peu mon jeu que de telles matières
Que j'en perds aussitôt les plus belles lumières.
Vous sortirez demain, il n'est rien de plus vrai,
C'est tout ce que j'en aime, et tout ce que j'en sais.

Dorante

Que ne vous dois-je point pour de si bons offices !

Philiste

1140 Ami, ce ne sont là que de petits services,
Je voudrais pouvoir mieux, tout me serait fort doux ;
Je vais chercher du monde à souper avec vous,
Adieu, je vous attends au plus tard dans une heure.

SCÈNE V

DORANTE, CLITON

Dorante

Tu ne dis mot, Cliton.

Cliton

Elle est belle, ou je meure.

Dorante

1145 Elle te semble belle ?

Cliton

Et si parfaitement
Que j'en suis même encor dans le ravissement,
Encor dans mon esprit je la vois et l'admire,
Et je n'ai su depuis trouver le mot à dire.

Dorante

Vraiment, je suis ravi que mon élection
1150 Ait enfin mérité ton approbation.

Cliton

Ah! plût à Dieu, monsieur, que ce fût la servante !
Vous verriez comme quoi je la trouve charmante,
Et comme pour l'aimer je ferais le mutin.

Dorante

Admire en cet amour la force du destin.

Cliton

1155 J'admire bien plutôt votre adresse ordinaire
Qui change en un moment cette dame en lingère.

Dorante

C'était nécessité dans cette occasion
De crainte que Philiste eût quelque vision,
S'en formât quelque idée, et la pût reconnaître.

ACTE III, SCÈNE V

CLITON

1160 Cette métamorphose est de vos coups de maître.
Je n'en parlerai plus, monsieur, que cette fois,
Mais en un demi-jour comptez déjà pour trois :
Un coupable honnête homme, un portrait, une dame,
A son premier métier rendent soudain votre âme,
1165 Et vous savez mentir par générosité,
Par adresse d'amour, et par nécessité.
Quelle conversion !

DORANTE

Tu fais bien le sévère.

CLITON

Non, non, à l'avenir je fais vœu de m'en taire,
J'aurais trop à compter.

DORANTE

Conserver un secret,
1170 Ce n'est pas tant mentir qu'être amoureux discret.
L'honneur d'une maîtresse aisément y dispose.

CLITON

Ce n'est qu'autre prétexte et non pas autre chose,
Croyez-moi, vous mourrez, monsieur, dans votre peau,
Et vous mériterez cet illustre tombeau,
1175 Cette digne oraison que j'avais tantôt faite,
Vous vous en souvenez sans que je la répète.

DORANTE

Pour de pareils sujets peut-on s'en garantir ?
Et toi-même à ton tour penses-tu point mentir ?
L'occasion convie, aide, engage, dispense,
1180 Et pour servir un autre on ment sans qu'on y pense.

CLITON

Si vous m'y surprenez, étrillez-y-moi bien.

DORANTE

Allons trouver Philiste et ne jurons de rien.

ACTE IV

SCÈNE PREMIÈRE

MÉLISSE, LYSE

MÉLISSE

J'en tremble encor de peur, et n'en suis pas remise.

LYSE

Aussi bien comme vous je pensais être prise.

MÉLISSE

1185 Non, Philiste n'est fait que pour m'incommoder,
Voyez ce qu'en ces lieux il venait demander,
S'il est heure si tard de faire une visite.

LYSE

Un ami véritable à toute heure s'acquitte,
Mais un amant fâcheux, soit de jour, soit de nuit,
1190 Toujours à contretemps son malheur le produit,
Et depuis qu'une fois il commence à déplaire
Il ne manque jamais d'occasion contraire,
Tant son mauvais destin semble prendre de soins.
A mêler sa présence où l'on la veut le moins.

MÉLISSE

1195 Quel désordre eût-ce été, Lyse, s'il m'eût connue ?

LYSE

Il vous eût fort avant donné dedans la vue.

MÉLISSE

Quel bruit, et quel éclat n'eût point fait son courroux ?

LYSE

Il eût été peut-être aussi honteux que vous.
Un homme un peu content et qui s'en fait accroire
1200 Se voyant méprisé rabat bien de sa gloire,

ACTE IV, SCÈNE PREMIÈRE

Et surpris qu'il en est en telle occasion
Toute sa vanité tourne en confusion.
Quand il a de l'esprit il sait rendre le change,
Loin de s'en émouvoir en raillant il se venge,
1205 Affecte des mépris, comme pour reprocher
Que la perte qu'il fait ne vaut pas s'en fâcher,
Tant qu'il peut il témoigne une âme indifférente ;
Quoi qu'il en soit enfin, vous avez vu Dorante,
Et fort adroitement je vous ai mise en jeu.

MÉLISSE

1210 Et fort adroitement tu m'as fait voir son feu.

LYSE

Eh bien, mais que vous semble encor du personnage ?
Vous en ai-je trop dit ?

MÉLISSE

J'en ai vu davantage.

LYSE

Avez-vous du regret d'avoir trop hasardé ?

MÉLISSE

Je n'ai qu'un déplaisir d'avoir si peu tardé.

LYSE

1215 Vous l'aimez ?

MÉLISSE

Je l'adore.

LYSE

Et croyez qu'il vous aime ?

MÉLISSE

Qu'il m'aime, et d'une amour comme la mienne extrême.

LYSE

Une première vue, un moment d'entretien
Vous font ainsi tout croire, et ne douter de rien ?

MÉLISSE

Quand les ordres du Ciel nous ont fait l'un pour l'autre,
1220 Lyse, c'est un amour bientôt fait que le nôtre,
Sa main entre les cœurs par un secret pouvoir
Sème l'intelligence avant que de se voir,

Il prépare si bien l'amant et la maîtresse
Que leur âme au seul nom s'émeut et s'intéresse,
On s'estime, on se cherche, on s'aime en un moment,
Tout ce qu'on s'entredit persuade aisément,
Et sans s'inquiéter de mille peurs frivoles
La foi semble courir au-devant des paroles,
La langue en peu de mots en explique beaucoup,
Les yeux plus éloquents font tout voir tout d'un coup,
Et de quoi qu'à l'envi tous les deux nous instruisent
Le cœur en entend plus que tous les deux n'en disent.

Lyse

Si, comme dit Sylvandre, une âme en se formant,
Ou descendant du Ciel, prend d'un autre l'aimant,
La sienne a pris le vôtre et vous a rencontrée.

Mélisse

Quoi, tu lis les romans ?

Lyse

Je puis bien lire *Astrée*,
Je suis de son village, et j'ai de bons garants
Qu'elle et son Céladon étaient de mes parents.

Mélisse

Quelle preuve en as-tu ?

Lyse

Ce vieux saule, madame,
Où chacun d'eux cachait ses lettres et sa flamme,
Quand le jaloux Sémire en fit un faux témoin
Du pré de mon grand-père il fait encor le coin,
Et l'on m'a dit que c'est un infaillible signe
Que d'un si rare hymen je viens en droite ligne.
Vous ne m'en croyez pas.

Mélisse

De vrai c'est un grand point.

Lyse

Aurais-je tant d'esprit si cela n'était point ?
D'où viendrait cette adresse à faire vos messages,
A jouer avec vous de si bons personnages,
Ce trésor de lumière et de vivacité
Que d'un sang amoureux que j'ai d'eux hérité ?

ACTE IV, SCÈNE II

MÉLISSE

Tu le disais tantôt, chacun a sa folie,
Les uns l'ont importune, et la tienne est jolie.

SCÈNE II

CLÉANDRE, MÉLISSE, LYSE

CLÉANDRE

Je viens d'avoir querelle avec ce prisonnier.

MÉLISSE

Avec ?

CLÉANDRE

Avec Dorante.

MÉLISSE

Avec ce cavalier,
1255 Dont vous tenez l'honneur, dont vous tenez la vie ?
Qu'avez-vous fait ?

CLÉANDRE

Un coup dont tu seras ravie.

MÉLISSE

Qu'à cette lâcheté je pusse consentir !

CLÉANDRE

Bien plus, tu m'aideras à le faire mentir.

MÉLISSE

Ne le présumez pas, quelque espoir qui vous flatte,
1260 Si vous êtes ingrat, je ne puis être ingrate.

CLÉANDRE

Tu t'en fâches, ma sœur !

MÉLISSE

Je m'en fâche pour vous,
D'un mot il vous peut perdre, et je crains son courroux.

CLÉANDRE

Il est trop généreux, et puis notre querelle
Dans les termes qu'elle est n'est pas si criminelle.

Ecoute. Nous parlions des dames de Lyon,
Elles sont assez mal en son opinion,
Il confesse de vrai qu'il a peu vu la ville,
Mais il se l'imagine en beautés fort stérile,
Et ne peut se résoudre à croire qu'en ces lieux
La plus belle ait de quoi suborner de bons yeux :
Pour l'honneur du pays j'en nomme trois ou quatre,
Mais à moins que de voir il n'en veut rien rabattre,
Et comme il ne le peut étant dans la prison
J'ai cru par un portrait le mettre à la raison,
Et sans chercher plus loin ces beautés qu'on admire
Je ne veux que le tien pour le faire dédire,
Me le dénieras-tu, ma sœur, pour un moment ?

MÉLISSE

Vous me jouez, mon frère, assez accortement,
La querelle est adroite et bien imaginée.

CLÉANDRE

Non, je m'en suis vanté, ma parole est donnée.

MÉLISSE

S'il faut ruser ici j'en sais autant que vous,
Et vous serez bien fin si je ne romps vos coups,
Vous pensez me surprendre, et je n'en fais que rire,
Dites donc tout d'un coup ce que vous voulez dire.

CLÉANDRE

Eh bien, je viens de voir ton portrait en ses mains.

MÉLISSE

Et c'est ce qui vous fâche.

CLÉANDRE

Et c'est dont je me plains.

MÉLISSE

J'ai cru vous obliger, et l'ai fait pour vous plaire,
Votre ordre était exprès.

CLÉANDRE

Quoi ! je te l'ai fait faire ?

MÉLISSE

Ne m'avez-vous pas dit, *sous ces déguisements*
Ajoute à ton argent perles et diamants.
Ce sont vos propres mots et vous en êtes cause.

ACTE IV, SCÈNE II

CLÉANDRE

Et quoi, de ce portrait disent-ils quelque chose ?

MÉLISSE

Puisqu'il est enrichi de quatre diamants,
N'est-ce pas obéir à vos commandements ?

CLÉANDRE

1295 C'est fort bien expliquer le sens de mes prières,
Mais, ma sœur, ces faveurs sont un peu singulières,
Qui donne le portrait promet l'original.

MÉLISSE

C'est encore votre ordre, ou je le conçois mal.
Ne m'avez-vous pas dit : *Prends souci de me plaire,*
1300 *Et vois ce que tu dois à qui te sauve un frère ?*
Puisque vous lui devez et la vie et l'honneur
Pour vous en revancher dois-je moins que mon cœur,
Et doutez-vous encore à quel point je vous aime,
Quand pour vous acquitter je me donne moi-même ?

CLÉANDRE

1305 Certes, pour m'obéir avec plus de chaleur
Vous donnez à mon ordre une étrange couleur,
Et prenez un grand soin de bien payer mes dettes,
Non que mes volontés en soient mal satisfaites,
Loin d'éteindre ce feu je voudrais l'allumer ;
1310 Qu'il eût de quoi vous plaire, et voulût vous aimer,
Je tiendrais à bonheur de l'avoir pour beau-frère,
J'en cherche les moyens, j'y fais ce qu'on peut faire,
Et c'est à ce dessein qu'au sortir de prison
Je le viens d'obliger à prendre la maison,
1315 Afin que l'entretien produise quelques flammes
Qui forment doucement l'union de vos âmes :
Mais vous savez trouver des chemins plus aisés,
Sans savoir s'il vous plaît, ni si vous lui plaisez,
Vous pensez l'engager avecque de tels gages,
1320 Et lui donnez sur vous de trop grands avantages.
Que sera-ce, ma sœur, si quand vous le verrez,
Vous n'y rencontrez pas ce que vous espérez,
Si quelque aversion vous prend pour son visage,
Si le vôtre le choque, ou qu'un autre l'engage,
1325 Et que de ce portrait donné légèrement
Il érige un trophée à quelque objet charmant ?

Mélisse

Sans l'avoir jamais vu je connais son courage.
Qu'importe après cela quel en soit le visage ?
Tout le reste m'en plaît si le cœur en est haut,
1330 Et si l'âme est parfaite, il n'a point de défaut,
Ajoutez que vous-même après votre aventure
Ne m'en avez pas fait une laide peinture,
Et comme vous devez vous y connaître mieux,
Je m'en rapporte à vous, et choisis par vos yeux.
1335 N'en doutez nullement, je l'aimerai, mon frère,
Et si ces faibles traits n'ont pas de quoi lui plaire,
S'il aime en autre lieu, n'en appréhendons rien,
Puisqu'il est généreux il en usera bien.

Cléandre

Quoi qu'il en soit, ma sœur, soyez plus retenue
1340 Alors qu'à tous moments vous serez à sa vue,
Votre amour me ravit, je la veux couronner,
Mais souffrez qu'il se donne avant que vous donner.
Il sortira demain, n'en soyez point en peine,
Adieu, je vais une heure entretenir Climène.

SCÈNE III

MÉLISSE, LYSE

Lyse

1345 Vous en voilà défaite et quitte à bon marché.
Encore est-il traitable alors qu'il est fâché,
Sa colère a pour vous une douce méthode,
Et sur la remontrance il n'est pas incommode.

Mélisse

Aussi qu'ai-je commis pour en donner sujet ?
1350 Me ranger à son choix sans savoir son projet,
Deviner sa pensée, obéir par avance
Sont-ce, Lyse, envers lui des crimes d'importance ?

Lyse

Obéir par avance est un jeu délicat
Dont tout autre que lui ferait un mauvais plat.

ACTE IV, SCÈNE III

1355 Mais ce nouvel amant dont vous faites votre âme
Avec un grand secret ménage votre flamme,
Devait-il exposer ce portrait à ses yeux ?
Je le tiens indiscret.

MÉLISSE

Il n'est que curieux,
Et ne montrerait pas si grande impatience
1360 S'il me considérait avec indifférence,
Outre qu'un tel secret peut souffrir un ami.

LYSE

Mais un homme qu'à peine il connaît à demi ?

MÉLISSE

Mon frère lui doit tant qu'il a lieu d'en attendre
Tout ce que d'un ami tout autre peut prétendre.

LYSE

1365 L'amour excuse tout dans un cœur enflammé,
Et tout crime est léger dont l'auteur est aimé,
Je serais plus sévère, et tiens qu'à juste titre
Vous lui pouvez tantôt en faire un bon chapitre.

MÉLISSE

Ne querellons personne, et puisque tout va bien
1370 De crainte d'avoir pis ne nous plaignons de rien.

LYSE

Que vous avez de peur que le marché n'échappe !

MÉLISSE

Avecque tes façons que veux-tu que j'attrape ?
Je possède son cœur, je ne veux rien de plus,
Et je perdrais le temps en débats superflus.
1375 Quelquefois en amour trop de finesse abuse,
S'excusera-t-il mieux que le mien ne l'excuse ?
Allons, allons l'attendre, et sans en murmurer
Ne pensons qu'aux moyens de nous en assurer.

LYSE

Vous ferez-vous connaître ?

MÉLISSE

Oui, s'il sait de mon frère
1380 Ce que jusqu'à présent j'avais voulu lui taire,
Sinon, quand il viendra prendre son logement
Il se verra surpris plus agréablement.

SCÈNE IV

DORANTE, PHILISTE, CLITON

Dorante

Me reconduire encor! cette cérémonie
D'entre les vrais amis devrait être bannie.

Philiste

1385 Jusques en Bellecour je vous ai reconduit
Pour voir une maîtresse en faveur de la nuit,
Le temps est assez doux, et je la vois paraître
En de semblables nuits souvent à la fenêtre.
J'attendrai le hasard un moment en ce lieu,
1390 Et vous laisse aller voir votre lingère. Adieu.

Dorante

Que je vous laisse ici de nuit sans compagnie!

Philiste

C'est faire à votre tour trop de cérémonie,
Peut-être qu'à Paris j'aurais besoin de vous,
Mais je ne crains ici ni rivaux, ni filous.

Dorante

1395 Ami, pour des rivaux, chaque jour en fait naître
Vous en pouvez avoir et ne les pas connaître,
Ce n'est pas que je veuille entrer dans vos secrets,
Mais nous nous tiendrons loin en confidents discrets,
J'ai du loisir assez.

Philiste

        Si l'heure ne vous presse
1400 Vous saurez mon secret touchant cette maîtresse,
Elle demeure, ami, dans ce grand pavillon.

Cliton, *bas.*

Tout se prépare mal à cet échantillon.

Dorante

Est-ce où je pense voir un linge qui voltige ?

Philiste
Justement.
Dorante
Elle est belle ?
Philiste
Assez.
Dorante
Et vous oblige ?
Philiste
1405 Je ne saurais encor, s'il faut tout avouer,
Ni m'en plaindre beaucoup, ni beaucoup m'en louer,
Son accueil n'est pour moi ni trop doux, ni trop rude,
Il est et sans faveur et sans ingratitude,
Et je la vois toujours dedans un certain point
1410 Qui ne me chasse pas et ne l'engage point.
Mais je me trompe fort ou sa fenêtre s'ouvre.

Dorante
Je me trompe moi-même ou quelqu'un s'y découvre.

Philiste
J'avance, approchez-vous, mais sans suivre mes pas,
Et prenez un détour qui ne vous montre pas,
1415 Vous jugerez quel fruit je puis espérer d'elle,
Pour Cliton, il peut faire ici la sentinelle.

Dorante
Que me vient-il de dire, et qu'est-ce que je vois ?
Cliton, sans doute il aime en même lieu que moi.
O Ciel ! que mon bonheur est de peu de durée.

Cliton
1420 S'il prend l'occasion qui vous est préparée
Vous pouvez disputer avec votre valet
A qui mieux de vous deux gardera le mulet.

Dorante
Que de confusion et de trouble en mon âme !

Cliton
Allez prêter l'oreille aux discours de la dame,
1425 Au bruit que je ferai prenez bien votre temps,
Et nous lui donnerons de jolis passe-temps.

Dorante va auprès de Philiste.

SCÈNE V

MÉLISSE, LYSE, *à la fenêtre.*
PHILISTE, DORANTE, CLITON

MÉLISSE

Est-ce vous ?

PHILISTE

Oui, madame.

MÉLISSE

Ah! que je suis ravie!
Que mon sort cette nuit devient digne d'envie!
Certes je n'osais plus espérer ce bonheur.

PHILISTE

430 Manquerais-je à venir où j'ai laissé mon cœur ?

MÉLISSE

Qu'ainsi je sois aimée, et que de vous j'obtienne
Une amour si parfaite et pareille à la mienne!

PHILISTE

Ah! s'il en est besoin, j'en jure, et par vos yeux.

MÉLISSE

Vous revoir en ce lieu me persuade mieux,
435 Et sans autre serment cette seule visite
M'assure d'un bonheur qui passe mon mérite.

CLITON

A l'aide.

MÉLISSE

J'ois du bruit.

CLITON

A la force, au secours.

PHILISTE

C'est quelqu'un qu'on maltraite, excusez si j'y cours,
Madame je reviens.

CLITON, *s'éloignant toujours derrière le théâtre.*

On m'égorge, on me tue.
1440 Au meurtre.

ACTE IV, SCÈNE VI

PHILISTE
Il est déjà dans la prochaine rue.

DORANTE
C'est Cliton, retournez, il suffira de moi.

PHILISTE
Je ne vous quitte point, allons.

Ils sortent tous deux.

MÉLISSE
Je meurs d'effroi.

CLITON, *derrière le théâtre.*
Je suis mort.

MÉLISSE
Un rival lui fait cette surprise.

LYSE
C'est plutôt quelque ivrogne, ou quelque autre sottise
1445 Qui ne méritait pas rompre votre entretien.

MÉLISSE
Tu flattes mes désirs.

SCÈNE VI

DORANTE, MÉLISSE, LYSE

DORANTE
Madame, ce n'est rien,
Des marauds dont le vin embrouillait la cervelle
Vidaient à coups de poing une vieille querelle,
Ils étaient trois contre un, et le pauvre battu
1450 A crier de la sorte exerçait sa vertu.

Bas.

Si Cliton m'entendait il compterait pour quatre.

MÉLISSE
Vous n'avez donc point eu d'ennemis à combattre.

DORANTE
Un coup de plat d'épée a tout fait écouler.

MÉLISSE

Je mourais de frayeur vous y voyant aller.

DORANTE

1455 Que Philiste est heureux! qu'il doit aimer la vie!

MÉLISSE

Vous n'avez pas sujet de lui porter envie.

DORANTE

Vous lui parliez naguère en termes assez doux.

MÉLISSE

Je pense d'aujourd'hui n'avoir parlé qu'à vous.

DORANTE

Vous ne lui parliez pas avant tout ce vacarme,
1460 Vous ne lui disiez pas que son amour vous charme,
Qu'aucuns feux à vos feux ne peuvent s'égaler ?

MÉLISSE

J'ai tenu ces discours, mais j'ai cru vous parler,
N'êtes-vous pas Dorante ?

DORANTE

     Oui, je le suis, madame,
Le malheureux témoin de votre peu de flamme,
1465 Ce qu'un moment fit naître un autre l'a détruit,
Et l'ouvrage d'un jour se perd en une nuit.

MÉLISSE

L'erreur n'est pas un crime, et votre chère idée
Régnant sur mon esprit m'a si bien possédée,
Que dedans votre objet le sien s'est confondu,
1470 Et lors qu'il m'a parlé je vous ai répondu.
En sa place tout autre eût passé pour vous-même,
Vous verrez par la suite à quel point je vous aime,
Pardonnez cependant à mes esprits déçus,
Daignez prendre pour vous les vœux qu'il a reçus,
1475 Ou si manque d'amour votre soupçon persiste...

DORANTE

N'en parlons plus, de grâce, et parlons de Philiste,
Il vous sert, et la nuit me l'a trop découvert.

Mélisse

Dites qu'il m'importune et non pas qu'il me sert,
N'en craignez rien, adieu, j'ai peur qu'il ne revienne.

Dorante

1480 Où voulez-vous demain que je vous entretienne ?
Je dois être élargi.

Mélisse

Je vous ferai savoir
Dès demain chez Cléandre où vous me pourrez voir.

Dorante

Et qui vous peut sitôt apprendre ces nouvelles ?

Mélisse

Et ne savez-vous pas que l'amour a des ailes ?

Dorante

1485 Vous avez habitude avec ce cavalier.

Mélisse

Non, je sais tout cela d'un esprit familier,
Soyez moins curieux, plus secret, plus modeste,
Sans ombrage, et demain nous parlerons du reste.

Dorante, *seul.*

Comme elle est ma maîtresse elle m'a fait leçon,
1490 Et d'un soupçon je tombe en un autre soupçon,
Lorsque je crains Cléandre un ami me traverse :
Mais nous avons bien fait de rompre le commerce,
Je crois l'entendre.

SCÈNE VII

DORANTE, PHILISTE, CLITON

Philiste

Ami, vous m'avez tôt quitté !

Dorante

Sachant fort peu la ville et dans l'obscurité,
1495 En moins de quatre pas j'ai tout perdu de vue,
Et m'étant égaré dès la première rue

       Comme je sais un peu ce que c'est que l'amour
       J'ai cru qu'il vous fallait attendre en Bellecour :
       Mais je n'ai plus trouvé personne à la fenêtre.
1500 Dites-moi cependant qui massacrait ce traître,
       Qui le faisait crier ?
                              PHILISTE
                                    A quelques mille pas
       Je l'ai rencontré seul tombé sur des plâtras.

                              DORANTE
       Maraud, ne criais-tu que pour nous mettre en peine ?

                              CLITON
       Souffrez encore un peu que je reprenne haleine.
1505 Comme à Lyon le peuple aime fort les laquais,
       Et leur donne souvent de dangereux paquets,
       Deux coquins me trouvant tantôt en sentinelle
       Ont laissé choir sur moi leur haine naturelle,
       Et me prenant pour l'être à l'habit rouge et vert...

                              DORANTE
1510 Quand il est nuit sans lune, et qu'il fait temps couvert
       Connaît-on les couleurs ? tu donnes une bourde.

                              CLITON
       Ils portaient sous le bras une lanterne sourde.
       C'était fait de ma vie, ils me traînaient à l'eau,
       Mais sentant du secours ils ont craint pour leur peau,
1515 Et jouant des talons tous deux en gens habiles
       M'ont jeté de roideur sur un morceau de tuiles,
       Chargé de tant de coups et de poing et de pié
       Que je crois tout au moins en être estropié :
       Puissé-je voir bientôt la canaille noyée.

                              PHILISTE
1520 Si j'eusse pu les joindre, ils me l'eussent payée,
       La belle occasion dont je n'ai pu jouir,
       Et que cette sottise a fait évanouir.
       Vous en êtes témoin, cette belle adorable
       Ne me pourrait jamais être plus favorable,
1525 Jamais je n'en reçus d'accueil si gracieux,
       Mais j'ai bientôt perdu ces moments précieux.
       Adieu, je prendrai soin demain de votre affaire,
       Il est saison pour vous de voir votre lingère,
       Puissiez-vous recevoir dedans son entretien
1530 Un plaisir plus solide et plus long que le mien.

SCÈNE VIII

DORANTE, CLITON

Dorante

Cliton, si tu le peux, regarde-moi sans rire.

Cliton

J'entends à demi-mot, et ne m'en puis dédire,
J'ai gagné votre mal.

Dorante
Eh bien, l'occasion ?

Cliton

Elle fait le menteur ainsi que le larron,
1535 Mais si j'en ai donné c'est pour votre service.

Dorante

Tu l'as bien fait courir avec cet artifice.

Cliton

Si je ne fusse chu je l'eusse mené loin,
Mais surtout j'ai trouvé la lanterne au besoin,
Et sans ce prompt secours votre feinte importune
1540 M'eût bien embarrassé de votre nuit sans lune.
Sachez une autre fois que ces difficultés
Ne se proposent point qu'entre gens concertés.

Dorante

Pour le mieux éblouir je faisais le sévère.

Cliton

C'était un jeu tout propre à gâter le mystère,
1545 Dites-moi cependant, êtes-vous satisfait ?

Dorante

Autant comme on peut l'être.

Cliton
En effet ?

DORANTE

En effet.

CLITON

Et Philiste ?

DORANTE

Il se tient comblé d'heur et de gloire,
Mais on l'a pris pour moi dans une nuit si noire,
On s'excuse du moins avec cette couleur.

CLITON

1550 Ces fenêtres toujours vous ont porté malheur.
Vous y prîtes jadis Clarice pour Lucrèce,
Aujourd'hui même erreur trompe votre maîtresse,
Et vous n'avez point eu de pareils rendez-vous,
Sans faire une jalouse, ou devenir jaloux.

DORANTE

1555 Je n'ai pas lieu de l'être, et n'en sors pas fort triste.

CLITON

Vous pourrez maintenant tout savoir de Philiste.

DORANTE

Cliton, tout au contraire, il le faut éviter,
Tout est perdu pour moi s'il me va tout conter.
De quel front oserais-je après sa confidence
1560 Souffrir que mon amour se mît en évidence ?
Après les soins qu'il prend de rompre ma prison
Aimer en même lieu me semble une trahison,
Voyant cette chaleur qui pour moi l'intéresse
Je rougis en secret de servir sa maîtresse,
1565 Et crois devoir au moins ignorer son amour
Jusqu'à ce que le mien ait pu paraître au jour.
Déclaré le premier je l'oblige à se taire,
Ou si de cette flamme il ne se peut défaire,
Il ne peut refuser de s'en remettre au choix
1570 De celle dont tous deux nous adorons les lois.

CLITON

Quand il vous préviendra vous pouvez le défendre
Aussi bien contre lui comme contre Cléandre.

DORANTE

Contre Cléandre et lui je n'ai pas même droit,
Je dois autant à l'un comme l'autre me doit,

ACTE V, SCÈNE PREMIÈRE

1575 Et tout homme d'honneur n'est qu'en inquiétude
Pouvant être suspect de quelque ingratitude.
Allons nous reposer, la nuit et le sommeil
Nous pourront inspirer quelque meilleur conseil.

ACTE V

SCÈNE PREMIÈRE

LYSE, CLITON

CLITON

Nous voici bien logés, Lyse, et sans raillerie
1580 Je ne souhaitais pas meilleure hôtellerie :
Enfin nous voyons clair à ce que nous faisons,
Et je puis à loisir te conter mes raisons.

LYSE

Tes raisons, c'est-à-dire, autant d'extravagances ?

CLITON

Tu me connais déjà !

LYSE

Bien mieux que tu ne penses.

CLITON

1585 J'en débite beaucoup.

LYSE

Tu les sais prodiguer.

CLITON

Mais sais-tu que l'amour me fait extravaguer ?

LYSE

En tiens-tu donc pour moi ?

CLITON

J'en tiens, je le confesse.

Lyse

Autant comme ton maître en tient pour ma maîtresse ?

Cliton

Non pas encor si fort, mais dès ce même instant
1590 Il ne tiendra qu'à toi que je n'en tienne autant,
Tu n'as qu'à l'imiter pour être autant aimée.

Lyse

Si son âme est en feu, la mienne est enflammée,
Et je crois jusqu'ici ne l'imiter pas mal.

Cliton

Tu manques, à vrai dire, encore au principal.

Lyse

1595 Ton secret est obscur.

Cliton

Tu ne veux pas l'entendre ;
Vois quelle est sa méthode, et tâche de la prendre.
Ses attraits tout-puissants ont des avant-coureurs
Encor plus souverains à lui gagner les cœurs,
Mon maître se rendit à ton premier message ;
1600 Ce n'est pas qu'en effet je n'aime ton visage,
Mais l'amour aujourd'hui dans les cœurs les plus vains
Entre moins par les yeux qu'il ne fait par les mains,
Et quand l'objet aimé voit les siennes garnies,
Il voit en l'autre objet des grâces infinies.
1605 Pourrais-tu te résoudre à m'attaquer ainsi ?

Lyse

J'en voudrais être quitte à moins d'un grand merci.

Cliton

Ecoute, je n'ai pas une âme intéressée,
Et je te veux ouvrir le fond de ma pensée.
Aimons-nous but à but, sans soupçon, sans rigueur,
1610 Donnons âme pour âme, et rendons cœur pour cœur.

Lyse

J'en veux bien à ce prix.

Cliton

Donc sans plus de langage,
Tu veux bien m'en donner quelques baisers pour gage.

Lyse

Pour l'âme, et pour le cœur, autant que tu voudras,
Mais pour le bout du doigt ne le demande pas,
Un amour délicat hait ces faveurs grossières,
Et je t'ai bien donné des preuves plus entières,
Pourquoi me demander des gages superflus ?
Ayant l'âme et le cœur que te faut-il de plus ?

Cliton

J'ai le goût fort grossier en matière de flamme,
Je sais que c'est beaucoup qu'avoir le cœur et l'âme,
Mais je ne sais pas moins qu'on a fort peu de fruit
Et de l'âme et du cœur si le reste ne suit.

Lyse

Et quoi, pauvre ignorant, ne sais-tu pas encore,
Qu'il faut suivre l'humeur de celle qu'on adore,
Se rendre complaisant, vouloir ce qu'elle veut ?

Cliton

Si tu n'en veux changer, c'est ce qui ne se peut.
De quoi me guériraient ces gages invisibles ?
Comme j'ai l'esprit lourd, je les veux plus sensibles,
Autrement, marché nul.

Lyse

Ne désespère point,
Chaque chose a son ordre, et tout vient à son point,
Peut-être avec le temps nous pourrons-nous connaître ;
Apprends-moi cependant qu'est devenu ton maître.

Cliton

Il est avec Philiste allé remercier
Ceux que pour son affaire il a voulu prier.

Lyse

Je crois qu'il est ravi de voir que sa maîtresse
Est la sœur de Cléandre, et devient son hôtesse ?

Cliton

Il a raison de l'être et de tout espérer.

Lyse

Avec toute assurance il se peut déclarer,
Autant comme la sœur le frère le souhaite,
Et s'il l'aime en effet je tiens la chose faite.

CLITON

Ne doute point s'il l'aime après qu'il meurt d'amour.

LYSE

Il semble toutefois fort triste à son retour.

SCÈNE II

DORANTE, CLITON, LYSE

DORANTE

Tout est perdu, Cliton, il faut ployer bagage.

CLITON

Je fais ici, monsieur, l'amour de bon courage,
1645 Au lieu de m'y troubler, allez en faire autant.

DORANTE

N'en parlons plus.

CLITON

Entrez, vous dis-je, on vous attend.

DORANTE

Que m'importe ?

CLITON

On vous aime.

DORANTE

Hélas !

CLITON

On vous adore.

DORANTE

Je le sais.

CLITON

D'où vient donc l'ennui qui vous dévore ?

DORANTE

Que je te trouve heureux !

CLITON

Le destin m'est si doux
1650 Que vous avez sujet d'en être fort jaloux,

ACTE V, SCÈNE III

Alors qu'on vous caresse à grands coups de pistoles,
J'obtiens tout doucement paroles pour paroles;
L'avantage est fort rare, et me rend fort heureux.

DORANTE

Il faut partir, te dis-je.

CLITON

Oui, dans un an, ou deux.

DORANTE

1655 Sans tarder un moment.

LYSE

L'amour trouve des charmes
A donner quelquefois de pareilles alarmes.

DORANTE

Lyse, c'est tout de bon.

LYSE

Vous n'en avez pas lieu.

DORANTE

Ta maîtresse survient, il faut lui dire adieu.
Puisse en ses belles mains ma douleur immortelle
1660 Laisser toute mon âme en prenant congé d'elle.

SCÈNE III

DORANTE, MÉLISSE, CLITON, LYSE

MÉLISSE

Au bruit de vos soupirs tremblante et sans couleur
Je viens savoir de vous mon crime, ou mon malheur,
Si j'en suis le sujet, si j'en suis le remède,
Si je le puis guérir, ou s'il faut que j'y cède,
1665 Si je dois, ou vous plaindre, ou me justifier,
Et de quel ennemi je me dois défier.

DORANTE

De mon mauvais destin qui seul me persécute.

MÉLISSE

A son injuste loi que faut-il que j'impute ?

Dorante

Le coup le plus mortel dont il m'eût pu frapper.

Mélisse

Est-ce un mal que mes yeux ne puissent dissiper ?

Dorante

Votre amour le fait naître, et vos yeux le redoublent.

Mélisse

Si je ne puis calmer les soucis qui vous troublent,
Du moins avecque vous je puis les partager.

Dorante

Ah! vous les aigrissez les voulant soulager :
Puis-je voir tant d'amour avec tant de mérite,
Et dire sans mourir qu'il faut que je vous quitte ?

Mélisse

Vous me quittez ? ô Ciel! Mais, Lyse, soutenez,
Je sens manquer la force à mes sens étonnés.

Dorante

N'aigrissez point ma plaie, elle est assez ouverte,
Vous me montrez en vain la grandeur de ma perte,
Ce grand excès d'amour que font voir vos douleurs
Triomphe de mon cœur sans vaincre mes malheurs.
On ne m'arrête pas pour redoubler mes chaînes,
On redouble ma flamme, on redouble mes peines :
Mais tous ces nouveaux feux qui viennent m'embraser
Me donnent seulement plus de fers à briser.

Mélisse

Donc à m'abandonner votre âme est résolue ?

Dorante

Je cède à la rigueur d'une force absolue.

Mélisse

Votre manque d'amour vous y fait consentir.

Dorante

Traitez-moi de volage, et me laissez partir,
Vous me serez plus douce en m'étant plus cruelle :
Je ne pars toutefois que pour être fidèle,

ACTE V, SCÈNE III

    Et je me résoudrais à lui désobéir
    Si je pouvais aussi me résoudre à trahir.
1695 Sachez-en le sujet, et peut-être, madame,
    Que vous-même avouerez, en lisant dans mon âme,
    Qu'il faut plaindre Dorante au lieu de l'accuser,
    Que plus il quitte en vous, plus il est à priser,
    Et que tant de faveurs dessus lui répandues
1700 Sur un indigne objet ne sont pas descendues.
    Je ne vous redis point combien il m'était doux
    De vous connaître enfin et de loger chez vous,
    Ni comme avec transport je vous ai rencontrée :
    Par cette porte, hélas! mes maux ont pris entrée,
1705 Par ce dernier bonheur mon bonheur s'est détruit,
    Ce funeste départ en est l'unique fruit,
    Et ma bonne fortune à moi-même contraire
    Me fait perdre la sœur par la faveur du frère.
    Le cœur enflé d'amour et de ravissement
1710 J'allais rendre à Philiste un mot de compliment,
    Mais lui tout aussitôt sans le vouloir entendre,
    Cher ami, m'a-t-il dit, vous logez chez Cléandre,
    Vous aurez vu sa sœur, je l'aime, et vous pouvez
    Me rendre beaucoup plus que vous ne me devez,
1715 En faveur de mes feux parlez à cette belle,
    Et comme mon amour a peu d'accès chez elle
    Faites l'occasion quand je vous irai voir.
    A ces mots j'ai frémi sous l'horreur du devoir,
    Par ce que je lui dois jugez dans ma misère
1720 Ce que j'ai dû promettre et ce que je dois faire.
    Ce cœur qui le trahit s'il vous aime aujourd'hui,
    Ne vous trahit pas moins s'il vous parle pour lui :
    Ainsi pour n'offenser son amour, ni le vôtre,
    Ainsi pour n'être ingrat ni vers l'un, ni vers l'autre,
1725 J'ôte de votre vue un amant malheureux
    Puisque même à vous voir je vous trahis tous deux,
    Lui, soutenant vos feux avecque ma présence,
    Vous, parlant pour Philiste avecque mon silence.

MÉLISSE

    C'est à Philiste donc que vous m'abandonnez ?
1730 Ou plutôt c'est Philiste à qui vous me donnez ?
    Votre amitié trop ferme, ou votre amour trop lâche
    M'ôtant ce qui me plaît me rend ce qui me fâche ?
    Que c'est à contretemps faire l'amant discret
    Qu'en ces occasions conserver un secret!
1735 Il fallait découvrir... mais simple, je m'abuse,

Un amour si léger eût mal servi d'excuse,
Un bien acquis sans peine est un trésor en l'air,
Ce qui coûte si peu ne vaut pas en parler,
La garde en importune, et la perte en console,
Et pour le retenir c'est trop qu'une parole.

DORANTE

Quelle excuse, madame, et quel remerciement ?
Et quel conte eût-il fait d'un amour d'un moment,
Allumé d'un coup d'œil ? car lui dire autre chose,
Lui conter de vos feux la véritable cause,
Que je vous sauve un frère, et qu'il me doit le jour,
Que la reconnaissance a produit votre amour,
C'était mettre en sa main le destin de Cléandre,
C'était trahir ce frère en voulant vous défendre,
C'était me repentir de l'avoir conservé,
C'était l'assassiner après l'avoir sauvé,
C'était désavouer ce généreux silence
Qu'au péril de mon sang garda mon innocence,
Et perdre, en vous forçant à ne plus m'estimer,
Toutes les qualités qui vous firent m'aimer.

MÉLISSE

Hélas ! tout ce discours ne sert qu'à me confondre,
Je n'y puis consentir, et n'y sais que répondre ;
Mais je découvre enfin l'adresse de vos coups,
Vous parlez pour Philiste, et vous faites pour vous,
Vos dames de Paris vous appellent sans elles,
Nos provinces pour vous n'en ont point d'assez belles,
Si dans votre prison vous avez fait l'amant
Je ne vous y servais que d'un amusement,
A peine en sortez-vous que vous changez de style,
Pour quitter la maîtresse il faut quitter la ville,
Je ne vous retiens plus, allez.

DORANTE

Puisse à vos yeux
M'écraser à l'instant la colère des cieux,
Si j'adore autre objet que celui de Mélisse,
Si je conçois des vœux que pour votre service,
Et si pour d'autres yeux on m'entend soupirer
Tant que je pourrai voir quelque lieu d'espérer.
Oui, madame, souffrez que cette amour persiste
Tant que l'hymen engage ou Mélisse, ou Philiste,

ACTE V, SCÈNE IV

Jusque-là les douceurs de votre souvenir
Avec un peu d'espoir sauront m'entretenir,
1775 J'en jure par vous-même, et ne suis pas capable
D'un serment, ni plus saint, ni plus inviolable.
Mais j'offense Philiste avec un tel serment,
Pour guérir vos soupçons je nuis à votre amant,
J'effacerai ce crime avec cette prière ;
1780 Si vous devez le cœur à qui vous sauve un frère,
Vous ne devez pas moins au généreux secours
Dont tient le jour celui qui conserva ses jours :
Aimez en ma faveur un ami qui vous aime,
Et possédez Dorante en un autre lui-même.
1785 Adieu, contre vos yeux c'est assez combattu,
Je sens à leurs regards chanceler ma vertu,
Et dans le triste état où mon âme est réduite
Pour sauver mon honneur je n'ai plus que la fuite.

SCÈNE IV

DORANTE, PHILISTE, MÉLISSE, LYSE, CLITON

PHILISTE

Ami, je vous rencontre assez heureusement.
1790 Vous sortiez ?

DORANTE

Oui, je sors, ami, pour un moment,
Entrez, Mélisse est seule, et je pourrais vous nuire.

PHILISTE

Vous ne m'échappez point à moins que m'introduire,
Après sur le discours vous prendrez votre temps,
Et nous serons ainsi l'un et l'autre contents.
1795 Je voudrais toutefois vous dire une nouvelle,
Et vous en faire rire en sortant d'avec elles ;
Chez un de mes amis je viens de rencontrer
Certain livre nouveau que je vous veux montrer.
Vous me semblez troublé !

DORANTE

J'ai bien raison de l'être,
1800 Adieu.

PHILISTE

Vous soupirez, et voulez disparaître ?
De Mélisse, ou de vous je saurai vos malheurs,
Madame, puis-je... O Ciel! elle-même est en pleurs!
Je ne vois des deux parts que des sujets d'alarmes!
D'où viennent ses soupirs, et d'où naissent vos larmes ?
Quel accident vous fâche et le fait retirer ?
Qu'ai-je à craindre pour vous, ou qu'ai-je à déplorer ?

MÉLISSE

Philiste, il est tout vrai... Mais retenez Dorante,
Sa présence au secret est la plus importante.

DORANTE

Vous me perdez, madame.

MÉLISSE

Il faut tout hasarder
Pour un bien qu'autrement je ne puis plus garder.

LYSE

Cléandre entre.

MÉLISSE

Le Ciel à propos nous l'envoie.

SCÈNE V

DORANTE, PHILISTE, CLÉANDRE, MÉLISSE, LYSE
CLITON

CLÉANDRE

Ma sœur, auriez-vous cru... Vous montrez peu de joie!
En si bon entretien qui vous peut attrister ?

MÉLISSE, *à Cléandre.*

J'en contais le sujet, vous pouvez l'écouter.

A Philiste.

Vous m'aimez, je l'ai su, monsieur, de votre bouche,
Je l'ai su de Dorante, et votre amour me touche,
Si trop peu pour vous rendre un amour tout pareil,
Assez pour vous donner un fidèle conseil.

ACTE V, SCÈNE V

Ne vous obstinez plus à chérir une ingrate,
1820 J'aime ailleurs, c'est en vain qu'un faux espoir vous flatte,
J'aime, et je suis aimée, et mon frère y consent,
Mon choix est aussi beau que mon amour puissant,
Vous l'auriez fait pour moi si vous étiez mon frère,
C'est Dorante en un mot qui seul a pu me plaire,
1825 Ne me demandez point ni quelle occasion
Ni quel temps entre nous a fait cette union,
S'il la faut appeler ou surprise, ou constance,
Je ne vous en puis dire aucune circonstance :
Contentez-vous de voir que mon frère aujourd'hui
1830 L'estime, et l'aime assez pour le loger chez lui,
Et d'apprendre de moi que mon cœur se propose
Le change et le tombeau pour une même chose.
Lors que notre destin nous semblait le plus doux
Vous l'avez obligé de me parler pour vous,
1835 Il l'a fait, et s'en va pour vous quitter la place :
Jugez par là, monsieur, quel malheur nous menace,
Voilà cet accident qui le fait retirer,
Voilà ce qui le trouble, et qui me fait pleurer,
Voilà ce que je crains, et voilà les alarmes
1840 D'où viennent ses soupirs, et d'où naissent mes larmes.

PHILISTE

Ce n'est pas là, Dorante, agir en cavalier,
Sur ma parole encor vous êtes prisonnier,
Votre liberté n'est qu'une prison plus large,
Et je réponds de vous s'il survient quelque charge,
1845 Vous partez cependant, et sans m'en avertir!
Rentrez dans la prison dont vous vouliez sortir.

DORANTE

Allons, je suis tout prêt d'y laisser une vie
Plus digne de pitié qu'elle n'était d'envie,
Mais après le bonheur que je vous ai cédé,
1850 Je méritais peut-être un plus doux procédé.

PHILISTE

Un ami tel que vous n'en mérite point d'autre,
Je vous dis mon secret, vous me cachez le vôtre,
Et vous ne craignez point d'irriter mon courroux
Lorsque vous me jugez moins généreux que vous!
1855 Vous pouvez me céder un objet qui vous aime,
Et j'ai le cœur trop bas pour vous traiter de même,

Pour vous en céder un à qui l'amour me rend
Sinon trop mal voulu, du moins indifférent!
Si vous avez pu naître, et noble, et magnanime,
1860 Vous ne me deviez pas tenir en moindre estime,
Malgré notre amitié je m'en dois ressentir,
Rentrez dans la prison dont vous vouliez sortir.

Cléandre

Vous prenez pour mépris son trop de déférence,
Dont il ne faut tirer qu'une pleine assurance
1865 Qu'un ami si parfait que vous osez blâmer
Vous aime plus que lui sans vous moins estimer.
Si pour lui votre foi sert aux juges d'otage
Permettez qu'auprès d'eux la mienne la dégage,
Et sortant du péril d'en être inquiété
1870 Remettez-lui, monsieur, toute sa liberté.
Ou si mon mauvais sort vous rend inexorable
Au lieu de l'innocent arrêtez le coupable,
C'est moi qui me sus hier sauver sur son cheval
Après avoir donné la mort à mon rival.
1875 Ce duel fut l'effet de l'amour de Climène,
Et Dorante sans vous se fût tiré de peine
Si devant le prévôt son cœur trop généreux
N'eût voulu méconnaître un homme malheureux.

Philiste

Je ne demande plus quel secret a pu faire
1880 Et l'amour de la sœur, et l'amitié du frère,
Ce qu'il a fait pour vous est digne de vos soins,
Vous lui devez beaucoup, vous ne rendez pas moins,
D'un plus haut sentiment la vertu n'est capable,
Et puisque ce duel vous avait fait coupable,
1885 Vous ne pouviez jamais envers un innocent
Etre plus obligé, ni plus reconnaissant.
Je ne m'oppose point à votre gratitude,
Et si je vous ai mis en quelque inquiétude,
Si de votre départ j'ai paru me piquer,
1890 Vous ne m'entendiez pas, et je vais m'expliquer.
On nomme une prison le nœud de l'hyménée,
L'amour même a des fers dont l'âme est enchaînée,
Vous les quittiez pour moi, je n'y puis consentir,
Rentrez dans la prison dont vous vouliez sortir.

Dorante

1895 Ami, c'est là le but qu'avait votre colère!

ACTE V, SCÈNE V

Philiste

Ami, je fais bien moins que vous ne vouliez faire.

Cléandre

Comme à lui je vous dois et la vie et l'honneur.

Mélisse

Vous m'avez fait trembler pour croître mon bonheur.

Philiste

J'ai voulu voir vos pleurs pour mieux voir votre flamme,
1900 Et la crainte a trahi les secrets de votre âme :
Mais quittons désormais des compliments si vains,
Votre secret, monsieur, est sûr entre mes mains,
Recevez-moi pour tiers d'une amitié si belle,
Et croyez qu'à l'envi je vous serai fidèle.
1905 Cher ami, cependant, connaissez-vous ceci ?

Il lui montre Le Menteur *imprimé.*

Dorante

Oui, je sais ce que c'est, vous en êtes aussi,
Un peu moins que le mien votre nom s'y fait lire,
Et si Cliton dit vrai, nous aurons de quoi rire.
C'est une comédie, où pour parler sans fard
1910 Philiste ainsi que moi doit avoir quelque part :
Au sortir d'écolier j'eus certaine aventure
Qui me met là-dedans en fort bonne posture,
On la joue au Marais sous le nom du *Menteur*.

Cliton

Gardez que celle-ci n'aille jusqu'à l'auteur,
1915 Et que pour une suite il n'y trouve matière,
La seconde à mon gré vaudrait bien la première.

Dorante

Fais-en ample mémoire, et va le lui porter,
Nous prendrons du plaisir à la représenter,
Entre les gens d'honneur on fait de ces parties,
1920 Et je tiens celle-ci pour des mieux assorties.

Philiste

Le sujet serait beau.

Dorante

Vous n'en savez pas tout.

Mélisse

Quoi ! jouer nos amours ainsi de bout en bout ?

Cléandre

La majesté des rois que leur cour idolâtre
Sans perdre son éclat monte sur le théâtre,
1925 C'est gloire et non pas honte, et pour moi j'y consens.

Philiste

S'il vous en faut encor des motifs plus puissants,
Vous pouvez effacer avec cette seconde
Les bruits que la première a laissés dans le monde,
Et ce cœur généreux n'a que trop d'intérêt
1930 Qu'elle fasse partout connaître ce qu'il est.

Cliton

Mais peut-on l'ajuster dans les vingt et quatre heures ?

Dorante

Qu'importe ?

Cliton

A mon avis ce sont bien les meilleures,
Car, grâces au bon Dieu, nous nous y connaissons,
Les poètes au parterre en font tant de leçons
1935 Et là cette science est si bien éclaircie
Que nous savons que c'est que de péripétie,
Catastase, épisode, unité, dénouement,
Et quand nous en parlons, nous parlons congrûment.
Donc en termes de l'art, je crains que votre histoire
1940 Soit peu juste au théâtre, et la preuve est notoire,
Si le sujet est rare, il est irrégulier,
Car vous êtes le seul qu'on y voit marier.

Dorante

L'auteur y peut mettre ordre avec fort peu de peine,
Cléandre en même temps épousera Climène,
1945 Et pour Philiste, il n'a qu'à me faire une sœur
Dont il recevra l'offre avec joie et douceur,
Il te pourra toi-même assortir avec Lyse.

Cliton

L'invention est juste et me semble de mise.
Ne reste plus qu'un point touchant votre cheval,
1950 Si l'auteur n'en rend compte elle finira mal,
Les esprits délicats y trouveront à dire,
Et feront de la pièce entre eux une satire

ACTE V, SCÈNE V

Si de quoi qu'on y parle, autant gros que menu,
La fin ne leur apprend ce qu'il est devenu.

CLÉANDRE

1955 De peur que dans la ville il me fît reconnaître
Je le laissai bientôt libre de chercher maître,
Mais pour mettre la pièce à sa perfection
L'auteur à ce défaut jouera d'invention.

DORANTE

Nous perdons trop de temps autour de sa doctrine,
1960 Qu'à son choix comme lui tout le monde y raffine,
Allons voir comme ici l'auteur m'a figuré,
Et rire à mes dépens après avoir pleuré.

CLITON, *seul.*

Tout change, et de la joie on passe à la tristesse,
Aux plus grands déplaisirs succède l'allégresse,
1965 Ceux qui sont las debout se peuvent aller seoir,
Je vous donne en passant cet avis, et bonsoir.

TABLE DES MATIÈRES

Chronologie	5
Préface	11
Bibliographie	29

MÉLITE OU LES FAUSSES LETTRES

A Monsieur de Liancour	37
Au lecteur	39
Argument	41
Mélite ou les Fausses Lettres	43

LA VEUVE OU LE TRAITRE TRAHI

Epître à Madame de la Maison-Fort	125
Au lecteur	127
A Monsieur Corneille	129
La Veuve ou le Traître trahi	145

LA GALERIE DU PALAIS OU L'AMIE RIVALE

A Madame de Liancour	225
La Galerie du Palais ou l'Amie rivale	227

LA SUIVANTE

Epître	305
La Suivante	309

LA PLACE ROYALE OU L'AMOUREUX EXTRAVAGANT

A Monsieur *** 379
La Place Royale ou l'Amoureux extravagant . . . 381

L'ILLUSION COMIQUE

A Mademoiselle M. F. D. R. 441
L'Illusion comique 443

LE MENTEUR

Epître. 517
Le Menteur. 519

LA SUITE DU MENTEUR

Epître. 601
La Suite du Menteur 605

TITRES RÉCEMMENT PARUS

AMADO (JORGE)
Mar morto (388)

ARIOSTE
Roland furieux. Textes choisis et présentés par Italo CALVINO (380)

BALZAC
La Maison du chat-qui-pelote (414) Peines de cœur d'une chatte anglaise (445)

BECKFORD
Vathek (375)

BRONTË (EMILY)
Hurlevent-des-Monts (Wuthering Heights) (411)

CARROLL (LEWIS)
Tout Alice (312)

CAZOTTE
Le Diable amoureux (361)

CARRINGTON
Le Cornet acoustique (397)

...

Code civil (Le) Textes antérieurs et version actuelle Éd. J Veil (318)

COLETTE
La Fin de Cheri (390)

CROS
Le Coffret de Santal. Le Collier de griffes (329)

DAUDET
Contes du Lundi (308)

DESCARTES
Méditations métaphysiques (328)

DIDEROT
Le Neveu de Rameau (143)

DICKENS
David Copperfield 1 (310) - 2 (311)

DOSTOIEVSKI
Récits de la maison des morts (337) L Idiot 1 (398) - 2 (399)

DUMAS fils
La Dame aux camélias (Roman théâtre opéra La Traviata) (381)

...

Farces du Moyen Age (412)

FLAUBERT
L'Éducation sentimentale (Première version) Passion et Vertu (339)

GAUTIER
Voyage en Espagne (367) Récits fantastiques (383)

GOLDONI
La Manie de la villégiature Baroufe à Chiogga et autres pièces (322)

HAMSUN
Victoria (422)

HAWTHORNE
La Lettre écarlate (382)

HOBBES
Le Citoyen (De Cive) (385)

HOFFMANN
Contes fantastiques 1 (330) 2 (358) 3 (378)

HÖLDERLIN
Hymnes-Élégies (352)

HUGO
Les Burgraves (437) L Art d être grand père (438)

HUME
Enquête sur l entendement humain (343)

JAMES
Les Deux Visages (442)

KADARÉ
Le Pont aux trois arches (425)

KAFKA
Le Procès (400) Le Château (428)

LA BOÉTIE
Discours de la servitude volontaire (394)

...

Lettres portugaises Lettres d'une Péruvienne et autres romans d'amour par lettres (379)

...

Lettres édifiantes et curieuses de Chine (315)

LOCKE
Traité du gouvernement civil (408)

MACHIAVEL
Le Prince (317)

MARGUERITE DE NAVARRE
L'Heptameron (355)

MANN
Mario et le magicien (403)

MAUPASSANT
Le Horla et autres contes d'angoisse (409)

MAURIAC
Un adolescent d'autrefois (387)

MELVILLE
Moby Dick (236)

MÉRIMÉE
Carmen Les âmes du purgatoire (263) La Vénus d'Ille et autres nouvelles (368) Tamango Mateo Falcone et autres nouvelles (392)

MIRBEAU
Le Journal d'une femme de chambre (307)

MISTRAL
Mireille (texte provençal et trad de Mistral) (304)

MORAND
Hécate et ses chiens (410)

MORAVIA
Nouvelles romaines (389) Agostino (396) Le Conformiste (415)

NODIER
Smarra, Trilby et autres contes (363)

PASCAL
De l'Esprit géométrique Écrits sur la grâce et autres textes (436)

PETRONE
Satyricon (357)

PROUST
La Prisonnière (376)

RADIGUET
Le Bal du comte d'Orgel (406)

REVERDY
Flaques de verre (405)

RONSARD
Les Amours (335)

SCARRON
Le Roman comique (360)

SCIASCIA
Les Poignardeurs La Disparition de Majorana (427)

SEGALEN
Le Fils du Ciel (377)

SHELLEY (MARY)
Frankenstein (320)

SIENKIEWICZ
Quo Vadis (362)

STENDHAL
Lucien Leuwen 1 (350) - 2 (351)

STERNE
Vie et Opinions de Tristram Shandy (371)
Voyage sentimental (372)

TOCQUEVILLE
De la Démocratie en Amérique 1 (353) - 2 (354)

VAUVENARGUES
Introduction à la connaissance de l'esprit humain et autres œuvres (336)

VESAAS
Palais de glace (423)

VILLIERS DE L'ISLE-ADAM
Contes cruels (340). Claire Lenoir et autres récits insolites (401)

WOOLF (Virginia)
La Traversée des apparences (435)

GF GRAND-FORMAT

CHATEAUBRIAND
Mémoires d'Outre-Tombe Préface de Julien Gracq (4 vol.)

FORT
Ballades françaises

GUTH
Histoire de la littérature française (2 vol.)

LAS CASES
Le Mémorial de Sainte-Hélène (2 vol.)

Vous trouverez chez votre libraire le catalogue complet de notre collection

GF — TEXTE INTÉGRAL — GF

1414-VI-1985. — Imp. Bussière, St-Amand (Cher).
N° d'édition 10578. — 2ᵉ trimestre 1968. — Printed in France.